RALF-BODO SCHMIDT

Die Gewinnverwendung der Unternehmung

Betriebswirtschaftliche Forschungsergebnisse

Herausgegeben von Prof. Dr. Dr. h. c. Dr. h. c. Erich Kosiol

Band 19

Die Gewinnverwendung der Unternehmung

Von

Dipl.-Kfm. Dr. Ralf-Bodo Schmidt

Privatdozent für Betriebswirtschaftslehre
an der Freien Universität Berlin

DUNCKER & HUMBLOT / BERLIN

Gedruckt 1963 bei Berliner Buchdruckerei Union GmbH., Berlin 61
Printed in Germany

Geleitwort des Herausgebers

Während die Theorie der Erfolgsermittlung schon seit längerer Zeit ihren festen Platz in der Betriebswirtschaftslehre gefunden hat, liegt eine geschlossene Theorie der Gewinnverwendung noch nicht vor. Vielmehr werden die Tatbestände der Ermittlung und der Verwendung des Unternehmungserfolges nicht immer genügend getrennt und die besonderen Probleme der Gewinnverwendung mit denen der Ermittlungsrechnung zu Unrecht verquickt. Daher werden wichtige Einzelfragen der Gewinnverwendung, wie z. B. die Selbstfinanzierung, die Dividendenpolitik und die Gewinnbeteiligung, für sich behandelt, während der umfassende Rahmen des systematischen Zusammenhangs bisher fehlt. Diese Lücke in der betriebswirtschaftlichen Forschung sucht die vorliegende Arbeit auszufüllen.

Die einleitende Untersuchung der Verwendungsbereitschaft des Unternehmungsgewinnes geht davon aus, daß sich die Theorie der Gewinnverwendung logisch an die Theorie der Erfolgsermittlung anschließt. Da die Gewinnverwendung ein finanzwirksamer Vorgang ist, setzt sie die Ermittlung eines realisierten Unternehmungserfolges voraus. Aus dieser, im Streit um die Bilanzauffassung bisher unberücksichtigt gebliebenen Sicht gelingt es, die Bedeutung des Anschaffungswertes im Sinne eines realisiert-pagatorischen Wertes für die Erfolgsermittlung aufzuzeigen. Dies wird insbesondere bei näherer Betrachtung der realen Kapitalerhaltung deutlich, die, worauf der Verfasser nachdrücklich hinweist, nicht lediglich durch einen die Erfolgsermittlung beeinflussenden Bewertungsakt bewirkt wird, sondern in ein Investitionsproblem einmündet, das auch die Erfolgsverwendung berühren kann.

In dem Bestreben, zu einer systematisch geschlossenen Darstellung der Gewinnverwendung zu gelangen, werden die Bestimmungsgründe, die Formen und die Verhaltensweisen bei Gewinnreservierungen, Gewinninvestitionen und Gewinnausschüttungen — den drei Möglichkeiten der Gewinnverwendung — untersucht. Hierbei finden auch die Probleme der Risikopolitik, der Kapitalerhaltung, der Selbstfinanzierung, der Gewinnbeteiligung aufgrund einer Mitunternehmerschaft und aus sozialethischen Motiven usw. ihre theoretisch einwandfreie Einordnung.

Der zunächst isolierten Betrachtung der einzelnen Gewinnverwendungsarten folgt dann die Analyse der alternativen Gewinnverwendungsentscheidung, d. h. der Kernfrage, wie und in welchem Ausmaß sich die Unternehmung entsprechend ihrer Zielkonzeption oder situationsbedingt, und zwar bei ausreichendem und bei nicht ausreichendem Gewinn, zu den einzelnen Gewinnverwendungsmöglichkeiten zu entschließen vermag. Hierbei treten als Einflußfaktoren die verschiedenen Interessenlagen der Kapitalgeber, der Organe der Unternehmungsleitung und der Belegschaft hervor, die diese Alternativwahl als eine Gleichgewichtsentscheidung der Unternehmung erscheinen lassen.

In ihrer Problemstellung beschreitet die Arbeit Neuland und legt Grundlagen für die weitere Durchdringung der aufgeworfenen Fragen. Schon aus diesem Grunde dürfte sie einen wertvollen Beitrag zur wissenschaftlichen Diskussion leisten.

Berlin, im Oktober 1963 *Erich Kosiol*

Inhaltsverzeichnis

A. Die Problemstellung

1. Die vorliegende Untersuchung unternimmt den Vorstoß in ein Gebiet, das von der Wirtschaftstheorie bislang in systematisch geschlossener Form noch nicht bearbeitet wurde: Die Verwendung des von der Unternehmung erzielten Gewinnes[1]. Während die Durchdringung des Systems der Einsatzgüter und ihrer Kombination im Hinblick auf die Leistung der Unternehmung Gegenstand ständiger wissenschaftlicher Bemühungen ist, man im Bereich der Gewinnerrechnung (Erfolgsrechnung) von einem vorerst wohl zum Abschluß gebrachten theoretischen Gebäude sprechen darf, liegen im Gebiet der Gewinnverwendung nur Einzelstudien vor; namentlich über die Selbstfinanzierung, über die Bildung und Funktion von Rücklagen, über die Dividendenpolitik, über die Gewinnbeteiligung. Aber auch diese sind zum Teil unbefriedigend, weil sie außerhalb eines theoretisch gefügten Rahmens operieren und zumeist nur Spezialfälle im Auge haben. Die Investitionstheorie hat die Bedingungen des Gewinnes als Finanzierungsquelle noch nicht berücksichtigt.

2. Die Gewinnverwendung ist Gegenstand einer Theorie von der Unternehmung. *Schmalenbach*[2] und *Rieger*[3] behaupteten zwar einmütig, daß es ihnen „nebensächlich"[2] oder „gleichgültig"[3] sei und sie „nicht interessiere"[2], ob der Kaufmann den Mehrwert „in die Tasche steckt"[2, 3] oder ob ein „Unternehmen für den Staat oder eine Kommune arbeite"[2]; daß ein Mehrwert vorhanden sei, wäre für den Betriebswirt „von besonders großem Interesse"[2].

Mit dieser Einstellung haben sie zu Recht im Auge, daß die Betriebswirtschaftslehre keine Unterweisung für die Erzielung von Profit sei. Das entbindet diese Disziplin aber nicht davon, auch der Verwendung des „Mehrwertes" ihr Augenmerk zuzuwenden. Und sie hat es, wie erwähnt, bislang in befriedigender Weise nicht getan.

---

[1] Von unbedeutenden Darstellungen des Problems in anderen Zusammenhängen darf mit gutem Gewissen abgesehen werden. Hoffmann, A.: Der Gewinn der kaufmännischen Unternehmung, Leipzig 1929, räumt ihm unter der Überschrift „Verwendung des Unternehmungsgewinnes" (S. 161—213) relativ breiten Raum ein. Allerdings behandelt auch er lediglich die „Reserven" und die „Dividendenpolitik" und grenzt damit die Fragestellung bereits ein.

[2] Schmalenbach, E.: Dynamische Bilanz, 9. Aufl. Leipzig 1948, S. 17.

[3] Rieger, W.: Schmalenbachs Dynamische Bilanz, Stuttgart 1936, S. 56.

Die Verwendung des „Mehrwertes“ ist nicht mit seiner Ausschüttung oder „Abführung“ identisch. Es kann kein Zweifel darüber bestehen, daß eine Untersuchung der Bedingungen, unter denen eine Gewinninvestition stattfindet und in welcher Form sie durchgeführt werden kann, das Interesse der Unternehmung findet; damit ist sie Gegenstand ihrer Theorie. Können Gewinnreservierungen gegen Risiken vorsorgen oder der Kapitalerhaltung dienen, so wird damit der Forderung nach Existenzsicherung der Unternehmung entsprochen; auch das ist Unternehmungstheorie. Eine Analyse der Gewinnausschüttung fragt nicht danach, wie hoch der Gewinn sein muß, um den Kaufmann, den Staat, die Belegschaft „gerechterweise“ zu befriedigen. Sie hat aber festzustellen, inwieweit die Gewinnausschüttung Vollzug bestehender Verpflichtungen ist, sich aus der Zielsetzung der Unternehmung eine adäquate Gewinnverwendungskonzeption herleiten kann, inwieweit sie Gegenstand unternehmungspolitischer Erwägungen ist. An erster Stelle hat eine Theorie von der Gewinnverwendung aber wohl eine Aussage darüber zu treffen, ob und inwieweit der von der Unternehmung erzielte und errechnete Gewinn überhaupt „verwendungsbereit“ ist, bzw. was zu tun ist, damit er diese Eigenschaft erlangt.

3. Im Rahmen einer systematischen Durchdringung der Gewinnverwendung erlangen viele bereits erarbeitete Probleme ihre Bestätigung, rücken ins richtige Licht oder werden ergänzt.

Die Gewinnverwendung — nicht zuletzt Aufgabe der Unternehmungstätigkeit — ist ein finanzwirksamer Prozeß. Diejenige Methode der Erfolgsrechnung, die einen finanzwirksam verwendbaren Gewinn am ehesten aufzeigt, ist die notwendige Grundlage der Gewinnverwendungsentscheidung. Die Richtigkeit der auf Zahlungsvorgängen beruhenden — pagatorischen[4] — Anschaffungswertbilanz findet aus dem Aspekt der Finanzwirksamkeit der Gewinnverwendung ihre volle Bestätigung. Das schließt nicht aus, daß ihr Ergebnis weiter aufbereitet wird.

Aber die Aufgabe der Erfolgsrechnung der Unternehmung ist mit der Ermittlung und Auswertung des Ergebnisses der Unternehmungstätigkeit erfüllt. Wenn *Walb* feststellt[5], daß „die Gewinnausschüttung und rückwirkend daraus die Erfolgsrechnung“ ... „durch die Finanzlage praktisch vielfach reguliert“ werde, „und dies mit der Theorie der Erfolgsrechnung nicht das mindeste zu tun“ hätte, so offenbart diese Aussage doch einen unbefriedigenden Zustand, der bislang nicht beseitigt wurde. Ohne den Charakter der Bilanz, Instrument der Erfolgsrech-

---

[4] Der Begriff wurde von Erich Kosiol in die wissenschaftliche Terminologie eingeführt. Es wird auf die späteren Literaturangaben verwiesen.

[5] Walb, E.: Die Erfolgsrechnung privater und öffentlicher Betriebe, Berlin-Wien 1926, S. 345 f.

nung zu sein, anzutasten, wird man behaupten dürfen, daß die Gewinnverwendung etwas anderes ist als die Disposition über einen „Saldo“, über eine abstrakte Rechengröße. Die Gewinnverwendung, die nicht erst nach der Bilanzaufstellung einsetzt, muß eingreifen und die Frage beantworten, unter welchen Bedingungen und Vorkehrungen der von der Erfolgsrechnung als richtig ermittelte Gewinn auch „verwendungsbereit“ ist.

Die Verwirklichung einer realen Kapitalerhaltungsvorstellung wird nach gewichtigen Lehrmeinungen als ein Problem der Aufwandbewertung angesehen. Die Ersatzbeschaffung verzehrter Güter ist aber ein finanzwirksamer Prozeß. Daher genügt es nicht, ein derartiges Bekenntnis zur Unternehmungspolitik in einen „Saldo“ münden zu lassen. Hiermit endet doch die Aufgabe der Erfolgsrechnung. Diese Fundamentalerkenntnis führt dazu, die Realisierung einer bestimmten Kapitalerhaltungsvorstellung, zu der sich die Unternehmung nach dem Willen der Gewinndisponenten individuell bekennen kann, durch finanzwirksame Reservierungen zu garantieren. Das läßt zu, den Erfolg der Unternehmungstätigkeit unverwässert aufzuzeigen, ohne damit eine verfolgte Kapitalerhaltungsvorstellung zu inhibieren. Auch hiermit wird die Richtigkeit der Anschaffungswertrechnung bestätigt.

Die Theorie der Erfolgsrechnung betrachtet die Rücklagen der Unternehmung, soweit sie aus Gewinnen stammen, als Instrument der Gewinnverwendung. Mit ihrer Bildung endet ihre geäußerte Interessenlage. Dienen sie aber ihrem wirklichen Zweck, wenn ihre Gegenwerte — mit gesetzlicher Genehmigung — risikoerhöhend investiert werden? Sollen sie Verluste „real“ beseitigen, müssen sie im Zeitpunkt des Risikoeintrittes bereitstehen. Das erfordert aber finanzwirksame Reservierungen, die keinesfalls — wie überwiegend angenommen wird — Rentabilitätsopfer zu erfordern brauchen. Die Herausarbeitung des finanzwirksamen Charakters der Gewinnverwendung stellt die Unternehmung vor die Entscheidung, ob sie Gewinne investieren oder reservieren will. Beide Möglichkeiten umschließen die Rücklagen der Erfolgsbilanz.

Die allgemeinen Erkenntnisse der Investitionstheorie treffen auf den Fall der Gewinninvestition der Unternehmung nicht uneingeschränkt zu. Der Kalkulationszinsfuß der Investitionsrechnung ist von individuellen, sehr unterschiedlichen Rentabilitätserwartungen und Interessenlagen der Gewinnbegünstigten abhängig und kann daher in verschiedenen Größen seinen Ausdruck finden. Der verfügbare Gewinn, die Liquiditätslage der Unternehmung dominieren oft als Entscheidungskriterien der Investition gegenüber der Investitionsrentabilität. Es ist sehr fraglich, ob die Unternehmung in der Lage ist, zum gewählten Kalkulationszinsfuß Wiederverflüssigungen der Gewinninvestition anzulegen.

Die Herausarbeitung der Gewinninvestition ergänzt die allgemeine Investitionstheorie und gibt Veranlassung, getroffene Ableitungen zu überdenken.

Im Bereich der Ausschüttung des erzielten und errechneten Unternehmungsgewinnes stellt sich die Frage, ob aus den Quellen seiner Entstehung oder den Prinzipien seiner Erzielung sinnvoll Anspruchselemente herzuleiten sind. Die von der Wissenschaft gewonnene Erkenntnis von der Unmöglichkeit einer exakten „Gewinnzurechnung" ist zu bestätigen. Der unteilbare Unternehmungsgewinn steht einem Komplex von Ansprüchen gegenüber. Wie hoch aber, so wird zu prüfen sein, sind die Gewinnausschüttungserwartungen der Begünstigten, ist die Ausschüttungsbereitschaft der Unternehmung: Für Eigenkapitalüberlassung, für „unternehmerische Leistungen", aus ihrem „sozialen Rollenverhalten"[6] der Belegschaft gegenüber? Die Frage, wer „Unternehmer" ist, gewinnt bei diesen Betrachtungen zwangsläufig einen besonderen Aspekt.

Die Gewinndisponenten der Unternehmung haben sich zu entscheiden, in welchem Ausmaß sie Gewinnreservierungen, Gewinninvestitionen, Gewinnausschüttungen vornehmen wollen. Wer disponiert aber über den Gewinn; welche Interdependenzen bestehen zwischen den Gewinnverwendungsarten; wie fällt die Entscheidung bei „ausreichendem" oder „nicht ausreichendem" Gewinn aus; inwieweit sind Verpflichtungen aus dem Gewinn zu erfüllen, sollen Kapitalerhaltung, Risikovorsorge entsprechend der Zielsetzung der Unternehmung vorrangig behandelt werden; wo greifen strategische Erwägungen Platz? Nicht lediglich Rechte, gar „wohlerworbene", entscheiden hierüber, sie werden erfüllt von Interessenlagen.

4. Die angedeuteten Probleme stellen Schwerpunkte der Untersuchung dar, erfüllen diese aber nicht. Es wird erstrebt, das systematisch noch unerschlossene Gebiet der Gewinnverwendung in einen gefügten Rahmen zu stellen, wobei die Herausarbeitung der grundlegenden Problematik von besonderem Interesse ist. Daher treten bekannte und dargestellte Details, wie gesellschaftsrechtliche Fragen, verfahrenstechnische Instrumente der Gewinnausschüttung u. a. in den Hintergrund. Die Gesamtsicht erscheint von Bedeutung, allgemeingültige Ableitungen werden bezweckt.

---

[6] Dahrendorf, R.: Homo soziologicus, Köln-Opladen 1960, S. 21. Siehe über die von der Soziologie abweichende Deutung des Rollenverhaltens insbesondere S. 159 ff.

[7] Die Untersuchung schließt sich der Auslegung des Begriffes „Unternehmung" durch Kosiol, E.: Unternehmung, in: Handwörterbuch der Betriebswirtschaft, begründet von H. Nicklisch, hrsg. von H. Seischab und K. Schwantag, Bd. 3, 3. Aufl. Stuttgart 1960, Sp. 5540 ff., an.

5. In den Bereich der Untersuchung fallen jene Unternehmungen[7], die einen Gewinn erzielen, der zu verwenden ist. Hierbei ist es gleichgültig, ob ein „maximaler“ oder ein „angemessener“ Gewinn erstrebt wird, oder ob der Unternehmung die Erzielung eines bestimmten Gewinnes im Rahmen einer gelenkten Wirtschaft zugebilligt oder auferlegt ist[8]. Wesentlich dagegen ist jedoch, daß die Gewinnverwendung für die Unternehmung ein „Problem“ ist; sie also Entscheidungen über alternative Gewinnverwendungsmöglichkeiten treffen kann und ihn nicht ausschließlich an eine Muttergesellschaft oder an eine zentrale Stelle der Wirtschaftsordnung abführen muß.

[8] In diesem Zusammenhang wird hier und an späterer Stelle der Untersuchung auf Gutenberg, E.: Grundlagen der Betriebswirtschaftslehre, 1. Bd., Die Produktion, 4. Aufl. Berlin-Göttingen-Heidelberg 1958, S. 347 ff., verwiesen.

B. Der verwendungsbereite Gewinn

Die wirtschaftliche Tätigkeit einer Unternehmung kann mit einem Gewinn abschließen. Der Gewinn findet in jedem Fall in irgendeiner Form Verwendung. Er kann Einkommen der Gewinnbegünstigten werden und damit privaten Konsum oder Ersparnisse ermöglichen. Hierbei verläßt der Gewinn den Bereich der Unternehmung. Er kann aber auch künftigen Zielen der Unternehmung selbst dienen und ihr damit im weiteren Sinne des Wortes „verbleiben"[1].

Art und Zeitpunkt der Gewinnverwendung entscheiden, in welcher Form und in welchem Augenblick der Gewinn zur Erzielung des Verwendungszweckes bereitzustehen hat. Als „Verwendungsbereitschaft des Gewinnes" soll diejenige Gewinneigenschaft bezeichnet werden, die geeignet ist, eine bestimmte Gewinnverwendungsart in dem hierfür vorgesehenen Zeitpunkt zu ermöglichen.

Eine Gewinnverwendungsentscheidung kann nur über den Gewinn getroffen werden, den die Unternehmung erzielt hat; nicht mehr und nicht weniger kann sie verwenden. Insofern richtet sich das Ausmaß der Gewinnverwendung nach der Höhe des vorhandenen Gewinnes[2].

Diese Entscheidung fußt auf dem von der Unternehmung errechneten Gewinn. Dieser korrespondiert aber nicht notwendig mit einer erwünschten Verwendungsbereitschaft. Die „Erfolgsrechnung" folgt arteigenen Bestimmungsgründen; ihre Aufgabe besteht in der rechnerischen Feststellung und Auswertung des Unternehmungsergebnisses. Zum Zwecke der Gewinnverwendung muß der errechnete Gewinn ergänzend „aufbereitet" werden.

Die Untersuchung wird hiernach zunächst herausarbeiten, welchen Gewinnverwendungsarten die Unternehmung gegenübersteht, in welcher Form der Gewinn im Zeitpunkt des Verwendungsaktes bereitstehen muß, und welche Vorkehrungen gegebenenfalls zu treffen sind, um eine bestimmte Bereitstellungsform zu erreichen.

---

[1] Hier ist es zunächst noch gegenstandslos, ob der Gewinn als „erfolgsrechnerische Größe" oder „finanzwirksame Größe" betrachtet wird, oder ob er — vorübergehend oder dauernd — eine nicht-monetäre Form annimmt.

[2] Die Frage nach einer aus verschiedenen Prinzipien heraus „notwendigen" Gewinnhöhe ist damit nicht Gegenstand einer Theorie der Gewinnverwendung. Siehe auch FN 213 auf S. 131.

I. Die Finanzwirksamkeit der Gewinnverwendung

1. Eine natürliche Aufgabe der Unternehmungstätigkeit besteht darin, ihren Eigentümern Einkommen zu verschaffen. Sie ist hierzu in der Lage, wenn der Unternehmungsprozeß mit Gewinn abschließt[3]. Auch andere am Unternehmungsprozeß mitwirkende Personen können Teile des Gewinnes empfangen. Als Einkommen betrachtet wünschen diese Gewinnbegünstigten den Gewinnteil, den sie erhalten oder entnehmen, in ihrer privaten Sphäre zu verwenden. Hierzu verläßt ein Teil des Gewinnes die Unternehmung endgültig und in liquider Form. Die Gewinnverwendung ist finanzwirksam. Zur Erfüllung dieses Zwekkes muß der Gewinn liquide sein.

An die Gewinnerzielung der Unternehmung sind normalerweise[4] Steuerzahlungen und Abgabeleistungen[5] geknüpft[6]. Hier liegt ebenfalls ein finanzwirksamer Gewinnabfluß vor; die erforderliche Verwendungsbereitschaft des Gewinnes wird durch eine liquide Form gekennzeichnet.

2. Die Unternehmung kann einen Teil des erzielten Gewinnes zur Bestreitung späterer Zahlungen reservieren: Für künftige Gewinnzahlungen an Eigentümer der Unternehmung oder an andere Begünstigte; für Zahlungen, die daraus erwachsen, daß verdiente Anschaffungswertabschreibungen zu Ersatzbeschaffungen nicht ausreichen; nicht zuletzt auch für Zahlungen, die dazu bestimmt sind, künftig eintretende Verluste „real" zu decken. Diese Gewinnverwendungen sind bei ihrem Eintritt finanzwirksam. Soll eine Zweckbeziehung zu dem derzeitig verdienten Gewinn bestehen, erfordert dies seine Liquidität. Daß zwischen Reservierung und Zahlungsnotwendigkeit Zeit vergeht, ist zunächst ohne Belang.

3. Die Unternehmung kann beabsichtigen, Teile des erzielten Gewinnes zu investieren. Die Anschaffung von Werkstoffen, die Installation von Aggregaten, Einrichtung neuer Abteilungen, der Erwerb von Beteiligungen, die Durchführung von Werbefeldzügen und Forschungsaufgaben erfordert Ausgaben. Auch diese Art der Gewinnverwendung ist finanzwirksam. Sie erfordert das Bereitstehen eines liquiden Gewinnes[7].

---

[3] Mögliche Kontrakteinkommen der Unternehmungseigentümer bleiben außer Betracht.

[4] Steuerpräferenzen für bestimmte Unternehmungsformen dürfen vernachlässigt werden, da entweder nur quantitative Unterschiede wirksam werden oder Zahlungen gänzlich in Fortfall kommen; im letzteren Falle wird diese Gewinnverwendungsart gegenstandslos.

[5] Hier ist an Geldleistungen gedacht.

[6] Auch Spenden aus dem Gewinn können in diese Gruppe eingeordnet werden.

[7] Über die möglichen Vor- oder Zwischenfinanzierungen aus anderen Quellen s. S. 50.

4. Der Gewinn kann auch dazu verwendet werden, einen vorausgegangenen Verlust zu decken. Dieser kann bereits liquiditätswirksam geworden sein, oder es später werden.

Im ersten Fall kann die Unternehmung zur Überwindung der Liquiditätslücke eine fremde Finanzierungsquelle in Anspruch genommen haben; etwa in Form eines kurzfristigen Bankkredites oder der Ausnutzung von Lieferantenzielen. Will die Unternehmung das finanzwirtschaftliche Gleichgewicht wiederherstellen, ist für diese finanzwirksame Gewinnverwendung ein Gewinn in liquider Form erforderlich.

Beruht der Verlust auf nicht verdienten Abschreibungen, so bedeutet dies, daß finanzwirksame Bereitstellungen für Ersatzbeschaffungen nicht vorgenommen werden konnten. Soll die Ersatzbeschaffung finanzwirksam sichergestellt werden, so erfordert dies einen verwendungsbereiten Gewinn in liquider Form. Die unterlassene Bereitstellung wird nachgeholt.

5. Verwendet die Unternehmung einen Teil des Gewinnes, um Kapital zurückzuzahlen, so verläßt dieser die Unternehmung. Die Gewinnverwendung ist finanzwirksam. Ein verwendungsbereiter Gewinn in liquider Form ist notwendig.

6. Die Herausstellung dieser typischen Gewinnverwendungsarten zeigt, daß die Gewinnverwendung selbst in der Regel ein finanzwirksamer Vorgang ist[8]. Die Gewinnverwendung führt zu Ausgaben der Unternehmung. Ihre Bestreitung erfordert einen verwendungsbereiten Gewinn in liquider Form. Der Zeitpunkt im Unternehmungsablauf, in dem die Zahlungswirksamkeit der Gewinnverwendung eintritt, blieb hierbei zunächst unberücksichtigt[9].

Es wird zu untersuchen sein, welchen finanzwirtschaftlichen Gehalt der erzielte und errechnete Unternehmungsgewinn aufweist. Hiervon ist zunächst die Möglichkeit einer Gewinnverwendung abhängig.

II. Die Kriterien des Unternehmungsgewinnes

1. Für ihren Leistungsprozeß entnimmt die Unternehmung den Märkten Güter und gibt sie in einer ihrem Sachziel entsprechend veränderten Form an sie wieder ab. Da in der Geldwirtschaft grundsätzlich alle Güterbewegungen von Geldbewegungen begleitet sind[10], verlassen die

[8] Über die Funktionen von Gratisbeteiligungen, Scripgewinnanteilen und Genußscheinen s. S. 49.

[9] S. hierüber S. 33 ff.

[10] Es sei hierzu auf die Darstellung von Walb, E.: Finanzwirtschaftliche Bilanz, 2. Aufl. Duisburg 1947, verwiesen.

Unternehmung für Einsatzgüter Ausgaben, für Absatzgüter gehen Einnahmen ein[11]. Auch die Kreditwirtschaft ändert hieran prinzipiell nichts. Werden die Einsatzgüter auf Kredit erworben, so entsteht eine Schuld (Vorausgabe[12]), der später bei ihrer Regulierung eine Barausgabe folgt. Bei Veräußerung von Absatzgütern auf Kredit entsteht eine Forderung (Voreinnahme[12]), der eine Bareinnahme folgt.

2. Der Parallelität von Güter- und Geldbewegungen zufolge ist der Gewinn der Unternehmung ein Überschuß der Einnahmen über die Ausgaben[13]. Für die Herausarbeitung der Verwendungsbereitschaft des Gewinnes ist es erforderlich, den Unternehmungsgewinn auf seine Entstehungselemente zurückzuführen. Diese sind in der „Transaktion"[14] zu suchen. Der Absatzgewinn der Unternehmung ist die Addition der Transaktionsgewinne, die lediglich durch notwendige Periodenabgrenzungen modifiziert wird.

1. Der Transaktionsgewinn

1. Im Ablauf einer auf Dauer geplanten Unternehmung vollzieht sich der Leistungsprozeß gewöhnlich in einer Vielzahl von Transaktionen[15]. Es sei zunächst die einzelne Transaktion betrachtet.

---

[11] Schneider, E.: Einführung in die Wirtschaftstheorie, Bd. 1, Tübingen 1950, S. 32 macht die Unterscheidung „Einnahmen"—„Einzahlungen", „Ausgaben"—„Auszahlungen".

[12] Es wird auf die Deutung bei Kosiol, E.: Pagatorische Bilanz (Erfolgsrechnung), in: Lexikon des kaufmännischen Rechnungswesens, hrsg. von Karl Bott, 2. Aufl., Sp. 2085 ff., verwiesen. An dieser Stelle sei darauf hingewiesen, daß zwischen dem von Kosiol für die Theorie der Erfolgsrechnung verwendeten Begriff „pagatorisch" und dem in dieser Untersuchung verwendeten Begriff „finanzwirksam" eine sehr enge Verwandtschaft besteht. Das Wort „pagatorisch" bedeutet ganz allgemein „auf Zahlungsvorgängen beruhend". „Die Handelsbilanz wird als pagatorisch bezeichnet, da sie in ihrem Formalaufbau und Wertinhalt an Zahlungsvorgänge anknüpft und dadurch ihr Wesensgehalt erfolgsrechnerisch bestimmt ist." (Kosiol, E.: Bilanzreform und Einheitsbilanz, 2. Aufl. Berlin-Stuttgart 1949, S. 70).

[13] Die Untersuchung vermeidet an dieser Stelle nähere Definitionen und Zitate. Dieses ergibt sich aus der beabsichtigten Entwicklung des Gewinnbegriffes. Siehe jedoch S. 26.

[14] Schäfer, E.: Die Unternehmung, Bd. 3, Köln-Opladen o. J. S. 284; Lorentz, St.: Die Entstehung des elementaren Einzelgewinnes, in: Die Bilanzen der Unternehmungen, Festschrift für J. Ziegler, Bd. 1, Berlin-Wien 1933 S. 66 ff. spricht vom „elementaren Einzelgewinn". Weitverbreitet ist der Begriff „Stückgewinn". Die Untersuchung verwendet diesen Begriff bewußt nicht, da er zu eng ist. Er wird zwar auch für den Warenhandelsumsatz, Dienstleistungsumsatz etc. angewendet und dort sinngemäß verstanden. Es ist aber schwierig, ihn auf bestimmte „leistungsneutrale" Vorgänge anzuwenden. Wegen seiner „elementaren" Bedeutung für die Summation des Absatzgewinnes der Unternehmung verbleibt daher die Untersuchung bei der wohl historisch ursprünglichen Begriffsbildung.

[15] Unternehmungen, deren Sachziel die Erstellung einer einzelnen Transaktion ist — z. B. Arbeitsgemeinschaften zum Bau einer Brücke, eines Stahl-

Eine Unternehmung, deren Sachziel auf den Wollhandel gerichtet ist, erwirbt für DM 1000,— bar eine Partie Wolle und verkauft sie für DM 1200,—, ebenfalls bar. Betragen die Kosten dieses Einzelgeschäftes DM 100,—, die ebenfalls bar entrichtet werden, so beträgt der Transaktionsgewinn DM 100,—. Er ist in diesem Falle bar zugeflossen und somit vom finanzwirtschaftlichen Standpunkt unmittelbar verwendungsbereit.

Verkauft die Handelsunternehmung unter sonst gleichen Bedingungen die Partie Wolle auf Kredit, so beträgt der Transaktionsgewinn ebenfalls DM 100,—; bei Abschluß der Transaktion verkörpert sich dieser jedoch in einer Voreinnahme. Finanzwirtschaftlich liegt nur eine mittelbare Verfügbarkeit vor. Die finanzwirksame Verwendungsmöglichkeit tritt ein, wenn aus der Voreinnahme eine Bareinnahme wird. Erst in diesem Zeitpunkt ist der Gewinn liquide verwendungsbereit[16].

Der Transaktionsgewinn findet keine hiervon abweichende Beurteilung, wenn andere Sachziele von Unternehmungen ins Auge gefaßt werden. Unterstellt man industrielle Verhältnisse, werden die Einsatzgüter für die Transaktionen bar (z. B. Arbeitskraft) und bar oder kreditorisch (z. B. Werkstoffe, Betriebsmittel) erworben. Der Absatz erfolgt gegen bar oder auf Kredit. Nach Abschluß der Transaktion ergibt sich dann ein unmittelbar verwendungsbereiter oder nur mittelbar verfügbarer Gewinn[17].

Für die Betrachtung des Transaktionsgewinnes ist es unerheblich, ob die Einsatzgüter bar oder kreditorisch erworben werden. Der finanzwirksame Gewinn fließt aus den Erlösen zu.

2. Das Beispiel gilt für Transaktionen, die dem Sachziel der Unternehmung entsprechen. Der Transaktionsgewinn ist insoweit ein „leistungsbezogener“ Gewinn.

---

werkes u. ä. — sind für die vorliegende Untersuchung atypisch. Gleichwohl gelten die Untersuchungsergebnisse auch hier, in vereinfachter Form.

Über die Deutung von „Sachziel“ und „Formalziel“ s. Kosiol, E.: Typologische Gegenüberstellung von standardisierender (technisch orientierter) und prognostizierender (ökonomisch ausgerichteter) Plankostenrechnung, in: Plankostenrechnung als Instrument moderner Unternehmungsführung, hrsg. von E. Kosiol, 2. Aufl. Berlin 1960, S. 57.

[16] In der Theorie der Erfolgsrechnung stehen die Barbewegungen und kreditorischen Bewegungen gleichwertig nebeneinander. Siehe insbesondere Walb, E.: Finanzwirtschaftliche Bilanz, a. a. O., S. 13. Für die Gewinnverwendung wird bereits hier die Notwendigkeit einer Trennung der Vorgänge offenbar. Lorentz, St.: Die Entstehung des elementaren Einzelgewinnes, a. a. O., S. 88 führt in diesem Zusammenhang aus: „... es ist zu unterscheiden zwischen Realisation als Vorgang und Realisation als Zustand.“ Als Realisationszustand bezeichnet Lorentz im Anschluß daran die Geldform.

[17] Entsprechende Betrachtungen können prinzipiell für alle Sachziele angestellt werden.

Die Unternehmung kann auch Transaktionen vollziehen, die nicht ihrem Sachziel entsprechen. Sie kauft und verkauft gelegentlich Wertpapiere und erzielt Gewinne. Es entstehen Gewinne bei Anlagenverkäufen, Vermietungen, Verpachtungen. Auch das sind Transaktionsgewinne; sie sind jedoch als „leistungsneutral" zu bezeichnen. Nach Abschluß dieser Transaktionen ergibt sich ebenfalls ein unmittelbar verwendungsbereiter oder nur mittelbar verfügbarer Gewinn.

3. Die Transaktionen im Verlaufe des Unternehmungsprozesses offenbaren die Elemente des Unternehmungsgewinnes und lassen gleichzeitig seine ursprüngliche Finanzwirksamkeit erkennen. Hierzu ist eine wesentliche Ergänzung nötig.

Hat die genannte Handelsunternehmung zu irgendeinem Zeitpunkt einem Interessenten über den Stand der Dinge zu berichten, und liegt die Wolle bei ihr noch auf Lager, so muß sie bekennen, daß ihre Verkaufsabsicht noch nicht erfolgreich war. Eine Transaktion hat noch nicht stattgefunden. Notiert die Warenbörse in diesem Augenblick die Partie Wolle mit DM 1200,—, darf von einem „realisierten" Erfolg nicht gesprochen werden[18]. Die Bedingungen der „Transaktion" sind nicht erfüllt. Eine Verfügbarkeit des Gewinnes aus der Börsennotierung erwächst nicht. Während nach Abschluß einer Transaktion diese unmittelbar oder mittelbar gegeben ist, liegt sie im Falle des „unrealisierten" Gewinnes nicht vor.

4. Als Ergebnis der Betrachtungen dieses Abschnittes darf festgehalten werden:

a) Der anläßlich einer Transaktion entstehende Gewinn ist ein „realisierter" Gewinn.

b) Der „realisierte" Gewinn kann einer leistungsbezogenen oder einer leistungsneutralen Transaktion entspringen.

c) Der „realisierte" Gewinn kann unmittelbar verwendungsbereit oder mittelbar verfügbar sein. Mittelbar verfügbar heißt, daß eine Bareinnahme einer Voreinnahme mit zeitlicher Verzögerung folgt.

d) Für die Verwendung eines Gewinnes ist neben das Prinzip der „Erfolgsrealisation" das Prinzip der „finanzwirksamen Erfolgsreali-

---

[18] Hier tritt der Realisationsbegriff erstmalig auf. Die Theorie der Erfolgsrechnung bezeichnet einen Erfolg als „realisiert", wenn er „im Markt verwirklicht" ist. (Kosiol, E.: Pagatorische Bilanz [Erfolgsrechnung], a. a. O., Sp. 2108.) Die Finanzwirksamkeit ist in den Begriff der „Erfolgsrealisation" nicht eingeschlossen. Ihrer Bedeutung für die Gewinnverwendung wegen wird daher in Verfolg der Untersuchung bei Vorliegen dieses Tatbestandes von einer „finanzwirksamen Erfolgsrealisation" gesprochen, die die „Erfolgsrealisation" voraussetzt.

sation" zu stellen. Eine finanzwirksame Realisation des Gewinnes liegt vor, wenn dieser der Unternehmung in liquider Form zufließt[19].

e) Ein „unrealisierter Gewinn" entspringt keiner Transaktion. Es liegt keine finanzwirksame Verwendbarkeit vor. Als Gewinnverwendungsquelle scheidet er daher aus[20].

Es wäre nun zu prüfen, welche Gestalt der Unternehmungsgewinn — als Ergebnis periodischer Abschlußrechnungen — zeigt.

2. Der Unternehmungsgewinn als Periodengewinn

1. Im Unternehmungsablauf wird zu bestimmten periodisch wiederkehrenden Zeitpunkten eine Erfolgsrechnung aufgestellt. Dies geschieht in Form einer Bilanz (nebst Gewinn- und Verlustrechnung), die jeweils als Saldo Gewinn oder Verlust ausweist[21]. Im Rahmen der Untersuchung wird die Erfolgsbilanz daraufhin geprüft, inwieweit der von ihr errechnete Gewinn[22] verwendbar ist. Ausgangspunkt der Betrachtung ist also der errechnete Gewinn; Beurteilungskriterium seine Eigenschaft, für die verschiedenen Zwecke der Gewinnverwendung „verwendungsbereit" zu sein.

2. Der Periodengewinn als Gewinn der Absatztätigkeit summiert[23] sich aus den Transaktionsgewinnen. Er ist insoweit ein Überschuß der Einnahmen über die Ausgaben in bar oder in kreditorischer Form. Mo-

---

[19] Ein Ansatz zu einer derartigen Betrachtungsweise des Gewinnes zeigt sich in der unlängst erschienenen Schrift von Engelhardt, W.: Die Finanzierung aus Gewinn im Warenhandelsbetrieb und ihre Einwirkungen auf Betriebsstruktur und Betriebspolitik, Berlin 1960. Er spricht von „monetärem Stückgewinn" und „monetärem Periodengewinn". Obwohl Engelhardt auf die Bedeutung dieser Sicht hinweist, führt er sie im Verlaufe seiner Untersuchung leider nicht konsequent durch. Die rechnungstechnischen Schwierigkeiten verbieten seiner Ansicht nach betriebspolitische Schlüsse.

[20] Diese Konsequenz ist für die Problematik der Gewinnverwendung zwingend. Hiermit wird keine Aussage darüber getroffen, ob nicht die Theorie der Erfolgsrechnung unter bestimmten Bedingungen einen „unrealisierten Gewinn" für zulässig hält. Auf den unrealisierten Gewinn wird nochmals auf S. 26 ff. eingegangen.

[21] In Übereinstimmung mit der herrschenden Lehre wird der (periodischen) Bilanz hier die Aufgabe zugewiesen, das Ergebnis des Unternehmungsprozesses zu ermitteln. Dieses schließt nicht aus, daß Sonderbilanzen für andere Zwecke aufgestellt werden. Sie scheiden hier jedoch aus.

[22] „Verlust" ist dem Thema der Untersuchung zufolge nicht Gegenstand der Betrachtungen.

[23] „Denn in vielen Fällen und bei kritischer Prüfung wird sich im heutigen Geschäftsleben zunehmend zeigen, daß überhaupt nicht zu klären ist, an welchem Einzelgeschäft ‚gewonnen' oder ‚verloren' wird. Der Erfolg ist dann nur noch als Summation, als Integration eines Komplexes von geschäftlichen Maßnahmen und Vorgängen zu begreifen." (Schäfer, E.: Die Unternehmung, Bd. 3, Köln-Opladen 1956, S. 285.)

difiziert wird der Gewinn aus der Absatztätigkeit durch Verrechnungsvorgänge, die sich aus dem Periodencharakter der Bilanz ergeben. Auch deren Finanzwirksamkeit ist zu untersuchen.

a) Der Periodengewinn als Summe der Transaktionsgewinne

1. Der Teil der Erfolgsrechnung, der den Erfolg der leistungsbezogenen Absatztätigkeit der Unternehmung ermittelt, stellt Aufwand und Ertrag dieses Leistungsbereiches gegenüber. Das sich ergebende positive Ergebnis — der Gewinn — findet Ausdruck in einer abstrakten Ziffer.

Dieser Gewinn ist „erfolgsrechnerisch" realisiert. Er entstammt Transaktionen. Der Gewinn ist auch finanzwirksam realisiert, soweit im Verlaufe der Erfolgsperiode die Erträge liquide zugeflossen sind; entweder anläßlich von Bargeschäften unmittelbar nach Vollzug der Transaktion oder mit zeitlicher Verzögerung durch Ablösung entstandener Forderungen (Bareinnahmen nach Voreinnahmen). Der Gewinn aus der Absatztätigkeit braucht finanzwirksam noch nicht realisiert zu sein, wenn der Zeitpunkt der Erfolgsermittlung zwischen Erfolgsrealisation und finanzwirksamer Erfolgsrealisation liegt. In diesem Falle umschließt der Unternehmungsgewinn Erträge, die noch nicht liquide zugeflossen sind. Hier harren Voreinnahmen auf nachfolgende Bareinnahmen; es liegt insoweit nur eine mittelbare Gewinnverfügbarkeit vor.

Der abstrakte Gewinn aus der Absatztätigkeit als rechnerische Größe läßt hinsichtlich seiner Finanzwirksamkeit zu, daß

a) er liquide vorhanden war[24],
b) er liquide noch vorhanden ist (im Kassenbestand)[25],
c) seine Finanzwirksamkeit noch (durch Ablösung von Voreinnahmen durch spätere Barzahlungen) erwartet wird.

Die Verwendbarkeit des Gewinnes wird hierdurch beeinflußt.

2. Die abgeleiteten Ergebnisse treffen gleichfalls auf den Bereich der Erfolgsrechnung zu, der den Erfolg aus „leistungsneutralen" Transaktionen ermittelt.

b) Die Modifikation durch die Periodenabgrenzung

1. Zum Zwecke der Ermittlung des exakten Periodenerfolges ist die Erfolgsrechnung genötigt, zeitliche Überhänge der Erfolgswirksamkeit einzelner Vorgänge (z. B. Mieten, Pachten, Steuern, Versicherungen, Löhne, Gehälter etc.) im Erfolgsermittlungszeitpunkt abzugrenzen. Der Absatzgewinn wird hierdurch modifiziert.

---

[24] Hierzu Näheres auf S. 35 ff.
[25] Gleichgestellt sind liquide Mittel in Form von Bankguthaben.

Sofern die Unternehmung Ausgaben getätigt oder Einnahmen empfangen hat, deren Erfolgswirksamkeit in künftigen Abrechnungsperioden liegt, erfolgt eine Neutralisierung des stattgehabten Vorganges im Hinblick auf die Erfolgshöhe. Sofern die Erfolgswirkung künftig finanzwirksamer Vorgänge in der gegenwärtigen Periode liegt, wird der Erfolg jetzt verrechnet[26].

2. Hinsichtlich der Verwendungsbereitschaft des rechnerischen Gewinnes verdienen die Einnahmenantizipationen Beachtung. Hier wird der Absatzgewinn um einen Ertragsbestandteil erhöht, dessen finanzwirksame Realisation in künftigen Perioden liegt. Die Verwendungsbereitschaft dieser Antizipationen ist der der Voreinnahmen aus Transaktionsgewinnen gleichzuordnen.

c) Bewertungseinflüsse auf den Periodengewinn

1. Die Finanzwirksamkeit der Gewinnverwendung macht es erforderlich, ihr eine finanzwirksame Gewinngröße zugrunde zu legen. In der Theorie der Erfolgsrechnung ist die Frage der Bewertung der Bilanzbestände, damit die Bewertung des Aufwandes und hierüber der Umfang des Gewinnes von wesentlicher Bedeutung. Das Bewertungsproblem ist hier aus der Sicht der Finanzwirksamkeit der Gewinnverwendung zu betrachten.

2. Sowohl *Schmalenbach* als auch *Walb* haben jeder in besonderer Weise den Zusammenhang zwischen der periodischen Erfolgsermittlung und der Einnahmen-Ausgabenrechnung entwickelt[27]. *Kosiol* hat die Forschungsergebnisse zusammengefaßt und auf die gemeinsame Wurzel zurückgeführt[28]. Den Gewinn der Erfolgsbilanz als Ergebnis einer Einnahmen-Ausgabenrechnung deutet er wie folgt: „Der Erfolg wird derart als geldmäßiger Überschuß ermittelt, *als ob*[29] die baren Einnahmen und Ausgaben in der zugehörigen Rechnungsperiode ertrags- oder aufwandmäßig stattgefunden hätten. Diese Maßnahmen der rechnungsmäßigen Modifizierung der reinen Gelddifferenz nennt man Periodenabgrenzung[30].“ *Kühnau* kommentiert ergänzend: „Damit erhält auch der vom Kassenbestand abweichende Periodengewinn

---

[26] Hinsichtlich einer geschlossenen Darstellung dieser Zusammenhänge im Bereich der Erfolgsrechnung wird auf Kosiol, E.: Pagatorische Bilanz (Erfolgsrechnung), a. a. O., Sp. 2087, verwiesen.

[27] Kosiol, E.: Bilanzreform und Einheitsbilanz, 2. Aufl. Berlin-Stuttgart 1949, S. 52.

[28] Kosiol, E.: Formalaufbau und Sachinhalt der Bilanz. Ein Beitrag zur Bilanztheorie, in: Wirtschaftslenkung und Betriebswirtschaftslehre, Festschrift für Ernst Walb, Leipzig 1940, S. 101 ff.

[29] Im Original nicht besonders hervorgehoben — der Verf.

[30] Kosiol, E.: Pagatorische Bilanz (Erfolgsrechnung), a. a. O., Sp. 2089 ff.

oder -verlust den Charakter eines durch frühere, gegenwärtige oder spätere Barzahlung realisierten Erfolges[31]."

Diese Auffassung von der Erfolgsrechnung korrespondiert grundsätzlich mit den Erfordernissen der Gewinnverwendung. Die Erfolgsermittlung basiert auf pagatorischen Vorgängen und zeigt einen pagatorischen Erfolg. Die Gewinnverwendung ist finanzwirksam und muß daher im Grunde an Zahlungsvorgänge anknüpfen.

Diese Interessenkongruenz von Gewinnermittlung und Gewinnverwendung ist insofern bedeutsam, als die Theorie der Erfolgsermittlung mit der Errechnung und Auswertung des erzielten Gewinnes ihre Aufgabenstellung als beendet ansieht und darüber hinaus Gewinnermittlung und Gewinnverwendung als völlig getrennte Dinge ansieht[32]. Aus der erwähnten Interessenkongruenz heraus wird es aber möglich, die Theorie der Gewinnverwendung an die Theorie der Erfolgsermittlung logisch anzuschließen.

3. Eine Erfolgsrechnung, die das Ergebnis des Unternehmungsprozesses aus Zahlungsvorgängen herleitet, muß konsequent eine Bewertung zu Anschaffungswerten fordern. „Die pagatorische Bewertungsidee wächst immanent aus der Kernstruktur der Bilanz heraus und ist ihr grundsätzlich eigen[33]." „Die sogenannte Anschaffungswertbilanz erscheint ... als pagatorische Bilanz, die konstruktiv aus den betrieblichen Zahlungsvorgängen abgeleitet wird und deren einheitlicher Beständewert der pagatorische Wert in seinen beiden Varianten des Einnahmen- und Ausgabenwertes ist. Kassenbestände, Guthaben, Forderungen und Reservate sind zum Einnahmenwert, Schulden und Vorräte zum Ausgabenwert in der Bilanz anzusetzen[34]."

Basiert der von der Erfolgsrechnung ermittelte Gewinn auf dem Anschaffungswertprinzip, so werden die finanzwirksamen Erfordernisse der Gewinnverwendung erfüllt. Auch hier zeigt sich, daß der Grundgedanke der (finanzwirksamen) Gewinnverwendung logisch an den Grundgedanken der (pagatorischen) Gewinnermittlung anschließt. Aus dem Charakter der Gewinnverwendung als letztliche Aufgabe der Gewinn-

---

31 Kühnau, M.: Zur Systematik der Erfolgsbegriffe in den Periodenerfolgsrechnungen der Unternehmung, in: ZfB 1959, S. 78.

32 Kosiol, E.: Pagatorische Bilanz (Erfolgsrechnung), a. a. O., Sp. 2112.

33 Kosiol, E.: Pagatorische Bilanz (Erfolgsrechnung), a. a. O., Sp. 2108.

34 Kosiol, E.: ebda. So auch Walb, E.: Finanzwirtschaftliche Bilanz, a. a. O., S. 33: „Aus ihm" (dem Zusammenhang zwischen Erfolgsbilanz und Geld- bzw. Zahlungsrechnung — der Verf.) „erklärt sich zwanglos das Bewertungsprinzip der Anschaffungspreise (=Ausgaben bzw. Ausgabenreste), sowie der Charakter des Gewinns als ein durch die Periodenrechnung und das Prinzip der Vorsicht korrigierten Einnahmenüberschusses." Auf das Vorsichtsprinzip wird noch besonders eingegangen.

erzielung findet die Richtigkeit der pagatorischen Anschaffungswertbilanz ihre Bestätigung.

Die getroffenen Feststellungen werden nicht dadurch eingeschränkt, daß der von der Erfolgsrechnung ermittelte Gewinn zum Zwecke der Gewinnverwendung finanzwirtschaftlich aufbereitet werden muß. Neben das gemeinsame Prinzip der Erfolgsrealisation tritt ergänzend das Prinzip der „finanzwirksamen Erfolgsrealisation".

4. Neben dem Anschaffungswert existieren andere Wertkategorien, die teilweise Anwendung finden[35]. Im Rahmen dieser Untersuchung ist deren Auswirkung auf die Gewinnhöhe und ihr finanzwirksamer Charakter von Interesse.

Führt ein Wertansatz in der Bilanz zum Ausweis eines unrealisierten Gewinnes (Ansatz eines höheren Tageswertes gegenüber dem Anschaffungswert), so ist dieser Gewinn für eine finanzwirksame Gewinnverwendung nicht geeignet. Nur das ist verwendbar, was erfolgs- und finanzwirksam realisiert wurde und bereitsteht[36].

Sofern ein Wertansatz den Ausweis eines unrealisierten Verlustes bewirkt, wird ebenfalls die strenge Forderung des Realisationsprinzips durchbrochen. Das Niederstwertprinzip berücksichtigt im Gegensatz zum Periodenverursachungsprinzip[37] einen erkennbaren Verlust, dessen Eintritt durch sinkende Preise auch am Absatzmarkt unterstellt wird, und verrechnet ihn in der Erfolgsrechnung als Antizipationsaufwand[38]. Hierdurch werden aber finanzwirksam realisierte Gewinne der gegenwärtigen Erfolgsperiode durch nicht finanzwirksam realisierte Verluste teilweise kompensiert[39].

Die Vernachlässigung des Niederstwertprinzips würde bedeuten, daß der Verlust in der künftigen Periode erfolgsrechnerisch und finanzwirk-

---

35 Die Beweggründe für deren Verwendung sollen hier nicht dargestellt werden.

36 Walb, E.: Finanzwirtschaftliche Bilanz, a. a. O., S. 41 sagt hierzu: „Die Richtigkeit des finanzwirtschaftlichen Nachweises" (um diese Betrachtung geht es der Untersuchung unter dem Aspekt der Finanzwirksamkeit der Gewinnverwendung — der Verf.) „verlangt, daß keine unrealisierten Gewinne ausgewiesen werden, denn erst mit der Realisierung strömen ja verfügbare neue Finanzierungsmittel ein."

37 Hierauf weist Walb ausdrücklich hin. Walb, E.: Finanzwirtschaftliche Bilanz, a. a. O., S. 80.

38 Kosiol, E.: Pagatorische Bilanz (Erfolgsrechnung), a. a. O., Sp. 2109. Kosiol bezeichnet ihn insofern auch als „aperiodischen" Aufwand.

39 Das gleiche Ergebnis zeigt sich, wenn die Erfolgsrechnung Aufwand berücksichtigt, der später zahlungswirksam wird. Ein wesentlicher Unterschied besteht jedoch darin, daß hier Gewißheit über den Umfang der Zahlungsnotwendigkeit besteht. Es liegt sodann eine Bereitstellungsnotwendigkeit schlechthin, nicht eine Reservierung aus dem Gewinn vor. Daher wird hier auch von einer „Ausgabenantizipation" gesprochen. Es wird auf S. 55 verwiesen.

sam durch Minderung der Transaktionsgewinne — gegebenenfalls sogar als Ausgabenüberschuß — realisiert wird.

Die Anwendung des Niederstwertprinzips in der Erfolgsrechnung wird mit dem Vorsichtsmotiv begründet. Denn in Höhe der Abwertung wird eine Gewinnverwendung — möglicherweise Gewinnausschüttung — vermieden. Über den Verbleib der finanzwirksam realisierten Gewinne, die durch den unrealisierten Verlust teilweise kompensiert werden, sagt die Theorie der Erfolgsrechnung nichts aus; es ist auch nicht Gegenstand ihrer Fragestellung.

In der vorliegenden Untersuchung stellt die Berücksichtigung eines unrealisierten Verlustes jedoch einen Fremdkörper dar. In Analogie zum unrealisierten Gewinn verdient er gleiche Beurteilung. Die Vorsorge gegen künftige Risiken ist finanzwirtschaftlich ein Reservierungsproblem, keine Frage der Aufwandbewertung. Bei *Walb* klingt dieser Gedanke an, indem er sagt, daß die Berücksichtigung des Niederstwertprinzips den Übergang zum „Reservenprinzip“ bildet[40].

5. Die Kapitalerhaltungstheorien[41] fordern unterschiedliche Bewertungsmaßstäbe je nach dem gesteckten Ziel. Es soll nur das als — verwendbarer — Gewinn ermittelt werden, was im Sinne einer bestimmten Kapitalerhaltungsidee über die Kapitalerhaltung hinaus erzielt wurde.

Abgesehen von den dargestellten finanzwirtschaftlichen Konsequenzen, die sich bei Abweichungen vom Anschaffungswert (pagatorischer Wert) auch bei Neutralisierung der Auf- und Abwertungen durch „Rücklagekonten“ ergeben[42], liegt doch hiermit eine Erweiterung des Aufgabengebietes der Erfolgsrechnung vor, insofern, als sie über ihr eigentliches Ziel, den Erfolg der Unternehmungstätigkeit zu ermitteln, hinausgeht und Elemente der Gewinnverwendung berücksichtigt. Während die der Erfolgsermittlung arteigenen Prinzipien bereits aufgezeigt wurden, wird noch nachzuweisen sein, daß die Entscheidung über die Vorsorge für steigende Ersatzbeschaffungsausgaben ebenfalls spezifischen Bestimmungsmerkmalen folgt, die auf einer gänzlich anderen Ebene liegen.

Darüber hinaus haftet der Verwirklichung einer — realen — Kapitalerhaltungsvorstellung durch eine entsprechende Aufwandbewer-

---

[40] Walb, E.: Finanzwirtschaftliche Bilanz, a. a. O., S. 91.

[41] Eine Auseinandersetzung hiermit erfolgt auf S. 58 ff.

[42] Walb, E.: Finanzwirtschaftliche Bilanz, a. a. O., S. 41 führt aus, daß sich die „Tageswertbilanzen“ vom finanzwirtschaftlichen Ausgangspunkt „völlig loslösen“. Kosiol, E.: Pagatorische Bilanz (Erfolgsrechnung), a. a. O., Sp. 2110 sagt, daß „der Ansatz von Tageswerten eine Durchbrechung des Realisationsprinzips bedeutet“.

tung ein wesentlicher Mangel an, der im System der Erfolgsrechnung selbst begründet ist: Durch einen „Bewertungseffekt“ wird, selbst wenn er die Folge einer im Preis der Absatzleistungen realisierten Kapitalerhaltungsvorstellung ist, lediglich die abstrakt-rechnerische Erfolgsziffer modifiziert. Hiermit endet die Aufgabe der Erfolgsrechnung. Es ist damit aber noch nicht sichergestellt, daß auch die finanzwirksame Bestreitung steigender Ersatzbeschaffungsausgaben möglich wird[43].

Die bekannten Rücklagenformen — z. B. „Substanzerhaltungsrücklage“, „Vermögenswertänderungskonto“ — sind abstrakte Kapitalkorrekturen, deren finanzwirksame Funktion bislang von sekundärem Interesse war. Dies ist nach den Prinzipien der Erfolgsrechnung durchaus logisch, in finanzwirtschaftlicher Sicht jedoch unbefriedigend. Ebenfalls genügt es nicht, wenn man den Ersatzbeschaffungsvorgang der betrieblichen Automatik überläßt, oder diese Frage in das Gebiet der Finanzplanung verweist, zu der eine logische Beziehung nicht zu bestehen braucht.

Der finanzwirtschaftliche Vorgang wird vollends klar, wenn man sich die Wirksamkeit einer aktivischen „Kapitalerhaltungsrücklage“ vor Augen hält. Es handelt sich hier wohl unbestritten um eine Kapitalkorrektur, die ebenfalls unstreitig ihren Sinn hat. Nur in finanzwirtschaftlicher Sicht, und um diese geht es wohl auch, wenn realisierte Mehrausgaben im Zeitpunkt der Ersatzbeschaffung verfügbar sein sollen, ist eine differenzierte Betrachtung notwendig: Gewinn- oder Kapitalkorrektur einerseits, Reservierung andererseits.

Hiernach kann die Untersuchung den Boden der Anschaffungswertrechnung nicht verlassen. Das schließt jedoch nicht aus, daß eine von diesem Wertprinzip abweichende Kapitalerhaltungsvorstellung berücksichtigt wird. Die Untersuchung verweist diesen Problemkreis in die Gewinnverwendung, wo in Form von Reservierungen gleichzeitig sichergestellt werden soll, daß künftige Mehrausgaben für Ersatzbeschaffungen ermöglicht werden.

Zu dieser Entscheidung gelangt die Untersuchung nicht zuletzt auf Grund der Erkenntnis, daß der Verfolg einer bestimmten Kapitalerhaltungsvorstellung finanzwirksam wird. Hierfür muß ein finanzwirksam verwendungsbereiter Gewinn vorsorgen. Unabhängig von der Gewinnverwendungsvorstellung liegt auch in der Theorie der Erfolgsrechnung eine gleiche Erkenntnis vor. Hierzu sagt *Kosiol:* „Nachdrücklich wird darauf hingewiesen, daß Gewinnermittlung und Gewinnaus-

---

[43] Auch hierzu sei Walb zitiert: „Man darf in diesem Zusammenhang“ (gemeint ist die ‚Sperrgeldermethode‘ der öffentlichen Hand — der Verf.) „behaupten, daß es auch den Kaufleuten besser bekommen wäre, wenn sie rechtzeitig daraus gelernt und nicht immer in abstrakten Reserven und Gewinnen gedacht, sondern sich den letztlichen Niederschlag vor Augen gehalten hätten.“ Walb, E.: Finanzwirtschaftliche Bilanz, a. a. O., S. 58.

schüttung zweierlei sind. In Zeiten starker Sachwertsteigerung ist deshalb die pagatorische Erfolgsrechnung in der Lage, Teile des Gewinns durch Bildung offener Rücklagen von der Verteilung auszuschließen und damit auch dem Gesichtspunkt realer Kapitalerhaltung zu folgen[44]."

Eine Theorie der Gewinnverwendung schließt also auch hier an die Theorie der Gewinnermittlung logisch an, indem sie der Finanzwirksamkeit der Vorgänge wegen das Problem der Kapitalerhaltung bei steigenden Güterpreisen nicht als Frage der Aufwandbewertung ansieht. Wie nachzuweisen sein wird, ist es zur Erreichung der Kapitalerhaltung mit einer Rücklagenbildung nicht getan[45]. Die Zweckbezogenheit der Reservierung spielt eine bedeutende Rolle[46].

3. Der Unternehmungsgewinn aus der Sicht der Gewinnverwendung

1. Es wurde festgestellt, daß sich die Gewinnverwendung auf den von der Unternehmung erzielten Gewinn erstreckt. Bevor seine Verwendungsbereitschaft herausgearbeitet wird, erscheint es geboten, die Gewinnvorstellung vom Standpunkt der Gewinnverwendung zu konzipieren. Ihr sollen andere mögliche Gewinnvorstellungen konfrontiert werden.

Die Finanzwirksamkeit der Gewinnverwendung erfordert es, den von der Unternehmung erzielten Gewinn unter pagatorischen Aspekten zu sehen. Das von der Theorie der Erfolgsrechnung postulierte Prinzip der Erfolgsrealisation deckt sich mit den Erfordernissen der Gewinnverwendung. Die ergänzende Betrachtung des Gewinnes nach dem Prinzip der „finanzwirksamen Erfolgsrealisation" ist erforderlich und greift nicht in die Erfolgsrechnung ein. Die Modifikationen durch die Periodenabgrenzung stören die Gewinnvorstellung aus der Sicht der Gewinnverwendung nicht. Es ist lediglich eine Neutralisierung der Einnahmenantizipationen nach dem Prinzip der finanzwirksamen Erfolgsrealisation notwendig. Diese Gewinnvorstellung deckt sich damit weitgehend mit der herrschenden Theorie der Erfolgsbilanz unter Zugrundelegung des Anschaffungswertprinzips.

2. Die Konzeption fordert einen Vergleich zu dem von *Walb* herausgearbeiteten „reinen (rationalen) Unternehmungsgewinn"[47] heraus. Übereinstimmung ist zunächst festzustellen, als dieser auf der Geldrechnung basiert. „Der reine Unternehmungsgewinn", so sagt *Walb*[48],

---

[44] Kosiol, E.: Pagatorische Bilanz (Erfolgsrechnung), a. a. O., Sp. 2112.

[45] Was Kosiol auch nicht behauptet, von anderer Seite aber oftmals angenommen wird.

[46] Es wird auf die hieran gedanklich anschließenden Ausführungen auf S. 74 ff. verwiesen.

[47] Walb, E.: Finanzwirtschaftliche Bilanz, a. a. O., S. 76.

[48] Walb, E.: ebda., S. 79.

„ist ein exakter geldwirtschaftlicher Periodenerfolg". Im Rahmen des Vergleiches verdienen *Walbs* Betrachtungen zum Periodenverursachungsprinzip — als „Fundamentalprinzip" — und zum Realisationsprinzip — als „Sekundärprinzip" — Beachtung.

Das Periodenverursachungsprinzip genießt bei *Walb* zur Bestimmung des „reinen Unternehmungsgewinnes" den Vorrang. *Walb* geht hierbei konsequent so weit, einen nicht realisierten Gewinnanteil bei langfristiger Fertigung zu berücksichtigen[49]. Gleichfalls dürfen „streng logisch" Wertänderungen an „gebundenen Werten"[50] den Periodengewinn nicht berühren, da diese „außerhalb der Marktsphäre" liegen[51]. Im Gegensatz hierzu sind Wertänderungen an „spekulativen" Beständen[50] zu berücksichtigen, „weil darin der Erfolg der Lagerdisposition der Periode"[52] zum Ausdruck kommt. Durch die Berücksichtigung dieser Wertänderungen kommt *Walb* zur Ablehnung des Niederstwertprinzips.

Hinsichtlich einer Verwendung des „reinen (rationalen) Unternehmungsgewinnes" ist wiederum eine ergänzende Betrachtung nach dem Prinzip der finanzwirksamen Erfolgsrealisation notwendig. Finanzwirksam nicht realisierte Gewinnteile bei langfristiger Fertigung und finanzwirksam nicht realisierte Dispositionserfolge bei „spekulativen" Beständen sind finanzwirksam nicht verwendbar.

Das „Prinzip der finanzwirtschaftlichen Vorsicht"[53] — ebenfalls ein Sekundärprinzip — wird im „reinen (rationalen) Unternehmungsgewinn" durch die Bildung offener Rücklagen berücksichtigt. „Es wird dabei zuerst ... so exakt bzw. vergleichbar wie möglich der Gewinn ermittelt, und danach wird aus dem Gewinn für das finanzielle Polster gesorgt[54]."

Unter Berücksichtigung der ergänzenden Betrachtungen nach dem Prinzip der finanzwirksamen Erfolgsrealisation kommt der „reine (rationale) Unternehmungsgewinn" der Gewinnvorstellung aus der Sicht der Gewinnverwendung sehr nahe.

3. Der Gewinn der praktischen Handelsbilanz, die die verschiedensten Bewertungsspielräume und damit Gewinnbeeinflussungen zuläßt, bedarf zum Zwecke der Gewinnverwendung einer Zurückführung auf die herausgearbeitete Gewinnvorstellung[55].

---

49 Walb, E.: Finanzwirtschaftliche Bilanz, a. a. O., S. 80.
50 Begriff von Schmalenbach.
51 Walb, E.: ebda., S. 80 f.
52 Walb, E.: ebda., S. 81.
53 Walb, E.: ebda., a. a. O., S. 81.
54 Walb, E.: ebda., S. 81 f.; s. im übrigen S. 30 FN 43.
55 Da die vorstehende Untersuchung eine theoretische Analyse ist, soll von dieser praktischen Verfahrensweise, die aus den niedergelegten Grundsätzen ohne weiteres abzuleiten ist, Abstand genommen werden.

In diesem Zusammenhang verdienen vornehmlich die „stillen Rücklagen" Beachtung[56]. Die Bildung von „Willkürrücklagen"[56] ist sowohl vom Standpunkt einer exakten Erfolgsermittlung als auch aus der Sicht der Gewinnverwendung abzulehnen[57]. Ihre Anwendung wird oft mit dem „Vorsichtsmotiv" begründet, dessen Berücksichtigung nach der hier vertretenen Auffassung ein Problem der „Gewinnreservierung" ist. Denn in der Erfolgsrechnung wird nur das Ergebnis der Unternehmungstätigkeit festgestellt. Eine „reale" Vorsorge ist durch einen Bewertungseffekt nicht zu erreichen[58].

III. Die Verwendungsbereitschaft des Gewinnes

1. Die Verwendungsbereitschaft des Gewinnes zeigt sich in verschiedenen Graden.

a) Nach Vollzug einer Transaktion kann der hieran erzielte Gewinn unmittelbar verwendungsbereit oder mittelbar verfügbar sein. Im Falle der unmittelbaren Verwendungsbereitschaft fallen Erfolgsrealisation und finanzwirksame Erfolgsrealisation zeitlich zusammen. Bei der mittelbaren Verfügbarkeit folgt die finanzwirksame Erfolgsrealisation der Erfolgsrealisation nach.

Eine Gewinnverwendung in liquider Form kann nach Vollzug der finanzwirksamen Erfolgsrealisation stattfinden. Das heißt: Bei unmittelbarer Verwendungsbereitschaft kann der Gewinn sofort nach Abschluß der Transaktion für irgendeinen Zweck liquide verwendet werden. Im Falle mittelbarer Verfügbarkeit besteht eine liquide Verwendungsbereitschaft erst im Zeitpunkt des Erlöseinganges.

Beim Transaktionsgewinn bereits bestehen zeitliche Unterschiede zwischen Gewinnentstehung und Gewinnverwendungsmöglichkeit.

b) Die Verwendungsbereitschaft des errechneten Unternehmungsgewinnes weist folgende Erscheinungsformen auf:

aa) Eine liquide Verwendbarkeit ist in dem Umfang gegeben, als finanzwirksam realisierte Transaktionsgewinne im Zeitpunkt der Erfolgsermittlung vorhanden sind.

---

[56] Siehe hierzu insbesondere Kosiol, E.: Bilanzreform und Einheitsbilanz, a. a. O., S. 122 ff.

[57] Walb, E.: Finanzwirtschaftliche Bilanz, a. a. O., S. 40 führt aus: „Das einzige, was auch diesen Nachweis negativ berührt, ist die Legung stiller Reserven, die sich bilanzmäßig (in Beständeveränderung) nicht auswirkt. Das durch den Gewinn bewirkte Mehr an Finanzierungsmitteln tritt hierbei ebensowenig in Erscheinung, wie das Mehr an den damit angeschafften Gegenwerten."

[58] Siehe die Ausführungen auf S. 29 f.

bb) Eine liquide Verwendungsbereitschaft ist im Zeitpunkt der Erfolgsermittlung bei denjenigen Transaktionsgewinnen nicht gegeben, deren finanzwirksame Realisation später erfolgt.

cc) Einnahmenantizipationen sind nicht liquide verwendungsbereit, da ihre finanzwirksame Realisation später erfolgt.

Hierdurch ist grundsätzlich die Verwendungsbereitschaft des Unternehmungsgewinnes gekennzeichnet.

2. Auf die an früherer Stelle genannten Gewinnverwendungsarten übertragen, bedeutet dies:

a) Soll der Unternehmungsgewinn im Zeitpunkt der Erfolgsermittlung ausgeschüttet werden, so ist dies nur in Höhe des vorhandenen finanzwirksam realisierten Gewinnes möglich. Sofern darüber hinaus eine Ausschüttung vorgenommen werden soll, kann die Unternehmung diese allenfalls „bevorschussen“[59]. Dies gilt grundsätzlich für Gewinnabflüsse jeder Art[60] im Zeitpunkt der Erfolgsermittlung.

---

[59] Hier zeigt sich die Nahtstelle zum Liquiditätsproblem. Ist die Unternehmung liquide, so kann man geneigt sein, den Gedanken der „Bevorschussung“ als wirklichkeitsfremd zu bezeichnen. Theoretisch exakt ergibt sich die Liquidität jedoch aus den Ergebnissen planvoller Geldeinsatzüberlegungen. Sie ist dann nicht mehr ausschließlich die Konstatierung einer vorhandenen Geldmenge — im weitesten Sinne — in Relation zu den Zahlungsverpflichtungen. Illiquidität bedeutet sodann konsequent Entscheidungsfehler bei Geldeinsätzen oder nicht realisierte Erwartungen.

In diesem Zusammenhang sei Walb zitiert: „Durch die Finanzierungsfrage ist vielfach die Erfolgsausschüttung bestimmt. Werden die Mittel knapp, ... so spürt das der Betrieb sehr schnell. Die Folge hiervon ist, daß er eine Scheu davor und vielfach auch Schwierigkeiten hat, den rechnungsmäßig richtig sich ergebenden Gewinn dem Betriebe zu entziehen. Die Erfolgsrechnung wird dann entweder so aufgestellt, daß ein verteilbarer Gewinn nicht oder nur in geringerem Umfange ausgewiesen wird, oder es wird offen bekannt, daß die Verhältnisse dazu zwingen, die Ausschüttung zu unterlassen.“ (Walb, E.: Die Erfolgsrechnung privater und öffentlicher Betriebe, a. a. O., S. 345.)

Ein derartiger Zustand offenbart Planungsfehler im Hinblick auf die Bereitstellung eines verwendungsbereiten Gewinnes. Es ist erforderlich, die Liquidität des Gewinnes — seine Verwendungsbereitschaft — als planvollen Vollzug einer vorübergehenden Geldeinsatzentscheidung zu sehen. Dies ist Gegenstand nachfolgender Untersuchungen. Ausschließlich in die Liquiditätsbetrachtung fällt auch die Frage nach der Verwendung desjenigen Gewinnteils der Vorperiode, der dort erfolgsrechnerisch realisiert war, in der gegenwärtigen Periode jedoch erst finanzwirksam verfügbar wird. Mit der Verwendungsbereitschaft des gegenwärtig errechneten Gewinnes hat dies nichts zu tun.

[60] Hinsichtlich der Steuerzahlungen wird verwiesen auf Pohmer, D.: Die betriebswirtschaftliche Problematik der Gewinnrealisation und der Periodenabgrenzung unter dem Gesichtspunkt der Erfolgsbesteuerung, in: Die Wirtschaftsprüfung 1957, S. 461 ff.

b) Will die Unternehmung Gewinne investieren, so kann sie ihre Entscheidung auch über finanzwirksam noch nicht realisierte Gewinne fällen. Da die Investition jedoch finanzwirksam ist, ist sie — bezogen auf den Zeitpunkt der Erfolgsermittlung — nur mit zeitlicher Verzögerung möglich; dann, wenn die liquide Verfügbarkeit eintritt.

c) Sollen Gewinnreservierungen für künftige Zahlungen vorgenommen werden, so können der Verwendungsentscheidung auch finanzwirksam noch nicht realisierte Gewinne zugrunde gelegt werden. Im Zeitpunkt der finanzwirksamen Realisation erfolgt die effektive Bereitstellung. Der Zeitpunkt muß vor der Ausgabennotwendigkeit liegen.

IV. Die Maßnahmen zur Erzielung einer liquiden Verwendungsbereitschaft des Gewinnes im Zeitpunkt der endgültigen Gewinnverwendungsentscheidung

Es wurde herausgestellt, daß die im Verlaufe der Erfolgsperiode finanzwirksam realisierten Transaktionsgewinne dann im Erfolgsermittlungszeitpunkt liquide verwendet werden können, wenn sie vorhanden sind. Hiermit ist die Verwendungsbereitschaft dieses Gewinnteils vor folgende Problematik gestellt:

a) Der Absatzgewinn der Unternehmung entsteht im Verlaufe der Erfolgsperiode im Anschluß an die einzelnen Transaktionen. Will die Unternehmung beispielsweise im Zeitpunkt der Erfolgsermittlung eine endgültige Entscheidung[61] über die Gewinnverwendung treffen, besteht eine zeitliche Differenz zwischen Gewinnentstehungs- und Gewinnverwendungszeitpunkt.

b) Für gewöhnlich „wartet" der finanzwirksam realisierte Transaktionsgewinn nicht auf diese endgültige Entscheidung; er findet Anlage[62].

---

[61] Hiermit ist derjenige Entscheidungskomplex gemeint, der sich auf die Gewinnausschüttung, Gewinnreservierung, Gewinninvestition erstreckt. Diese Entscheidungen setzen die Kenntnis des Unternehmungsgewinnes voraus. Der Zeitpunkt ist weitgehend von der Rechtsordnung bestimmt. Für die theoretische Untersuchung ist dies jedoch ohne Bedeutung. Hierüber Näheres auf S. 38 f.

[62] Hierzu sagt Conzelmann, F.: Das Problem der Selbstfinanzierung der Unternehmung, Stuttgart 1935, S. 12 f.: „Die Unternehmung muß dauernd Einkommen erzielen. Daher wird sie mit dem Geld, daß aus einer soeben abgeschlossenen Umsatzhandlung freigeworden ist, sofort einen neuen Geldwerdevorgang eingehen und nicht den bereits erzielten Gewinn für die Endabrechnung förmlich aufheben."

Sollen jedoch die Transaktionsgewinne im Zeitpunkt der endgültigen, im voraus unbekannten Entscheidung liquide verwendungsbereit sein, kann der Einsatz im Anschluß an die Transaktion nur vorübergehend erfolgen. Es kann nur eine vorübergehende Entscheidung getroffen werden.

c) Hiernach ist die Liquidität des Gewinnes im Zeitpunkt der endgültigen Verwendungsentscheidung das Ergebnis planvoller Überlegungen. Sie sind allerdings nicht isoliert anzustellen, sondern stehen im Gesamtrahmen der Finanzdispositionen der Unternehmung.

Die Frage nach der liquiden Verwendungsbereitschaft des finanzwirksam realisierten Gewinnes im Zeitpunkt der endgültigen Verwendungsentscheidung ist Gegenstand nachfolgender Ausführungen.

1. Die Gewinnentstehung nach Transaktionsvollzug

1. Die Erzielung einer liquiden Verwendungsbereitschaft finanzwirksam realisierter Transaktionsgewinne im Zeitpunkt einer endgültigen Gewinnverwendungsentscheidung soll an verschiedenen Schaubildern entwickelt werden. Schaubild 1 stellt zunächst die Erfolgsrealisationen dar:

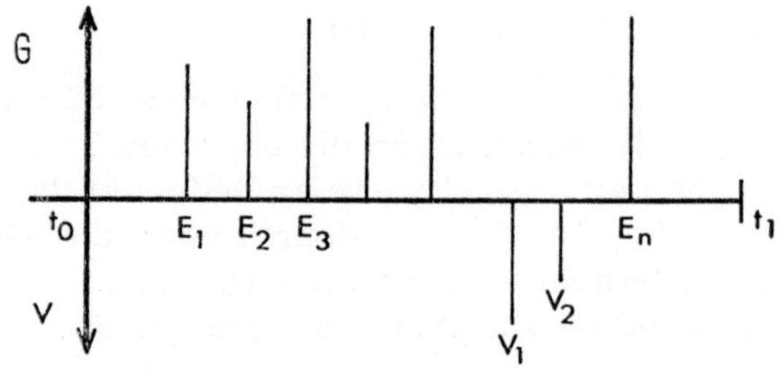

Schaubild 1

Die Abzisse gibt den Zeitraum der Erfolgsperiode an. t_1 ist der Zeitpunkt der Erfolgsermittlung. Die Markierungen oberhalb der Abzisse ($E_1 \ldots E_n$) geben Höhe und Zeitpunkte der Erfolgsrealisationen und damit den Vollzug der Transaktionen wieder. Die Markierungen unterhalb der Abzisse stellen Transaktionsverluste dar.

Bei Abschluß der Periode bilden die Transaktionsgewinne und -verluste den Absatzgewinn. Da das Schaubild Erfolgsrealisationen darstellt, ist der Gewinn eine abstrakte Rechnungsgröße. Über seine Verwendungsbereitschaft ist damit noch nichts ausgesagt. Diese Darstellung des Unternehmungsgewinnes entspricht der Denkweise der Theorie der Erfolgsrechnung (ohne die Periodenabgrenzungen).

2. Die finanzwirksamen Erfolgsrealisationen werden in Schaubild 2 sichtbar:

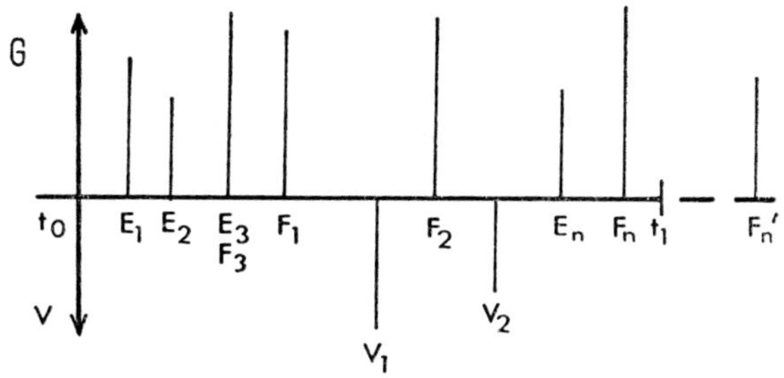

Schaubild 2

Neben den bereits genannten Symbolen geben F_1—F_n die finanzwirksamen Gewinnrealisationen an. Im Falle E_3 fallen Erfolgsrealisation und finanzwirksame Erfolgsrealisation zusammen[63]. Das Nachfolgen von F hinter E hängt von den geforderten Zahlungskonditionen der Unternehmung und der Zahlungsbereitschaft der Kunden ab[64].

Hinsichtlich der Verwendungsbereitschaft des Absatzgewinnes bei Abschluß der Periode ist die zeitliche Nachfolge der finanzwirksamen Erfolgsrealisation innerhalb derselben unbedeutend. Wesentlich ist, daß bis zum Zeitpunkt der endgültigen Gewinnverwendungsentscheidung der Erlös zugeflossen ist[65, 66].

3. Der Absatzgewinn der Unternehmung entsteht somit bei Vollzug der Transaktionen. Vom Zeitpunkt der (gewöhnlich nachfolgenden) finanzwirksamen Erfolgsrealisation an ist er liquide verwendungsbereit. Soll er jedoch zu einem späteren Zeitpunkt endgültig verwendet

---

[63] Es besteht die Möglichkeit von Vorauszahlungen der Kundschaft. Man wird von einer finanzwirksamen Gewinnrealisation aber nicht sprechen dürfen, bevor nicht die Erfolgsrealisation stattgefunden hat. Denn es ist nicht mit absoluter Sicherheit anzunehmen, daß ein Erfolg tatsächlich realisiert wird. Im Falle der Vorauszahlungen wird daher der Zeitpunkt finanzwirksamer Erfolgsrealisation mit dem Zeitpunkt der Erfolgsrealisation gleichgesetzt.

[64] Hier tritt das Problem der Forderungsverluste auf. Für die Verwendungsbereitschaft des Gewinnes bei Abschluß der Periode ist es unbedeutend, da nur die finanzwirksamen Gewinnrealisationen liquide verwendet werden können. Gleichwohl sind mögliche Forderungsverluste zu berücksichtigen, wenn über die bei Abschluß der Periode noch nicht finanzwirksam realisierten Gewinne (in Voreinnahmen enthalten) eine Verwendungsentscheidung getroffen wird. Forderungsverluste sind individuell unterschiedlich. Daher wird auf das Problem nur hingewiesen. Siehe im übrigen den Abschnitt „Gewinnreservierungen".

[65] Die zeitliche Nachfolge wird aber bei den vorübergehenden Gewinnverwendungsentscheidungen innerhalb der Erfolgsperiode bedeutsam.

[66] Obwohl aus der Betrachtung ausgeklammert, gibt F_n' eine nach dem Erfolgsermittlungszeitpunkt liegende finanzwirksame Erfolgsrealisation an. Dies sei des besseren Verständnisses wegen vermerkt.

werden, ist der Zeitraum zwischen finanzwirksamer Erfolgsrealisation und endgültiger Gewinnverwendungsentscheidung zu überbrücken. Schaubild 2 gibt dieses durch die Zeiträume F_1—t_1, F_2—t_1, ..., F_n—t_1 wieder[67].

2. Die Gewinnverwendungszeitpunkte

Aus dem Vorhergesagten wird ersichtlich, daß die Untersuchung zwei Zeitpunkte von Gewinnverwendungsentscheidungen kennt:

a) Den Zeitpunkt der vorübergehenden Gewinnverwendungsentscheidung,

b) den Zeitpunkt der endgültigen Gewinnverwendungsentscheidung.

Diese Zeitpunkte bedürfen einer näheren Erläuterung.

a) Der Zeitpunkt der vorübergehenden Gewinnverwendungsentscheidung

Der Zeitpunkt, in dem eine vorübergehende Gewinnverwendung einsetzt, ist insofern von Bedeutung, als in ihm die Entscheidung über die spätere liquide Verwendungsbereitschaft des Gewinnes gefällt wird. Schaubild 3 soll den Zeitpunkt verdeutlichen.

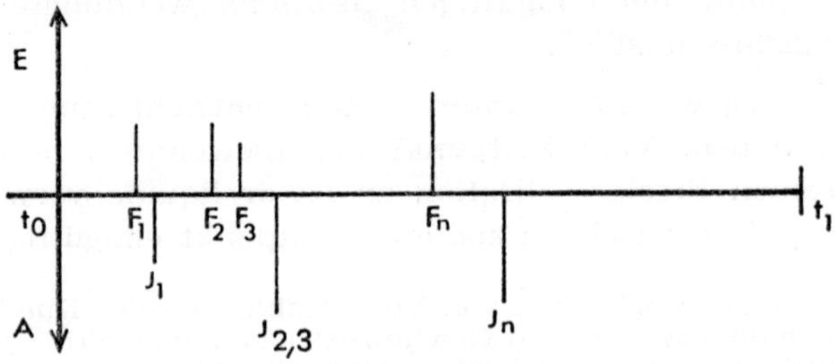

Schaubild 3

Die mit F bezeichneten Markierungen stellen Höhe und Zeitpunkte finanzwirksamer Gewinnrealisationen dar (E=Einnahmen). Die mit J bezeichneten Markierungen geben Höhe und Zeitpunkte der möglichen Anlage der Gewinne wieder (A=Ausgaben). Obwohl theoretisch gefol-

[67] Die Transaktionsgewinne sind gewöhnlich je nach Art und Umfang des zugrunde liegenden Absatzaktes einander ungleich. Auch sind die Zeiträume „Erfolgsrealisation — finanzwirksame Erfolgsrealisation" unterschiedlich anzunehmen. Diese natürlichen Gegebenheiten, die zudem auch noch von der Anzahl der Transaktionen im Verlaufe der Erfolgsperiode beeinflußt werden, stellen die obengenannte Zeitraumüberbrückung vor praktische Probleme. Zunächst sollen der Klarheit der Ausführungen wegen diese Fragen, die später nochmals aufzugreifen sind, ausgeklammert werden.

Siehe den Abschnitt „Optimalumfang der Gewinnverwendung und Optimalperiode der Gewinnansammlung".

gert werden kann, daß ein vorübergehender Gewinneinsatz unmittelbar nach Erlöseingang möglich ist, soll doch eine mögliche zeitliche Verzögerung nicht übersehen werden. Auch kann die Höhe der einzelnen Transaktionsgewinne eine Ansammlung ratsam erscheinen lassen[68]. Im weiteren Verlauf der Untersuchung wird zunächst aus Gründen der theoretischen Abstraktion der Erlöseingang als Zeitpunkt der vorübergehenden Gewinnverwendungsentscheidung angenommen.

b) Der Zeitpunkt der endgültigen Gewinnverwendungsentscheidung

1. Der Zeitpunkt der endgültigen Gewinnverwendungsentscheidung ist theoretisch im Unternehmungsablauf nicht an einen bestimmten Termin gebunden. Er bezeichnet den Augenblick, in dem eine verbindliche Entscheidung über die Art seiner Verwendung — z. B. Gewinnausschüttung — getroffen wird. Für die vorliegende Untersuchung ist bedeutsam, daß hiermit der Zeitraum der vorübergehenden Verwendung beendet ist.

2. In den verschiedenen Rechtsformen der Unternehmung kann dieser Zeitpunkt unterschiedlich terminiert sein. Es ist möglich, daß der Beschluß über die Gewinnverwendung in einer Aktiengesellschaft erst Monate nach dem Zeitpunkt der Bilanzaufstellung gefaßt wird. Es ist denkbar, daß in einer Gesellschaft mit nur wenigen Beteiligten kurzfristig eine entsprechende Einigung herbeigeführt werden kann. Ein Einzelkaufmann ist in der Lage, eine Gewinnverwendungsentscheidung auch im Verlaufe der Erfolgsperiode zu fassen. Im Grenzfall kann eine vorübergehende Gewinnverwendung demnach in Fortfall kommen[69].

3. Die Überbrückung des Zeitraumes „Finanzwirksame Gewinnrealisation — endgültige Gewinnverwendungsentscheidung"

1. Es ist Erfahrungstatsache, daß die im Verlaufe der Periode finanzwirksam realisierten Transaktionsgewinne in den „Unternehmungsprozeß eingesetzt" werden. Hierzu sagt *Hoffmann:* „Es wäre ... eine falsche Vorstellung, zu meinen, daß die Verstärkung der Kapitalbasis erst mit der Entscheidung über die Reservierung eintritt; die Gewinn-

---

68 S. hierüber S. 46.

69 Der Einfachheit halber soll angenommen werden, daß der Zeitpunkt der Erfolgsermittlung mit dem Zeitpunkt der endgültigen Gewinnverwendung identisch ist. Diese Annahme kann ohne weiteres gemacht werden. Eine endgültige Gewinnverwendungsentscheidung setzt die Kenntnis des Unternehmungsgewinnes, nicht nur der finanzwirksam realisierten Transaktionsgewinne voraus. Liegt andererseits der endgültige Zeitpunkt der Gewinnverwendung nach dem Erfolgsermittlungszeitpunkt, so bedingt das nur eine Terminverschiebung, keine prinzipielle Problemänderung.

bildung ist ja Kapitalbildung, die dynamisch gesehen ein fortgesetzter Prozeß von Kapitaleinsätzen ist[70]." Auch *ter Vehn* äußert sich in diesem Sinne: „Der erzielte Gewinn ist durchaus nicht ohne weiteres ausschüttbar, da er im Laufe des Jahres vielleicht schon in Anlagen oder noch nicht umgesetzten Warenbeständen festgelegt wurde[71]." So gesehen, wird die Liquidität des Gewinnes dem Zufall überlassen, oder ein Bankkredit muß einspringen[72]. Will die Unternehmung die Liquidität des Gewinnes im Zeitpunkt der endgültigen Gewinnverwendungsentscheidung sicherstellen, hat sie gezielte Maßnahmen zu ergreifen, die diesen Zustand garantieren. Eine Notwendigkeit hierzu ist dann gegeben, wenn in diesem Augenblick eine finanzwirksame Verwendung erfolgen soll oder zumindest zu erwarten ist.

2. Die Entscheidung über einen vorübergehenden Einsatz von Transaktionsgewinnen muß davon ausgehen, daß es einen „Einsatz in den Unternehmungsprozeß" schlechthin nicht gibt. Eine Geldeinsatzentscheidung erstreckt sich immer auf ein bestimmtes Objekt; auf bestimmte Anlagen, bestimmte Werkstoffe, bestimmte Ausgaben. Sie hat daneben immer die Finanzierungsquelle und die Dauer der Anlage in ihre Überlegungen einzubeziehen. Für die vorliegende Fragestellung bedeutet dies, daß der „Gewinnbereitstellungskalkül"

a) ein bestimmtes Objekt und

b) einen bestimmten Zeitraum

zu berücksichtigen hat[73].

Unter der Voraussetzung, daß die finanzwirksam realisierten Transaktionsgewinne im Zeitpunkt der endgültigen Gewinnverwendungs-

---

[70] Hoffmann, A.: Wirtschaftslehre der kaufmännischen Unternehmung, Leipzig 1932, S. 738.

[71] Ter Vehn, P.: Gewinnbegriffe in der Betriebswirtschaft, in: ZfB 1924, S. 367. In diesem Zusammenhang ist allgemein auf die Literatur über die Selbstfinanzierung hinzuweisen. Dort wird nachhaltig herausgestellt, daß dieser Vorgang im Laufe der Erfolgsperiode stattfindet. Bemerkenswert ist hier auch die Ansicht Hasenacks: „Selbstfinanzierung tritt nicht erst mit der (sekundären) Kapitalverwendung im Betrieb (Anlagenerweiterung) oder in der Kreditwirtschaft (Schuldentilung) auf, sondern liegt bereits vor, wenn der Gewinn zurückbehalten wird. Diese (primäre) Kapitalverwendung erfolgt, sobald thesauriert ist, zwangsläufig und ohne Zutun der Leitung." (Hasenack, W.: Wesen und Arten der Selbstfinanzierung, in: Die Betriebswirtschaft 1931, S. 198.)

[72] Hier wird nochmals auf die Aussage Walbs auf S. 34 f. FN 59 verwiesen.

[73] In diesem Zusammenhang sei auf die bedeutsame, bislang in der Fachliteratur noch nicht befriedigend bearbeitete Fragestellung hingewiesen, inwieweit sich die Finanzdispositionen der Unternehmung auf die Verwendung spezieller Teile des Finanzmittelzuflusses aus den Erlösen (z. B. Abschreibungs- und Aufwandersatz, Gewinn) erstrecken. Die Praxis unterwirft die Finanzmittelverwendung vielfach einer derartig getrennten Betrachtung. Sowohl die spezifischen Bedingungen des Gewinnes als Finanzierungsquelle als auch methodische Gründe veranlassen die Untersuchung zu der von ihr angestellten abstrahierenden Sicht.

entscheidung liquide bereitstehen sollen, trifft der „Gewinnbereitstellungskalkül“ eine Aussage darüber, unter welchen Bedingungen alternative Anlagemöglichkeiten vorteilhaft erscheinen.

a) Der Gewinnbereitstellungskalkül

1. Datum innerhalb des Kalküls für die vorübergehende Gewinnverwendung ist der Zeitpunkt, zu dem die Gewinnmittel (wieder) liquide vorhanden sein müssen. Man kann den Zeitraum zwischen vorübergehendem Einsatz und Wiederverflüssigung als „Investitionsperiode“[74] bezeichnen. Es erscheint jedoch zweckmäßiger, von „Wiedergewinnungszeit“[75] zu sprechen[76].

Hiernach kann die Unternehmung grundsätzlich wählen:

a) Die finanzwirksam realisierten Transaktionsgewinne werden bis zum Zeitpunkt der endgültigen Entscheidung über die Gewinnverwendung „aufbewahrt“. Eine „Wiedergewinnungszeit“ ist dann nicht gegeben, weil die liquide Form der Transaktionsgewinne nicht verlassen wird.

b) Die Unternehmung setzt die Gewinne unter Wahrung der Wiedergewinnungszeit ein.

2. Ebenfalls Datum innerhalb des „Gewinnbereitstellungskalküls“ ist die Risikobegrenzung der vorübergehenden Gewinnverwendung. Sofern das Bereitstehen der Transaktionsgewinne im Zeitpunkt der endgültigen Gewinnverwendung in liquider Form eine Bedingung darstellt, ist jedes spekulative Moment innerhalb der Einsatzentscheidung zweckwidrig.

Hiernach gesehen beschränkt sich der Gewinnbereitstellungskalkül auf eine Gegenüberstellung alternativer Anlagemöglichkeiten gleichen, begrenzten Risikos und gleicher, gegebener Wiedergewinnungszeit. Es ist die Frage nach der Determinante der Einsatzentscheidung zu beantworten.

b) Die Rentabilität als Determinante der Entscheidung über den vorübergehenden Gewinneinsatz

1. Die „Aufbewahrung“ der finanzwirksam realisierten Transaktionsgewinne in liquider Form verspricht die Sicherheit, daß sie im Zeitpunkt

---

[74] Es sei auf die Literaturangaben unter dem Abschnitt „Die Gewinninvestition“ verwiesen.

[75] Der Terminus „Wiedergewinnungszeit“ wird in der einschlägigen Fachliteratur gleichbedeutend mit „Investitionsperiode“ verwendet.

[76] Es liegt zweifelsohne eine Investition — wenn auch vorübergehender Art — vor. Ohne diesen Tatbestand anzweifeln zu wollen, soll dieser Terminus aus Gründen der Klarheit nur dann verwendet werden, wenn Gewinne „dauernd“ der Unternehmung verbleiben (Gewinninvestition). Der gleiche Tatbestand tritt im Bereich der „Gewinnreservierungen“ auf, wenn diese — ebenfalls — vorübergehend „angelegt“ werden.

der endgültigen Gewinnverwendungsentscheidung vorhanden sind. Hierunter ist nicht nur ein Kassenbestand zu verstehen. Es ist jedoch Bedingung, daß beispielsweise eine — täglich fällige — Guthabenunterhaltung gleiche Sicherheit garantiert. Diese Verfahrensweise bedeutet dann einen Rentabilitätsverzicht, wenn eine vergleichbare Anlage höhere Rentabilität gewährleistet[77]. „Vergleichbar" umschließt Einhaltung der Wiedergewinnungszeit und Risikobegrenzung.

2. Erwägt die Unternehmung eine vorübergehende Anlage der finanzwirksam realisierten Gewinne, so vergleicht sie die Rentabilität alternativer Anlagemöglichkeiten gleichen Risikos (untereinander gleich und im Verhältnis zur Liquidehaltung gleich) mit einem möglichen Zins der liquiden Aufbewahrung der Transaktionsgewinne. Sie wird sich für diejenige vorübergehende Gewinnverwendung entscheiden, die im Verhältnis zur liquiden Aufbewahrung die höchste Rentabilität verspricht[78].

3. Diese Ableitung ist, auf das Geschehen in der Unternehmung angewendet, durchaus real. Eine Unternehmung kann beispielsweise folgende Erwägungen anstellen:

---

[77] Es ist mit Recht anzunehmen, daß ein Rentabilitätsstreben der Unternehmung für diesen — im Hinblick auf das Sachziel der Unternehmung mittelbaren — Entscheidungsbereich gilt. Neben dem „Gewinnbereitstellungskalkül" verwendet die Untersuchung ein „Gewinnreservierungskalkül" und ein „Gewinninvestitionskalkül". Die Beziehungen zu den Erkenntnissen und Ableitungen der Investitionstheorie werden im Rahmen dieser wesentlich bedeutsameren Kalküle aufgezeigt. So wird man auch hier andere Determinanten der Einsatzentscheidung, z. B. imponderable Motive, ausschalten dürfen. Siehe S. 101 ff.

[78] Hierzu äußert sich Conzelmann, F.: Das Problem der Selbstfinanzierung in der Unternehmung, a. a. O., S. 45: „Die kurzfristige Bindung der Gewinne bis zum jeweiligen ‚Ausschüttungs'termin macht es erforderlich, daß diese in einer Form in der Unternehmung verbleiben, die ihrer Zwecksetzung entspricht. Sehen wir von der Bargeldansammlung einmal ab, die selbstverständlich die Liquidität erhöht, so dürfen wir grundsätzlich in der ‚kurzfristigen Selbstfinanzierung' eine Maßnahme erblicken, die einen Versuch darstellt, die Angelegenheit der Zahlungsbereitschaft bei der zu erwartenden ‚Gewinnverteilung' irgendwie in Einklang mit dem Rentabilitätsstreben zu bringen." In diesem Zusammenhang ist auf Moxter hinzuweisen, der unlängst zu Recht auf die Notwendigkeit einer Verknüpfung von Investitions- und Finanzierungslehre hingewiesen hat. (Moxter, A.: Die Bestimmung des Kalkulationszinsfußes bei Investitionsentscheidungen, in: ZfhF 1961, S. 186 ff.) Zu dem hier vorliegenden Sachverhalt führt Moxter aus: „Zur Finanzierung von Investitionsvorhaben steht indessen auch das sog. ‚temporäre Kapital' zur Verfügung; es handelt sich hier um finanzielle Mittel, die durch den Umsatzprozeß hereinfließen, aber erst in späteren Perioden zu Ausgaben führen. Auch die Kosten dieser Finanzierungsart sind in der Weise zu bestimmen, daß man nach der Rendite fragt, die sich bei einer alternativen, d. h. außerbetrieblichen Verwendung ergibt. Solche Mittel lassen sich aber insbesondere zur Tilgung von in früheren Perioden aufgenommenen Schulden einsetzen, und sie bringen dann also eine Ersparnis in Höhe jener Fremdkapitalkosten." (S. 190).

a) Sie beabsichtigt eine vorübergehende Verwendung vorhandener Transaktionsgewinne zur Skontoausnutzung bei Lieferantenverbindlichkeiten. Den Skontoertrag wägt sie nach Vergleich mit anderen vorübergehenden Anlagemöglichkeiten mit dem Zinsertrag einer Guthabenunterhaltung ab.

b) Durch größere Einkäufe von Werkstoffen kann die Unternehmung Sonderrabatte oder saisonal bedingte Preisvorteile erzielen. Diese vorübergehende Gewinnverwendung kann „rentabler" als eine Guthabenunterhaltung sein.

c) Die Unternehmung zieht eine Rationalisierungsinvestition, zu deren Durchführung in späterer Zeit ein Bankkredit notwendig wäre, vor. Sie vergleicht die Kostenersparnisse der vorzeitigen Rationalisierung mit anderen Verwendungsmöglichkeiten des Gewinnes und mißt diese am Zins der Guthabenunterhaltung. Der Bankkredit wird erst im Zeitpunkt der endgültigen Gewinnverwendung aufgenommen.

Die Beispiele lassen erkennen, daß in keinem der genannten Fälle durch den vorübergehenden Gewinneinsatz ein höheres Risiko eingegangen zu werden braucht, als es bei der Guthabenunterhaltung besteht.

Anders sind jedoch nachstehende Fälle zu beurteilen:

a) Die Unternehmung verwendet Gewinne zu vorübergehenden Wertpapieranlagen, die Kursschwankungen ausgesetzt sind.

b) Die Unternehmung erwirbt Vorräte, die spekulativen Preisänderungen unterworfen sind.

c) Die Unternehmung investiert in der falschen Hoffnung auf eine zukünftige Kreditgewährung.

Da die Sicherheit der zukünftigen liquiden Verwendungsbereitschaft des Gewinnes hierbei nicht gegeben ist, scheiden derartige Anlagemöglichkeiten aus der Wahl aus.

4. Eine Betrachtung unterschiedlicher Gewinneinsatzmöglichkeiten gibt Anlaß zu der Behauptung, daß die Rentabilität nicht unbedingt mit dem Eingehen eines Risikos erkauft zu werden braucht; es sei denn, man sieht in dem Verbleib des Gewinnes in der Unternehmung schlechthin ein Risiko. Dann aber sind die liquiden Mittel dem gleichen Risiko unterworfen; nämlich dem Verlust, der aus der Tätigkeit der Unternehmung überhaupt erwachsen kann (z. B. Konkurs).

5. Eine Geldeinsatzentscheidung der Unternehmung ist stets objektbezogen. Der Unternehmungsprozeß besteht aus einer Vielzahl von Transaktionen, die Einzelentscheidungen erfordern. Die vorübergehende Gewinnverwendung erstreckt sich, wenn ihr Objekt im Unternehmungsprozeß liegt[79], auf keine anderen Tatbestände, als sie allgemein gegeben sind. Damit steht die vorübergehende Gewinnver-

wendung im Rahmen der allgemeinen Finanzierungsdispositionen. Der Gewinnbereitstellungskalkül hat lediglich Wiedergewinnungszeit und Risikobegrenzung als Gegebenheiten zu berücksichtigen.

4. Der Umfang der vorübergehenden Gewinnverwendung

Nach den getroffenen Ableitungen wird der Umfang der vorübergehenden Gewinnanlage durch den finanzwirksam realisierten Transaktionsgewinn, der Zeitpunkt der vorübergehenden Anlagemöglichkeit durch den Augenblick der finanzwirksamen Gewinnrealisation bestimmt[80]. Es ist zu prüfen, ob dieses Ergebnis durch das Auftreten von Transaktionsverlusten und durch die möglicherweise im Verhältnis zu verschiedenen Anlageformen unzureichende Höhe der einzelnen Transaktionsgewinne beeinflußt wird.

a) Der Transaktionsgewinn

1. Wie in den Schaubildern 1 und 2[81] gezeigt wurde, können im Verlaufe der Erfolgsperiode auch Verlusttransaktionen auftreten. Hiermit ist gemeint, daß der Erlös der Transaktion ihre Ausgaben nicht deckt[82]. Bei einer Verwendung des Periodengewinnes der Unternehmung sind die einzelnen Verlusttransaktionen nicht mehr beachtenswert. Der Absatzgewinn ist die Summe der Transaktionsgewinne (und -verluste). Bei der Frage nach einer vorübergehenden Verwendung der Transaktionsgewinne sind sie jedoch zu berücksichtigen.

Finanzwirtschaftlich ist eine „Verlustverwendung" nicht denkbar. Der Ausgabenüberschuß ist im Gegenteil zu decken, soll nicht an irgendeiner Stelle der Unternehmungsprozeß eine Einschränkung erfahren. Sofern also die Unternehmung nach der finanzwirksamen Realisation

---

[79] Dies braucht nicht unbedingt der Fall zu sein. Eine vorübergehende Verwendung von Gewinnmitteln außerhalb der Unternehmung kann bei gleicher Sicherheit durchaus eine höhere Rentabilität versprechen. Die Untersuchung wendet sich an späterer Stelle gegen die weitgehend in der Literatur vertretene Ansicht, ein Einsatz von Finanzmitteln im Unternehmungsprozeß verspreche eo ipso höchste Rentabilität. So z. B. Conzelmann, F.: Die Selbstfinanzierung der Unternehmung, a. a. O., S. 33: „Ein Unternehmer ist ... darauf bedacht, gleich nach Ablauf eines jeden Geldkreislaufes auch das Mehrgeld, das dieser Rhythmus erbrachte, neben dem zu Beginn des jeweiligen Rhythmus eingesetzten und nun wieder zu Geld gewordenen Geld in Betriebsmittel (Rohstoffe, Materialien, Arbeitslöhne) umschlagen zu lassen. Damit wird, um eine nachhaltige Gewinnerzielung zu bewirken, der Produktionsstrom vergrößert."

[80] Die auf S. 37 dargestellte zeitliche Verzögerung soll in einer rein theoretischen Betrachtung vernachlässigt werden. Die praktische Bedeutung wird in Abschnitt b) auf S. 46 hervorgehoben.

[81] Siehe S. 36 und S. 37.

[82] Eine kurzfristige Vernachlässigung nicht gedeckter Abschreibungen oder — ausgabenloser — Zusatzkosten ist im Verlaufe der Periode ohne Belang.

von Transaktionsgewinnen bis zum Zeitpunkt der endgültigen Gewinnverwendungsentscheidung mit dem Eintritt von Transaktionsverlusten zu rechnen hat, wird sie dieses bei ihrer vorübergehenden Gewinnverwendungsentscheidung berücksichtigen müssen.

Die Unternehmung wird diese Möglichkeit in den Gewinnbereitstellungskalkül einbeziehen. Sie kann dafür Sorge tragen, daß im Falle eines Ausgabenüberschusses ein Bankkredit vorübergehend einspringt; sie wägt dann die Vorteile der geplanten vorübergehenden Gewinnverwendung mit den eventuell zu zahlenden Bankzinsen ab. Höhe und Zeitpunkt der vorübergehenden Gewinninvestition werden insoweit nicht beeinträchtigt. Entschließt sie sich, einen Teil des Gewinnes im Hinblick auf die Verlustmöglichkeit liquide zu halten, so opfert sie Rentabilität zugunsten der Sicherheit.

Hieraus folgt, daß der theoretisch als richtig erkannte Umfang und Zeitpunkt des Gewinneinsatzes nicht zwingend eingeschränkt wird. Die Unternehmung wird lediglich vor eine ökonomische Entscheidung gestellt.

2. Die Transaktionsgewinne können der Höhe nach unterschiedlich sein[83] und überdies zu unterschiedlichen Zeitpunkten — in mehr oder weniger zusammengefaßter Form — eingehen[84]. Hierdurch können Umfang und Zeitpunkt des Gewinneinsatzes beeinflußt werden, wenn die einzelnen Transaktionsgewinne im Verhältnis zu geplanten und möglichen Gewinneinsätzen eine ökonomisch nicht relevante Größe darstellen.

Derartige reale Gegebenheiten beeinflussen die Richtigkeit der theoretischen Ableitung nicht. Eine Verwendungsmöglichkeit besteht theoretisch für jeden Transaktionsgewinn. Wenn der Zeitpunkt des vorübergehenden Gewinneinsatzes aus Gründen des „Ansparens" hinausgeschoben wird, folgt dieses einer Rentabilitätsüberlegung.

3. Auch ist die Frage zu beantworten, ob neben dem Umfang des Transaktionsgewinnes sein Gehalt Einfluß auf die vorübergehende Gewinnverwendung ausübt.

Neben dem effektiven Aufwand für die Transaktion kalkuliert die Unternehmung Kostenbestandteile, denen zunächst keine Ausgaben gegenüberstehen: Eigenkapitalzins, Unternehmerlohn, Risikoprämien[85].

---

[83] Bei Verfolg bestimmter Sachziele der Unternehmungen braucht dies nicht unbedingt gegeben zu sein. Es sind uniforme Leistungen und damit der Höhe nach gleiche Transaktionsgewinne denkbar. Das Problem wird dadurch vereinfacht.

[84] Auch hierbei sind im praktischen Geschehen der Unternehmungen einfachere Verhältnisse denkbar.

[85] Über weitere „Zusatzkosten" s. Kosiol, E.: Kalkulatorische Buchhaltung, 4. Aufl. Wiesbaden 1950, S. 77 ff.

Für den vorübergehenden Gewinneinsatz sind diese Gewinnelemente ohne Belang. Erst im Zeitpunkt seiner endgültigen Verwendung ist hierüber eine Entscheidung zu fällen.

Kalkuliert die Unternehmung allerdings im Hinblick auf steigende Güterpreise die Anlagenutzungen oder den Vorratsverbrauch zu Ersatzbeschaffungsausgaben, und ist die Ersatzbeschaffung vor Ablauf der Erfolgsperiode zu erwarten, so hat der Gewinnbereitstellungskalkül eine entsprechend kürzere Wiedergewinnungszeit zugrunde zu legen. Dem Umfang nach erstreckt er sich auf die im Erlös realisierten Mehrausgaben für die Ersatzbeschaffung[86].

b) Optimalumfang der vorübergehenden Gewinnverwendung und Optimalperiode der Gewinnansammlung

Der realisierte Transaktionsgewinn stellt theoretisch den Umfang der vorübergehenden Gewinnverwendung dar. Es kann die Frage gestellt werden, welche praktische Verhaltensweise die Unternehmung einschlägt, wenn sie unter bestimmten Bedingungen hiervon abweichende Gewinneinsätze vornehmen will.

Die Unternehmung wird im Hinblick auf ausgewählte temporäre Gewinneinsatzmöglichkeiten Transaktionsgewinne „ansparen“. Dies wird namentlich dann der Fall sein, wenn die einzelnen Transaktionsgewinne zu im voraus nicht genau bestimmbaren Terminen eingehen, sich stark in der Höhe voneinander unterscheiden und relativ niedrig sind.

Schaubild 4 soll diesen Vorgang verdeutlichen:

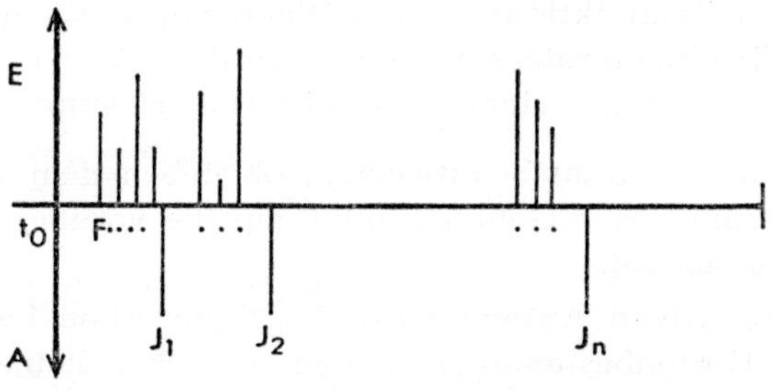

Schaubild 4

Die Markierungen oberhalb der Abzisse geben Zeitpunkt und Höhe der finanzwirksam realisierten Transaktionsgewinne wieder. Die Symbole J_1, J_2, J_n bezeichnen Zeitpunkt und Höhe der vorübergehenden Einsätze. Die im Schaubild sichtbaren temporären Investitionsintervalle

[86] Diese Fragestellung wird im Rahmen der „Gewinnreservierungen“ ausführlich besprochen.

kennzeichnen „Optimalumfang“ der Gewinneinsätze und „Optimalperioden“ der Gewinnansammlung.

Der Optimalumfang temporärer Gewinneinsätze ist davon abhängig, welche individuellen Möglichkeiten sich hierzu im normalen Geschäftsgang der Unternehmung bieten. Er wird auch von der Zeitdauer notwendigen „Ansparens“ abhängig sein: Das Brachliegen von Transaktionsgewinnen bedeutet Rentabilitätsverzichte; zunehmende Einsatzhöhe dagegen verspricht im allgemeinen höhere Rentabilitätsgewinne.

Die Optimalperiode der Gewinnansammlung braucht keinesfalls fest vorgegeben zu sein. Sie kann von unvorhergesehenen, stoßweise auftretenden Geldeingängen flexibel bestimmt werden.

Verhält sich eine Unternehmung in dieser Weise, so wird der Gewinnbereitstellungskalkül auf die Bemessung des „Optimalumfanges“ unter Wahrung der Risikobegrenzung und der Wiedergewinnungszeit angewendet[87].

V. Zusammengefaßtes Ergebnis

1. Die Verwendung des von der Unternehmung erzielten Gewinnes ist ein finanzwirksamer Prozeß. Eine Gewinnverwendungsentscheidung kann nur über den von der Unternehmung erzielten und errechneten Gewinn getroffen werden, der finanzwirksam verwendungsbereit ist. Die geeignete und notwendige Grundlage dieser Entscheidung ist die pagatorische Anschaffungswertbilanz. Die mögliche Verwendungsbereitschaft des Gewinnes zeigt sich, wenn ergänzend neben dem Prinzip der Erfolgsrealisation das „Prinzip der finanzwirksamen Erfolgsrealisation“ angewendet wird. Verläßt eine Gewinnerrechnung den Boden des Anschaffungswertprinzips, ist es erforderlich, das in ihr ausgewiesene Ergebnis auf den verwendungsbereiten Gewinn zurückzuführen.

2. Der Absatzgewinn der Unternehmung entsteht im Anschluß an die einzelnen Transaktionen. Der Zeitpunkt der endgültigen Gewinnverwendungsentscheidung kann von diesem Gewinnentstehungszeitpunkt erheblich abweichen. Sollen die Transaktionsgewinne im Zeitpunkt der endgültigen Gewinnverwendung liquide bereitstehen, sind Maßnahmen zu treffen, die diesen „kritischen“ Zeitraum überbrücken. Der Entscheidung über eine vorübergehende Verwendung der Transaktionsgewinne liegt ein „Gewinnbereitstellungskalkül“ zugrunde, der die Vorteilhaftigkeit alternativer Einsatzmöglichkeiten gleicher Wiedergewinnungszeit und Risikobegrenzung aufzeigt.

---

[87] Die Untersuchung beschränkt sich auf diese Ausführungen. Optimalumfang und Optimalperiode sind weitgehend von Unternehmungsgegebenheiten abhängig. Damit ist das Problem vornehmlich praktischer Natur. Es würde die Konzeption der Arbeit stören, wenn hier ein Verfahren entwickelt würde. Dieses muß einer gesonderten Untersuchung vorbehalten bleiben.

3. Die Herausarbeitung des verwendungsbereiten Gewinnes schafft den Ansatz für die materielle Seite des Gewinnverwendungsproblems: Die Entscheidung der Gewinndisponenten, welchen endgültigen Zwekken der Unternehmungsgewinn zugeführt werden soll.

C. Die Gewinnverwendungsarten

1. Im folgenden Teil der Untersuchung wird zunächst eine isolierte Analyse der einzelnen Gewinnverwendungsmöglichkeiten durchgeführt. Hierbei werden die Fragen beantwortet, welche Gründe für die Wahl einer Verwendungsart sprechen und wie die Unternehmung zu verfahren hat, wenn sich die Gewinndisponenten für sie entscheiden. Erst in einem späteren Stadium der Untersuchung werden die Bestimmungsgründe der Gewinnverwendungsentscheidung[1] selbst herausgearbeitet; damit wird dann die Frage beantwortet, in welchem Ausmaß die einzelnen Gewinnverwendungsarten bedacht werden.

2. Zur Durchführung der genannten Analyse nimmt die Untersuchung folgende Gruppierung und Abgrenzung der Gewinnverwendungsarten vor:

a) Unter Gewinnausschüttung wird diejenige Gewinnverwendung verstanden, die einen endgültigen Gewinnabfluß für die Unternehmung darstellt. Hierunter fallen z. B. Gewinnzahlungen an Eigenkapitalgeber, Tantiemen, Gewinnbeteiligungen der Arbeitnehmer, Gewinnsteuern und -abgaben, Spenden. Diese Gewinnverwendungsart ist dadurch gekennzeichnet, daß erzielte Erlösüberschüsse die Unternehmung verlassen, ohne daß ihr Gegenwerte verbleiben.

   Die Ausgabe von Gratisaktien oder Bezugsrechten, Scripgewinnanteilen oder Genußrechten ist keine Gewinnausschüttung. In diesen Fällen verlassen die Unternehmung keine Erlösüberschüsse. Ihr verbleiben die Gegenwerte dieser „profits on paper".

b) Unter Gewinnreservierung wird diejenige Gewinnverwendung verstanden, die darauf gerichtet ist, Erlösüberschüsse vorübergehend der Unternehmung zu belassen. Sie können vorübergehend Anlage in Gegenwerten finden. Im Zeitpunkt der Gewinnverwendung wird damit gerechnet, daß diese Mittel zu einem bestimmten oder noch unbestimmten Zeitpunkt benötigt werden. Die dann stattfindenden Ausgaben können gewollt oder ungewollt sein. Hierunter fallen z. B.: Zukünftige Gewinnausschüttungen, erwartete Ausgaben ohne Gegenwerte, die aus dem Gewinn gedeckt

[1] Von nun an ist unter „Gewinnverwendungsentscheidung" immer die „endgültige" Entscheidung über die Verwendungsrichtung gemeint.

werden, spätere Verlustdeckungen in „realer" Form[2], Gewinnansparungen für spätere Investitionen, Ausgaben zur Bestreitung steigender Ersatzbeschaffungspreise.

c) Unter Gewinninvestition wird diejenige Gewinnverwendung verstanden, die darauf gerichtet ist, Erlösüberschüsse dauernd der Unternehmung zu belassen. Die Erlösüberschüsse erhalten Eigenkapitalcharakter; die Zeitbestimmung „dauernd" folgt daher der Bindungsdauer des Kapitals[3].

Finanzwirtschaftlich gesehen, bedeutet Gewinninvestition, daß die Erlösüberschüsse die Unternehmung in liquider Form verlassen; an ihre Stelle treten Gegenwerte: Grundstücke und Gebäude, Werkstoffe, Beteiligungen, Wertpapiere; auch immaterielle Werte durch Ausgaben für Forschung und Werbung.

Neben der „ursprünglichen" Gewinninvestition ist auch eine „nachfolgende" Gewinninvestition möglich. Zahlt die Unternehmung aus Erlösüberschüssen eingegangene Verbindlichkeiten zurück, mit denen vormals Investitionen durchgeführt wurden, so ist der Tatbestand der Gewinninvestition erfüllt. Die Kreditfinanzierung erweist sich nachträglich als Vorfinanzierung. Hat eine Unternehmung Abschreibungsmittel in Vorperioden zu Erweiterungs- oder Rationalisierungsinvestitionen verwendet, und dienen jetzt die Gewinnmittel für Ersatzbeschaffungen, so liegt ebenfalls eine Gewinninvestition vor.

Die finanzwirksame Deckung von Verlusten aus Vorperioden[4] ist gleichfalls eine Gewinninvestition. Die Feststellung eines Verlustes bedeutet die Feststellung eines Eigenkapitalverzehrs, der gedeckt wird.

Gewinnreservierung bedeutet demnach vorübergehender Verbleib der Erlösüberschüsse in der Unternehmung. Die getroffene Abgrenzung zur Gewinninvestition findet ihren weiteren Ausdruck darin, daß Reservierungsentscheidungen und Investitionsentscheidungen auf unterschiedlichen Kalkülen fußen. Gegenüber dem „Gewinninvestitionskalkül" weist der „Gewinnreservierungskalkül" die Einhaltung der Wiedergewinnungszeit und der Risikobegrenzung der einzusetzenden Gewinnmittel als Bedingungen auf.

---

[2] Wie später näher ausgeführt wird, ist eine „reale" Verlustdeckung mit Ausgaben verbunden, im Gegensatz zum „Bucheffekt" einer „Rücklagenaufrechnung".

[3] Dies schließt nicht aus, daß durch später erfolgende Kapitalrückzahlungen die Investition nur vorübergehender Art war.

[4] Siehe S. 20.

Der vorgenommenen Gruppierung können praktisch in Erscheinung tretende Gewinnverwendungsarten zugeordnet werden[5].

Die von der Untersuchung vorgenommene Begriffsbildung und -deutung faßt das nachstehende Schema zusammen.

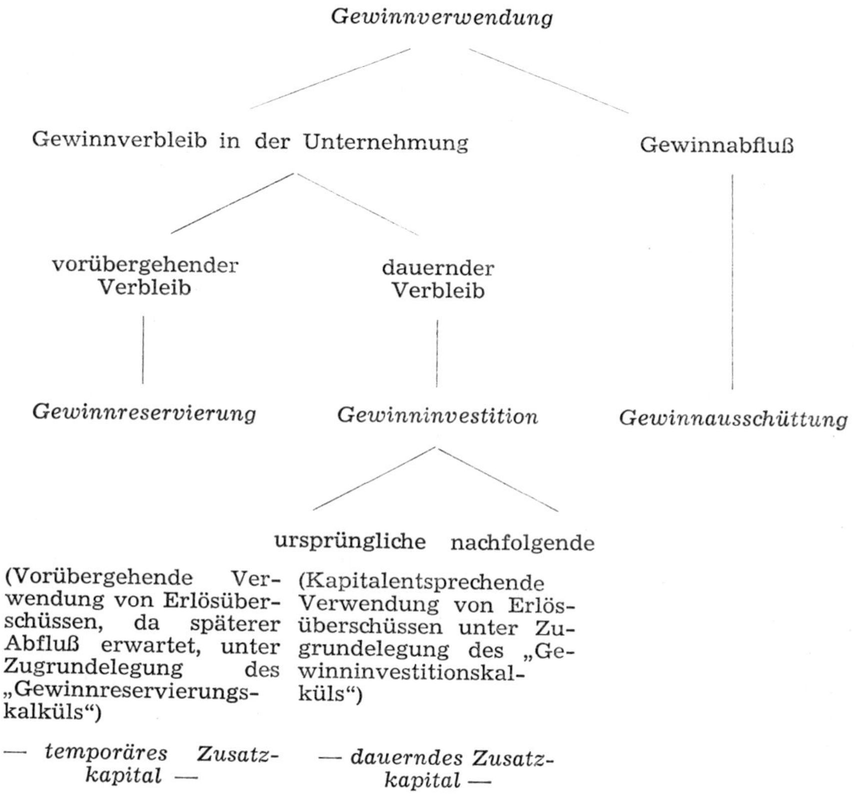

3. Die von der Untersuchung gewählten Begriffe „Gewinnreservierung“ und „Gewinninvestition“ weichen von der herrschenden Terminologie ab. Das erfordert eine gebührende Erklärung.

Die Theorie der Erfolgsrechnung belegt den Tatbestand der Gewinnzurückbehaltung (Nichtausschüttung) ohne Rücksicht darauf, in wel-

[5] Wenn im Fortgang der Untersuchung die Gewinnverwendungsarten in einer anderen Reihenfolge betrachtet werden, ist hierin keine unterschiedliche Problemgewichtung oder gar Wertung zu erblicken. Neben Zweckmäßigkeitserwägungen spielt die Beziehung der einzelnen Gewinnverwendungsarten zur Unternehmung — die Beziehungsdichte — eine Rolle. Reservierung und Investition stehen in unmittelbarer Nähe zum Unternehmungsprozeß. Gewinnausschüttung ist nicht der „Rest“, der nach Befriedigung der Unternehmungswünsche verbleibt, jedoch ist sie Abfluß von Unternehmungsmitteln und damit „prozeßfern“. In diesem Sinne ist die Gliederung aufzufassen.

chen Formen die Erlösüberschüsse verwendet werden, mit dem Begriff „Rücklagen“[6]. Sie kommt mit diesem Begriff ohne weiteres aus, denn ihre Fragestellung wird mit der Feststellung des Ergebnisses der Unternehmungstätigkeit beantwortet. Sollen aber bestimmte Verwendungsrichtungen des Gewinnes aufgezeigt werden, sind spezifische Begriffe zu verwenden.

Der Gesetzgeber[7] hat sich den Begriff Rücklagen zu eigen gemacht[8]. Der „gesetzlichen Rücklage“ legt er einen Verwendungszweck bei, der lediglich erfolgsrechnerisch ausgerichtet ist. Der „Ausgleich von Wertminderungen“ und die „Deckung von sonstigen Verlusten“[9] — als Aufgabe der gesetzlichen Rücklage — hat nach gesetzlicher Formulierung und nach übereinstimmender Kommentierung den Charakter eines „Bucheffektes“; ein eingetretener Verlust wird ex post durch Rücklagenaufrechnung beseitigt. Eine Aktiengesellschaft kann, ohne gegen die gesetzlichen Vorschriften zu verstoßen, jedwede Anlageform der Gegenwerte der gesetzlichen Rücklage wählen; sie darf sie nur nicht ausschütten. Es steht der gesetzlichen Formulierung nicht entgegen, wenn die zurückgehaltenen Gewinne unter Eingehung höchsten Risikos investiert werden und damit dem eigentlichen Rücklagenzweck im finanzwirtschaftlichen Sinne entgegengewirkt wird[10]. Die Bilanz der Aktiengesellschaft ist weitgehend erfolgsrechnerisch ausgerichtet[11].

Die Gewinnverwendung der Unternehmung hat aber eine bestimmte weitergehende Zweckerreichung zum Gegenstand. Sollen künftige Verluste finanzwirksam aus Gewinnen gedeckt werden, so erfordert dieses finanzwirksame „Reservierungen“. Die Verlustdeckung erscheint in diesem Falle nicht mehr als „reiner“ Bucheffekt, sondern zugleich als reale Verlustbeseitigung. Auch künftige Dividendenzahlungen aus bereits verdienten Gewinnen werden nicht ausschließlich mit einer Rücklagendotierung — „Dividendenausgleichsfonds“ — erreicht, sondern gekoppelt mit einer finanzwirksamen Reservierung. Werden dagegen Gewinne zwecks Kapitalstärkung von der Ausschüttung zurückbehalten,

[6] Hier sind nur die offenen, nicht die „stillen Rücklagen“ gemeint. In der älteren Bilanzliteratur wurde von „Reserven“ oder von einem „Reservefonds“ gesprochen. Kosiol, E.: Bilanzreform und Einheitsbilanz, a. a. O., S. 123 führt hierzu aus: „Das Wort Rücklagen ist als Verdeutschung an die Stelle der früheren Bezeichnung Reserven bzw. Reservefonds getreten und hat sich durch die Formulierung im Aktiengesetz allgemein eingebürgert.“

[7] Es wird auf das Aktiengesetz Bezug genommen.

[8] Siehe §§ 130, 185, 192 AG; § 13 EGAG.

[9] § 130 Abs. 3 AG.

[10] Siehe S. 69.

[11] Hierzu führt der einschlägige Kommentar von Adler-Düring-Schmaltz: Rechnungslegung und Prüfung der Aktiengesellschaft, 2. Aufl. Stuttgart 1948, Tz. 4 zu § 129 AG aus: „Das ganze Bewertungsproblem der normalen Jahresbilanz ist somit in erster Linie beherrscht von der Ermittlung des Erfolges.“

liegt nicht einfach eine „Rücklagenzuführung" — möglicherweise zu „freien Rücklagen" —, sondern auch eine Investition vor. Sie unterliegt einer Entscheidung, die auf einem Kalkül fußt, und erschöpft sich nicht in einem Buchungsvorgang.

Die Begriffsbildung der Untersuchung gliedert demnach den Begriff „Rücklage" auf. Hinter diesem Bilanzposten der Erfolgsrechnung kann eine „gewinnreservierende" oder „gewinninvestierende" Verhaltensweise der Unternehmung stehen[12, 13].

Sofern also eine Erfolgsbilanz „Rücklagen" ausweist, ist die Frage zu beantworten, in welcher Höhe diese Gewinnreservierungen darstellen — also temporäres Zusatzkapital sind — oder investiert wurden — und damit dauerndes Zusatzkapital bilden.

Der Reservenbegriff ist nicht nur an das Rechnungswesen gebunden. Er wurde keinesfalls mit dem Wandel der Bilanzterminologie aus der betriebswirtschaftlichen Terminologie ausgemerzt. Es wird weiterhin von „Reservegütern", „Reservevermögen", „Betriebsreserven", „Kapitalreserven" u. a. m. gesprochen[14]. Stets ist hiermit eine ökonomische Potenz gemeint, die in Aktion treten soll, wenn das als „reservierungswürdig" erkannte Ereignis eintritt. Um nichts anderes handelt es sich, wenn die Gefahr besteht, daß zukünftig eintretende Ausgaben nicht bestritten werden können, und hierfür eine „Reservierung" vorgenommen wird[15, 16].

---

[12] Zur Ergänzung sei auf die Gliederung und Abgrenzung der Reserven bei Walb hingewiesen. Walb, E.: Die Erfolgsrechnung privater und öffentlicher Betriebe, a. a. O., S. 144 ff.

[13] Als Zweck der Gewinnzurückbehaltung wird oft von der Anlegung eines „Polsters" gesprochen. (Auch Walb, E.: Finanzwirtschaftliche Bilanz, a. a. O., S. 81 f.) Es ist Tatfrage, welcher Gewinnverwendungsart diese Verhaltensweise zuzuordnen ist. Erfolgt lediglich eine Kapitalstärkung, liegt eine Gewinninvestition vor. Wird jedoch ein Gewinnteil zurückbehalten, um ihn finanzwirksam im Falle eines Verlusteintrittes einspringen zu lassen, ist der Tatbestand der Gewinnreservierung erfüllt. Näheres hierüber auf S. 66 ff., 84 ff.

[14] Hierzu sind aus der reichhaltigen Literatur insbesondere zu nennen: Kosiol, E.: Bilanzreform und Einheitsbilanz, a. a. O., S. 123 f.; Schwab, H.: Die wirtschaftlichen Reserven unter besonderer Berücksichtigung der Unternehmungsreserven, Diss. Erlangen 1935; Meyer, M.: Die Reserven als theoretisches Problem der Unternehmungswirtschaftslehre, Bern 1952; Frehner, E.: Die Reserven in der Unternehmung, Zürich 1946. Zur Literatur wird im einzelnen später näher Stellung genommen.

[15] Bemerkenswert in diesem Zusammenhang ist, daß der Mitbegründer der herrschenden Bilanzauffassung, Ernst Walb, den Begriff „Reserven" auch noch in seinem letzten Werk, „Finanzwirtschaftliche Bilanz", nicht abgelegt hat, obwohl er die Gewinnverwendung nicht primär im Auge hatte. Mit dem Begriff „Gewinnreservierung" schließt sich die Untersuchung der Terminologie von Hatheyer, E.: Reservierungen (Bereitstellungen) und Wertberichtigungen (Abschreibungen), in: Die Bilanzen der Unternehmungen, Festschrift für J. Ziegler, Wien 1933, an. Allerdings wird dem Begriff in dieser Untersuchung ein anderer Sinninhalt gegeben.

[16] Der Begriff „Reservefonds" ist dann nicht abwegig, wenn die zurückbehaltenen Gewinne zur Bildung eines echten „Fonds" verwendet werden. Es

In engem Zusammenhang mit der von der Untersuchung verwendeten Terminologie steht der vielfach gebrauchte Begriff „Selbstfinanzierung". Wie *Hasenack* in den für dieses Thema grundlegenden Untersuchungen feststellt, ist sie „die Kapitalbeschaffung durch Gewinnakkumulation, das ist Nichtausschüttung von wirklich verdienten Gewinnen"[17]. Die Literatur nominiert als Quelle für diesen Finanzierungsvorgang stets die „Rücklagen" schlechthin. Es erscheint jedoch sinnvoll, die möglichen Formen der Selbstfinanzierung, — *Hasenack* spricht u. a. von „intermittierender" und „vorübergehender" im Gegensatz zur „dauerhaften"[18] — in einer Rücklagengliederung, wie sie die Untersuchung vornimmt, Ausdruck finden zu lassen.

I. Die Gewinnreservierung

1. Der Unternehmung können in der Zukunft Ausgaben erwachsen, die sie aus einem gegenwärtig erzielten Gewinn zu bestreiten beabsichtigt. Eine Gewinnreservierung liegt dann vor, wenn der zukünftigen Finanzwirksamkeit des erstrebten Zweckes durch Bereitstellung liquider Erlösüberschüsse Rechnung getragen wird.

Hiernach hat der anschließende Untersuchungsteil folgende Fragen zu beantworten:

a) Welche Gründe sprechen für eine Reservierung finanzwirksam realisierter Gewinnteile?

b) Wie wird erreicht, daß im Zeitpunkt der zukünftigen Ausgabennotwendigkeit der hierfür reservierte Gewinnteil bereitsteht?

2. Untersuchungsgegenstand sind damit nur jene zukünftigen Ausgabenbestreitungen, deren Quelle der gegenwärtig erzielte Gewinn ist.

Grundsätzlich wird davon ausgegangen, daß der Unternehmungsgewinn ein „Residualeinkommen" ist. Eine Gewinnreservierung für bestimmte Ausgaben setzt dabei voraus, daß in entsprechender Höhe Erlösüberschüsse erzielt wurden. Gewinnreservierungen sind aber auch auf der Basis eines „kalkulierten Gewinnes" möglich. Dann werden die in der Kalkulation zweckentsprechend berücksichtigten Gewinnverwendungselemente bereitgestellt: Etwa die Abschreibungsdifferenz zwischen Ersatzbeschaffungsausgaben und Anschaffungsausgaben verzehrter

---

handelt sich dann aber nicht mehr um eine Kontobezeichnung. Im Zusammenhang mit den Begriffen „speziell gedeckte Reserven", „ungedeckte Reserven" wird sich an späterer Stelle zeigen, daß die bestehende Unklarheit der Literatur auf eine mangelnde Trennung der Rücklagenzwecke zurückzuführen ist.

[17] Hasenack, W.: Wesen und Arten der Selbstfinanzierung, in: Die Betriebswirtschaft 1931, S. 94.

[18] Hasenack, E.: ebda., S. 200.

Wirtschaftsgüter für den Zeitpunkt der Ersatzbeschaffung[19], oder das erfaßte „allgemeine Unternehmerwagnis" für den Zeitpunkt der realen Beseitigung eines Konjunkturverlustes.

Von der Gewinnreservierung ist scharf die „Aufwandreservierung" zu trennen. Diese ist dann geboten, wenn die Unternehmung zukünftige Ausgaben erwartet, die im Rahmen der gegenwärtigen Erfolgsrechnung Aufwandcharakter tragen: Etwa die finanzwirksame Reservierung von „Rückstellungen"[20] für Prozeßrisiken und andere spezielle Wagnisse. Die Bereitstellung von Anschaffungswertabschreibungen ist ebenfalls eine Reservierungsfrage[21]. Im Rahmen eines allgemeinen finanzwirtschaftlichen Reservierungsproblems beruht der Unterschied zwischen „Gewinnreservierung" und „Aufwandreservierung" lediglich in der Abgrenzung des Gewinnbegriffes.

3. Für die prinzipielle Beantwortung der gestellten Fragen ist unerheblich, in welchem Umfang die Gewinndisponenten eine Gewinnreservierung verfügen.

1. Die Bestimmungsgründe der Gewinnreservierung

1. Die einkommensverwendenden Dispositionen der Wirtschaftssubjekte können ein „Zwecksparen" umschließen. Es ist beabsichtigt, spätere Ausgaben durch Aufbewahrung gegenwärtiger Konsumverzichte zu ermöglichen.

Im Bereich des Haushaltes kann man Zwecksparen zum Beispiel für eine beabsichtigte Reise, das Studium des Sohnes, die Hochzeit der Tochter annehmen. Gleiches gilt für die Unternehmung, wenn beispielsweise

---

[19] An dieser Stelle wird deutlich, daß die „Zusatzkosten" als Instrument der Selbstkostenrechnung nicht nur ein Problem der Bemessung des Wertverzehrs darstellen, sondern daß ihnen auch eine finanzwirtschaftliche Bedeutung beizulegen ist. Über „Zusatzkosten" s. Kosiol, E.: Kalkulatorische Buchhaltung, a. a. O., S. 78 f.

[20] Der in der Untersuchung vertretenen Ansicht, daß bei finanzwirtschaftlicher Betrachtungsweise auch die Rückstellungen „Reservierungscharakter" tragen, kommt Kosiol entgegen, indem er ausführt: „Wenn auch der alte Begriff der Reserven umfassender war und z. B. die Rückstellungen (als sogenannte Aufwandreserven) einschloß ...". Kosiol, E.: Bilanzreform und Einheitsbilanz, a. a. O., S. 123. Dieser Tatbestand wird auch von Hatheyer, E.: Reservierungen (Bereitstellungen) und Wertberichtigungen (Abschreibungen), a. a. O., ausführlich herausgearbeitet.

[21] Hierzu meint Dürrhammer, W.: Kapitalbindung, -freisetzung und Kapitalredintegration, in: Der Betrieb, 1951, S. 370: „Diese Finanzmittel werden sofort wieder zu zweckfremden, aber nicht betriebsfremden neuen Kapitalbindungen benutzt ... Im Verein mit jenen Freisetzungen, die durch den technischen Fortschritt oder durch Rationalisierung verursacht sind, sind es in der deutschen Wirtschaft jährlich schätzungsweise mehr als 5 Mrd. DM, die in anderer Weise Verwendung finden, als ihr eigentlicher Entstehungszweck es verlangt."

gegenwärtig erzielte Gewinne später ausgeschüttet oder für die spätere Anschaffung teurerer Maschinen verwendet werden sollen.

Die Bestreitung von später gewollten Ausgaben wird möglich, wenn Einkommen resp. Gewinne für diesen Zweck reserviert werden. Der Umfang der Reservierung wird durch die Höhe der zukünftigen Ausgabe bestimmt.

2. Die Wirtschaftssubjekte sind Risiken ausgesetzt. Im Haushalt kann Krankheit zu Einkommensausfällen und zu ungewollten Ausgaben führen. Seinen Ausdruck findet das Risiko hierbei darin, daß im Zeitpunkt des Verlusteintrittes die Mittel zu seiner Überwindung möglicherweise nicht vorhanden sind. Hieraus erwächst das Vorsorgemotiv als Bestandteil des Wirtschaftens.

Auch die Tätigkeit der Unternehmung ist mit Risiken verbunden. „Durch Einsatz von Kapital und Arbeit bei der Leistungserstellung übernimmt die Unternehmung Risiken und damit geht sie Wagnisse ein“[22] sagt *Oberparleiter.* In einer „Wirtschaftsform, die ein risikofreies Wirtschaften zuläßt, hat die Unternehmung aufgehört zu sein“[23], stellt *Rieger* fest. *Kosiol* bezeichnet die Risikofunktion als eine grundlegende Wirtschaftsfunkion (Grundfunktion) des Betriebes, die sich gleichrangig neben der wirtschaftlichen Betriebsleistung und der rechnerischen Durchdringung der Betriebstätigkeit aus dem Ziel der Bedarfsdeckung herleitet und eine unvermeidliche Begleiterscheinung alles Wirtschaftens ist[24]. Risikoeintritt bedeutet Verluste. „Verluste im Betrieb können erfolgen, wenn die Erlöse unter den Kosten liegen, wenn Warenvorräte verderben, wenn eine Maschine durch unvorhergesehenes Mißgeschick ausfällt usw.[25].“ „Am Ende ist es immer ein Kapitalwagnis[26].“

Die Risikenvorsorge der Unternehmung ist von ihrer Fähigkeit, Verlustmöglichkeiten zu erkennen und von der Entscheidung, ihnen begegnen zu wollen, abhängig. *Walb* meint, „daß eine solche Planung (Vor-

---

[22] Oberparleiter, K.: Risiko, in: Handwörterbuch der Betriebswirtschaft, begründet von H. Nicklisch, hrsg. von H. Seischab und K. Schwantag, Bd. 3, 3. Aufl. Stuttgart 1960, Sp. 4695.

[23] Rieger, W.: Einführung in die Privatwirtschaftslehre, a. a. O., S. 17.

[24] Kosiol, E.: Warenkalkulation in Handel und Industrie, 2. Aufl. Stuttgart 1953, S. 1 f.

[25] Haas, D.: Bedeutung und Funktion der Reserven, Diss. Freiburg 1954, S. 27. Die Deutung des Risikos als „Verlustgefahr“ nimmt in neuerer Zeit vornehmlich Bussmann vor (Bussmann, K. F.: Das betriebswirtschaftliche Risiko, Meisenheim am Glan 1955, insbesondere S. 11).

[26] Oberparleiter, K.: Risiko, a. a. O., Sp. 4696. Auch läßt Oberparleiter zu: „Neben dem Kapitalwagnis der Unternehmung bleibt das persönliche Wagnis der Betriebsangehörigen, das sich aus einer mehr oder weniger engen Schicksalsverbundenheit ergibt, nicht zu übersehen.“ Über das „Einkommensrisiko“ s. S. 156 dieser Untersuchung.

sorge) notwendig ist", und „daß darüber nirgends ein Zweifel besteht"[27]. *Gronau* sagt jedoch nicht zu Unrecht: „Ein Verzicht auf Sicherung kann gewollt sein. Es besteht dann Klarheit, daß das nicht abgeschirmte Risiko von einschneidender Auswirkung auf den Bestand der Unternehmung sein kann[28]." Hieraus folgt, daß im Falle der gewollten oder ungewollten Unterlassung einer Risikenvorsorge Kapitalverluste eintreten können.

Die Überwindung eines finanzwirksamen Verlustes führt zu ungewollten Ausgaben. Für die Unternehmung kann das bedeuten, aus gegenwärtig erzielten Gewinnen zweckentsprechende Reservierungen vorzunehmen. Gegenüber den Gewinnreservierungen für gewollte Ausgaben tritt hierbei erschwerend in Erscheinung, daß die Höhe der Verluste und der Zeitpunkt ihres Eintrittes unbekannt sein können.

a) Die Bestreitung zukünftig gewollter Ausgaben aus dem Gewinn

Die Gewinnreservierung für zukünftig gewollte Ausgaben soll an folgenden Beispielen herausgearbeitet werden:

aa) Ausschüttung erzielter Gewinne in späteren Erfolgsperioden,

bb) Bestreitung gestiegener Ersatzbeschaffungsausgaben in späteren Erfolgsperioden.

Eine spätere Ausschüttung erzielter Gewinne ist immer dann gewollt, wenn der Zahlungstermin in späteren Erfolgsperioden liegt oder aus unternehmungspolitischen Gründen die Zahlung später erfolgen soll. In jedem Fall verläßt der Gewinn die Unternehmung ohne Hinterlassung eines Gegenwertes[29].

Die Bestreitung gestiegener Ersatzbeschaffungsausgaben ist als gewollte Ausgabe anzusehen. Sie ist davon abhängig, ob die Gewinndisponenten eine Vorsorge für steigende Güterpreise als notwendig erachten, ob sie die vorhandene Betriebsausrüstung in bestimmter Form zu „erhalten" wünschen. Diese zukünftigen Ausgaben führen zu Investitionen, da ihr Abfluß Gegenwerte erzeugt. Im Zeitpunkt der Gewinnzurückbehaltung liegt jedoch eine Gewinnreservierung vor, da die endgültige Zweckzuführung später stattfindet[30].

---

[27] Walb, E.: Finanzwirtschaftliche Bilanz, a. a. O., S. 58 f.

[28] Gronau, F.: Die Sicherung der Unternehmung, Stuttgart 1935, S. 31.

[29] Zutreffend sagt Hatheyer, E.: Reservierungen (Bereitstellungen) und Wertberichtigungen (Abschreibungen), a. a. O., S. 284: „Die Aufsparung von Gewinnen geschieht ... auch für Zwecke der Gewinnregulierung und endlich für mögliche Aufwendungen ...."

[30] Eine derartige Gewinnreservierung kommt auch dann in Betracht, wenn Gewinne für spätere Investitionen angespart werden, weil sie im Verhältnis zur geplanten Investition (noch) nicht ausreichen.

aa) Gewinnausschüttung in zukünftigen Erfolgsperioden

1. Eine spätere Ausschüttung gegenwärtig erzielter Gewinne kann verschiedene Gründe haben. Eine Aktiengesellschaft kann bestrebt sein, stetige Dividenden auszuschütten. Kleine Gesellschaften oder Einzelunternehmungen verteilen gegenwärtig erzielte Konjunkturgewinne auf einen größeren Zeitraum. Die Abschlußzahlung für Gewinnsteuern folgt der Gewinnermittlung nach. Anläßlich späterer Jubiläen sollen Sonderzuwendungen an die Belegschaft der Unternehmung erfolgen. Stiftungen und Spenden sind beabsichtigt.

2. Die Gewinnreservierung wird hierbei durch folgende Merkmale bestimmt:

a) Das Ausmaß des geplanten zukünftigen Gewinnabflusses bestimmt die Höhe der gegenwärtigen Gewinnreservierung.

b) Im Zeitpunkt des Gewinnabflusses müssen die gegenwärtig reservierten Gewinne finanzwirksam bereitstehen.

Soll die Gewinnreservierung ihren Zweck erfüllen, ist damit eine Zweckbeziehung[30] zwischen zukünftiger Ausgabe und Reservierung herzustellen. Als bedeutsam ist hierbei der Zeitpunkt der gewollten Ausgabe anzusehen. Er grenzt den Zeitraum ab, innerhalb dessen die reservierten Gewinnteile eine vorübergehende Verwendung finden können. Wie bei der vorübergehenden Anlage der Transaktionsgewinne tritt hier der Gegensatz „Liquidität — Rentabilität" auf[31].

Ob dem späteren Gewinnabfluß ein Wahrscheinlichkeitscharakter anhaftet, weil ggf. die Unternehmung ihre Gewinnausschüttungsabsicht ändert, ist im Zeitpunkt der Reservierung gegenstandslos. Die Unternehmung hat sich auf die vermutliche Liquiditätsbelastung einzustellen.

bb) Bestreitung gestiegener Ersatzbeschaffungsausgaben in zukünftigen Erfolgsperioden

1. Die Unternehmung hat oft mit steigenden Ausgaben für die Ersatzbeschaffung der im Leistungsprozeß verzehrten Güter zu rechnen. Gegenüber den „historischen" Anschaffungsausgaben sind Mehrausga-

---

[31] Diesem Problem wird an späterer Stelle fundamentale Bedeutung beigemessen. Es wird an einer nicht zutreffenden Ansicht Riegers deutlich erkennbar: „Wir haben früher über das ‚unentrinnbare' Risiko bei ihr" (der Unternehmung — der Verf.) „gesprochen, hier ist wieder einmal das gleiche festzustellen: Der Widerspruch zwischen Sicherheit und Rentabilität. Es ist eine ganz naive Vorstellung, als ob die Reserven dieses Dilemma überwinden könnten. Sie müssen dem Risiko zum größten Teil in gleicher Weise ausgesetzt werden, wie das wesensgleiche nur anders benamste Kapital, oder der Ertrag geht entsprechend zurück." (Rieger, W.: Einführung in die Privatwirtschaftslehre, a. a. O., S. 307.)

ben zu erwarten, wenn ein Ersatz in gleicher oder „äquivalenter“ Form stattfinden soll. Sollen diese aus Gewinnen bestritten werden, ist eine Reservierung gegenwärtig erzielter finanzwirksamer Erlösüberschüsse für die künftigen Mehrausgaben notwendig.

2. Die Realisierung einer bestimmten Kapitalerhaltungsvorstellung durch Gewinnreservierungen bei steigenden Güterpreisen wird wie folgt begründet[32]:

a) Die Bestreitung von Mehrausgaben für steigende Ersatzbeschaffungsausgaben ist ein zweiseitig finanzwirksamer Prozeß. Er wird durch Geldaufbringung und Geldverwendung erfüllt. Die realen[33] Kapitalerhaltungstheorien tragen dem nicht voll Rechnung. Gleich, welche Erhaltungsmaßstäbe sie fordern, das Problem der Kapitalerhaltung wird als ein Problem der Aufwandbewertung[34] aufgefaßt. Hiermit wird zwar bewirkt, daß nur ein der Kapitalerhaltungsvorstellung entsprechender Gewinn als „ausschüttungsfähig“ angesehen wird, jedoch übersehen, daß Voraussetzung für eine entsprechende Aufwandbewertung zunächst ein „Verdienen“ der Mehrausgaben für die Ersatzbeschaffung ist. Dieses wurde oftmals unterstellt und ist erst unlängst von *Hax* herausgearbeitet worden[35]. Die Kapitalerhaltungsvorstellung erscheint überdies realisiert, wenn der entsprechende Gewinn — als abstrakte Ziffer — ermittelt ist. Es findet in den bekannten Theorien keine Berücksichtigung, welche Dispositionen für die Ersatzbeschaffung selbst zu treffen sind oder in welcher Form die „Wertänderungskonten“[36] behandelt werden sollen, wenn die Ersatzbeschaffung vorgenommen wurde.

---

[32] Es muß darauf hingewiesen werden, daß im Rahmen des Themas nur derjenige Ausschnitt der Kapitalerhaltungstheorie berührt wird, der sich mit steigenden Güterpreisen beschäftigt.

[33] Hiermit sind gemeint: Die „materielle“, „relative“, „leistungsäquivalente“, „qualifizierte“ und die „substantielle“ Kapitalerhaltungstheorien. Literaturhinweise s. FN 40 ff. auf S. 61 f.

[34] Der Nachweis im einzelnen findet sich u. a. bei Walb, E.: Die Erfolgsrechnung privater und öffentlicher Betriebe, a. a. O., S. 326 ff.

[35] Hax, K.: Die Substanzerhaltung der Betriebe, Köln-Opladen 1957, insbesondere S. 267. Anlaß zu dieser wohlbegründeten Behauptung gibt der Umstand, daß das Kapitalerhaltungsdenken überwiegend in den Bereich der Erfolgsermittlung eingebettet ist. Daher werden finanzwirtschaftliche Überlegungen weitgehend außer acht gelassen.

[36] Der Begriff ist neutral gewählt. Schmidt, F.: Die organische Tageswertbilanz, Leipzig 1929 spricht von „Vermögenswertänderungskonten“. Hasenack spricht von einem „Leistungssicherungs-Ausgleichs-Konto“. Über letzteres berichtet Schieb, B.: Grundsätzliche Probleme der Kapitalerhaltung, in: Fragen der Kapitalerhaltung und Finanzierung, in: Beiträge zur Betriebswirtschaft, Wolfenbüttel 1948.

Hax, K.: Die Substanzerhaltung der Betriebe, a. a. O., spricht von der „Substanzerhaltungsrücklage“ (z. B. S. 159 ff., S. 219 ff.).

Die Betrachtung der Ersatzbeschaffung unter finanzwirtschaftlichen Gesichtspunkten fordert die Herstellung einer Zweckbeziehung zwischen Mehrausgaben und „verdienten" Erlösen.

b) Aufgabe der Bilanz der Unternehmung ist es, den Erfolg der Unternehmungstätigkeit zu ermitteln. Seine exakte Darstellung verbietet keinesfalls die Möglichkeit, eine bestimmte Kapitalerhaltungsvorstellung zu realisieren. Verweist man die Vorsorge für steigende Ersatzbeschaffungsausgaben in die Gewinnverwendung[37], liegt eine wohlbegründete Aufgabenteilung vor. Die Kapitalerhaltung braucht deswegen nicht aus der Bilanz verbannt zu werden. Es ist nicht nur möglich, sondern sinnvoll, den Erfolg der Unternehmungstätigkeit nach nominalen Maßstäben zu ermitteln und nur den Gewinn auszuschütten, der einer bestimmten Kapitalerhaltungsvorstellung entspricht. Reale Kapitalerhaltungsmaßstäbe werden hierbei in die Form nominaler Gewinnreservierungen gekleidet. Erfolgsrechnerisch werden Rücklagen gebildet. Sodann liegt in der Unternehmungsrechnung ein einheitlicher, widerspruchsfreier Rechenmaßstab vor.

Gegen diese logische und schlüssige Aufgabentrennung ist kaum etwas einzuwenden, es sei denn, es bestehen Bedenken, daß nach Feststellung des Unternehmungserfolges die Vorsorge für Mehrausgaben auch durchgeführt wird. Diese Annahme ist unbegründet und kommt derjenigen gleich, man müsse stille Rücklagen bilden, um den „dividendenhungrigen Aktionären" den Gewinn nicht zu zeigen.

Wird Gewinnermittlung und Kapitalerhaltung nicht miteinander verquickt, so wird vor allem auch die Möglichkeit geschaffen, die Zweckbeziehung zwischen Erlös und Mehrausgaben für steigende Ersatzbeschaffungsausgaben sichtbar zu machen. Es sind nicht „Rücklagen" schlechthin zu bilden — womit möglicherweise die kalkulierten Mehrausgaben „irgendwo" in den Unternehmungsprozeß Eingang finden — sondern zweckorientierte „Gewinnreservierungen", deren Funktion die effektiven Ersatzbeschaffungen widerspiegelt. Finanzwirksame Reservierungen für steigende Ersatzbeschaffungsausgaben sind vorübergehend gebundene Mittel, deren Aufgabe bei Zweckerfüllung erlischt.

c) Ein ebenfalls starkes Argument für die Verlagerung des Kapitalerhaltungsdenkens in den Bereich der Gewinnverwendung ist aus der Frage nach dem Recht auf Gewinndisposition abzuleiten. Die Entscheidung, in welcher Form das Kapital erhalten werden

---

[37] Wie Kosiol mit Recht ausführt. Siehe S. 30 f. Auch Prion, W.: Die Lehre vom Wirtschaftsbetrieb, Teil I, 2. Buch: Der Wirtschaftsbetrieb als Wirtschaft, Berlin 1935, S. 49 deutet diesen Gedanken an.

soll, steht denjenigen Personen zu, die ein Recht auf Gewinndisposition besitzen. Die Gewinnbegünstigten haben nach Ablauf einer Erfolgsperiode zu entscheiden, welcher Investitionsmöglichkeit sie nunmehr ihr Augenmerk zuwenden. Hiernach ist es zweckfremd, im Rahmen der Erfolgsermittlung einen Gewinn auszuweisen, der bereits eine reale Kapitalerhaltungsvorstellung in bestimmter Form umschließt. Die Denkweise der Gewinnbegünstigten ist zunächst nominal[38]. Nach Feststellung des Unternehmungserfolges bleibt es ihnen unbenommen, Vorsorge für steigende Güterpreise zu betreiben, wenn sie an der Unternehmung interessiert sind[39]. Sie mögen entscheiden, ob sie „materiell“[40], „relativ“[41] „qualifiziert“[42] oder „leistungsäquivalent“[43] erhalten werden soll. Ist die

[38] Nominale Kapitalerhaltung heißt Ersatz eines „geldziffernmäßig bestimmten Anfangskapitals“. (Walb, E.: Die Erfolgsrechnung privater und öffentlicher Betriebe, a. a. O., S. 329). Als Exponent nominalen Kapitalerhaltungsdenkens darf man Rieger bezeichnen. (Rieger, W.: Einführung in die Privatwirtschaftslehre, a. a. O., S. 252 ff.) Es ist darauf hinzuweisen, daß die Verfechter oder Kritiker der einzelnen Kapitalerhaltungstheorien ihre Argumentationen von unterschiedlichen Überlegungen aus ableiten. So verteidigt z. B. Geldmacher die nominale Theorie mit dem Argument des „exakten“ Rechenwertes. „Alle Bewertungswillkür“ — so sagt er — „und jede vage Schätzung werden vermieden.“ (Geldmacher, E.: Kapitalbewertung und Kapitalerhaltung, in: Kapital und Kapitalismus, hrsg. von B. Harms, Bd. 2, Berlin 1931, S. 366.) Walb dagegen kommt unter Bezugnahme auf Brentano, Sombart und Liefmann von der Kapitalseite her und meint, „daß ein investiertes, in Geld ausgedrücktes und weiterhin nur als gleiche Geldsumme gesehenes Kapital die logische Grundlage einer geldkapitalistischen Rechnung bedeutet“. (Walb, E.: Die Erfolgsrechnung privater und öffentlicher Betriebe, a. a. O., S. 329 ff., insbesondere S. 331.) Der unterschiedliche Ausgangspunkt für die Argumentation schließt daher auch nicht aus, daß Geldmacher und Walb beispielsweise „materiell“ eine andere Einstellung zur Kapitalerhaltung einnehmen. Walb bleibt im Gelddenken, modifiziert es zur „realen“ Kapitalerhaltung. Geldmacher ist — wie später gezeigt wird — „gütermäßig“ orientiert.

[39] Hierzu äußert sich Schmalenbach wie folgt: „Ist nach zwanzig Jahren der Beschaffungspreis der Ersatzanlage auf das Doppelte gestiegen, so bedeutet das Mehr von RM 100 000,— eine zusätzliche Kapitalinvestierung. Es ist nichts dagegen zu sagen, daß der Betrieb diese zusätzliche Kapitalinvestierung durch Zurücklage von Gewinnen, also Selbstfinanzierung, bewirkt. Aber ich kann mich nicht davon überzeugen lassen, daß diese zusätzlichen RM 100 000,— als Aufwendungen behandelt werden dürfen. Verzichtet man auf Selbstfinanzierung, so ist das für die Ersatzbeschaffung nötige Geld, wenn nicht auf dem Kreditwege, durch zusätzlichen Kapitaleinfluß zu beschaffen.“ (Schmalenbach, E.: Dynamische Bilanz, a. a. O., S. 149.)

[40] Geldmacher, E.: Kapitalbewertung und Kapitalerhaltung, a. a. O., S. 350 f. verlangt die „ständige Regeneration des betrieblichen Güterverbandes“.

[41] Schmidt, F.: Die organische Tageswertbilanz, a. a. O., S. 127 ff. fordert die Erhaltung der relativen Stellung der Unternehmung in der Volkswirtschaft.

[42] Sommerfeld, H.: Der Unternehmer als Verwalter des Volksvermögens, Hamburg 1934 sagt: „Es ist alles das zu erhalten, was im ‚Leben des Betriebes eine Rolle spielt‘.“

[43] Nach Hasenack — s. Schieb, B.: Grundsätzliche Probleme der Kapitalerhaltung, a. a. O., S. 28 — sollen die Güter „leistungsäquivalent“ erhalten

Kapitalerhaltung „eine Angelegenheit des öffentlichen Interesses und des Gemeinwohls“[44], und soll daher die „Produktionskapazität“ erhalten werden, kann der Unternehmung von zuständiger Seite der Wirtschaftsordnung eine entsprechende Verhaltensweise auferlegt werden.

Es wird hiermit nicht in Abrede gestellt, daß die Unternehmung verschiedene Ziele der Kapitalerhaltung realisieren kann; nur ist diese Entscheidung von dem Willen der Gewinnbegünstigten abhängig. Das heißt gleichzeitig, daß eine Kapitalerhaltungsentscheidung auf einer völlig anderen Ebene liegt als die Ermittlung des Unternehmungserfolges.

Hiernach nimmt die Untersuchung zum Problem der Kapitalerhaltung — soweit es sich auf steigende Ersatzbeschaffungsausgaben erstreckt — folgende Einstellung ein:

1. Es ist erforderlich, daß die Ersatzbeschaffung der im Leistungsprozeß verzehrten Güter nicht erfolgsrechnerisch, sondern finanzwirksam sichergestellt wird.
2. Eine exakte Gewinnermittlung und die Herausarbeitung des verwendungsbereiten Gewinnes erfordert die Anwendung des Anschaffungswertprinzips und damit des Realisationsprinzips.
3. Es ist den Gewinnbegünstigten vorbehalten, sich für eine ihrem Ermessen entsprechende Kapitalerhaltungsvorstellung zu entscheiden. Diese Vorstellung ist im Preis der Absatzgüter zu realisieren, oder die Gewinnbegünstigten müssen auf einen anderweitigen, entsprechenden Gewinnanteil verzichten. In jedem Fall erfordert die Bestreitung von Mehrausgaben für steigende Ersatzbeschaffungsausgaben das Vorhandensein realisierter Gewinne.
4. Die Kapitalerhaltung bei steigenden Ersatzbeschaffungsausgaben ist daher prinzipiell keine Frage der „Aufwandbewertung“, sondern der Herstellung einer Zweckbeziehung zwischen realisiertem Gewinn und erwarteten Mehrausgaben für Ersatzbeschaffungen.

3. Die Reservierung von Erlösüberschüssen zur Bestreitung von Mehrausgaben für Ersatzbeschaffungen soll für abnutzbare Anlagegüter und Vorräte untersucht werden[45].

---

werden. Schieb nimmt Bezug auf ein Manuskript Hasenacks aus dem Jahre 1938: Hasenack, W.: Untersuchungen über Anlagenbilanzierung und Abschreibungskalkulation und ihre Verwendungsmöglichkeit als Mittel der Werksvergreisung, S. 104.

[44] Hax, K.: Die Substanzerhaltung der Betriebe, a. a. O., S. 3.

[45] Die Ableitungen gelten gleichermaßen für jeden materiellen Gutsverzehr, für den steigende Ersatzbeschaffungsausgaben in Betracht kommen.

a) Im Verlauf des Unternehmungsprozesses werden Anlagegüter verzehrt. Der Verzehr wird durch die „Abschreibung“ ausgedrückt. Verfolgt die Unternehmung eine bestimmte reale Kapitalerhaltungsvorstellung[46], so wird sie versuchen, diese im Preis der Absatzleistungen zu realisieren. Sie kalkuliert die Abschreibung beispielsweise mit dem Tagesbeschaffungswert des Güterverzehrs am Umsatztag[47, 48]. Im Erlös fließen diese Abschreibungen der Unternehmung zu. *Hax* weist mit Recht darauf hin: „Wenn überhaupt kein Gewinn erzielt wird, dann kann auch keine Substanzerhaltungsrücklage gebildet werden; die Rücklagenbildung als rein rechnungsmäßiges Verfahren hat nur dann einen Sinn, wenn zuvor die materiellen Voraussetzungen in Gestalt eines Gewinnes gegeben sind[49].“

Ermittelt die Unternehmung den Gewinn nach dem Prinzip der Anschaffungswertrechnung, so steht den (pagatorischen) Anschaffungswertabschreibungen ein Mehr an (kalkulatorischen) Ersatzbeschaffungswertabschreibungen gegenüber.

Diese Differenz ist als Transaktionsgewinn oder integrierter (Perioden-)Absatzgewinn der Unternehmung finanzwirksam realisiert. Sie schlägt sich nicht in der Aufwandrechnung, sondern im Gewinn nieder. Das bedeutet, daß die im Zeitpunkt des Umsatzaktes (der Transaktion) erwarteten Mehrausgaben für Ersatzbeschaffung in der Differenz zwischen kalkulierten Abschreibungen und Anschaffungswertabschreibungen ihren Ausdruck finden. Jener Betrag ist aus dem Gewinn zu reservieren.

Gegen dieses Verfahren wird der Einwand erhoben, daß der Tagesbeschaffungspreis am Umsatztag eine Ersatzbeschaffung nicht garantiert. *Walb* führt aus, daß man hierdurch „dem Ertrag die Kosten der evtl. sofortigen Wiederbeschaffung“[50] gegenüberstellt. Er sagt gleichfalls, daß hiermit eine „ungefähre Wiederbeschaffung der hingegebenen Leistungen grundsätzlich sichergestellt“ werde[50]. *F. Schmidt* weist aber diesen „Kalkulationszeitpunkt“ unter Marktprinzipien als logisch nach[51]. Wenn später weitere

---

[46] Eine nominale Kapitalerhaltungsvorstellung scheidet hier aus, da sie nur den Ersatz der historischen Anschaffungswerte fordert.

[47] Insbesondere Schmidt, F.: Die organische Tageswertbilanz, a. a. O., S. 137 ff. hat die möglichen „Kalkulationsmethoden“ herausgearbeitet.

[48] Innerhalb der Kapitalerhaltungsvorstellungen können unterschiedliche Kostenpreise kalkulatorisch in Ansatz gebracht werden.

[49] Hax, K.: Die Substanzerhaltung der Betriebe, a. a. O., S. 267.

[50] Walb, E.: Die Erfolgsrechnung privater und öffentlicher Betriebe, a.a.O., S. 333.

[51] Schmidt, F.: Die organische Tageswertbilanz, a. a. O., S. 141 f. Allerdings bezieht sich Schmidts Argumentation auf die „relative Erhaltung“ der Unternehmung. Dies schließt nicht aus, daß dieser Zeitpunkt auch unabhängig davon als zutreffend anerkannt wird. Weitgehend ist dieses der Fall.

Preissteigerungen eintreten, so haben diese mit dem Gutsverzehr im Hinblick auf den realisierten Umsatz nichts zu tun. Es sind dann zur Bestreitung weiterer Preissteigerungen bei der Ersatzbeschaffung von Anlagegütern zusätzliche Kapitalinvestitionen erforderlich[52].

Diese Bemessung der Gewinnreservierung für steigende Ersatzbeschaffungsausgaben erscheint unter dem Aspekt ihrer zweiseitigen finanzwirksamen Beziehung sinnvoll. Die Verfahrensweise steht im Widerspruch zu denjenigen realen Kapitalerhaltungstheorien, die die Bilanzbestände zu Wiederbeschaffungspreisen aufwerten. Die Untersuchung lehnt ein derartiges Vorgehen ab, da

1. ein noch vorhandenes, d. h. noch nicht verzehrtes Gut unabhängig von seiner Bilanzbewertung einen Marktwert hat; hiernach gesehen, ist eine Bestandsaufwertung nicht erforderlich[53], und

2. eine Auf- oder Abwertung der Bestände nicht notwendig ist, sofern damit der Aufwand der Periode indirekt bewertet werden soll. Diese Erfassung kann durchaus direkt erfolgen, was zwar unstreitig komplizierter ist und ein gut ausgebautes Rechnungswesen — Kalkulation und Anlagenrechnung — erfordert. Hiermit wird aber sichergestellt, daß durch den Ansatz der Ersatzbeschaffungsausgaben am Umsatztage die effektiv finanzwirksam realisierte Differenz zu den Anschaffungswertabschreibungen erfaßt wird. Jene ist reservierungsbedürftig.

b) Analog ist die Verfahrensweise bei verzehrten Vorräten. Steigen deren Preise für Ersatzbeschaffungen, und realisiert die Unternehmung eine bestimmte reale Kapitalerhaltungsvorstellung im Absatzmarkt, wird die im Erlös hereinfließende Differenz gegenüber dem Wertverzehr zu Anschaffungsausgaben für die Ersatzbeschaffung reserviert. Es liegt eine Gewinnverwendung vor, wenn der Gewinn nach pagatorischen Maßstäben ermittelt wird.

Gegenüber der Verfahrensweise bei abnutzbaren Anlagegütern besteht insofern ein Unterschied, als die Umschlaggeschwindigkeit der Vorräte höher ist. Ein Teil der verzehrten Vorräte wird bereits im Laufe der Erfolgsperiode ersatzbeschafft werden. Das be-

[52] Hier setzt dann wieder Schmalenbachs Ansicht an. Siehe S. 61 FN 39.

[53] Im übrigen weist Hax auch darauf hin, daß „durch eine Bewertung der Bilanzbestände zu Wiederbeschaffungspreisen die Substanzerhaltung nicht gewährleistet ist“. (Hax, K.: Die Substanzerhaltung der Betriebe, a. a. O., S. 73.)

deutet, daß im Gewinnermittlungszeitpunkt nur für jenen Teil der im Leistungsprozeß verzehrten Vorräte eine Gewinnreservierung vorzunehmen ist, der noch nicht ersatzbeschafft wurde; denn hierfür ist gegenüber den Anschaffungsausgaben im Erlös ein Mehr erzielt worden, das noch nicht zur Vorratsersatzbeschaffung „ausgegeben" wurde.

Auch hier kann einer Bestandsbewertung zu Wiederbeschaffungsausgaben nicht zugestimmt werden. Beim Vorratsvermögen ergibt sich verstärkt die Notwendigkeit einer direkten Erfassung der Differenz zwischen Ersatzbeschaffungsausgaben und Anschaffungsausgaben, weil im Verlaufe der Erfolgsperiode Ersatzbeschaffungen notwendig sein können. Das Reservierungsproblem tritt also nicht erst im Bilanzzeitpunkt auf, sondern hat im Laufe der Erfolgsperiode gleiche Gültigkeit.

4. Mit den getroffenen Ableitungen wurde das Problem der Kapitalerhaltung keinesfalls erschöpfend dargestellt. Dies ist im Rahmen dieser Untersuchung auch nicht beabsichtigt. Es geht hier lediglich um die Frage, in welcher Form die Unternehmung zukünftige Mehrausgaben für Ersatzbeschaffungen bestreiten kann, wenn sie dies zu tun wünscht. Aus dem Gesagten wird deutlich, daß dieses Ziel durch die Herstellung einer finanzwirtschaftlichen Zweckbeziehung zwischen zukünftigen Mehrausgaben und realisiertem Gewinn zu erreichen ist. Insofern scheidet auch ein „reales" Kapitalerhaltungsdenken durch Modifikation des Geldwertes mit Hilfe von Indices, wie es von *Schmalenbach, Mahlberg und Walb*[54] vorgeschlagen wurde, aus. Im Rahmen der hier aufgeworfenen Fragestellung wird gleichfalls sichtbar, daß bei sinkenden Ersatzbeschaffungsausgaben das Reservierungsproblem gegenstandslos wird.

In diesem Zusammenhang ist auch erkennbar, daß die hier vorgenommene finanzwirtschaftliche Betrachtung die Konzeption bestehender Kapitalerhaltungstheorien nicht verwirft. Nur scheint es erforderlich, den Gedanken der Kapitalerhaltung konsequent bis zur effektiven Ersatzbeschaffung der erhaltungsbedürftigen Güter zu verfolgen. Wie noch zu zeigen sein wird[55], ist der weitgehend vertretene „Rücklagengedanke" durchaus sinnvoll. Er interessiert aber hier nicht als „abstrakte Kapitalkorrektur", sondern als finanzwirtschaftliches Instrument, realisierte Ersatzbeschaffungsmittel zu binden. Insoweit teilt diese Reservierung den ebenfalls finanzwirtschaftlich deutbaren Charakter der „Wertberichtigungen".

---

[54] Walb, E.: Die Erfolgsrechnung privater und öffentlicher Betriebe, a. a. O., S. 341.

[55] Siehe die an diesen Abschnitt sachlich anschließenden Ausführungen auf S. 74 ff.

b) Die Bestreitung zukünftig ungewollter Ausgaben aus dem Gewinn — Die reale Verlustdeckung

1. Die Unternehmung kann in der Zukunft Verluste erleiden, die sie beabsichtigt, finanzwirksam — „real“ — zu decken. In diesem Fall liegen ungewollte, ungeplante[56], unerwartete Ausgaben vor. Zu ihrer Bestreitung müssen liquide Mittel bereitstehen. Die Unternehmung kann hierfür realisierte Gewinne heranziehen, die sie für diesen Zweck reserviert.

Finanzwirksame Verluste können in der Unternehmung verschiedentlich auftreten:

Die Unternehmung muß beispielsweise zukünftig mit vorübergehenden Preiseinbrüchen auf dem Absatzmarkt — hervorgerufen etwa durch konjunkturelle Störungen oder höhere Gewalt — rechnen. Die auftretenden Erlösschmälerungen können zu Ausgabenüberschüssen führen, wenn die Preise der Absatzleistungen die Ausgaben für den Unternehmungsprozeß nicht decken. Auch können Abschreibungen nicht verdient werden, was der Unternehmung die Möglichkeit nimmt, unter Umständen kurzfristig notwendige Ersatzbeschaffungen durchzuführen[57]. Will die Unternehmung jedoch auf Grund hoffnungsvoller langfristiger Erwartungen die Betriebsbereitschaft beibehalten, muß sie finanzwirksame Mittel zur Überwindung der Liquiditätslücke einsetzen. Hierzu können finanzwirksam realisierte Gewinne dienen.

Im Verlaufe des Unternehmungsprozesses wird ein Großkunde illiquide. Maschinenbrüche treten auf, Fertigerzeugnisse verderben und werden unverkäuflich u. a. m.[58]. Wenn sich die Unternehmung im finanzwirtschaftlichen Gleichgewicht[59] befindet, d. h. ihre Ausstattung mit Finanzierungsmitteln den Bedingungen des Unternehmungsprozesses angepaßt ist, erfordert die Beseitigung derartiger Verluste — soll der Unternehmungsprozeß keine Einschränkung erfahren — die Heranziehung liquider Mittel, die bisher außerhalb des Unternehmungsprozesses standen. Hierfür können finanzwirksam reservierte Gewinne in Betracht kommen, die für diese Fälle bereitstehen.

---

[56] So bezeichnet Eucken als Risiko die Möglichkeit des Auseinandergehens von Wirtschaftsplan und effektiven Ereignissen. (Eucken, W.: Die Grundlagen der Nationalökonomie, Berlin-Göttingen-Heidelberg 1950, insbes. S. 141)

[57] Dieser ist letztlich auch finanzwirksam, denn eine spätere Periode müßte die liquiden Mittel für die Ersatzbeschaffungen „verdienen“. (Vgl. S. 20)

[58] Es darf im einzelnen auf die Untersuchung und Gliederung der Wagnisse, allerdings unter kostenrechnerischen Gesichtspunkten, bei Kosiol, E.: Kalkulatorische Buchhaltung, a. a. O., S. 199 ff. verwiesen werden.

[59] Gianessi, E.: Die Finanzbedarfsgleichung im Produktionsbetrieb und die Möglichkeit ihrer Darstellung, in: ZfhF 1954, S. 461 ff. arbeitet unter Bezugnahme auf die „ökonomische Bilanz“ Amaduzzis das finanzwirtschaftliche Gleichgewicht mit Hilfe einer „Finanzbedarfsgleichung“ heraus.

Die Verlustmöglichkeiten im Unternehmungsprozeß sind mannigfaltig. Berühren sie die Einsatzgüter der Unternehmung in Form eines ungewollten Verzehrs[60], wird das Gleichgewicht des Unternehmungsprozesses bei Notwendigkeit finanzwirtschaftlicher Harmonie nur durch „reale“ Verlustbeseitigung — d. h. durch finanzwirksamen Ausgleich — wiederherzustellen sein.

Die von der Unternehmung in diesen Fällen aufzubringenden Ausgaben sind insofern ungewollt, als der Verlusteintritt ungewollt ist. Reserviert die Unternehmung für derartig ungewollte Ausgaben Gewinnteile, so handelt sie zweckorentiert. Zeitpunkt und Umfang des Verlusteintrittes bleiben zwar im Ungewissen, die Risikenvorsorge ein Versuch, die Unternehmung zu schützen; gleichwohl bestimmt der zweckorientierte Vorsorgewille Form und Umfang der Gewinnreservierungen. Die Entscheidung hierüber wird von den Gewinndisponenten gefällt.

2. Die „reale“ Verlustdeckung wird in der Fachliteratur sehr unterschiedlich beurteilt. Es ist bemerkenswert, daß die Ansichten zu diesem Problemkreis fast ausschließlich von der Funktion der erfolgsrechnerischen Rücklagen ausgehen. Ihre finanzwirtschaftliche Wirkungsmöglichkeit wird hiermit im wesentlichen außer Betracht gelassen.

Mit Recht führt *Meyer* aus: „Die Unternehmung kann Verluste am Betriebsvermögen nur dann real decken, wenn sie den entstandenen Vermögensabgang — denn es kann sich natürlich nur um Verluste an Vermögensbestandteilen handeln — neu ersetzt[61].“ Unter Bezugnahme auf *Prion*[62] fährt er fort: „Es ist nun so, daß die reale Verlustdeckung sowohl durch Zuführen von neuem Kapital als auch durch Einsetzen von bisher nicht an der Leistungserstellung teilnehmendem Vermögen erfolgen kann[63].“ Auch *Rieger* folgt dieser Denkweise, wenn er sagt: „... eine Unternehmung zum Ertragen von Verlusten tauglich machen heißt fast nichts anderes, als ihre Liquidität verbessern ...“[64]. Diese Ansichten sind eindeutig finanzwirtschaftlich ausgerichtet.

Die Problematik der realen Verlustdeckung wird voll erkennbar, wenn die Rücklagen der Unternehmung als mögliches Hilfsmittel in

[60] Kosiol, E.: Kalkulatorische Buchhaltung, a. a. O., S. 199, spricht in diesem Zusammenhang logisch zutreffend von „wirtschaftlich erzwungenem Wertverzehr“. Er stellt gleichberechtigt neben das „Kostenverursachungsprinzip“ das „Kosteneinwirkungsprinzip“.

[61] Meyer, M.: Die Reserven als theoretisches Problem der Unternehmungswirtschaftslehre, Bern 1950, S. 15 ff.

[62] Prion, W.: Die Lehre vom Wirtschaftsbetrieb, Bd. I, 2. Buch, a. a. O., S. 82 f.: „... tatsächlich gedeckt können Verluste nur dadurch werden, daß das verlorengegangene Kapital durch neues ersetzt wird.“

[63] Meyer, M.: Die Reserven als theoretisches Problem der Unternehmungswirtschaftslehre, a. a. O., S. 16.

[64] Rieger, W.: Einführung in die Privatwirtschaftslehre, a. a. O., S. 306.

die Überlegungen einbezogen werden. Hierzu führt *Rieger* aus: „Wenn man sich vergegenwärtigt, daß das Vermögen der Unternehmung eine wirtschaftliche Einheit bildet, so liegt es auf der Hand, daß in Wirklichkeit ein aus der Bilanz sich ergebender Verlust unter keinen Umständen eben von dieser Unternehmung ‚gedeckt‘ werden kann[65].“ Die „Reserven“ haben für ihn ausschließlich Eigenkapitalcharakter und weisen damit nach der von der Untersuchung durchgeführten Gliederung die Funktion „dauernden Zusatzkapitals“ auf. *Frehner* ist gleicher Meinung: „Die Unternehmungsreserven sind ... rein rechnungsmäßiger Natur, genau wie das Kapital eine Abstraktion[66].“ *Prion,* der zwar für den realen Verlustausgleich stimmt, sagt im Hinblick auf die Funktion der Rücklagen: „Reserven sollen die Verluste auffangen, die das Kapital einer Unternehmung betrifft; sollen, wenn Verluste eingetreten sind, mit diesen verrechnet werden[67].“ Diese Ansichten sind repräsentativ in der Literatur. Man kann mit *Meyer* und *Frehner* zusammenfassen: „Es ist interessant zu sehen, daß sich die betriebswirtschaftlichen Autoren über die tatsächliche Unmöglichkeit einer realen Verlustdeckung durch Zusatzkapital im klaren sind, und daß sie dieses trotzdem als ‚Reserve‘ betrachten. Denn es ist keine Streitfrage mehr, daß die buchtechnische Verlustdeckung nichts anderes bedeutet, als daß bilanzmäßig Kapital vermindert wird[68].“ Und: „Zwar wird selbstverständlich Kapital eingebüßt, aber diese Einbuße geht zu Lasten früherer Gewinne und bleibt auf das Erträgnis der eben laufenden Periode unwirksam. Wie der Verlust aber ausgehalten werden kann, ob nicht durch ihn schwerwiegende Betriebsstörungen oder eine Illiquidität der Unternehmung eingetreten ist, darüber ergeben sich keine Anhaltspunkte[69].“ Als Ergebnis hieraus zieht *Frehner* den Schluß: „... zu deren Vermeidung müßten Betriebsreserven vorhanden sein[69, 70].“

Wird damit einerseits nicht geleugnet, daß eine reale Deckung eintretender Verluste erstrebenswert ist, und sollen andererseits die Rücklagen der Verlustvorsorge dienen, so ist doch die Annahme berechtigt, daß dieses Instrument nicht zweckgerecht gehandhabt wird; es sei denn, man begnügt sich damit, den Rücklagen nur eine „Pufferfunk-

---

[65] Rieger, W.: Einführung in die Privatwirtschaftslehre, a. a. O., S. 299.

[66] Frehner, E.: Die Reserven in der Unternehmung, Zürich 1946, S. 19.

[67] Prion, W.: Die Lehre vom Wirtschaftsbetrieb, a. a. O., S. 83.

[68] Meyer, M.: Die Reserven als theoretisches Problem der Unternehmungswirtschaftslehre, a. a. O., S. 27.

[69] Frehner, E.: Die Reserven in der Unternehmung, a. a. O., S. 98.

[70] Die Ansicht von Haas, D.: Bedeutung und Funktionen der Reserven der Unternehmung, a. a. O., S. 30: „Andererseits können auch Kredite zur realen Verlustdeckung herangezogen werden“, trifft nur bedingt zu, da durch eine Kreditaufnahme ein Eigenkapitalverzehr nicht beseitigt werden kann.

tion" zuzuweisen, d. h., von ihnen werden Verluste so lange „abgebucht", bis das Kapitalkonto an der Reihe ist[71]. Die in der Literatur spürbare Resignation über die Unfähigkeit der Rücklagen, Verluste real decken zu können, ist unbegründet, wenn ihre Aufgabe finanzwirtschaftlich gedeutet wird. Hierzu ist im wesentlichen erforderlich, ihnen — und damit der finanzwirksamen Verlustvorsorge — den Makel des Rentabilitätsverzichtes zu nehmen.

3. Die Polarität von Liquidität und Rentabilität wird in der Fachliteratur als entscheidender Hinderungsgrund für die Bereitstellung von Erlösüberschüssen für Verlustfälle angesehen. *Rieger* sagt einerseits: „Gesetzliche Vorschriften" (über die Anlage der Reserven — der Verf.) „bestehen nicht, obwohl man sich des Eindrucks nicht erwehren kann, daß dem Gesetzgeber so etwas wie eine Betriebsreserve — ein Reservefonds — vorgeschwebt haben muß, wenn er die Reserven für geeignet hält zur Deckung eines Verlustes: Sie müssen in bar vorhanden sein. Dann — als Vereinigung von Betriebs- und Unternehmungsreserven — würden sie die Liquidität unbedingt verbessern, und dann wäre es auch richtig, daß man Verluste in Höhe der Reserve ertragen kann[72]." Andererseits meint er jedoch: „Wenn man sich vergegenwärtigt, daß manche Firmen bis zur Hälfte ihres Aktienkapitals an Reserven ausweisen, dann wäre es doch einigermaßen verwunderlich, wenn der ... Reservebetrag nur zur Verbesserung der Liquidität verwendet worden wäre! Wann soll denn diese Hebung ein Ende nehmen? Wir verhindern ja den Erfolg; das sicherste Verfahren, die Unternehmung aufs stärkste zu gefährden[73, 74]." Gleichfalls sagt *Meyer* — wiederum unter Kommentierung *Prions* —: „*Prion* anerkennt die Vorteile eines besonders gedeckten Reservefonds, insbesondere die Tatsache, daß im Verlustfall

---

[71] So äußert sich Rieger, W.: Einführung in die Privatwirtschaftslehre, a. a. O., S. 291: „Und da es" (das Kapitalkonto — der Verf.) „durch Verlust oder Gewinn unter keinen Umständen ziffernmäßig geändert werden darf, wird die dringend notwendige Anpassungsnotwendigkeit durch ein spezielles Kapitalkonto herbeigeführt, das nicht nominell gebunden ist, vielmehr nachgiebigen Charakter hat: Das und nichts anderes ist das Reservekonto der Kapitalgesellschaften."

[72] Rieger, W.: ebda., S. 297.

[73] Rieger, W.: ebda., S. 328 f.

[74] Aus den Ausführungen Riegers darf keinesfalls entnommen werden, daß er jegliche Liquiditätsvorsorge für einen Verlustfall leugnet. Er glaubt an die Notwendigkeit einer realen Verlustdeckung. Aber den Vorrang hat stets für ihn die Rentabilität. Seine Vorschläge bleiben unschlüssig, man kann allenfalls ein „vernünftiges Ausmaß" der Risikovorsorge herauslesen. (Rieger, W.: ebda., S. 320 f.) „Wenn also die Einstellung von Reservekonten eine Anreicherung des Umlaufvermögens gestattet, so ist dies aus mancherlei Gründen zu begrüßen." Als Verwendungszwecke nennt er: „Kreditgewährung", „günstige Einkaufsgelegenheiten werden ausgenutzt", „die Unternehmung erhält Bewegungsfreiheit", „ebenso werden Verluste durch die Reservegüter ohne Beeinträchtigung unserer Aktionskraft aufgefangen." (Rieger, W.: ebda., S. 330.)

eine Deckung des Verlustes von innen statt von außen erfolgen könne. Er meint aber, der Entzug dieser Mittel für die Betriebsleistung bilde den Grund, warum in der Praxis ein wirklicher Reservefonds nur in seltenen Fällen anzutreffen sei[75]." Auch hier wird also der Rentabilitätsverlust als hindernder Grund für eine Gewinnreservierung angeführt. Zweifelsohne kann er im Falle der Bildung eines Fonds gegeben sein, aber es ist nicht einzusehen, daß eine Gewinnreservierung ausschließlich die Form eines (liquiden) Fonds annehmen muß.

Noch weiter geht *Frehner*, wenn er aus der Kapitaleigenschaft der Reserven herleitet: „Die Kapitaleigenschaft aber setzt die Notwendigkeit der Erzielung eines Betrages voraus, darum kann einer Geldsumme, die nicht erwerbsstrebig eingesetzt ist, die Kapitaleigenschaft nicht zugesprochen werden[76]." Die Fondsbildung entzieht dem Unternehmungszweck „Kapitaleinsatz im Dienste der Gewinnerzielung" Vermögensteile[77]. Für die „allgemeinen" und „speziellen" „Verlustreserven" hält er keine Mittelbereitstellung für erforderlich[78]. Lediglich für „allgemeine" und „spezielle" „Ausgabenreserven" — für Neubauten, Maschinenanschaffungen, Geschäftserweiterungen — müssen liquide Mittel bereitgestellt werden.

Eine eigenartige Mittelstellung nimmt *Haas* ein. Er führt aus: „Beurteilt man die Rationalität der Entscheidungen des Unternehmers in der Kapitaldisposition unter dem Gesichtspunkt des dynamischen Risikos der Verwirklichung der für die Zukunft erwarteten und geplanten Erlöse und Ausgaben, so ergibt sich zumeist bei nicht vollem Einsatz des Unternehmungskapitals auf die in einem Zeitpunkt gegebenen Marktverhältnisse auf die Dauer betrachtet, also innerhalb eines bestimmten Zeitraumes, eine höhere Durchschnittsrentabilität als dies bei voller Produktionsausrichtung auf die im gegebenen Augenblick höchstmögliche Rentabilität der Fall wäre[79]." Damit meint *Haas*, daß der Unternehmer für die Zukunft die Erreichung der wahrscheinlichen Rentabilität plant und hierdurch Vermögensgegenstände ungenutzt bleiben, die sodann Reserven darstellen. Diese vermutete Verhaltensweise der Unternehmer darf aber wohl nicht als theoretisch befriedigend angesehen werden.

Die wiedergegebenen Ansichten der Literatur lassen auch hier erkennen, daß eine reale Verlustdeckung zwar als notwendig angesehen wird, eine finanzwirksame Bereitstellung jedoch als dem Unterneh-

---

[75] Meyer, M.: Die Reserven als theoretisches Problem der Unternehmungswirtschaftslehre, a. a. O., S. 55.
[76] Frehner, E.: Die Reserven der Unternehmung, a. a. O., S. 23.
[77] Frehner, E.: ebda., S. 25.
[78] Frehner, E.: ebda., S. 39 f.
[79] Haas, D.: Bedeutung und Funktion der Reserven in der Unternehmung, a. a. O., S. 64.

mungszweck nicht entsprechend — weil rentabilitätsmindernd — angesehen wird.

4. Will eine Unternehmung, so wird man folgern dürfen, zukünftige Verluste aus gegenwärtig finanzwirksam realisierten Gewinnen real decken, so wird die Gewinnreservierung für zwei Erfordernisse Sorge zu tragen haben:

a) Im vermuteten Zeitpunkt der ungewollten Ausgaben muß der reservierte Betrag zur Verfügung stehen;

b) bis zu diesem Zeitpunkt muß dem Erfordernis der Rentabilität Rechnung getragen werden. Die Gewinnreservierungen finden vorübergehend eine rentable Anlage.

Sodann wird offenbar, daß Bildung und Funktion der Rücklagen der Unternehmung von ihrer Zweckbestimmung abhängig sind. Sollen sie der Bestreitung künftiger ungewollter Ausgaben dienen, dann ist für die zukünftige Liquidität der zurückgehaltenen Gewinne zu sorgen, ohne daß damit die Rentabilität außer acht gelassen wird. Durch ihre vorübergehende Bindung an die Unternehmung sind sie dann nur temporäres Eigenkapital. Werden aber Gewinne zurückbehalten, um den Vermögensbestand der Unternehmung zu stärken, dann liegen Investitionen vor. Die Rücklagen sind dann dauerndes Eigenkapital, echtes Zusatzkapital. Dieser Rücklagenteil ist nicht in der Lage, Verluste real zu decken. Treten an den investierten Gewinnen Verluste ein, können die Rücklagen diese nur konstatieren. Auf diesen wesentlichen Unterschied muß deutlich hingewiesen werden. Die Rücklagen der Erfolgsrechnung als abstrakte Größe umschließen diese sachlich zu trennenden Tatbestände. In ähnlichem Sinne hat sich vor längerer Zeit schon *Hatheyer* geäußert, indem er den Rücklagen die Zwecke „Gewinnregulierung", „Kapitalstärkung" und „Kapitalsicherung gegen mögliche Risiken" in klar getrennter Form beilegte[80]. Allerdings ist auch er für die Abspaltung von Vermögensgegenständen für die Risikenvorsorge („Bereitstellung"). Hiermit kann aber der Rentabilitätsverzicht bewirkt werden, der tunlichst vermieden werden soll.

Die Untersuchung hat nachzuweisen, in welcher Form die Gewinnreservierungen der ihnen gestellten Aufgabe einer realen Verlustdekkung unter Vermeidung eines Rentabilitätsverzichtes gerecht werden können.

---

[80] Hatheyer, E.: Reservierungen (Bereitstellungen) und Wertberichtigungen (Abschreibungen), a. a. O., S. 284. Hatheyer bezieht sich dort auf Reisch-Kreibig-Mayer: Bilanz und Steuer, Wien 1930, S. 114, die ebenfalls bereits sagen: „Der allgemeine Grund und Zweck zur Reservenbildung kann ein zweifacher sein: 1. zur finanziellen Kräftigung und zur Deckung künftiger Verluste im allgemeinen, 2. zur Deckung bestimmter Aufwendungen."

c) Die Beurteilung „ausgabenloser" Verluste

In die getroffenen Ableitungen gliedert sich logisch die Beurteilung „ausgabenloser" Verluste ein. Wird beispielsweise bei Verlusten an Anlagegütern oder Vorräten eine Ersatzbeschaffung nicht für sinnvoll gehalten, sollen fehlgeschlagene Entwicklungsarbeiten oder Werbefeldzüge nicht wiederholt werden, so liegen Kapitalverluste vor, die zu einer Berichtigung der Kapitalkonten oder zu einer Auflösung von Rücklagen führen. Eine finanzwirksame Vorsorge ist in diesen Fällen nicht erforderlich, da diese Verluste nicht „real" beseitigt werden sollen.

Wertverluste an Nominalgütern — etwa Beteiligungen — bedürfen grundsätzlich keines finanzwirksamen Ausgleiches. Sie führen ausschließlich zu Korrekturen des Eigenkapitals oder der Rücklagen. Sie verlangen nur dann Gewinnreservierungen, wenn ein Wertverlust auch finanzwirksam in Erscheinung tritt. Sinkt infolge eines Kurssturzes die Quote der Beteiligung an einer anderen Unternehmung, so kann der vormals bestehende Einfluß durch den Kauf weiterer Papiere wiederhergestellt werden.

Erwartete „ausgabenlose" Verluste bedürfen daher keiner finanzwirksamen Gewinnreservierung.

2. Die Formen der Gewinnreservierung

1. Für die Durchführung der Gewinnreservierung hat die Unternehmung die Zweckbeziehung zwischen ihr und der zukünftigen Ausgabe zu berücksichtigen. Auch hierzu hat sich die Literatur geäußert. *Hatheyer* weist ausdrücklich darauf hin, daß für die „begriffliche Abgrenzung des Reservenbegriffes" die „Zweckbestimmung" ein „charakteristisches Merkmal" sei[81]. Für die „Rückstellungsdauer"[82] hält er gleichfalls „den Zweck der Reservierungen" für maßgebend. Auch *Nicklisch* betont, daß den Reserven der „Zweck der Sicherung gegen Verluste gesetzt ist"[83]. Ebenfalls hebt *Prion* die Zwecksetzung der Reserven hervor[84]. *Rieger* betont sie gleichfalls, wenn er sagt: „... es muß also Augenblicke geben, wo sie" (die Reserven — der Verf.) „verschwunden sind, weil sie in Erfüllung ihrer Funktionen herangezogen wurden[85]."

---

[81] Hatheyer, E.: Reservierungen (Bereitstellungen) und Wertberichtigungen (Abschreibungen), a. a. O., S. 290.

[82] Hatheyer, E.: ebda., S. 304 f. weist darauf hin, daß „Rückstellungen" und „Reserven" hinsichtlich der Inanspruchnahme identisch sind.

[83] Nicklisch, H.: Die Betriebswirtschaft, 7. Aufl. Berlin 1932, S. 500.

[84] Siehe S. 68.

[85] Rieger, W.: Einführung in die Privatwirtschaftslehre, a. a. O., S. 173.

Meyer sagt in diesem Zusammenhang, daß „Reserven ... einem ganz bestimmten Ziele zu dienen haben“[86].

Der Gedanke der Zweckbezogenheit der Gewinnreservierungen gerät in falsche Richtung, wenn er unmittelbar auf bestimmte Beziehungen innerhalb der Bilanz der Unternehmung ausgedehnt wird. In diesem Zusammenhang führt ebenfalls *Meyer* aus: „Wenn nun die Unternehmung einen diesem Zusatzkapital entsprechenden aktiven Reservefonds ‚Reservevermögen‘ gegenüberstellt, so schafft sie zwischen diesen beiden Größen eine gedankliche Beziehung, die logisch nicht gegeben ist; es handelt sich dabei um zwei ganz verschiedene Erscheinungen[87].“ Damit trifft er eine Aussage, die für sich betrachtet nicht unrichtig ist; denn es geht primär nicht um die Frage, welche Zweckbeziehung zwischen Aktiv- und Passivposten der Bilanz hergestellt wird, sondern darum, welche Zweckbeziehung zwischen Bildung und Inanspruchnahme einer Gewinnreservierung besteht. So muß auch *Rieger* verstanden werden, wenn er fortfährt: „... durch Einfügen des Reservekontos auf der Passivseite wird ein Vermögenswert in gleicher Höhe auf der Aktivseite gebunden, somit Vermögen vor der Ausschüttung bewahrt; das kann nur Betriebsvermögen sein (Kasse oder Bankguthaben) weil anderes zur Auszahlung nicht geeignet ist und gar nicht in Frage kommen kann. Die Liquidität wird also gehoben — im Augenblick[88].“ Und gedanklich im Anschluß sagt er: „... ob diese Verbesserung“ (der Liquidität — der Verf.) „anhält, das hängt von dem betrieblichen Verhalten ab. Die Reserve an sich kann darauf keinen Einfluß ausüben[89].“

Die wiedergegebenen Literaturäußerungen lassen wohl deutlich die Betonung der Zweckbezogenheit der Gewinnreservierungen erkennen, womit jedoch zutreffenderweise keineswegs unmittelbare Beziehungen zwischen den beiden Seiten der Erfolgsbilanz gemeint sind[90]. Leider bleibt aber übersehen, daß die Zweckrichtung der Gewinnreservierungen finanzwirtschaftlich bedingt ist.

2. Soll die Funktionsweise der Gewinnreservierungen voll erfaßt werden, ist auch deren Inanspruchnahme oder Auflösung zu berück-

---

[86] Meyer, M.: Die Reserven als theoretisches Problem der Unternehmungswirtschaftslehre, a. a. O., S. 13.

[87] Meyer, M.: ebda., S. 25.

[88] Rieger, W.: Einführung in die Privatwirtschaftslehre, a. a. O., S. 306.

[89] Rieger, W.: ebda, S. 320.

[90] In diesem Zusammenhang soll eine Aussage Frehners wiedergegeben werden: „Wenn man sich den bilanzmäßigen Charakter der Reserven als Ausgleichsposten vor Augen hält, müßte übrigens, sobald durch die Aufnahme einer speziellen Zweckbestimmung eine Einschränkung des Begriffsumfanges vorgenommen wird, begrifflich eine weitere Kapitalkategorie geschaffen werden, welche die Saldofunktion zu übernehmen hätte.“ (Frehner, E.: Die Reserven in der Unternehmung, a. a. O., S. 21.) Das geschieht in der Untersuchung tatsächlich durch die „Gewinnreservierung“, nur daß diese folgerichtig nicht den Charakter „echten Kapitals“ hat.

sichtigen. Die Untersuchung der Gewinnreservierung ist nicht auf deren Bildungsakt zu begrenzen, sondern auf die letztliche Zweckerfüllung der getroffenen Maßnahmen auszudehnen.

a) Die Berücksichtigung der Zweckbeziehung

1. Im Falle der Bestreitung gewollter Ausgaben aus Gewinnen können der Unternehmung im Augenblick der endgültigen Gewinnverwendungsentscheidung Umfang und Zeitpunkt der zukünftigen Ausgabe bekannt sein. Auch ist denkbar, daß ihr Umfang geschätzt werden muß, oder der Zeitpunkt nicht exakt bestimmbar ist. Gleichwohl werden Kenntnis oder Voraussehbarkeit die Gewinnreservierung bestimmen. Die obere Grenze der Reservierungsmöglichkeit ist der finanzwirksam realisierte Gewinn.

a) Bei zukünftigen Gewinnausschüttungen wird Zeitpunkt und Umfang der Ausgabennotwendigkeit bestimmbar sein. Es wird bei der Gewinnverwendung beschlossen, welche Spenden später geleistet werden sollen, in welcher Höhe Gewinnanteile später an Begünstigte zur Verteilung gelangen, auch wird konstatiert, welche Gewinnsteuern noch zu entrichten sind. Das Ausmaß der Reservierung wird hiernach festgelegt[91].

b) Bei steigenden Ersatzbeschaffungsausgaben verzehrter Einsatzgüter ist der Umfang der zu reservierenden Mehrausgaben abhängig von ihrem bekannten oder geschätzten Preis im Umsatzzeitpunkt. Da der Ersatzzeitpunkt selbst in naher oder ferner Zukunft liegt, sind sowohl bei Anlagegütern als auch bei Vorräten unter Berücksichtigung der technischen Entwicklung oder sich ändernder Marktbedingungen von einem reinen Ersatz abweichende Beschaffungsdispositionen wahrscheinlich. Das Ausmaß der Gewinnreservierung bleibt aber von der im Preis der Absatzleistungen realisierten Vorstellung über den Umfang der Ersatzbeschaffung entsprechend den am Umsatztag herrschenden Verhältnissen abhängig[92].

---

[91] Frehner, E.: Die Reserven in der Unternehmung, a. a. O., sagt: „Es ist daher streng zwischen der Reserve und der Investition derselben zu unterscheiden. Kapital kann eben gar nicht anders in der Unternehmung ‚angelegt‘ werden, als daß es sich in konkrete Werte verwandelt. Bei den Reserven ist diese Investierung bereits erfolgt, es handelt sich nur noch darum, diese Tatsache zu konstatieren.“ (S. 30) Die Untersuchung betrachtet die Gewinnreservierung als einen bewußt gestaltenden Akt. Die Ansicht von Frehner erscheint daher abwegig.

[92] So führt auch Hax aus: „Es kann sich hier immer nur um den jeweiligen Gegenwartswert des Anlagegutes handeln, d. h. um den Wiederbeschaffungspreis der Verbrauchsperiode oder des jeweiligen Bilanzstichtages; denn der effektive Wiederbeschaffungspreis liegt in der Regel in der Zukunft und ist deshalb nicht bestimmbar.“ (Hax, K.: Die Substanzerhaltung der Betriebe, a. a. O., S. 205.)

Die Deckung der Differenz zwischen Gewinnreservierung und bereitgestellten Abschreibungen zu den effektiven Ersatzbeschaffungsausgaben fällt in den Bereich nachträglicher Kapitaldisposition. Diese Differenz ist im Zeitpunkt der Transaktion nicht erkennbar, damit ist auch ihre Berücksichtigung ökonomisch nicht vertretbar.

Ein prinzipieller Unterschied besteht in der Herstellung der Zweckbeziehung zwischen Ersatzbeschaffungsausgaben und Gewinnreservierung bei abnutzbaren Anlagegütern und Vorräten nicht. Der bisherigen Übung folgend soll jedoch eine getrennte Betrachtung angestellt werden:

aa) Im Zeitpunkt der endgültigen Gewinnverwendung[93] stellt die Unternehmung die im Laufe der Erfolgsperiode im Erlös realisierten Abschreibungen zu Ersatzbeschaffungsausgaben fest und weist die Differenz zu den Anschaffungswertabschreibungen der Erfolgsbilanz einem entsprechenden, zweckgebundenen Reservierungskonto zu[94]. Dieses ist sodann ein spezieller Bestandteil der Rücklagen der Erfolgsbilanz.

Diese Reservierung kommt nur für jene Anlagegüter in Betracht, die noch nicht ersatzbeschafft wurden. Findet eine Ersatzbeschaffung innerhalb der Erfolgsperiode statt — z. B. bei kurzlebigen Anlagegütern oder Werkzeugen —, so dient zur Deckung der Mehrausgaben ebenfalls die innerhalb der Erfolgsperiode realisierte und finanzwirksam reservierte Differenz zwischen Anschaffungswertabschreibungen und Abschreibungen zu Ersatzbeschaffungsausgaben. Mögliche Abweichungen zwischen den im Erlös realisierten Abschreibungen und der Mehrausgabe sind ebenfalls als „nachträgliche" Kapitaldispositionen zu beurteilen. Bei zusätzlichen Ausgaben wird der Gewinn der Periode entsprechend geschmälert.

Um die finanzwirksamen Beziehungen voll sichtbar zu machen, scheint die Anwendung der indirekten Abschreibungsmethode zweckmäßig. Neben den „Reservierungen" bekunden die „Wertberichtigungen", daß zunächst irgendwo in den Aktiven ein liquider oder nicht liquider Erlösgegenwert seinen Platz gefunden hat, der der späteren Verwendung — Ersatzbeschaffung — dient. Die Herstellung der Zweckbeziehung ist in praxi von einem tiefgegliederten Rechnungswesen abhängig und bis auf das einzelne

---

[93] Es wurde angenommen, daß dieser Zeitpunkt mit dem der Erfolgsermittlung zusammenfällt.

[94] An welches Rechnungsinstrument der Unternehmung hier angeknüpft wird — etwa an die Anlagenkartei oder die Nachkalkulation — soll außer Betracht bleiben.

Anlagegut, oder auf verwandte Gruppen — z. B. Werkzeuge —, zu erstrecken[95].

An dieser Stelle ist ein Vergleich der aufgezeigten Verfahrensweise mit den bestehenden Kapitalerhaltungstheorien am Platze. Wohl am ausführlichsten hat sich in letzter Zeit *Hax* mit dem Problem auseinandergesetzt. Man darf durchaus behaupten, daß er finanzwirtschaftlich denkt, wenn er beispielsweise die Frage aufwirft: „Welche Beträge sind aus dem erzielten Erlös auszusondern, um das Minimalziel der Betriebserhaltung sicherzustellen?[96]“ Er beantwortet sie: „Aus dem erzielten Gelderlös ist ein Betrag auszusondern, der ausreicht, die verbrauchten Produktivgüter wiederzubeschaffen[97].“ Gleichwohl ist „das Problem der Unternehmungsrechnung im Hinblick auf die Betriebserhaltung ... ein Problem der Aufwandbewertung“[98]. Er fährt fort: „Durch den Verrechnungsakt wird derjenige Teil des Erlöses, der dem Aufwand entspricht, *gewissermaßen*[99] für die Zwecke der Betriebserhaltung gebunden[100].“ Hinsichtlich der hier zur Beantwortung anstehenden Frage der Behandlung des Sachanlagevermögens führt er aus: „Wenn man die Abschreibungen vom Wiederbeschaffungspreis der Anlagegüter berechnet, so sammelt sich ... auf der Passivseite der Bilanz eine Rücklage an, welche die Differenzen zwischen der Abschreibung vom Anschaffungspreis und vom Wiederbeschaffungspreis auffängt[101].“ Insoweit stimmt die Untersuchung *Hax* voll und ganz zu, nur ist in seinen anschließenden Überlegungen der grundlegende finanzwirtschaftliche Aspekt nicht mehr vertreten; die Rücklage bleibt ein Abstraktum, was sie in der Tat als Instrument der „Unternehmungsrechnung“ ja auch nur sein kann.

Die Vorgänge werden deutlicher, wenn die Behandlung der Vorräte darzustellen ist, insbesondere aber dann, wenn die Funktion der „Reservierungen“ und ihre finanzwirksame Anlage zur Besprechung kommt.

bb) Auch für die Vorräte — d. h. hier die sachlichen Umlaufgüter — gilt die Regel, daß im Zeitpunkt der endgültigen Gewinnverwen-

---

95 Im Rahmen dieser Untersuchung soll auf verschiedene Einzelfragen, wie Anlagenaufwand, Abschreibungsmethoden etc. nicht eingegangen werden. Es geht der Untersuchung vielmehr darum, prinzipielle Fragen zu erörtern.

96 Hax, K.: Die Substanzerhaltung der Betriebe, a. a. O., S. 8.

97 Hax, K.: ebda., S. 19.

98 Hax, K.: ebda., S. 8.

99 Im Original nicht besonders hervorgehoben.

100 Hax, K.: ebda., S. 20.

101 Hax, K.: ebda., S. 219.

dung eine zweckgebundene Reservierung für den noch nicht ersatzbeschafften Teil der Vorräte vorzunehmen ist. Zu beachten ist hierbei, daß im Vergleich zur Verfahrensweise bei den Sachanlagen die rechnerische Funktion der Abschreibungen fortfällt, die bei Zuhilfenahme von „Wertberichtigungskonten“ den Mittelverbleib global sichtbar werden läßt. Die Gegenwerte für den noch nicht ersatzbeschafften Vorratsverbrauch sind in voller Höhe im Erlös enthalten. Aus dem Gewinn ist gleichwohl die Differenz zwischen dem Vorratsverzehr zu Anschaffungsausgaben und zu kalkulierten und im Preis realisierten Ersatzbeschaffungsausgaben zu reservieren.

Der Vorgang soll an zwei Beispielen verdeutlicht werden, wobei zu beachten ist, daß im Rahmen der Untersuchung nur steigende Güterpreise interessieren und nur ein noch nicht in voller Höhe ersatzbeschaffter Bestand an Vorräten ins Auge gefaßt wird. Es ist gleichfalls zunächst ausgeklammert, welche Behandlung die Reservierung erfährt, wenn die Ersatzbeschaffung selbst vorgenommen ist.

Erstes Beispiel:

Eine Kaffeegroßhandlung grenzt ihre Erfolgsrechnung in den Zeitraum „nach Ernte“ bis „vor nächster Ernte“ ein. Ihre Eröffnungsbilanz hat folgendes Aussehen:

Eröffnungsbilanz

Vorräte	100	Kapital	100
	100		100

Da zu erwarten ist, daß sie nach der neuen Ernte die gleiche Menge Kaffee zu einem um 10 % gestiegenen Preis wieder einsetzen muß, kalkuliert sie 20 % Aufschlag, worin 10 % Teuerungszuschlag enthalten sind. Die Schlußbilanz vor der Neubeschaffung sieht wie folgt aus:

Schlußbilanz

Liquide Mittel	120	Kapital	100
		Gewinnreservierung	10
		Gewinn	10
	120		120

Der Gewinn von 10 ist ausschüttbar, der neue Kaffee wird in Höhe der Vorjahresmenge zu 110 beschafft.

Zweites Beispiel:

Das erste Beispiel wird dahingehend variiert, daß unter sonst gleichen Bedingungen nur 80 % des Kaffeevorrates verkauft wurden. Die Schlußbilanz hat dann folgendes Aussehen:

Schlußbilanz

Vorräte	20	Kapital	100
Liquide Mittel	96	Gewinnreservierung	8
		Gewinn	8
	116		116

Die Wiederbeschaffung der verbrauchten Menge erfordert 88. Der Gewinn von 8 ist ausschüttbar.

Das Beispiel vermittelt eine weitere Erkenntnis. Würde man die Vorräte am Bilanztag ebenfalls zu Ersatzbeschaffungsausgaben bewerten (22), erhöht sich die Reservierung um 2 auf 10. Dieses ist aber keine Gewinnverwendung, denn es hat keine Realisation stattgefunden. Eine Reservierungsnotwendigkeit kann auch nicht erblickt werden, da die Kaffeegroßhandlung ohnehin — bei richtiger Kalkulation — in der Lage ist, die restliche Kaffeemenge zu dem gestiegenen Preis abzusetzen. Erst im Zeitpunkt der zukünftigen Transaktion entsteht die Notwendigkeit der Ersatzbeschaffung. Der Wertverzehr tritt erst in diesem Augenblick auf. Die Bezugsgrundlage für eine Gewinnreservierung ist damit eindeutig der „noch nicht ersatzbeschaffte Verbrauch".

Die für Anlagegüter genannten Grundsätze hinsichtlich der Ersatzbeschaffung im Verlaufe der Erfolgsperiode und der Ausdehnung der Zweckbeziehung auf Vorratsgruppen gelten auch hier. An dieser Stelle erscheint ein Vergleich zu einer von *Hax* dargestellten Verfahrensweise am Platze. Sie betrifft den Fall steigender Güterpreise und noch nicht aufgefüllter Bestände. Hierin wird der Endbestand mit dem effektiven Anschaffungspreis, der Aufwand, soweit er dem Zugang entspricht, mit dem durchschnittlichen Einstandspreis bewertet; die darüber hinausgehende Verbrauchsmenge ist zu den Wiederbeschaffungskosten des Bilanztages angesetzt.

Die „Substanzerhaltungsrücklage“ leitet sich aus folgender Kontenentwicklung her:

Werkstoff-Konto[102]

	kg.	EP			kg.	EP	
AB	100	10	1000	EB	50	13	650
Zg	175	11	1925	A	350	12	4200
Zg	175	13	2275	A	50	14	700
SER			350				

Die Ableitung der „Substanzerhaltungsrücklage“ (SER) sieht folgendermaßen aus:

„Einsatzwert:	100 kg je 10,—		= 1000,—
Wiederbeschaffungswert:	50 kg je 13,—	= 650,—	
	50 kg je 14,—	= 700,—	= 1350,—
Substanzerhaltungsrücklage			+ 350,—“

[103])

Diese Ableitung läßt nicht erkennen, welcher Betrag im Zeitpunkt der endgültigen Gewinnverwendung für die Ersatzbeschaffung des noch nicht wieder aufgefüllten Vorrates neben dem im Erlös der Unternehmung zugeflossenen Anschaffungswertersatz finanzwirksam zu reservieren ist. Sind zusätzlich neben dem vorhandenen — richtigerweise zum Anschaffungswert angesetzten — Bestand von 50 kg weitere 50 kg Ersatz zu beschaffen, so ergibt sich die Reservierung für Mehrausgaben aus folgender Rechnung:

50 kg zu — im Erlös zugeflossenen — Wiederbeschaffungsausgaben	von 14,—	= 700,—
./. 50 kg zum Anschaffungsausgabenersatz	von 13,—	= 650,—
	Reservierung	50,—

Dieser Vergleich zeigt deutlich den Unterschied einer finanzwirtschaftlichen Betrachtungsweise des noch nicht ersatzbeschafften Vorrates zu einer rein rechnungsmäßigen, globalen Gewinnkorrektur.

Selbst wenn man einer Berücksichtigung der Kapitalerhaltungsvorstellung im Rahmen der Aufwandbewertung mit der damit verbundenen Gewinnkorrektur durch eine „Erhaltungsrücklage“ den Vorzug geben würde, gleichfalls aber den finanzwirtschaftlichen Aspekt gelten

[102] Hax, K.: Die Substanzerhaltung der Betriebe, a. a. O., S. 161. Dieses Beispiel eignet sich besonders für die Herausstellung des finanzwirtschaftlichen Reservierungsaspektes. Es sei bemerkt, daß Hax aus anderen Erwägungen zutreffend die dargestellte Verfahrensweise ablehnt. Hax, K.: ebda., S. 168.

[103] Hax, K.: ebda., S. 167.

ließe, so wäre es notwendig, die Erhaltungsrücklage in einen Teil, der bereits eine Kapitalkorrektur auf Grund vollzogener Ersatzbeschaffungen konstatierte, und einen anderen Teil, der Reservierungen für noch vorzunehmende Ersatzbeschaffungen darstellte, aufzuspalten. Die Frage wird später nochmals aufgegriffen.

2. Die Herstellung der Zweckbeziehung zwischen ungewollten Ausgaben und entsprechenden Gewinnreservierungen ist problematisch. Das genannte Merkmal der Ungewißheit erstreckt sich auf die Höhe des Verlustes und den Zeitpunkt des Verlusteintrittes. Die Unternehmung wird bestrebt sein, künftige Verlustmöglichkeiten im Preis der Absatzgüter zu berücksichtigen, um diese finanzwirksam realisierten Erlösanteile reservieren zu können.

Oberparleiter sagt: „Risiken dieser Art" (gemeint sind die einzelnen Formen des Unternehmerrisikos — der Verf.) „sind... qualifizierbar...[104]." Er führt weiter aus: „Die Kenntnis ihres Bestehens und ihrer mannigfaltigen Wirkungsmöglichkeiten bildet das Risikobewußtsein für eine gegenüber den Chancen wägende Quantifizierung[105]." In gleichem Sinne äußert sich *Gronau:* „Das Risikobewußtsein ist Wissen um die schwebenden und möglichen wirtschaftlichen Gefahren[106]." Das aus dem Risikobewußtsein erwachsende „Sichern", das dem Streben nach Erweiterung der Unternehmungstätigkeit zum Zwecke der „Gewinnwahrung" parallel läuft[107], kleidet er in die Aussage: „Sichern bedeutet, Handlungen und Unterlassungen zur Verwirklichung eines Zwekkes so zu gestalten, daß der Gefahreneintritt bis auf den nach menschlichem Ermessen unvermeidbaren Rest abgeschirmt ist[108]."

Das Risikobewußtsein umschließt das Streben nach Erfassung und Vorsorge, es umfaßt damit gleichfalls das Ausmaß der Reservierung. „Im Augenblick des Gefahreneintrittes muß soviel Abwehrkraft durch Sicherungsmaßnahmen gegeben sein, daß eine Gefährdung des Bestandes der Unternehmung verhindert wird[109, 110]." Hierbei darf nicht übersehen werden, daß die Sicherungspolitik der Unternehmung einem Kalkül unterworfen ist. *Hax* sagt zu Recht, daß nicht die „äußerste"

---

[104] Oberparleiter, K.: Risiko, a. a. O., Sp. 4694.
[105] Oberparleiter, K.: ebda., a. a. O., Sp. 4694.
[106] Gronau, F.: Die Sicherung der Unternehmung, a. a. O., S. 14.
[107] Gronau, F.: ebda., S. 19.
[108] Gronau, F.: ebda., S. 15.
[109] Gronau, F.: ebda., S. 31.
[110] In diesem Zusammenhang sei neben den bereits zitierten Autoren insbesondere verwiesen auf: Bussmann, K. F.: Das betriebliche Risiko, Meisenheim/Glan 1955; Jenni, O.: Die Frage des Risikos in der Betriebswirtschaftslehre, Diss. Bern 1952; Segelmann, F.: Industrielle Risikopolitik, Diss. TU Berlin 1959; Vollmar, F.: Begriff und Wesen des Risikos in der Betriebswirtschaftslehre, Bern 1957; Mellerowicz, K.: Kosten und Kostenrechnung, Bd. II. 1, Berlin 1958.

Sorgfalt, sondern die „verkehrsübliche" Sorgfalt anzuwenden ist[111]. Die Risikenvorsorge muß „wirtschaftlich erträglich" sein. Die Untersuchung stimmt voll und ganz *Wittmann* zu, wenn er das Ausmaß der Vorsorge in das Ermessen verweist[112]. Diese Ermessensentscheidung steht den Gewinndisponenten zu.

In den Bereich der Gewinnreservierung fällt nur der im Erlös berücksichtigte Anteil für das „allgemeine Unternehmerrisiko". *Lehmann* sagt, daß diese „generellen Risiken" „unbezifferbar" sind und sich „... nur gefühlsmäßig ... berücksichtigen lassen"[113]. Die geforderte Zweckbeziehung zwischen Verlustdeckung und Gewinnreservierung wird damit nicht aufgehoben, wenn sie sich auch dem Bereich des Meßbaren entzieht. *Oberparleiter* meint demgegenüber: „Diese" („jene individuell gearteten Risiken, die ihnen" — den Unternehmungen, der Verf. — „auf jeden Fall verbleiben") „oder deren Faktoren und deren Komponenten sollen nicht instinktiv erfühlt, sondern verstandesgemäß erkannt werden[114]." Er hat das einzelne Risiko im Auge und führt hierzu aus: „Dabei schließt die Einzigartigkeit des individuellen Falles eine mathematisch objektive Wahrscheinlichkeitsmessung aus, so daß ... mit *Lavington* das Risiko als eine individuelle Schadenseinschätzung betrachtet werden kann[115, 116]."

Diesem äußerst diffizilen Problem, das in der Wissenschaft bislang keineswegs als gelöst angesehen werden darf, hat in jüngster Zeit *Wittmann* eine breit angelegte Studie gewidmet. Er bringt die Überwindung der Ungewißheit in Beziehung zur „Information". Es ist richtig, wenn er u. a. feststellt, „daß ... ein Mehr an tatsächlich vorhande-

[111] Hax, K.: Die Betriebsunterbrechungsversicherung, Köln und Opladen 1949, S. 16.

[112] Wittmann, W.: Unternehmung und unvollkommene Information, Köln und Opladen 1959, S. 37.

[113] Lehmann, M. R.: Allgemeine Betriebswirtschaftslehre, Wiesbaden 1956, S. 155.

[114] Oberparleiter, K.: Funktionen und Risiken der Betriebswirtschaft auf dem Markt, in: Neues betriebswirtschaftliches Quellenbuch, hrsg. von Deutsch, P.-Hirai, Y., Leipzig 1938, S. 148.

[115] Oberparleiter, K.: Risiko und Unternehmung in: Die Bilanzen der Unternehmungen, Festschrift für J. Ziegler, Bd. I, Wien 1933, S. 45 f.

[116] Diese Erkenntnis findet man auch wieder durch die unlängst von Wittmann durchgeführte, tiefgehende Untersuchung bestätigt, in deren Verlauf er feststellt: „Die Frage, ob man im Bereich der Unternehmung Häufigkeitsziffern gewinnen und mit ihnen arbeiten kann, ist nicht mit einem einfachen Ja oder Nein zu beantworten. Es kommt vielmehr auf die besondere Sachlage der Umstände an. Man wird in einem jeden Fall prüfen müssen, inwieweit die Voraussetzungen es zulassen, den gewünschten Genauigkeitsgrad zu erzielen. Oft wird die Häufigkeitsziffer nur den Sinn haben, andere Formen des Schließens zu ergänzen." (Wittmann, W.: Unternehmung und unvollkommene Information, a. a. O., S. 114) Die Aussage Wittmanns ist allgemein gehalten. Überträgt man sie auf die Erscheinungsformen des „allgemeinen Unternehmerrisikos", so wird ihre Bedeutung vollends klar.

ner Information nicht nur eine Erhöhung des subjektiv erreichten Informationsgrades bewirkt, sondern auch die Ungewißheit vermindert"[117]. Auf die hier angeschnittene Frage übertragen heißt das: Je geringer der Grad der Ungewißheit ist, um so genauer wird die Unternehmung die Gewinnreservierungen zum Zwecke der Verlustvorsorge bemessen können.

Die Vorsorge gegen Verluste im Wege der Gewinnreservierungen ist somit weitgehend dem Risikobewußtsein und dem Ermessen der Unternehmung unterworfen. Sie wird von den Verlustmöglichkeiten bestimmt, wobei insbesondere zu berücksichtigen ist, daß „das Risiko ... ein integrierender Bestandteil der Leistung selbst" ist[118]. Das Ausmaß der Gewinnreservierungen wird der Höhe nach durch diese Faktoren bestimmt. Der Zeitpunkt des Verlusteintrittes und somit die Notwendigkeit des Bereitstehens der reservierten Gewinnmittel ist in dem Bereich der Dispositionen über die vorübergehende Anlage der Gewinnreservierungen zu berücksichtigen.

b) Die Inanspruchnahme der Gewinnreservierung

1. Die zukünftig erwarteten oder vermuteten Ausgaben bestimmen das Ausmaß der Gewinnreservierung. Im Falle des Ausgabeneintrittes erfüllt sie ihren Zweck, d. h. sie wird in Anspruch genommen. Kommt der Zweck in Fortfall — tritt eine Ausgabennotwendigkeit nicht ein —, wird die vormals getroffene Gewinnreservierung gegenstandslos.

2. Hat eine Unternehmung Gewinne für spätere Ausschüttungen reserviert, und erfolgen diese, erfüllt die Gewinnreservierung ihren Zweck. Stehen die reservierten Gewinnmittel im Zeitpunkt der Ausschüttung bereit, wird die Auszahlung zu Lasten der Gewinnreservierung vorgenommen[119].

Ändert die Unternehmung nach der vorgenommenen Gewinnreservierung ihre Absicht dahingehend, den Gewinn nicht auszuschütten, wird sich die neu zu treffende Entscheidung auf eine anderweitige Gewinnreservierung oder auf eine Gewinninvestition erstrecken. Der ur-

117 Wittmann, W.: Unternehmung und unvollkommene Information, a.a.O., S. 30.

118 Sandig, C.: Risiko, in: Handwörterbuch der Betriebswirtschaft, hrsg. von H. Nicklisch, Bd. 2, 2. Aufl., Stuttgart 1939, Sp. 1466.

119 Mit dieser als richtig erkannten Behandlungsweise der Gewinnreservierung im Falle ihrer Zweckerfüllung wendet sich die Untersuchung gegen Literaturmeinungen, die eine gänzlich andere Verfahrensweise vorschlagen und die als abwegig bezeichnet werden muß. So sagt beispielsweise Frehner, E.: Die Reserven der Unternehmung, a. a. O., S. 96: „Bei derartigen Ausgabenreserven wird also nach erfolgter Ausgabe das betreffende Reservekonto gegenstandslos, es muß wieder darüber verfügt werden." Hierzu schlägt er die Bildung einer neuen offenen Reserve, die Bildung einer stillen Reserve oder die Auflösung zugunsten des Gewinnes vor. Siehe auch FN 120 auf S. 83 f.

sprüngliche Zweck der Reservierung kommt in Fortfall. Die neu zu treffende Entscheidung bestimmt die Form der neuen Gewinnreservierung oder, im Falle der Gewinninvestition, die Form ihrer dauernden Kapitaleigenschaft.

3. Hat die Unternehmung für steigende Ersatzbeschaffungsausgaben Gewinnreservierungen vorgenommen und werden diese in vorgesehener Höhe in Anspruch genommen, erlangen sie insoweit den Charakter „dauernden" Eigenkapitals.

a) Erfolgt die Ersatzbeschaffung zu den erwarteten gestiegenen Ersatzbeschaffungsausgaben, stehen zu deren Bestreitung die liquiden Abschreibungen zu Anschaffungsausgaben (bei abnutzbaren Anlagegütern) oder der Anschaffungsausgabenersatz (bei verzehrten Vorräten) neben der zusätzlich im Erlös zugeflossenen und gewinnreservierten Differenz zu Ersatzbeschaffungsausgaben zur Verfügung. Die Ersatzbeschaffung erfolgt zugunsten der vorhandenen liquiden Mittel. Eine Auflösung der Gewinnreservierung kommt nicht in Betracht, da der Unternehmung der Gegenwert des liquiden Abflusses verbleibt. Die Aufgabe der Gewinnreservierung ist insofern erfüllt, als sie bis zum Zeitpunkt ihrer Inanspruchnahme die zurückbehaltenen Erlösüberschüsse gebunden hat. Würde sie zu Lasten der Aktivierung aufgelöst, stünde zwar die der Kapitalerhaltungsvorstellung zugrunde liegende Gütermenge zu Buch, nicht aber der ihr beigelegte Ersatzbeschaffungsausgabenwert.

b) Sinn einer realen Kapitalerhaltungsvorstellung ist es, die verzehrten Güter nach einem bestimmten Maßstab ersatzbeschaffen zu können. Gelingt dieses „real" — durch effektive Beschaffung der im Unternehmungsprozeß verbrauchten Gütermenge —, so bedarf es einer gleichwertigen Korrektur der abstrakten Kapitalziffer. Im Zeitpunkt der Ersatzbeschaffung ist demnach die Gewinnreservierung auf das „Kapitalkonto" zu übertragen. Ist das Kapitalkonto einer Unternehmung nominal fixiert, erhält ein entsprechender Teil der Rücklagen — der Erfolgsbilanz — den Charakter von dauerndem Zusatzkapital. In diesem Umfang hat eine Investition vormals zurückgehaltener Gewinne stattgefunden. Es stünde theoretisch nichts im Wege, in Höhe dieser „Gewinninvestition" eine „Kapitalerhöhung aus Gesellschaftsmitteln" vorzunehmen[120].

---

[120] Auch hierzu äußert sich Frehner, E.: Die Reserven der Unternehmung, a. a. O., S. 96 in anderem Sinne: „Wenn z. B. eine Erweiterungsreserve dotiert wurde, und nun ein Neubau erstellt wird" (diese Verhältnisse gelten analog dem hier vorliegenden Fall — der Verf.) „so erfolgt, wenn die Finanzierung aus eigenen Mitteln möglich ist" (was der Sinn der Gewinnreservierungen in der vorliegenden Untersuchung ist — der Verf.) „nur eine Um-

Erst an dieser Stelle treffen sich „finanzwirksame Gewinnreservierung“ und „Kapitalkorrektur durch Erhaltungsrücklagen“ wieder. Bei der effektiven Ersatzbeschaffung der verzehrten Güter erfolgt eine kapitalwirksame Investition. Bis zu diesem Zeitpunkt war die Gewinnreservierung „vorläufiger Natur“. Es dürfte erkennbar sein, daß unter Wahrung eines für Gewinnermittlung und Gewinnverwendung einheitlichen — nominalen — Rechenmaßstabes das materielle Ziel der Kapitalerhaltung erreichbar ist — unter der Voraussetzung steigender Güterpreise.

Treten Differenzen zwischen den Reservierungen (Abschreibungs- und Gewinnreservierungen) und den Ersatzbeschaffungsausgaben auf, so sind entweder zusätzliche Kapitalinanspruchnahmen notwendig, oder der zuviel reservierte Gewinn wird gegenstandslos. Er kann für andere Gewinnreservierungen, für Gewinninvestitionen oder für Gewinnausschüttungen verwendet werden.

4. Sinn der Gewinnreservierung zum Zwecke der Bestreitung ungewollter Ausgaben ist es, im Zeitpunkt der Ausgabennotwendigkeit liquide bereitzustehen. Tritt die Ausgabennotwendigkeit (Ausgleich eines Ausgabenüberschusses) ein, so erfüllt die Gewinnreservierung ihren Zweck. Decken im Falle des Preiseinbruches die Erlöse nicht die Ausgaben, so ist das Ausgabendefizit durch den reservierten und bereitgestellten Gewinnteil auszugleichen. Die Ausgaben werden zugunsten der bereitgestellten liquiden Mittel bestritten. Erfolgsrechnerisch wird zwar der Periodenverlust gegen die „Rücklage“ aufgelöst; gleichwohl liegt durch den finanzwirksamen Ausgleich eine „reale“ Verlustdekkung bei Feststellung eines „Eigenkapitalverzehrs“ vor[121].

Unterbleibt eine finanzwirksame Gewinnreservierung trotz erfolgsrechnerischer Rücklagenbildung, werden also die von der Ausschüttung zurückbehaltenen Gewinne investiert, so kann ein finanzwirksamer

schichtung im Vermögen: aus liquiden Mitteln werden Anlagen beschafft (Buchungssatz: Anlagen an liquide Mittel). Bei den Passiven, insbesondere den Reserven, ändert sich nicht das geringste.“ Bezüglich der Neuverwendung der Reserven s. seine Vorschläge FN 119 S. 82. Völlig richtig und übereinstimmend mit dem Ergebnis der Untersuchung äußert sich Walb, E.: Die Erfolgsrechnung privater und öffentlicher Betriebe, a. a. O., S. 149: „... werden durch die Reserven Mittel angesammelt, die für die Erweiterung baulicher Anlagen Verwendung finden sollen“ ... „ergibt sich eine Erhöhung des Eigenkapitals.“ Allerdings, so darf bemerkt werden, ist der Zeitpunkt der Kapitalbildung mit dem Zeitpunkt der Investition anzunehmen.

121 Mit dieser Wirkungsweise der Gewinnreservierung wird das erreicht, was Rieger beispielsweise an der gesetzlichen Reserve der Aktiengesellschaft bemängelt. Er sagt: „Der Verlust ist nicht erst bei der Aufmachung der Bilanz entstanden, sondern im Laufe des Jahres, und wird durch sie nur konstatiert.“ „Er kann also auch nicht erst bei oder nach der Bilanz ‚gedeckt‘ werden, in dem hier möglichen Sinne, sondern, wenn die Unternehmung den Zeitpunkt der Bilanzerstellung erleben will, muß er schon vorher gedeckt sein.“ (Rieger, W.: Einführung in die Privatwirtschaftslehre, a. a. O., S. 302.)

Verlust nur durch Rücklagenauflösung konstatiert werden. An irgendeiner Stelle des Unternehmungsprozesses ist eine Einengung eingetreten. Das finanzwirtschaftliche Gleichgewicht bleibt gestört.

Tritt ein erwarteter oder vermuteter Verlust nicht ein, so wird die Gewinnreservierung gegenstandslos. Sie kann für andere Zwecke reserviert, investiert oder ausgeschüttet werden. Reicht eine Gewinnreservierung im Verlustfalle nicht aus — oder wurde sie bewußt oder unbewußt nicht ausreichend gebildet —, so verbleibt in Höhe der ungedeckten Differenz die Notwendigkeit der Feststellung eines Eigenkapitalverzehrs. Ein realer Ausgleich muß unterbleiben, wenn nicht Eigenkapitalzuschüsse erfolgen. Die Aufnahme von Fremdkapital kann zwar die Liquiditätslücke überbrücken, nicht aber den Eigenkapitalverzehr beseitigen.

3. Die vorübergehende Verwendung der Gewinnreservierung

1. Die vorangegangenen Ableitungen unterstellen das Vorhandensein der Gewinnreservierungen in liquider Form im Zeitpunkt der Ausgabennotwendigkeit. Es ist nunmehr die Frage zu beantworten, welche Maßnahmen die Unternehmung einleiten kann, um dieses Erfordernis zu gewährleisten.

Für deren Betrachtung ist nicht mehr bedeutsam, ob es sich um gewollte oder ungewollte Ausgaben handelt. Es ist ebenfalls unwesentlich, ob mit der Ausgabennotwendigkeit fest gerechnet wird, oder ob sie ungewiß ist. Eine mögliche Liquiditätsbelastung genügt zur Vorsorge. Die Zeitraumüberbrückung erfordert vielmehr eine Trennung in

a) zeitlich bekannte und

b) zeitlich unbekannte

Ausgabennotwendigkeiten. Dieser Unterschied beeinflußt die Entscheidung über die vorübergehende Verwendung der Gewinnreservierung wesentlich.

2. Es wurde herausgestellt, daß gegen eine liquide Bereithaltung reservierter Gewinne für den Fall der Ausgabennotwendigkeit der Vorwurf des Rentabilitätsverzichts erhoben wird. Bei der Bildung eines „Fonds“ wird dieses zutreffen können; er verspricht aber die Sicherheit der späteren Ausgabenbestreitung. Die Eingliederung der reservierten Gewinne in den Unternehmungsprozeß läßt andererseits Rentabilität erhoffen, verhindert aber möglicherweise eine reale Verlustdeckung; wenn Verluste an Vermögensgegenständen oder Ausgabenüberschüsse eintreten, kann eine „abstrakte“ Reserve diese nur rechnerisch beseitigen.

Die vorübergehende Verwendung von reservierten Gewinnmitteln wird man „gedanklich“ immer als außerhalb des Unternehmungsprozesses stehend betrachten müssen[122]. Das entspricht auch der natürlichen Aufgabe der Gewinnreservierungen, wenn sie Verluste im Unternehmungsprozeß real beseitigen sollen. Sie sind nicht zu „investieren“, sondern zu „reservieren“. Den Makel des Rentabilitätsverzichtes wirft die Gewinnreservierung dann ab, wenn sie vorübergehend rentabel verwendet wird und im Zeitpunkt der Ausgabennotwendigkeit wieder bereitsteht. Das Streben nach Rentabilität hat sich aber der natürlichen Zwecksetzung der Gewinnreservierung unterzuordnen; das braucht gleichfalls nicht zu bedeuten, daß die Rentabilität einer objektbezogenen Anlage von Gewinnreservierungen ungünstiger ist als die einer Investition im Unternehmungsprozeß „schlechthin“. Unter bestimmten Umständen können dabei reservierte Gewinne in der Unternehmung vorübergehend Anlage finden.

Die Unternehmung steht daher vor der notwendigen Entscheidung über die Art und den Zeitraum einer vorübergehenden Verwendung der Gewinnreservierung. Diese Entscheidung basiert auf einem Kalkül, dem „Gewinnreservierungskalkül“[123].

a) *Der Gewinnreservierungskalkül*

Der Gewinnreservierungskalkül soll eine Aussage darüber treffen, unter welchen Bedingungen eine vorübergehende Anlage reservierter Gewinne vorteilhaft erscheint. Als Bedingungen der Anlage sind die zweckabhängige „Risikobegrenzung“ sowie die Einhaltung der „Wiedergewinnungszeit“ anzusehen. Die Entscheidung über alternative Anlagemöglichkeiten wird durch die maximal erzielbare Rentabilität determiniert[124].

---

[122] Hierzu sagt Meyer, M.: Die Reserven als theoretisches Problem der Unternehmungswirtschaftslehre, a. a. O., S. 13 f.: „Es sei daran erinnert, daß Reserven Mittel darstellen, die zum Einsatz bereitstehen.“ „Wenn wir von Mitteln reden, meinen wir immer das Vermögen der Unternehmung.“ Und im Anschluß daran auf S. 14: „. . . sobald solche Mittel an der Leistungserstellung teilnehmen, können sie nicht mehr als Unternehmungsreserven dienen.“

[123] Die Literatur sieht eine Erfüllung der Reserveidee, soweit eine reale Verlustdeckung bejaht wird, weitgehend als ein Problem der Absonderung von Vermögensgegenständen an. Auf diesem Wege kommen „Vermögensbereitstellungen“, „Betriebsreserven“, „Reservevermögen“ u. a. zustande. Auch die Untersuchung betrachtet die Anlage von Gewinnreservierungen „gedanklich“ als außerhalb des Unternehmungsprozesses stehend. Damit wird die Anlage der Gewinnreservierungen der Reservierungsidee untergeordnet, was jedoch nicht ausschließt, daß sie selbst unter bestimmten Bedingungen vorübergehend im Unternehmungsprozeß Verwendung finden können; hierdurch kann auch eine Vermögensbereitstellung entstehen. Dieser feine, aber prinzipielle Unterschied darf nicht außer acht gelassen werden.

[124] In diesem Zusammenhang wird auf die Ausführungen über den „Gewinninvestitionskalkül“ verwiesen; dieser Kalkül ist unvergleichlich bedeutsamer, ihm wird daher auch breiterer Raum gewidmet. Siehe S. 101 ff.

aa) Die Risikobegrenzung

1. Die Risikobegrenzung ist wesentliche Bedingung der vorübergehenden Anlage von Gewinnreservierungen[125]. Ihre Einhaltung gilt bei zeitlich bekannten und zeitlich unbekannten Ausgabennotwendigkeiten.

Nimmt eine Unternehmung Gewinnreservierungen für zukünftige Gewinnausschüttungen vor, bekundet sie den Willen, jetzt finanzwirksam realisierte Gewinne später den Begünstigten zukommen zu lassen. Dem widerspricht, wenn die Unternehmung die Gewinnreservierung einer riskanten Anlage unterwirft, denn hiermit gefährdet sie die Absicht der Gewinnverwendungsentscheidung. Wird eine Gewinnreservierung für eine spätere Zahlung von Gewinnsteuern vorgenommen, ist es zweckfremd, sie für vorübergehende Wertpapierspekulationen einzusetzen. Das gleiche gilt, wenn Gewinne zum Zwecke der Bestreitung steigender Ersatzbeschaffungsausgaben reserviert werden. Reserviert die Unternehmung Gewinne, um hiermit einen zukünftigen Ausgabenüberschuß decken zu können, hat dies folgerichtig Einfluß auf die Anlageentscheidung. Die Unternehmung wird Risiken bei der vorübergehenden Verwendung der reservierten Geldmittel auszuschalten haben, wenn sie mit dieser Maßnahme selbst Verlusten begegnen will.

2. Die Risikobegrenzung ist demnach Datum innerhalb des Gewinnreservierungskalküls. Sie gilt für alle geplanten Einsatzobjekte innerhalb und außerhalb der Unternehmung[126].

bb) Die Wiedergewinnungszeit

1. Unter der Voraussetzung, daß im Zeitpunkt der Ausgabennotwendigkeit die reservierten Gewinne bereitstehen sollen, ist der Zeitraum ihrer vorübergehenden Anlage durch die Zeitpunkte „endgültige Gewinnverwendung (Gewinnreservierung)“ und „Ausgabenbestreitung“ begrenzt. Innerhalb des Gewinnreservierungskalküls tritt somit — wie bei der vorübergehenden Anlage der Transaktionsgewinne[127] — die Wiedergewinnungszeit als Datum auf.

---

[125] Es darf hier auf die Ausführungen auf S. 41 ff. Bezug genommen werden. Es werden hier nur die spezifisch ergänzenden Merkmale aufgezeigt.

[126] Auch Hatheyer, E.: Reservierungen (Bereitstellungen) und Wertberichtigungen (Abschreibungen), a. a. O., S. 282 äußert sich hinsichtlich der Risikobeschränkung ähnlich: „Die Vermögensbereitstellungen dienen dazu, Mittel in konkreter Form für irgendwelche (spätere) Verwendungszwecke zur Verfügung zu stellen.“ „Damit dieser Zweck erreicht wird, müssen die Mittel in Vermögensteilen angesammelt (angelegt) werden, die den betrieblichen Risiken nicht unterworfen sind.“ Wie man sieht, ist aber auch bei Hatheyer der Gedanke der Absonderung der Vermögensgegenstände „vom Betrieb“ vorhanden. Von dieser Vorstellung löst sich bekanntlich die Untersuchung. Auch spricht er abweichend von der in der Untersuchung wiedergegebenen Deutung des Risikofaktors ganz allgemein vom „betrieblichen Risiko“.

[127] Siehe S. 41 ff.

2. Bei zeitlich bekannten Ausgabennotwendigkeiten ist die Wiedergewinnungszeit gegeben. Man wird in diese Gruppe zukünftige Gewinnausschüttungen einzuordnen haben, wenn der Termin späterer Dividendenzahlungen, Spenden, Gewinnsteuerzahlungen usw. vorgegeben ist. Auch für die Aufbringung von Mehrausgaben für Ersatzbeschaffungen kann man diese Zuordnung treffen, wenn die Ersatzbeschaffungstermine im Zeitpunkt der vorübergehenden Anlage der reservierten Gewinne bekannt sind.

3. Auch bei zeitlich unbekannten Ausgabennotwendigkeiten bleibt die Wiedergewinnungszeit als Datum des Kalküls bestehen. Es ist jedoch zu berücksichtigen, daß der Zeitpunkt der Ausgabennotwendigkeit in den Bereich der Ungewißheit fällt. Wenn eine Unternehmung Gewinnreservierungen für die Deckung zukünftiger Ausgabenüberschüsse vorgenommen hat, wird neben dem Ausmaß der Reservierung auch eine Vorstellung vom Zeitpunkt der Verlustmöglichkeit bestanden haben. Ähnliches darf man annehmen, wenn Ersatzbeschaffungen nicht genau zu terminieren sind. Soll in diesen Fällen im Zeitpunkt der Ausgabennotwendigkeit die Gewinnreservierung bereitstehen, ist die Wiedergewinnungszeit zu bestimmen; notfalls durch Schätzung.

4. Die Fixierung der Wiedergewinnungszeit begrenzt eine Auswahl unter alternativen Anlagemöglichkeiten auf jene, deren Wiederverflüssigungszeit der Wiedergewinnungsnotwendigkeit der Gewinnreservierungen entspricht. Wird dieses Prinzip außer acht gelassen, so sind die Folgen offenbar. Erfolgt die Wiederverflüssigung der Anlage vor dem Termin der Ausgabennotwendigkeit, so kann ein Rentabilitätsverlust eintreten. Liegt der Wiedergewinnungstermin nach dem genannten Zeitpunkt, so sind entweder die für die Ausgaben notwendigen Mittel nicht vorhanden oder der Investitionsprozeß muß abgebrochen werden; hieraus erwachsen ebenfalls Rentabilitätsverluste. Allerdings kann dieser Verlust in den Gewinnreservierungskalkül einbezogen werden.

b) Die Rentabilität als Determinante der Entscheidung über die vorübergehende Anlage von Gewinnreservierungen

Unter alternativen Anlagemöglichkeiten gleicher Wiedergewinnungszeit und notwendiger Risikobegrenzung wird die Unternehmung jene auswählen, die ihr temporär die höchste Rentabilität verspricht. Die Rentabilität ist sodann die Determinante der Entscheidung über die vorübergehende Verwendung von Gewinnreservierungen[128]. Insoweit

[128] Bei der vorübergehenden Anlage von Gewinnreservierungen wird man andere Entscheidungsgründe vernachlässigen dürfen. Wie bei der Gewinninvestition nachgewiesen wird, stehen dort der Rentabilität andere, gleichwertige Determinanten der Investitionsentscheidung gegenüber: z. B. der

bedeutet es keinen Unterschied, ob das Anlageobjekt in der Unternehmung oder an anderer Stelle gesucht wird. Zu beachten bleibt hierbei, daß die Anlage von Gewinnreservierungen immer einen temporären Prozeß darstellt; eine Ausweitung des Unternehmungsprozesses, wie er durch eine „Gewinninvestition“ erfolgt, darf man nicht annehmen. Nur in dieser Form kann die Gewinnreservierung eine „reale“ Verlustdeckung bewirken. Durch die Merkmale „vorübergehende Anlage“ und „Risikobeschränkung“ sind ihr die Eigenschaften „dauernden“ Eigenkapitals — als Zusatzkapital — abzusprechen.

Es bedarf der ergänzenden Erwähnung, daß die Rentabilität einer nach den vorstehenden Prinzipien ausgewählten Anlage nicht unter der einer Liquidehaltung der Gewinnreservierung liegen darf; denn dann wäre diese vorzuziehen[129].

c) Die Anlagemöglichkeiten der Gewinnreservierung

Es bleibt die Frage zu prüfen, für welche Anlageform sich die Unternehmung auf der Basis des Gewinnreservierungskalküls entscheiden kann. Hierbei soll der vorgenommenen Trennung in zeitlich bekannte und zeitlich unbekannte Ausgabennotwendigkeiten gefolgt werden.

aa) Bei zeitlich bekannten Ausgabennotwendigkeiten

Sofern die Ausgabennotwendigkeit zeitlich bekannt ist, wird die Auswahlentscheidung unter alternativen Anlagemöglichkeiten gegebener Wiedergewinnungszeit und gleichen Risikos keine prinzipielle Problematik aufwerfen. Es stehen grundsätzlich die gleichen Anlagemöglichkeiten zur Verfügung, wie sie für die vorübergehende Anlage von Transaktionsgewinnen aufgezeigt wurden[130].

Wendet man auf die Anlageauswahl die Ableitungen der Investitionstheorie an[131], so vergleicht die Unternehmung die vergleichsweise

---

Kapitalbedarf von Investition im Verhältnis zum verfügbaren Gewinn, die Liquiditätsentwicklung der Investition, nicht zuletzt imponderable Motive. Hier sind diese Fragen praktisch auszuklammern.

[129] Es sei an dieser Stelle vermerkt, daß sich die Unternehmung bei der Anlage von Gewinnreservierungen „gewinnmaximierend“ verhalten kann. Dieses Bestreben wirkt sich, wie erkennbar ist, im Finanzierungsbereich aus; im Hinblick auf das prinzipielle Einkommensziel der Unternehmung ist es daher von „sekundärer“ Natur. Daraus darf aber gleichfalls gefolgert werden, daß eine Unternehmung, die prinzipiell einen „angemessenen“ Gewinn erstrebt, sich durchaus im Finanzierungsbereich auch gewinnmaximierend verhalten kann. Hiermit dürfte der Zweck, der der Erzielung eines angemessenen Gewinnes zugrunde liegt, gefördert werden, wenn beispielsweise hieraus Einflüsse auf die Preisbildung abgeleitet werden können.

[130] Es wird auf S. 42 f. zurückverwiesen.

[131] Hier wird insbesondere auf die Schrift von Schneider, E.: Wirtschaftlichkeitsrechnung, Theorie der Investition, 2. Aufl. Tübingen-Zürich 1957 verwiesen. Über weitere Literaturangaben zur Investitionstheorie s. den Abschnitt „Gewinninvestition“ dieser Untersuchung.

höchste Rentabilität alternativer Anlagemöglichkeiten mit dem Zins einer Liquidehaltung der Gewinnreservierung. Diesen kann man als „Kalkulationszinsfuß" bezeichnen. Ist die Rentabilität der in Betracht kommenden Anlage höher als der Kalkulationszinsfuß, wird sich die Unternehmung zugunsten der Anlage entscheiden.

bb) Bei zeitlich unbekannten Ausgabenotwendigkeiten

Bei zeitlich unbekannten Ausgabenotwendigkeiten beeinflußt die Ungewißheit des Termins, zu dem die Gewinnreservierungen liquide bereitstehen sollen, die Anlageauswahl.

Es sollen drei Entscheidungsmöglichkeiten genannt werden:

1. Rechnet die Unternehmung damit, daß die Ausgabenotwendigkeit sofort auftreten kann — beispielsweise bei Verlustmöglichkeiten — wird sie die Wiedergewinnungszeit mit null annehmen müssen. Einer Liquidehaltung der Gewinnreservierung stehen dann keine alternativen Anlagemöglichkeiten gegenüber. Der Zins der Liquidehaltung der Gewinnreservierungen ist alleiniger Entscheidungsmaßstab. Dieser Verhaltensweise wird man die „Fondsbildung" zurechnen dürfen, wobei allerdings der Fonds dem Prinzip der Risikobegrenzung genügen muß; er darf nicht spekulativen Momenten — etwa bei der Wertpapieranlage — unterworfen sein[132].

2. Rechnet die Unternehmung damit, daß die Ausgabenotwendigkeit später eintreten wird, so liegt die notwendige Wiedergewinnungszeit einer Anlage im Zeitablauf zwischen null und unendlich; sie wird im Zeitpunkt der Gewinnreservierung fixiert und soll vor dem Zeitpunkt der Ausgabennotwendigkeit liegen, damit die Bedingungen des liquiden Bereitstehens der Gewinnreservierungen im Zeitpunkt der Ausgabenotwendigkeit erfüllt ist. Die Unternehmung stellt die vergleichsweise höchste Rentabilität alternativer Anlagemöglichkeiten dem Kalkulationszinsfuß der Liquidehaltung gegenüber und trifft hiernach ihre Entscheidung.

   Schiebt sich der Zeitpunkt der Ausgabenotwendigkeit unerwartet hinaus, kann die Unternehmung versuchen, sich schrittweise anzupassen. Durch Bildung von „Investitionsintervallen" kann sie sich an den Zeitpunkt der Ausgabenotwendigkeit herantasten.

---

[132] In der Literatur wird das „Fondsdenken" nicht nur auf diesen sich logisch ergebenden Spezialfall angewendet. So sagt Meyer, M.: Die Reserven als Problem der theoretischen Unternehmungswirtschaftslehre, a. a. O., S. 16: „Daraus ergibt sich für uns ein wichtiges Erfordernis an die Reserven: Die reale Verlustdeckung von innen her kann nur durch solche bisher nicht eingesetzten Vermögensteile erfolgen, die leicht liquidierbar sind, oder die zum mindesten innert einer nicht allzu lang bemessenen Frist durch den Umweg über die Geldform in die Bresche springen können." Diese globale Denkweise kann nicht befriedigen.

Eine derartige Verhaltensweise schafft die Möglichkeit, erneute Anlagen zu unterlassen, wenn die Notwendigkeit der Ausgabe das Stadium der zeitlich ungewissen Vermutung verläßt und zur Gewißheit wird.

Gegenüber der Fondsbildung kann die Unternehmung partielle Rentabilitätsvorteile ausnutzen.

3. Die Unternehmung wird die Wiedergewinnungszeit als unendlich annehmen können, wenn die Ausgabenotwendigkeit „irgendwann", zeitlich nicht abschätzbar, aber hinsichtlich ihres Eintrittes zumindest vermutet, einsetzen wird. Im Hinblick auf die Wiedergewinnungszeit, nicht aber die Risikobegrenzung , ist die Auswahl der Anlagemöglichkeiten der Gewinnreservierung nicht eingeschränkt. Wiederum stehen sich die vergleichsweise höchste Rentabilität alternativer Anlagemöglichkeiten und der Kalkulationszinsfuß gegenüber. In den Gewinnreservierungskalkül ist jedoch der Verlust einzubeziehen, der eintreten würde, wenn der „Investitionsprozeß" infolge der auftretenden Ausgabenotwendigkeit abgebrochen werden muß.

   Diese Verwendung der Gewinnreservierung unterscheidet sich immer noch von einer Anlage des Gewinnes im Unternehmungsprozeß „schlechthin". Die Anlage der Gewinnreservierung bleibt „gedanklich" außerhalb des Unternehmungsprozesses stehen, damit sie die im Prozeß auftretenden Verluste real decken kann.

4. Zusammengefaßtes Ergebnis

1. Im Rahmen der endgültigen Gewinnverwendung kann die Unternehmung für zukünftig gewollte oder ungewollte Ausgaben Teile des realisierten Erlösüberschusses reservieren. Die Entscheidung, ob der erzielte Gewinn später ausgeschüttet werden soll, eine bestimmte Kapitalerhaltungsvorstellung zu realisieren ist oder finanzwirksame Verluste „real" zu decken sind, obliegt den Gewinndisponenten.

2. Eine Gewinnreservierung setzt die Verwirklichung eines Preises voraus, der ihr Ausmaß umschließt. Sie erfordert gleichzeitig die Herstellung einer Zweckbeziehung zwischen reserviertem Gewinn und den beabsichtigten zukünftigen Ausgaben. Für spätere Gewinnausschüttungen in festgelegter Höhe sind verdiente, jetzt nicht ausgeschüttete Gewinnteile zu reservieren. Die Aufbringung zukünftiger Mehrausgaben für Ersatzbeschaffungen bedingt die Reservierung von Mehrerlösen gegenüber den Anschaffungsausgaben für den in der abgelaufenen Erfolgsperiode noch nicht ersetzten Gutsverzehr. Wünscht die Unternehmung zukünftige Verluste finanzwirksam zu decken, so kann dieses im

Wege von Gewinnreservierungen nur aus realisierten Erlösüberschüssen erfolgen.

Die Notwendigkeit, das Problem der Kapitalerhaltung finanzwirtschaftlich zu deuten, führt neben dem Erfordernis eines einheitlichen nominalen Wertmaßstabes in der Rechnungslegung dazu, sie durch finanzwirksame Gewinnreservierungen — nicht durch eine „Aufwandbewertung" — zu realisieren. Die reale Verlustdeckung durch Gewinnreservierungen bedingt gleichfalls eine Aufspaltung der Rücklagen der Erfolgsbilanz. Soweit sie der realen Verlustdeckung dienen, ihre Gegenwerte also später die Unternehmung verlassen, sind sie temporäres Eigenkapital. Derjenige Rücklagenteil, der „investiert" wird, ist für eine reale Verlustdeckung nicht geeignet. Er ist ausschließlich in der Lage, eintretende Verluste „buchmäßig" auszugleichen. Wegen seines Investitionscharakters stellt er echtes Zusatzkapital, „dauerndes Eigenkapital" dar.

3. Die Gewinnreservierungen sollen im Zeitpunkt der Ausgabenotwendigkeit bereitstehen. Ihre vorübergehende Anlage hat gleichzeitig Rentabilitätserfordernissen zu genügen. Die Anlageentscheidung fußt daher auf dem Gewinnreservierungskalkül, der die Einhaltung einer vorgegebenen oder gewählten Wiedergewinnungszeit und der Risikobegrenzung als Bedingungen aufweist. Unter alternativen Anlagemöglichkeiten gleicher Wiedergewinnungszeit wählt die Unternehmung jene aus, die ihr im Verhältnis zum Zins der Liquidehaltung der Gewinnreservierungen höchste Rentabilität verspricht. Die Anlage kann in der Unternehmung oder anderenorts gesucht werden.

4. Die Entscheidung über die Gewinnreservierung steht im Rahmen der Gewinnverwendungsentscheidung, die über das Ausmaß aller Gewinnverwendungsarten befindet. Die getroffenen Ableitungen werden daher an späterer Stelle der Untersuchung um diese quantitative Problematik ergänzt.

II. Die Gewinninvestition

1. Gegenstand des nachfolgenden Untersuchungsabschnittes ist die Gewinninvestition. Die Unternehmung entscheidet hierbei, daß der Gewinn ihr dauernd verbleiben soll. Durch die Investition erlangt der Gewinn die Eigenschaft dauernden Zusatzkapitals. Auf den Einsatz des Gewinnes in der Unternehmung finden grundsätzlich die Erkenntnisse und Ableitungen der Investitionstheorie[133] Anwendung. Sie sind jedoch um die Einflüsse, die aus dem Gewinn als Finanzierungsquelle einer Investition herrühren, zu ergänzen.

---

[133] Die maßgebliche Literatur ist im kommenden Abschnitt angegeben oder findet sich im Literaturverzeichnis.

Jede Investition, auch die Gewinninvestition, erfordert eine Entscheidung. Die Entscheidung fußt auf einem Kalkül. Es ist zu berechnen, welchen Vorteil eine Investition verspricht und an Hand welcher Vergleichsmaßstäbe alsdann die Investitionsentscheidung gefällt wird. Da die Gewinninvestition Gegenstand der Betrachtungen ist, liegt der „Gewinninvestitionsentscheidung", ein „Gewinninvestitionskalkül" zugrunde[134]. Auch in diesem Untersuchungsabschnitt wird der noch weitverbreiteten Ansicht entgegengetreten, eine Investition in der Unternehmung verspreche in jedem Fall die vergleichsweise höchste Rentabilität[135]. Im Falle der Gewinninvestition erlangt diese Prüfung insofern besondere Bedeutung, als die Gewinninvestition einen Verzicht auf eine andere Gewinnverwendungsart erfordern kann. Ein Eigenkapitalgeber vergleicht gewiß eine möglicherweise erzielbare Rentabilität durch Anlage ausgeschütteter Gewinne mit der Rentabilität einer Investition in der Unternehmung selbst[136].

2. Unabhängig von der theoretischen Bedeutung der Gewinninvestition kann die Frage nach der praktischen Auswirkung dieser Finanzierungsquelle gestellt werden. Nachfolgende Zahlen mögen sie beantworten:

Die Investierungen und der Anteil der Selbstfinanzierung in den amerikanischen Aktiengesellschaften betrugen in den Jahren

---

[134] Wie später gezeigt wird (s. S. 100), ist lediglich im Falle der „erzwungenen Gewinninvestition mit Anlagevorschrift" der Unternehmung die Entscheidungsmöglichkeit genommen. Es geht der Untersuchung darum, die Aussagen der Investitionstheorie um den Spezialfall der Gewinninvestition zu ergänzen und hierbei insbesondere die Bedeutung der Glieder des Gewinninvestitionskalküls herauszuarbeiten, sowie Entscheidungsmöglichkeiten bei Gewinninvestitionen aufzuzeigen.

[135] So sagt z. B. Abromeit, G.: Erzeugnisplanung und Produktionsprogramm im Lichte der Produktions-, Absatz- und Wettbewerbspolitik, Wiesbaden 1955, S. 132 f.: „Solange ein Betrieb von dynamischen Persönlichkeiten geleitet wird, ist man stets bemüht, überschüssiges Kapital nicht als Kredit an andere Betriebe zur Verwertung weiterzuleiten, sondern es selbst werbend anzulegen. Denn die Verwertung im eigenen Betriebe ist einerseits rentabler, andererseits entspricht sie auch mehr der natürlichen Tendenz des Betriebes, nicht stillzustehen, sondern ständig zu wachsen und sich auszudehnen." Auch Ehrlicher meint, daß das Vorhandensein akkumulierter Gewinne Investitionen anreizt, und dieser Anreiz „unter Umständen über die exakte Rentabilitätsrechnung dominiert". (Ehrlicher, W.: Geldkapitalbildung und Realkapitalbildung, Tübingen 1956, S. 204.) Tinbergen teilt diese Meinung, tritt aber zunächst für eine Prüfung der Gewinnerwartungen und alsdann der Einflüsse aus dem vorhandenen Gewinn ein. (Tinbergen, J., und Polak, J. J.: The Dynamics of Business Cycles, London 1950, S. 167.) Auch Mieth ist in diesem Zusammenhang zu erwähnen. (Mieth, W.: Das Akzellerationsprinzip, Berlin 1953, insbesondere S. 100.)

[136] Die Untersuchung ist auf die Gewinninvestition begrenzt. Es darf jedoch darauf hingewiesen werden, daß die Investition von Abschreibungen eine entsprechende Problematik aufweist, d. h. der Anwendung eines Investitionskalküls unterliegt.

1946	19,7 Mrd. $	davon Selbstfinanzierung	11,9 Mrd. $
1947	28,3 Mrd. $	davon Selbstfinanzierung	16,8 Mrd. $
1948	27,2 Mrd. $	davon Selbstfinanzierung	19,0 Mrd. $
1949	18,4 Mrd. $	davon Selbstfinanzierung	15,2 Mrd. $
1950	33,9 Mrd. $	davon Selbstfinanzierung	19,4 Mrd. $
1951	35,9 Mrd. $	davon Selbstfinanzierung	17,8 Mrd. $
1952	27,0 Mrd. $	davon Selbstfinanzierung	17,5 Mrd. $[137]

Der Selbstfinanzierungsanteil umfaßt nur Gewinninvestitionen. Refinanzierungen aus Abschreibungen sind hierin nicht enthalten.

Die Zahlen lassen erkennen, daß im Erhebungsbereich die Investitionen zum überwiegenden Teil aus Gewinnen bestritten wurden[138].

3. Der anschließende Untersuchungsabschnitt soll folgende Fragen beantworten:

a) Welchen spezifischen Charakter weist die Gewinninvestition im Rahmen der Investitionstätigkeit der Unternehmung auf?

b) Aus welchen Gründen beabsichtigt die Unternehmung Gewinne zu investieren?

c) Welche Formulierung erhält der Gewinninvestitionskalkül bei verschiedenen Gewinninvestitionsarten?

d) Welche Entscheidungsmöglichkeiten hat die Unternehmung bei Gewinninvestitionen?

Die Beantwortung der Fragen umschließt eine Betrachtung der mit Investitionen allgemein verbundenen Probleme der langfristigen Preis- und Absatzerwartungen, der Abschätzung möglicher Risiken u. a. m. Gegenüber den Ableitungen der allgemeinen Investitionstheorie verdienen besonders die Rentabilitätserwartungen der Gewinnbegünstigten als maßgeblicher Einfluß auf den Kalkulationszinsfuß, der erforderliche Kapitalbedarf möglicher Gewinninvestitionen im Verhältnis zum verfügbaren Gewinn und die Liquiditätsentwicklung des Investitionsvorhabens im Rahmen der Unternehmungsliquidität Beachtung.

Diese Faktoren werden im Rahmen des Gewinninvestitionskalküls untersucht und ihre Bedeutung für die Gewinninvestitionsentscheidung aufgezeigt.

---

137 Die Zahlen wurden entnommen: Lorenz, D.: Probleme und Ansätze einer kapazitätsorientierten Investitionspolitik, Diss. FU Berlin 1958, S. 35.

138 Wie Leist berichtet (Leist, K.: Investitionen und Sozialstruktur in Westdeutschland, Zürich 1956, S. 30), betrug die Selbstfinanzierung in der Bundesrepublik Deutschland in den Jahren 1948/1951 ca. 50 % der Investitionsausgaben.

1. Der finanzwirtschaftliche Charakter der Gewinninvestition

1. Die spezifische Erscheinungsform der Gewinninvestition wird von der finanzwirtschaftlichen Elementarerkenntnis geprägt, daß der im Unternehmungsablauf entstehende und ihm verbleibende Gewinn eine Erweiterung des Unternehmungskapitals bedeutet. Hiermit können, unterschiedlich nach Art und Umfang, Kapazitätserweiterungen einhergehen.

Wird die Gewinninvestition als Kapitalerweiterungsinvestition aufgefaßt, ist es gleichgültig, welche Form die investierten Gewinne annehmen. Sie können z. B. für die Herstellung und den Erwerb von Real- und Nominalgütern Anlage finden, für Forschungs- oder Werbeausgaben verwendet werden. Die Investition kann in der Unternehmung selbst oder zur Sicherung der Absatz- oder Beschaffungsmärkte in fremden Unternehmungen erfolgen. Ebenfalls ist möglich, daß die Gewinninvestition sozialpolitischen Zwecken dient. Eine Entscheidung über die Belassung der Erlösüberschüsse im Unternehmungsbereich ist für jeden Verwendungszweck notwendig. Der Gewinninvestitionskalkül beantwortet hierbei die Frage, ob und wo die Anlage des Gewinnes vorteilhaft ist[139].

2. Der (Gewinn-)Investitionsbegriff wird damit umfassend gedeutet. Das ist notwendig, wenn jeglicher Gewinnverbleib im Unternehmungsbereich einer Entscheidung und somit auch einem Kalkül unterworfen werden soll. Wenn beispielsweise *Gerbel*[140] die Investition auf die Herstellung oder den Erwerb von Sachgütern des Anlagevermögens beschränkt, können sich andersgerichtete Gewinneinsätze ex definitione einem „Investitionskalkül“ entziehen. Das gleiche gilt für die Ansicht von *Walg*[141], der den Investitionsbegriff auf das Umlaufvermögen ausdehnt. Diese Realdefinitionen genügen der Untersuchung nicht. *Lohmann*[142], *Tondury-Gsell*[143] und *Heinen*[144] bezeichnen jeden Kapitalein-

---

139 Im Rahmen der Untersuchung der Gewinninvestition wird die Bedeutung des Kalküls prononciert hervorgehoben, da die Investition Wahlentscheidungen verlangt. Paulsen, A.: Liquidität und Risiko in der wirtschaftlichen Entwicklung. Ein Beitrag zur dynamischen Wirtschaftstheorie, Berlin 1950, S. 54, sagt: „Stets handelt es sich“ (bei ‚Leistungsentscheidungen‘, die ‚Aufnahme und Durchführung der Produktion betreffen‘) „um echte Entscheidungen insoweit, als es keine objektive und rationale ‚Richtigkeit‘ des Verhaltens geben kann. Zwischen verschiedenen Möglichkeiten muß gewählt werden.“

140 Gerbel, B. M.: Rentabilität, Wien 1956, sinngemäß an verschiedenen Stellen.

141 Walg, G.: Innerbetriebliche Investitionslenkung durch Kostenanalyse, in: ZfB 1950, S. 711 f.

142 Lohmann, M.: Einführung in die Betriebswirtschaftslehre, 2. Aufl. Tübingen 1955, S. 160 ff.

143 Tondury, H., Gsell, E.: Finanzierungen. Das Kapital in der Betriebswirtschaft, Zürich 1948, sinngemäß an verschiedenen Stellen.

144 Heinen, E.: Zum Begriff und Wesen der betriebswirtschaftlichen Investitionen, in: BFuP 1957, S. 16 ff.

satz in der eigenen Unternehmung — auch für immaterielle Werte — und in Form von Beteiligungen als Investition. *Lohmann*[145] hebt den Investitionscharakter der „anlagemäßigen Aufwendungen für die betriebliche Sozialpolitik" hervor. Die Realbetrachtung wird hiermit weiter ausgedehnt. *Ruchti*[146] deutet die Investition aus den finanzwirtschaftlichen Vorgängen in der Unternehmung. Am weitesten geht in dieser Sicht *Schneider*[147], der alle Ausgaben im Zusammenhang mit dem Produktionsprozeß als „Investition" bezeichnet. „Der Produktionsprozeß selbst stellt das Investitionsobjekt dar[147]." Dieser Definition schließt sich die Untersuchung an.

3. Die Gewinninvestition tritt in der Unternehmung somit in mannigfaltigen Erscheinungsmöglichkeiten auf. Richtet die Unternehmung neue Fertigungsstätten ein, gründet sie im Rahmen ihres Verkaufsapparates neue Niederlassungen, und verwendet sie für diese Realinvestitionen ausschließlich oder zusätzlich Gewinne, so liegt Kapitalerweiterung und gleichzeitig Kapazitätsausweitung im Fertigungs- und Absatzbereich vor. Das gleiche gilt im finanzwirtschaftlichen Sektor, wenn sich die Unternehmung anderweitig beteiligt oder im Rahmen der vorgenannten Erweiterungsinvestitionen das Kreditvolumen für die Kunden erhöht. Die Ersatzbeschaffung von Anlagegütern kann dann zu einer Gewinninvestition führen, wenn die bereitgestellten Abschreibungsmittel und Gewinnreservierungen nicht ausreichen. Mit der Ersatzbeschaffung kann eine fertigungstechnische Kapazitätsausdehnung verbunden sein. Eine Gewinninvestition kann auch für die Ersatzbeschaffung von Vorräten in Betracht kommen. Auch zur Rationalisierung in verschiedenen Bereichen der Unternehmung werden Gewinne verwendet. Vom Investitionsobjekt her gesehen, stellt diese Gewinninvestition keinen Sonderfall dar; sie erstreckt sich auf die Beschaffung von Anlagen. Gleichwohl bedingt die Erzielung des Rationalisierungseffektes eine spezifische Kalkülformulierung. Mit der Rationalisierungsinvestition kann eine fertigungstechnische Kapazitätsausdehnung einhergehen. Auch eine sozialpolitische Investition aus Gewinnen bedeutet Kapitalerweiterung. Für Forschungs- und Werbeausgaben gilt das gleiche, wenn auch die Gegenwerte immateriell sind. Der nachträgliche Verlustausgleich aus Gewinnen trägt Investitionscharakter.

Die Gewinninvestition kann in reiner oder zusätzlicher Form auftreten, je nachdem, ob ausschließlich Gewinne oder auch andere Mittel zu

---

[145] Lohmann, M.: Einführung in die Betriebswirtschaftslehre, a. a. O., S. 173 ff.

[146] Ruchti, H.: Erfolgsermittlung und Bewegungsbilanz, in: ZfhF 1955, S. 499 ff.; und: Die Abschreibung, ihre grundsätzliche Bedeutung als Aufwands-, Ertrags- und Finanzierungsfaktor, Stuttgart 1952.

[147] Schneider, E.: Einführung in die Wirtschaftstheorie, 2. Teil, a. a. O., S. 202.

ihrer Finanzierung herangezogen werden. In entsprechendem Ausmaß liegt eine entscheidungsbedürftige Kapitalerweiterung vor, über die die Gewinndisponenten zu befinden haben. Die Gewinninvestitionsentscheidung steht im Rahmen der Gewinnverwendungsentscheidung, die auch Gewinnreservierungen und Gewinnausschüttungen berücksichtigt[148].

2. Die Gründe für Gewinninvestitionen

Für die Gewinninvestitionsentscheidung spielt eine wesentliche Rolle, welches Interesse die Gewinnbegünstigten an der Unternehmung hegen. Eigenkapitalgeber können darauf bedacht sein, aus ihrer Kapitalüberlassung eine maximale Rentabilität zu erzielen. Daher werden sie Gewinninvestitionen unter dem Aspekt einer Rentabilitätsverbesserung beurteilen. Eigenkapitalgeber können mit ihrer Kapitalüberlassung auch andere Interessen verknüpfen, die rentabilitätsunabhängig sind. Sie betrachten Gewinninvestitionen beispielseise aus Sicherheitserwägungen oder anderen Motiven. Auch die anderen Gewinnbegünstigten verfolgen ähnliche Interessenlagen, tendieren nach Einkomensmaximierung oder Unternehmungssicherung. Ebenfalls kann die Geschäftsleitung zu Gewinninvestitionen unterschiedliche Stellung beziehen[149].

Diese verschiedenartigen Wünsche wirken sich erst im Rahmen der Gewinnverwendungsentscheidung aus; jene Entscheidung, die festlegt, in welchem Ausmaß der erzielte Gewinn ausgeschüttet, reserviert und investiert wird. Für eine prinzipielle Analyse der Gewinninvestition erscheint es daher zunächst ausreichend und sinnvoll, die Gründe für Gewinninvestitionen in „rentabilitätsbedingte“ und „rentabilitätsunabhängige“ zu trennen, wobei gleichzeitig aufgezeigt werden soll, bei welchen Investitionsarten sie wirksam auftreten.

a) Rentabilitätsbedingte Gründe

Die Gewinnbegünstigten der Unternehmung können eine Gewinninvestition mit der Absicht erstreben, zusätzliche Gewinnchancen auszunutzen. Eine Rentabilitätssteigerung kann unmittelbar oder mittelbar erreicht werden.

---

[148] Siehe den Abschnitt „Die Gewinnverwendungsentscheidung“.

[149] Es ist darauf hinzuweisen, daß im nachfolgenden Untersuchungsabschnitt die Einflüsse der „Gewinnbegünstigten“ auf die Gewinninvestitionsentscheidung betrachtet werden. Man darf diese Einflüsse als prinzipiell für die Fragestellung ansehen. Daneben spielen Einflüsse eine Rolle, die sich aus delegierten Gewinndispositionsbefugnissen ergeben oder externer Art sind. Sie wirken sich jedoch weitgehend auf die Art der Investition und ihren Umfang aus. Daher sind sie zweckmäßigerweise an der später genannten Stelle der Untersuchung darzustellen.

aa) Bei unmittelbar rentabilitätssteigernden Investitionen

1. Die Gewinnbegünstigten können sich von einer Absatzerweiterung Gewinnchancen versprechen. Diese kann im Rahmen des vorhandenen Leistungsprogramms durch Erweiterung der Kapazität oder durch die Aufnahme neuer Leistungen in das Programm erfolgen[150].

Die Ausnutzung von Gewinnchancen auf dem Wege über die Absatzerweiterung kann Gewinninvestitionsgrund sein. Ein zusätzlicher Gewinn wird direkt, unmittelbar erstrebt.

2. Der Abbau von Kostennachteilen durch Rationalisierung im Fertigungsbereich, in der Verwaltung, in der Absatzorganisation kann ebenfalls seine Begründung in der Verbesserung der Rentabilität finden. Obgleich diese Maßnahme tendenziell nicht auf den Markt, sondern auf eine Vergrößerung der Gewinnspanne bei Konstanz der Absatzpreise gerichtet ist, liegt eine direkte, unmittelbare Gewinnsteigerungsabsicht vor.

Eine Rationalisierung wird zumeist dann relevant, wenn der technische Fortschritt fühlbar wird, eine Leistungsabnahme der Betriebsmittel zu verzeichnen ist, oder die Konkurrenten die Qualität der gleichen oder vergleichbaren Erzeugnisse verbessern[151].

3. Auch im Bereich der Finanzwirtschaft der Unternehmung kann sich das Gewinnstreben auswirken und Grund für Gewinninvestitionen sein. Die Ablösung von teurem Fremdkapital durch Gewinne kann aus Gründen der Rentabilitätssteigerung erfolgen. Unter verschiedenen Investitionsvorhaben kann eine finanzwirtschaftliche Investition die vergleichsweise höchste Rentabilität versprechen.

bb) Bei mittelbar rentabilitätssteigernden Investitionen

1. Die Gewinnbegünstigten können bestrebt sein, durch den Erwerb von Beteiligungen die Rentabilität zu verbessern. Die unmittelbare Erzielung von Erträgen aus den Beteiligungen ist nicht Investitionsgrund, wohl aber die Rentabilitätssteigerung durch Verbesserung des Leistungsausstoßes in die kostengünstige Zone u. a. m.

2. Auch mit Forschungsausgaben können Gewinnerzielungsabsichten verbunden sein. Die Gewinnbegünstigten erhoffen sich von den investierten Gewinnen später eine rentabilitätswirksame Nutzung. Die

---

[150] Die Einflüsse auf die Investitionslenkung, die aus Programmerweiterungen oder Ausstoßerhöhung innerhalb des Programms herrühren, hat u. a. Walg, G.: Innerbetriebliche Investitionslenkung durch Kostenanalyse, a. a. O., S. 711 ff. untersucht. Es wird auf diesen Aufsatz verwiesen.

[151] Diese Investitionsmotive hat insbesondere Gutenberg auf empirischem Wege erforscht. (Gutenberg, E.: Untersuchungen über die Investitionsentscheidungen industrieller Unternehmen, Köln und Opladen 1959; s. dort vornehmlich S. 216 ff.)

Gewinnerzielungsabsicht nimmt einen Umweg; gleichwohl kann sie Investitionsgrund sein.

3. Einer sozialpolitischen Investition kann durchaus das Bestreben nach einer Rentabilitätsverbesserung zugrunde liegen[152]. Die bewirkte Steigerung der Arbeitsleistung, der Arbeitsfreude, die Verbesserung der menschlichen Beziehungen in der Unternehmung können die — erwartete, indirekte — Rentabilitätssteigerung zur Folge haben.

4. Investitionen in Werbefeldzügen werden aus Gründen der Gewinnsteigerung vorgenommen, sofern es sich nicht um eine reine Repräsentationswerbung handelt.

5. Eine Anpassung an den technischen Fortschritt durch Modernisierung des Anlagenapparates wird zumeist aus Gründen der langfristigen Rentabilitätsverbesserung vorgenommen. Die Unternehmung rüstet sich für spätere gesamtwirtschaftliche Depressionserscheinungen; sie verspricht sich von technisch vollkommenen Fertigungsanlagen die Überwindung von Preiseinbrüchen. Auch kann sie die Betriebsausrüstung im Hinblick auf notwendige Umstellungen des Fertigungsprogramms elastisch gestalten[153]. Hiermit kann das Rentabilitätsstreben mittelbar verwirklicht werden.

b) Rentabilitätsunabhängige Gründe

Neben der Absicht, durch Gewinninvestitionen weitere Gewinnchancen wahrzunehmen, kann die Unternehmung auch durch andere Gründe veranlaßt werden, Gewinne zu investieren. Wenn diese auch als „rentabilitätsunabhängig" gruppiert werden, bedeutet das trotzdem, daß die Gewinninvestitionsentscheidung einem Gewinninvestitionskalkül unterliegt[154]. Derartige Gewinninvestitionen können erzwungen oder gewollt sein. Eine begrenzte Rentabilität oder ein Rentabilitätsverzicht bei der Gewinninvestition sind Begleiterscheinungen.

---

152 Siehe jedoch auch S. 101.

153 Durch Analyse der Ansichten von Kalecki (Kalecki, M.: Theory of Economic Dynamics, London 1954), Bowen (Bowen, H. R.: Technological Change and Aggregate Demand, in: American Economic Review, vol. 44, 1954) und Domar (Domar, E. D.: Investment, Losses, and Monopolies, in: Income, Employment and Public Policy, New York 1948) kommt Merk zu der auch von der Untersuchung als richtig angesehenenen Auffassung, daß der technische Fortschritt als solcher nicht Investitionsgrund ist. „Letztlich ist es also das Profitmotiv, welches die Investitionen im Zuge des technischen Fortschritts bestimmt. Enthält eine Investitionsfunktion den erwarteten Profit als Determinante, so ist damit auch die Erscheinung des technischen Fortschritts in seiner Wirkung auf die Investitionsbereitschaft der Unternehmer erklärt." (Merk, G.: Die Investitionsfunktion, Diss. Heidelberg 1957, S. 110.) Aus diesem Grunde gliedert die Untersuchung den technischen Fortschritt in die mittelbar rentabilitätsbedingten Investitionsgründe ein.

154 Eine Ausnahme macht lediglich die „erzwungene Gewinninvestition mit Anlagevorschrift".

aa) Bei erzwungenen Gewinninvestitionen

1. Die Unternehmung kann auf Grund rechtlicher Vorschriften zu Investitionen gezwungen werden, die z. B. die Sicherheit im Leistungsprozeß betreffen. Sofern ihr zur Finanzierung Fremdkapital nicht zur Verfügung steht, und eine Kapitalerhöhung nicht möglich ist oder nicht tunlich erscheint, muß sie Gewinne investieren.

Mit dieser Gewinninvestition wird für gewöhnlich eine Rentabilitätsverbesserung nicht einhergehen. Selbst wenn dieses der Fall wäre, würde sie nicht ausschlaggebender Investitionsgrund sein.

2. In bestimmten Wirtschaftssystemen ist eine rechtliche Begrenzung der Gewinnausschüttung denkbar und praktiziert worden („Dividendenstop"). Es liegt eine erzwungene Gewinninvestition vor. Ist hiermit gleichzeit eine bestimmte Anlagevorschrift der Gewinne verbunden — etwa Anlage in öffentlichen Anleihen —, so ist eine erzielbare Rentabilität dieser Investition Nebenerscheinung. Deren Höhe ist ebenfalls erzwungen. Hat die Unternehmung Wahlmöglichkeiten in der Anlage der Gewinne, bleibt die Gewinninvestition trotzdem erzwungen. Es ist lediglich möglich, durch Wahl der vorteilhaftesten Anlage den Rentabilitätsverzicht zu minimieren.

3. Muß die Unternehmung vormals aufgenommene Verbindlichkeiten zurückzahlen und hierfür Gewinne verwenden, liegt eine vertraglich erzwungene Gewinninvestition vor. Ein Rentabilitätsverzicht ist gegeben, wenn eine anderweitige Investition der Gewinne eine höhere Rentabilität verspricht.

4. Von einer erzwungenen Gewinninvestition wird auch dann zu sprechen sein, wenn sie durch die Lage am Arbeitsmarkt herbeigeführt wird. Sind zusätzlich notwendige Arbeitskräfte nicht mehr zu beschaffen, ist eine Abwanderung der Vorhandenen in andere Unternehmungen zu befürchten, kann eine Rationalisierungsinvestition Abhilfe schaffen. Ist anderes Kapital nicht beschaffbar, müssen zu ihrer Finanzierung Gewinne herangezogen werden.

Hiermit kann möglicherweise eine Rentabilitätsverbesserung verbunden sein. Auf sie muß aber verzichtet werden, wenn der Mangel an Arbeitskräften zur Produktionseinschränkung führen würde.

bb) Bei gewollten Gewinninvestitionen

1. Die Gewinnbegünstigten können Erweiterungs- und Rationalisierungsinvestitionen nicht aus Gründen der Rentabilitätssteigerung, sondern in erster Linie wegen der Sicherheit ihrer Kapitalanlage erstreben. Auch ist möglich, daß in ihren Überlegungen spekulative Momente eine Rolle spielen. Das Sicherheitsbewußtsein tritt insbesondere bei den Anpassungsinvestitionen an den technischen Fortschritt auf.

2. Bei sozialpolitischen Investitionen können soziale, wohltätige Überlegungen Investitionsgrund sein. Eine mögliche Einwirkung derartiger Maßnahmen auf die Rentabilität wird bewußt außer acht gelassen. Man wird nicht zu Unrecht diese Gewinnverwendung als „Gewinnbeteiligung mit Investitionscharakter“ bezeichnen dürfen. Die Absicht einer Rentabilitätserzielung ist in den Investitionsbegriff nicht zwingend einzuschließen.

3. Ein ebenfalls rentabilitätsunabhängiger Grund für Gewinninvestitionen kann die Befriedigung von „Prestigebedürfnissen“ der Gewinnbegünstigten sein. Mit der modernen, gar luxuriösen Ausgestaltung von Verwaltungsgebäuden braucht nicht unbedingt die Rentabilität gesteigert zu werden.

4. Beteiligungen an anderen Unternehmungen können Machtbedürfnissen entsprechen. Auf eine Rentabilität der Investition kann dann bewußt verzichtet werden.

Die Unternehmung kann die Absicht haben oder veranlaßt werden, aus rentabilitätsbedingten oder rentabilitätsunabhängigen Gründen Gewinne zu investieren. Diese Gründe reichen noch nicht aus, die Gewinninvestitionsentscheidung herbeizuführen. Die Aussagen des Gewinninvestitionskalküls sind ergänzend zu berücksichtigen.

3. Der Gewinninvestitionskalkül

1. Der Gewinninvestitionskalkül[155] soll eine Aussage darüber treffen, ob und inwieweit eine geplante Investition, für die Gewinne verwendet werden, vorteilhaft erscheint. Sind zur Erreichung des beabsichtigten Investitionszweckes mehrere Wege gangbar, stellt er diese gegenüber und bestimmt den vorteilhaftesten.

---

[155] Die Untersuchung verwendet den Begriff „Kalkül“ unter Beifügungen, die seinen Inhalt näher definieren. („Gewinnbereitstellungskalkül“, „Gewinnreservierungskalkül“, „Gewinninvestitionskalkül“) In der Literatur werden weitgehend die Begriffe „Wirtschaftlichkeitsrechnung“ und „Investitionsrechnung“ gebraucht, allerdings verwenden Schneider und Gutenberg den Begriff „Investitionskalkül“ gleichsinnig. (Schneider, E.: Einführung in die Wirtschaftstheorie, 2. Teil, a. a. O., S. 205, und: Wirtschaftlichkeitsrechnung. Theorie der Investition, 2. Aufl. Tübingen-Zürich 1957, z. B. S. 23; Gutenberg, E.: Der Stand der wissenschaftlichen Forschung auf dem Gebiete der betrieblichen Investitionsplanung, in: ZfhF 1954, S. 557 ff.) Die Untersuchung hält den Begriff „Kalkül“ für praktischer, prägnanter. Es wäre sonst notwendig, von „Wirtschaftlichkeitsrechnung bei Gewinninvestitionen“, oder „Wirtschaftlichkeitsrechnung bei der Anlage von Gewinnreservierungen“ p. p. zu sprechen. Bei der Verwendung zweier Begriffe für den gleichen Tatbestand — Kalkül heißt „Berechnung“ — könnte zudem der Verdacht aufkommen, einer der beiden Begriffe sei weitergehend — zum Beispiel der Begriff Kalkül. Es ist aber kein Zweifel daran, daß nicht „rechenbare“ Faktoren bei „Investitionsüberlegungen“ Gegenstand der Entscheidung, nicht Gegenstand der Rechnung sind. Auch aus diesem Grunde sind „Investitionskalkül“ und „Investitionsrechnung“ synonyme Begriffe.

Der Gewinninvestitionskalkül ist die Formulierung derjenigen Faktoren, die eine Aussage für die Gewinninvestitionsentscheidung zulassen. Er tritt in verschiedenen Formulierungen auf, je nachdem, welche Glieder und Relationen er zweckentsprechend aufnimmt. Die quantitative Bestimmung der Glieder und damit auch ihre Relativierung schafft den Aussagewert des Kalküls.

2. Vom Gewinninvestitionskalkül ist die Investitionsentscheidung zu trennen. Der Gewinninvestitionskalkül ist die rechnerische Grundlage der Entscheidung über eine Gewinninvestition. Der vom Kalkül errechnete Kapitalbedarf der Investition, ihre Rentabilität, auch ihre Liquiditätsentwicklung können Entscheidungskriterien sein. Bestimmen rentabilitätsunabhängige Gründe die Investitionsabsicht, entfällt hierdurch nicht die Notwendigkeit, einen Gewinninvestitionskalkül aufzustellen. Der Investitionszweck kann möglicherweise durch verschiedenartige Gewinneinsätze erreicht werden. Sodann zeigt der Kalkül die vorteilhafteste Investition auf[156].

3. Im folgenden Untersuchungsabschnitt ist der Gewinninvestitionskalkül Gegenstand des Interesses. Es sind seine verschiedenen Formulierungen, die quantitativen Einflüsse auf seine Glieder, sowie die bestehenden Interdependenzen im Unternehmungsbereich aufzuzeigen. Entscheidungsmöglichkeiten über Gewinninvestitionen werden im Anschluß daran dargestellt[157].

a) Die Formulierung des Gewinninvestitionskalküls

Der Gewinninvestitionskalkül findet unterschiedliche Formulierungen. Sie sind davon abhängig, ob für eine geplante Investition ausschließlich Gewinne verwendet werden oder zusätzlich auch andere

---

[156] Es erscheint erforderlich, die strenge Trennung in „Kalkül“ und „Investitionsentscheidung“ deutlich hervorzuheben. In der Literatur werden die „Investitionsbeurteilungen“ zumeist im Rahmen der „Rechnung“ dargestellt. Schneider, E.: Einführung in die Wirtschaftstheorie, 2. Teil, a. a. O., S. 230 weist jedoch deutlich auf die Trennungsnotwendigkeit hin: „Gleichwohl ist die Rechnung als Grundlage für die Unternehmerdispositionen nicht zu entbehren. Selbst wenn man auf Grund gewisser Imponderabilien sich zur Realisierung einer vom Standpunkt der Rechnung aus weniger vorteilhaften Alternative entschließt, muß man die quantitativen Konsequenzen dieses Entschlusses kennen. Die Rechnung ist deshalb unter allen Umständen ein notwendiges, wenn auch kein hinreichendes Instrument des planenden Unternehmers.“
Im übrigen ist auf die grundlegende Abhandlung von Kosiol, E.: Modellanalyse als Grundlage unternehmerischer Entscheidungen, in: ZfhF, 1961, S. 318 ff. zu verweisen.

[157] Heinen, E.: Zum Begriff und Wesen der betrieblichen Investition, in: BFuP 1957, S. 16 ff. und S. 85 ff. skizziert die Investition unter dem „Funktionalaspekt“ (S. 95 f.). Auf die dort wiedergegebene Gliederung wird zur Ergänzung hingewiesen.

Finanzierungsmittel zum Einsatz kommen[158]. Gleichzeitig berücksichtigt die Kalkülformulierung das Investitionsobjekt.

aa) Bei reiner Gewinninvestition

α) Absatzerweiterungsinvestition

1. Plant die Unternehmung eine Absatzerhöhung durch Erweiterung des Leistungsprogramms, können hierfür zusätzliche Investitionen in den Fertigungsanlagen, der Vorratshaltung, in der Bereitstellung liquider Mittel, beispielsweise für Lohnzahlungen, der Kreditgewährung an Abnehmer, unter Umständen auch im Verwaltungs- und Vertriebsbereich notwendig werden[159].

2. Der Gewinninvestitionskalkül wird zunächst durch die erforderlichen Ausgaben für das Investitionsvorhaben und die hieraus erwarteten Einnahmen gebildet[160].

Die „Ausgabenreihe" der Investition besteht aus dem Anfangskapitalbedarf und den nachfolgenden Ausgaben des Investitionsprozesses. Der Anfangskapitalbedarf umfaßt bei einer Absatzerweiterungsinvestition neben den unmittelbaren Investitionsausgaben im Fertigungsbereich die mittelbaren Investitionen, die oben genannt wurden. Die Reihe der nachfolgenden Ausgaben hat neben denjenigen für den Betrieb der Fertigungsanlagen auch die anteiligen indirekten Ausgaben des Material-, Verwaltungs- und Vertriebsbereiches zu umfassen.

Die Glieder der „Einnahmenreihe"[161] werden durch die erwarteten Zahlungen der Abnehmer für die verkauften Erzeugnisse gebildet. Sie ergeben sich aus den geplanten Absatzgütermengen und -preisen. In

---

[158] Schneider, E.: Wirtschaftlichkeitsrechnung, a. a. O., S. 68 weist darauf hin, daß „die Finanzierungsform" (also die Wahl von Eigen- oder Fremdkapital — der Verf.) „keinen Einfluß" auf die Zahlungsströme der Investition ausübt und damit im Rahmen der Wirtschaftlichkeitsrechnung ohne Bedeutung ist. Über die Höhe des Kalkulationszinsfußes, „mit dem der Investor in der Wirtschaftlichkeitsrechnung rechnet", findet sie jedoch Eingang in den Kalkül — hier Gewinninvestitionskalkül. Die Untersuchung beachtet dies bei der später darzustellenden Partialbetrachtung gemischter Finanzierungsformen.

[159] Über Anpassungsmöglichkeiten im Rahmen der vorhandenen Kapazität s. die Ausführungen auf S. 117 ff.

[160] Wie erwähnt, werden die „Erlöserwartungen" und die „Ausgabenerwartungen" als quantitative Einflußgrößen auf den Kalkül später behandelt. Siehe S. 114 f.

Die vorzunehmenden Marktanalysen (Elastizität der Nachfrage, Verhaltensweise der Konkurrenten etc.) sollen im Rahmen dieser Spezialuntersuchung nicht erschöpfend behandelt werden. Soweit erforderlich, werden diese Fragen später berührt. (S. 114 f.) Im übrigen darf auf die Schrift von Albach, H.: Wirtschaftlichkeitsrechnung bei unsicheren Erwartungen, Köln und Opladen 1959, verwiesen werden.

[161] Die Untersuchung unterstellt die Anwendung derjenigen Investitionsrechnungen, die auf der Kapitaltheorie fußen, nicht jene, die sich auf reine Vergleiche („Kostenvergleichsrechnung", „Gewinnvergleichsrechnung") be-

den Kalkül gehen finanzwirksame Größen ein. Die Bonität der angesprochenen Käuferschicht ist zu beachten; mögliche Debitorenverluste sind in der Einnahmenreihe genauso zu berücksichtigen wie zu gewährende Rabatte.

3. Die Bestimmung des Anfangskapitalbedarfes[162] der Investition im Rahmen des Gewinninvestitionskalküls ist im Hinblick auf den verfügbaren Gewinn von Bedeutung. Er kann ein Entscheidungskriterium für die Gewinninvestition sein.

Die Ermittlung der absoluten Relation und der zeitlichen Verteilung der Zahlungsreihen spiegelt die Liquiditätsentwicklung des Investitionsvorhabens wider. Unter Berücksichtigung der Liquiditätslage der Unternehmung[163] kann die Liquiditätsentwicklung der Investition ebenfalls die Gewinninvestitionsentscheidung beeinflussen.

4. Der Gewinninvestitionskalkül ermittelt gleichfalls die Rentabilität[164] des geplanten Investitionsvorhabens. Sie ist Vergleichsmaßstab

---

schränken. (Über die Unterschiede s. Brandt, H.: Investitionspolitik des Industriebetriebes, Wiesbaden 1959.)

Wenn für die Untersuchung die Anwendung der auf kapitaltheoretischen Überlegungen basierenden Verfahren der Investitionsrechnung zugrunde gelegt wird, so aus dem Grunde, weil diese im Verhältnis zu den reinen Vergleichsrechnungen vor allem in der gedanklichen Konzeption exakter erscheinen. Die Einwendungen, die gegen die kapitaltheoretischen Verfahren vorgebracht werden, richten sich vornehmlich gegen die Berücksichtigung der Ungewißheit der Zukunft. Ließe man diese Argumente grundsätzlich gelten, so hieße das im Prinzip, die gesamte Theorie der Erwartungen anzugreifen; ein Unterfangen, daß wohl unstreitig einen wissenschaftlichen Rückschritt bedeuten würde. Die Problematik einer positiven Kritik ist allerdings darin zu erblicken, bisher als unmeßbar geltende Größen weitgehend meßbar zu machen. Dies sind Fragen der Marktforschung, der Marktanalyse, der Verbrauchsforschung und nicht zuletzt Aufgaben der Konjunktur- und Wirtschaftspolitik. Im übrigen ist die Wissenschaft durch Anwendung der Wahrscheinlichkeitslehre diesen Fragen erheblich nähergekommen.

Nicht zu übersehen ist die Einwendung, daß es nahezu gänzlich ausgeschlossen sei, den Ertrag einer Investition im Rahmen des Gesamtertrages der Unternehmung zu bestimmen. Auch hier wird man entgegnen dürfen, daß dieses Aufgaben eines verfeinerten Rechnungswesens der Unternehmung sind. Eine theoretisch wohlbegründete Erkenntnis sollte nicht praktischen Schwierigkeiten zum Opfer fallen, sondern entsprechende Entwicklungsaufgaben stellen.

[162] Im Rahmen der „Investitionstheorie" wird die Bedeutung der Größe a_0 bislang nicht entsprechend herausgestellt. Gerade im Rahmen der Gewinninvestition erlangt sie besondere Bedeutung. Der Anfangskapitalbedarf ist nicht zu verwechseln mit dem „Kapitalwert" der Investition zu Beginn der Investitionsperiode.

[163] Schneider, E.: Wirtschaftlichkeitsrechnung, a. a. O., S. 130 f. weist auf dieses Problem hin, ohne ihm breiteren Raum zu gewähren. Siehe darüber S. 115 ff. dieser Untersuchung.

[164] Hiermit ist der „Gewinn" der Investition im Verhältnis zum Kapitaleinsatz (hier also Gewinneinsatz) gemeint. Die Untersuchung verwendet den Begriff „Rentabilität" aus mehreren Gründen:

a) Gegenüber den Begriffen „interne Verzinsung", interner Ertragssatz", „interner Zinsfuß" oder „Grenzleistungsfähigkeit des Kapitals" — um in der

für die Vorteilhaftigkeit alternativer Verfahren zur Erreichung des Investitionszweckes. Die Investitionsrentabilität kann daneben bei rentabilitätsbedingten Investitionsabsichten Entscheidungskriterium der Gewinninvestition sein.

Die Ermittlung der Rentabilität des Investitionsvorhabens wirft bei denjenigen Investitionen, die eine Einnahmenreihe aufweisen — bei denen also im zeitlichen Ablauf des Investitionsprozesses wiederholt Einnahmen zufließen — eine bislang nicht ausreichend gewürdigte Problematik auf, die vornehmlich in der Unternehmung von Bedeutung ist. Die kapitaltheoretischen Investitionsrechnungen arbeiten mit der Annahme, daß die vor der Liquiditätsgrenze — der abschließenden Wiederverflüssigung — eingehenden Amortisationsquoten bis zum Abschluß des Investitionsprozesses mit der gleichen Rentabilität angelegt werden können, die für die Wahl des Investitionsvorhabens maßgeblich war. Diese Annahme braucht in der Realität nicht gegeben zu sein. Wenn die kalkulierte Rentabilitätserwartung (der „Kalkulationszinsfuß") sehr hoch ist, kann es zweifelhaft sein, ob sich der Unternehmung zwischenzeitliche Investitionsmöglichkeiten bieten, die dieser entsprechen; man denke an den Fall, daß bei einem Kalkulationszinsfuß von 20 % eine vorübergehende Anlage der Amortisationsquoten nur mit dem Zinssatz für Termingelder der Banken von angenommen 4 % möglich erscheint. Der Gewinninvestitionskalkül hat diese indirekten Faktoren zu berücksichtigen. Hieraus ergibt sich zumeist eine Korrektur der Investitionsrentabilität. Theoretisch braucht nicht nur eine negative Abweichung zu entstehen; man wird jedoch annehmen dürfen, daß

---

deutschen Terminologie zu bleiben — soll ganz deutlich hervorgehoben werden, daß die „Gewinnerwartung" (ex ante!) einer Investition neben einer Zinsvorstellung auch mittelbare, aber meßbare Vorteile umschließen kann (z. B. bei Beteiligungsinvestitionen, sozialpolitischen Investitionen). Es wird keinesfalls bestritten, daß der Zinsbegriff diese auch enthalten kann. Der Rentabilitätsbegriff ist dem Kaufmann aber wohl vertraut; seine Verwendung vermeidet eine zu enge Vorstellung. Es wird also kein sachinhaltlich neuer Begriff geschaffen, sondern erstrebt, Zweifel zu vermeiden.

b) Die Untersuchung bevorzugt in ihren Ableitungen die „interne Zinsfußmethode" (s. insbesondere Schneider, E.: Wirtschaftlichkeitsrechnung, a. a. O., S. 10 ff.), also die Herausstellung der „Rentabilität" als Vergleichsmaßstab. Dieses scheint insofern zweckmäßig, als der Gewinnbegünstigte namentlich bei rentabilitätsbedingten Investitionsgründen die Rentabilität der Investition seinen subjektiv bedingten Rentabilitätserwartungen bei anderweitigen Investitionsmöglichkeiten außerhalb der Unternehmung gegenüberstellt. Er vergleicht also Rentabilität mit Rentabilität.

Diese terminologische Besonderheit gilt gleichsam, wenn z. B. die „Diskontierungsmethode" für die Ermittlung der Vorteilhaftigkeit einer Investition zur Anwendung gebracht wird. Der hierin zum Ansatz gebrachte Kalkulationszinsfuß (der „vom Unternehmer in seinen Planungsüberlegungen als hinreichend angesehene Zinsfuß" — Schneider, E.: Einführung in die Wirtschaftstheorie, 2. Teil, a. a. O., S. 205) ist die Rentabilitätserwartung der Gewinnbegünstigten. Sie wird bei positivem (negativem) Kapitalwert realisiert (nicht realisiert).

eine erwartete positive Korrektur der Rentabilität des Investitionsvorhabens zu einer Investitionsentscheidung führt, die sich auf die „zwischenzeitlichen Investitionen“ selbst ausrichtet[165].

Im Falle der Absatzerweiterungsinvestition sind somit der Anfangskapitalbedarf der Investition sowie die nachfolgenden Einnahmen- und Ausgabenreihen als rentabilitäts- und liquiditätsbestimmende Faktoren wesentliche Bestandteile des Gewinninvestitionskalküls[166].

β) Rationalisierungsinvestition

1. Der Gewinninvestitionskalkül findet eine andere Formulierung, wenn mit einer Gewinninvestition ein Rationalisierungseffekt erzielt werden soll. Dieser wird oftmals mit einer Ersatzinvestition[167] gekoppelt. Nimmt man hierbei den Verlauf der Einnahmenreihe der Ersatzinvestition im Vergleich zu der ersetzten Investition als gleichbleibend an, kann sich der Kalkül auf eine Beurteilung der Ausgabenreihe beschränken.

2. Die Ermittlung des Anfangskapitalbedarfes der Rationalisierungsinvestition ist im Hinblick auf den verfügbaren Gewinn bedeutsam. Bei der Fixierung der nachfolgenden Ausgabenreihe ist neben der Veränderung der direkten Ausgaben des Investitionsvorhabens die Veränderung der indirekten Ausgaben zu beachten. Es ist möglich, daß ein Rationalisierungseffekt im Fertigungsbereich einer Unternehmung auch Verwaltungsaufgaben überflüssig macht; z. B. in der Arbeitsvorbereitung oder in der Lohnabrechnung.

---

[165] Auf die geschilderte Erscheinung weist Moxter hin. (Moxter, A.: Der Einfluß der Amortisationsgeschwindigkeit auf die unternehmerische Investitionsentscheidung, in: ZfhF 1959, S. 542) Allerdings vermutet Moxter eine stets positive Korrektur: „Es kann schon beinahe als Regelfall gelten, daß eine fortlaufende ‚Reinvestition‘ der Einnahmen (abzüglich der Gewinnauszahlungen) in der spezifischen Betriebsaufgabe erfolgt und daß diese Investitionen eine dem Kalkulationszinsfuß übersteigende Rente abwerfen.“ In seinen Untersuchungen arbeitet er mit der Annahme, die Reinvestitionen erbringen „gleiche Rendite“, „(ohne ihre Wirklichkeitsnähe genauer zu bestimmen)“ (S. 543).

[166] Wenn im Folgenden von „Gewinninvestitionskalkül“ gesprochen wird, ist darin — sofern nicht ausdrücklich erwähnt — der Verfahrensvergleich eingeschlossen. Der Verfahrensvergleich erfordert die „Vollständigkeit der Alternativen“.

Über die Auswirkung einer Unvollständigkeit der Alternativen berichten die Ausführungen auf S. 125 ff.

Schneiders „Fundamentalprinzip II“ setzt voraus, daß der Investor in der Lage ist, zum Kalkulationszinsfuß beliebige Beträge auszuleihen und zu leihen. (Schneider, E.: Wirtschaftlichkeitsrechnung, a. a. O., S. 37.) In der vorliegenden Untersuchung wird das Prinzip daher auch insoweit abzuwandeln sein, als der verfügbare Gewinn die Investitionsmöglichkeiten limitiert. Siehe hierüber S. 120 ff.

[167] Dieser Fall wird später nochmals unter Hinzunahme von Abschreibungsmitteln erörtert. Siehe S. 111 ff.

Hiervon wird auch die Liquiditätsentwicklung der Investition betroffen. Bei gleichbleibendem Verlauf der Einnahmenreihe bedeutet Ausgabensenkung Liquiditätsverbesserung. In diesem Zusammenhang wird der Kalkül auch feststellen, wie die zeitliche Verteilung der Ausgaben ist. Tritt der Rationalisierungseffekt erst nach einer Anlaufzeit ein, so bringt dieses zunächst eine Verschlechterung der Unternehmungsliquidität mit sich. Hierdurch kann die Gewinninvestitionsentscheidung beeinflußt werden.

3. Bei gleicher Einnahmenreihe findet die Rentabilität der Rationalisierungsinvestition ihren Ausdruck in der Kostensenkung. Insofern wird der Kalkül einen Vergleich der Rentabilität des neuen Verfahrens mit der des alten anstellen. Die Rentabilitätssteigerung kann bei rentabilitätsbedingtem Investitionsgrund eine entsprechende Gewinninvestitionsentscheidung herbeiführen.

γ) Finanzwirtschaftliche Investition

1. Das Objekt der finanzwirtschaftlichen Gewinninvestition bestimmt die Formulierung des Gewinninvestitionskalküls. Hierbei sollen zwei Fälle betrachtet werden: Eine Ablösung von Fremdkapital durch Gewinne und eine Beteiligungsinvestition.

In beiden Fällen erfolgt eine einmalige Investitionsausgabe. Ersetzt die Gewinninvestition Fremdkapital, tritt sie in ein bereits laufendes Investitionsvorhaben ein, für das Zahlungsreihen bestehen. Diese hat der Kalkül, wenn möglich, zu beurteilen. Bei einer Beteiligungsinvestition steht gewöhnlich der einmaligen Ausgabe eine zukünftige Einnahmenreihe (z. B. Zinsen, Dividenden, mittelbare aber meßbare Vorteile) gegenüber.

2. Die Ermittlung des Kapitalbedarfes ist in beiden Fällen im Hinblick auf den verfügbaren Gewinn bedeutsam. Der verfügbare Gewinn kann die Investitionsabsicht verhindern. Die Liquiditätsentwicklung dieser finanzwirtschaftlichen Gewinninvestitionen kann unterschiedlich sein. Löst die Unternehmung Fremdkapital ab, ist ihre künftige Liquidität nicht mit Fremdkapitalzinsen belastet. Erwirbt sie Beteiligungen, können die unmittelbaren Einnahmen (bei einmaliger Ausgabe) die Liquidität verbessern. Die mit Beteiligungsinvestitionen zumeist verbundene mittelbare Rentabilitätssteigerung kann sich ebenfalls liquiditätsverbessernd auswirken. Der Gewinninvestitionskalkül beurteilt die Liquiditätsentwicklung der Investition im Hinblick auf die Liquiditätslage der Unternehmung.

3. Die Ermittlung der Rentabilität der geplanten finanzwirtschaftlichen Gewinninvestition im Rahmen des Kalküls soll ebenfalls getrennt betrachtet werden.

Ist bei einem Ersatz von Fremdkapital durch Gewinne das ursprüngliche Investitionsvorhaben bestimmbar, so ist die hierfür früher ermittelte Rentabilität nicht Vergleichsmaßstab innerhalb des Kalküls. Die Gewinninvestition erfolgt im gegenwärtigen Zeitpunkt. Ein auf diesen Investitionszeitpunkt bezogener Kalkül ist aus den noch zu erwartenden (Rest-)Zahlungsreihen des bereits laufenden Investitionsprozesses zu entwickeln. Die sich hiernach ergebende Rentabilität der Investition ist bei rentabilitätsbedingtem Investitionsgrund Vergleichsmaßstab zu den Rentabilitätserwartungen der Gewinnbegünstigten unter Berücksichtigung der ersparten Fremdkapitalzinsen. Ist die Gewinninvestition vertraglich erzwungen, wird sich der Kalkül auf die Feststellung des Rentabilitätsverzichtes beschränken.

Ist das ursprüngliche Investitionsvorhaben nicht bestimmbar — sind die Fremdmittel im Vermögen der Unternehmung aufgegangen —, entfällt die Möglichkeit der Beurteilung von Zahlungsreihen. Einem Vergleich der ersparten Fremdkapitalzinsen — und damit Verbesserung der Eigenkapitalrentabilität der Unternehmung — mit den Rentabilitätserwartungen der Gewinnbegünstigten wird man nur einen beschränkten Aussagewert einräumen dürfen, da in der Unternehmung verschiedene Einzelinvestitionen unterschiedliche Rentabilitäten aufweisen.

Die Problematik der Rentabilitätsbestimmung einer Beteiligungsinvestition liegt in der Aufstellung der Einnahmenreihe. Abgesehen von den unmittelbaren Erträgen aus der Beteiligung (dies können neben Zinsen und Dividenden durchaus auch erwartete Kursgewinne sein), bereitet die Erfassung erstrebter mittelbarer Vorteile Schwierigkeiten. Die Glieder des Kalküls ergänzen sich um zusätzliche Erlöse oder Kostenvorteile, sofern die Beteiligung im Interessengebiet des Absatzes liegt. Erfolgt sie auf der Beschaffungsseite, ist eine mögliche Senkung der Einsatzgüterpreise in den Kalkül aufzunehmen. Die Rentabilität der finanzwirtschaftlichen Investition kann bei rentabilitätsbedingten Investitionsgründen eine darauf gerichtete Gewinninvestitionsentscheidung herbeiführen.

δ) Sozialpolitische Investition

1. Die Formulierung des Kalküls einer sozialpolitischen Gewinninvestition bereitet Schwierigkeiten. Die Ausgabenreihe ist oft unschwer zu fixieren. Stiftet die Unternehmung eine Einrichtung, die sich selbst zu tragen hat, liegt eine einmalige Ausgabe vor; eine Ausgabenreihe wird dann bestehen, wenn die Investition eine Unterhaltung fordert.

Erfolgt die Investition aus einem rentabilitätsbedingten Grund, oder soll im Rahmen des Vergleichs verschiedener Möglichkeiten diejenige mit dem größten Effekt ausgewählt werden, bietet die Aufstellung einer Einnahmenreihe einen meßbaren Vergleich. Sofern für die Benutzung sozialer Einrichtungen in der Unternehmung Beiträge erhoben werden, sind diese Teil der Einnahmenreihe. Die Berücksichtigung eines mittelbaren Nutzens wird nur durch subtile Messung der Auswirkungen einer Produktivitätssteigerung — infolge der Steigerung der Arbeitsfreude oder der Verbesserung der menschlichen Beziehungen in der Unternehmung — möglich sein.

2. Die Ermittlung des Kapitalbedarfes einer sozialpolitischen Investition ist für den Vergleich mit dem verfügbaren Gewinn, aber auch für den Vergleich mit anderen Verfahren gleicher Effekterzielung notwendig. Hieraus können sich Entscheidungskriterien der Gewinninvestition herleiten.

Diese können sich auch aus der Liquiditätsentwicklung der Investition unter Berücksichtigung der zukünftigen Unternehmungsliquidität ergeben. Eine einmalige Ausgabe belastet die zukünftige Unternehmungsliquidität nicht. Bei einer Ausgabenreihe ist dieses namentlich dann der Fall, wenn keine Einnahmenreihe besteht. Unter Liquiditätsgesichtspunkten kann eine Unternehmung danach streben, bei alternativen Möglichkeiten gleicher Zweckerreichung dasjenige mit der geringsten Liquiditätsbelastung auszuwählen. Der Kalkül hat diese Gegebenheiten zu ermitteln.

3. Eine „Rentabilitätsuntersuchung" im Rahmen des Kalküls einer sozialpolitischen Gewinninvestition braucht nicht abwegig zu sein; sie kommt in Betracht, wenn mit ihr eine Rentabilitätssteigerung erstrebt wird oder — ohne Gewinnerzielungsabsicht — das günstigste Verfahren ermittelt werden soll.

Der Gewinninvestitionskalkül bei der reinen Gewinninvestition bietet die Grundlage für die Herstellung einer „einfachen" Beziehung zwischen der Investition und der Gewinnverwendung. Der Kapitalbedarf kann ausschließlich zum verfügbaren Gewinn ins Verhältnis gesetzt werden, die Rentabilität der Gewinninvestition ist ein ungeteilter Vergleichsmaßstab zur Rentabilitätserwartung der Gewinnbegünstigten. Sofern zusätzliche andere Finanzierungsmittel — z. B. Fremdkapital oder Abschreibungen — für die Investition herangezogen werden sollen, hat der Kalkül die Bedingungen dieser Finanzierungsquellen zu berücksichtigen.

bb) Bei zusätzlicher Gewinninvestition

1. Bei der gleichzeitigen Verwendung anderer Finanzierungsmittel neben dem Gewinn liegt eine „zusätzliche" Gewinninvestition vor. Der Gewinninvestitionskalkül findet partiell Anwendung. Er steht im Rahmen eines Investitionskalküls, der auch die Bedingungen der anderen

Finanzierungsmittel umfaßt. Es ist zu prüfen, welche Formulierungen der Gewinninvestitionskalkül dabei findet.

2. Die Untersuchung wählt zwei Fälle aus: Eine Investition, bei der Gewinne und Fremdkapital gemeinsam eingesetzt werden und eine Investition, bei der neben dem Gewinn flüssige Abschreibungen Verwendung finden[168].

α) Unter Hinzunahme von Fremdkapital

1. Es sei angenommen, daß eine Unternehmung Fertigung neuer Artikel erwägt. Investitionen in Real- oder Nominalgütern werden notwendig. Der Kapitalbedarf der Investition überschreitet die Möglichkeiten einer reinen Gewinninvestition; ein Kredit soll zu Hilfe genommen werden.

2. Der für die Investition aufgestellte Investitionskalkül bestimmt ihren Anfangskapitalbedarf sowie die nachfolgenden Ausgaben- und Einnahmenreihen. Die Bestimmung des Anfangskapitalbedarfes ist für die Feststellung erforderlich, ob die Investition überhaupt finanziert werden kann. Bei der Beurteilung der Liquiditätsentwicklung sind insbesondere die Fremdkapitalzinsen zu berücksichtigen.

3. Für die Investitionsentscheidung ist die Ermittlung der Investitionsrentabilität von wesentlicher Bedeutung. Sie ist Vergleichsmaßstab zum Zins für das Fremdkapital (Kredit) und zu der Rentabilitätserwartung der Gewinnbegünstigten. Die Investitionsrentabilität kann die Gewinninvestitionsentscheidung beeinflussen und zugleich den Anteil der Gewinninvestition an der Investitionsfinanzierung bestimmen.

a) Liegt die Rentabilität der Investition unter dem Zins für den Kredit, erscheint die Investition unvorteilhaft, zumal die Rentabilitätserwartung der Gewinnbegünstigten über dem Zins für den Kredit liegen dürfte.

b) Liegt die Rentabilität der Investition über dem Zins für den Kredit, kann die Investition vorteilhaft sein. Da für die Finanzierung der Investition ein Gewinnteil zu Hilfe genommen werden muß, ist ein Vergleich der Rentabilität des Gewinneinsatzes mit der Rentabilitätserwartung der Gewinnbegünstigten notwendig. Die Rentabilität des Gewinneinsatzes ermittelt der Gewinninvestitionskalkül, indem er die Investitionsrentabilität unter Berücksich-

[168] Es ist auch der Fall einer Gewinninvestition unter gleichzeitiger Kapitalerhöhung denkbar. Da jedoch angenommen werden darf, daß sich die Interessenlagen der gewinnbegünstigten Eigenkapitalgeber (s. hierüber den Abschnitt „Die Gewinnverwendungsentscheidung") mit denen der an der Kapitalerhöhung teilnehmenden Eigenkapitalgeber weitgehend decken, bleibt dieser Fall unberücksichtigt.

tigung der Fremdkapitalzinsen auf den Gewinnanteil an der Investitionsfinanzierung bezieht.

Bei unterschiedlichen Gewinnanteilen an der Investitionsfinanzierung schwankt die Rentabilität des Gewinneinsatzes bei Konstanz der Fremdkapitalverzinsung. Daher wird der Gewinninvestitionskalkül die Schwelle zu bestimmen haben, von der ab die Rentabilität des Gewinneinsatzes der Rentabilitätsvorstellung der Gewinnbegünstigten mindestens entspricht. Damit schafft der Gewinninvestitionskalkül die Grundlage für die Entscheidung, ob und in welcher Höhe eine Gewinninvestition stattfinden kann.

Die Partialbetrachtung innerhalb des Investitionskalküls ist sinnvoll, um die Vorteilhaftigkeit einer Gewinninvestition aufzuzeigen. Die Wahl der „internen Zinsfußmethode" erscheint auch hier zweckmäßig. *Schneider* erwähnt[169], daß im Falle der Verwendung von Eigen- und Fremdkapital im Investitionskalkül „oft" ein „mittlerer Zinsfuß"[170] Anwendung findet. Für die Ermittlung der Vorteilhaftigkeit einer Gewinninvestition erscheint eine derartige Verfahrensweise nicht ausreichend[171, 172].

β) Unter Hinzunahme von flüssigen Abschreibungen

1. Für den in Betracht kommenden Investitionskalkül sei die Annahme getroffen, die Unternehmung stehe vor der Notwendigkeit der Ersatz-

---

[169] Schneider, E.: Einführung in die Wirtschaftstheorie, 2. Teil, a. a. O., S. 205. Es wird bemerkbar sein, daß sich die Untersuchung vorwiegend an die Gedanken und Ableitungen Schneiders anlehnt. Wie Merk (Merk, E.: Die Investitionsfunktion, a. a. O., S. 38) feststellt, unterscheidet sich die Darstellung der Wirtschaftlichkeitsrechnung von F. A. und V. Lutz (Lutz, F. A., Lutz, V.: The Theory of Investment of the Firm, Princeton 1951) hiervon im Prinzip nicht, wenn auch die Zielsetzung unterschiedlich ist. Im Gegensatz hierzu geht Terborgh (Terborgh, G.: Dynamic Equipment Policy, New York und Toronto 1948; und: Business Investment Policy, Washington 1958, mit der Entwicklung der „MAPI-Methode" von praktischen Erwägungen aus; er ersetzt die theoretischen Prämissen der exakten Voraussehbarkeit der Zukunft durch den praktisch faßbaren „Unternehmerhorizont". Dieser auf praktische Belange ausgerichteten Konzeption vermag sich die Untersuchung jedoch nicht uneingeschränkt anzuschließen. Siehe auch S. 125.

[170] Gerechnet nach der Formel $i = \frac{k_e\, i_e + k_f\, i_f}{k_e + k_f}$. Die Symbole e und f bezeichnen „Eigen-" und „Fremdkapital". Schneider, E.: Einführung in die Wirtschaftstheorie, a. a. O., S. 206.

[171] Moxter erwähnt, daß „in kapitaltheoretischen Untersuchungen" (er bezieht sich hier auf Lutz und v. Stackelberg — der Verf.) es „weithin üblich" sei, „ein fixes Eigenkapital zugrunde zu legen und mit der marginalen Zinsbelastung durch das zusätzliche Fremdkapital als Kalkulationszinsfuß zu rechnen". (Moxter, A.: Die Bestimmung des Kalkulationszinsfußes bei Investitionsentscheidungen, in: ZfhF 1961, S. 186.) Die Untersuchung stimmt — wie Moxter — dieser „irrealen Prämisse" (Moxter ebda.) nicht zu.

[172] Die Partialbetrachtungen finden grundsätzlich gleiche Anwendung, wenn andersartige Investitionsvorhaben geplant sind.

beschaffung eines Anlagegutes, und die bereitstehenden Abschreibungen reichen zur Finanzierung nicht aus. Es soll zusätzlich Gewinn eingesetzt werden. Mit dieser Investition wird gleichzeitig ein Rationalisierungseffekt erstrebt, der zur Kostensenkung führen soll.

2. Der Investitionskalkül wird wiederum den Anfangskapitalbedarf festzustellen haben. Hiernach kann entschieden werden, in welchem Ausmaß neben den vorhandenen Abschreibungen Gewinne zur Finanzierung notwendig sind. Im Hinblick auf den für diesen Zweck verfügbaren Gewinn ermittelt der Kalkül den Kapitalbedarf alternativer Rationalisierungsmöglichkeiten und den einer reinen Ersatzinvestition.

Die Ermittlung der Ausgabenreihe — bei gleichbleibender Einnahmenreihe — ist für die Liquiditätsbeurteilung wesentlich. Die Liquiditätsentwicklung der Unternehmung kann zu einer Entscheidung für das ausgabengünstigste Verfahren führen.

3. Die Rentabilität der Investition ist bei gleichbleibender Einnahmenreihe von der Höhe und dem Verlauf der Ausgabenreihe bestimmt. Wegen der gemischten Finanzierung ist wiederum eine Partialbetrachtung zweckmäßig.

a) Die Ersatzinvestition soll die bisher erzielte Rentabilität zumindest nicht verschlechtern. Daher erscheint zunächst für die erneut in den Unternehmungsprozeß einzusetzenden Abschreibungen ein Vergleich der Rentabilität der geplanten Ersatzinvestition mit der der zu ersetzenden Investition notwendig.

   Zeigt der Rentabilitätsvergleich unter Einschluß des mit der Ersatzinvestition erstrebten Rationalisierungseffektes eine Rentabilitätsverbesserung, erscheint ein diesbezüglicher Einsatz der Abschreibungsmittel vorteilhaft. Ist dieses nicht der Fall, wird der Kalkül unter Außerachtlassung des erstrebten Rationalisierungseffektes einen Rentabilitätsvergleich der ersetzten Anlagegüter mit einer Ersatzbeschaffung leistungsentsprechender Anlagegüter anstellen. Entsprechen sich hierbei die Investitionsrentabilitäten, ist die Investition der Abschreibungen sinnvoll. Eine Ersatzinvestition kann aber auch unter Verzicht auf eine (direkte) Investitionsrentabilität notwendig sein, wenn Engpaßaggregate betroffen sind.

b) Die Teilnahme des Gewinnes an der Finanzierung der Ersatzinvestition richtet sich zunächst auf den erstrebten Rationalisierungseffekt. Bei rentabilitätsbedingten Investitionsabsichten werden die Gewinnbegünstigten dann an einer zusätzlichen Gewinninvestition interessiert sein, wenn ihre Rentabilitätserwartungen erfüllt werden. Dies macht eine Partialbetrachtung der Rentabilität des zusätzlichen Gewinneinsatzes — wie im Falle der Finanzierung mit

Fremdkapital — notwendig. Hierbei wird der Kalkül statt der Zinsen für das Fremdkapital die Rentabilität der ersetzten Anlagegüter für den Anteil der Abschreibungsfinanzierung in Ansatz bringen.

Eine zusätzliche Gewinninvestition, die sich ausschließlich auf eine Beschaffung leistungsentsprechender Anlagegüter erstreckt, kann auch durch andere Investitionsmotive herbeigeführt werden. Hierbei erstreckt sich der Gewinninvestitionskalkül ggf. lediglich auf eine Feststellung eines gewollten Rentabilitätsverzichtes.
Der Gewinninvestitionskalkül bei Zuhilfenahme von Abschreibungen erfordert somit einen Rentabilitätsvergleich mit der zu ersetzenden Investition. Er unterscheidet sich insofern von dem Investitionskalkül bei der zusätzlichen Inanspruchnahme von Fremdkapital, als dieser einen Vergleich zu den Fremdkapitalzinsen anstellte[173].

b) *Quantifizierung des Gewinninvestitionskalküls und Berücksichtigung von Interdependenzen*

Der Gewinninvestitionskalkül erlangt Aussagewert durch Quantifizierung seiner Glieder. Die kapitaltheoretischen Investitionsrechnungen beurteilen die Vorteilhaftigkeit einer Investition auf Grund von Einnahmen- und Ausgabenreihen. Hiermit wird die Zukunft im Investitionskalkül antizipiert, in ihn gehen Erwartungsgrößen ein. Der geplante Verlauf der Zahlungsreihen spiegelt neben der erwarteten Investitionsrentabilität auch die Liquiditätsentwicklung der Investition wider. Sie kann im Hinblick auf die Unternehmungsliquidität von Bedeutung sein und den Ausschlag für eine Investitionsentscheidung geben. Eine Gewinninvestition im Fertigungsbereich einer Unternehmung findet eine bestehende Kapazität vor. In diese hat sie sich einzugliedern.

Wenn die Gewinninvestitionsentscheidung nicht emotional gefällt werden soll, fußt sie auf einem Kalkül, das dem Zwang nach Quantifizierung unterliegt. Die Entscheidung selbst enthält dann daneben nur noch Faktoren, die keinen „quantitativen“[174] Charakter aufweisen, die „irreduzibel“[174] sind, deren Quantifizierung nicht sinnvoll erscheint.

---

[173] In den vorstehenden Ausführungen wurden verschiedene Formulierungen des Gewinninvestitionskalküls herausgestellt. Eine vollständige Erfassung aller Möglichkeiten erschien so wenig angebracht wie eine Beschränkung auf allgemeine Aussagen. Es dürften jedoch typische Investitionsfälle erfaßt worden sein.

[174] Schneider, E.: Wirtschaftlichkeitsrechnung, a. a. O., S. 129; und: Einführung in die Wirtschaftstheorie, 2. Teil, a. a. O., S. 230: „Man bedenke, daß in den Kalkül nur die Faktoren einbezogen werden können, die quantitativen Charakter haben. Indessen sind bei der Beurteilung von Investitionen wesentliche Faktoren zu berücksichtigen, die nicht quantitativer Natur sind. Diese sog. Imponderabilien . . ..“

Die Quantifizierung des Gewinninvestitionskalküls und die Beachtung bestehender Interdependenzen soll nunmehr untersucht werden.

aa) Der Einfluß der Erwartungen auf die Zahlungsreihen des Gewinninvestitionskalküls

1. „Alle wirtschaftlichen Entscheidungen geschehen in der Spannung zwischen gegenwärtigen und daher bestimmten Aufwendungen im Vergleich zu künftigen oder ungewissen Nutzen; sie sind daher Liquiditätsentscheidungen und Risikoentscheidungen[175].“ Mit einer ergänzenden Interpretierung gilt diese Aussage *Paulsens* grundsätzlich für alle Investitionsentscheidungen[176]. Sowohl die Einnahmenreihe als auch die Ausgabenreihe einer Investition kann mit Ungewißheiten behaftet sein. Der „Sachzwang“[177] der Investition umschließt mögliche zukünftige Einflußgrößen, die kalkuliert werden müssen, sofern nicht die Investitionsentscheidung später eventuell mit Verlust revidiert werden soll.

2. Zur Bewertung der Einnahmenreihe einer Absatzerweiterungsinvestition sind zukünftig erwartete Absatzmengen und Absatzpreise zu bestimmen. Hierbei findet insbesondere die vermutliche Elastizität der Nachfrage und Verhaltensweise der Konkurrenten Eingang in den Kalkül. Zur Bestimmung der Einnahmenreihe sind auch konjunkturelle und wirtschaftspolitische Entwicklungen zu berücksichtigen. Eine Absatzerweiterungsinvestition zur Fertigung neuer Artikel hat auch die mengenmäßigen und preislichen Auswirkungen auf das gesamte Absatzprogramm der Unternehmung in Rechnung zu stellen[178]. Bei einer Rationalisierungsinvestition kann die Einnahmenreihe grundsätzlich als unverändert angenommen werden. Im Investitionskalkül einer Beteiligungsinvestition wird der Erwartungscharakter der zukünftigen Einnahmen durch schwer zu bemessende mittelbare Vorteile verstärkt,

---

[175] Paulsen, A.: Liquidität und Risiko in der wirtschaftlichen Entwicklung, a. a. O., S. 71.

[176] Eine Ausnahme machen wohl lediglich diejenigen Investitionen, bei denen nur eine einmalige Ausgabe und eine fest vereinbarte Einnahme oder Einnahmenreihe gegeben ist.

[177] Paulsen, A.: Liquidität und Risiko in der wirtschaftlichen Entwicklung, a. a. O., S. 71.

[178] Unter Bezugnahme auf Knight, Schumpeter, Halm, v. Stackelberg kommt Merk im Anschluß an die Darstellung der Ansichten von Shackle und Massé zu der wohl richtigen Feststellung: „Eine Investitionsfunktion kann nicht aus dem Grunde abgelehnt werden, weil Ungewißheit nicht objektiv berechnet werden könne. Die Ungewißheit von Shackle und auch Massé ist ein Risiko sui generis und als solches wohl berechenbar.“ (Merk, G.: Die Investitionsfunktion, a. a. O., S. 28.) Shackle und Massé lehnen die Möglichkeit einer Investitionsfunktion ab. Mit dem Problem der Gestaltung der Investitionskalküle bei nicht sicheren Erwartungen hat sich insbesondere Albach beschäftigt. (Albach, H.: Wirtschaftlichkeitsrechnung bei unsicheren Erwartungen, Köln und Opladen 1959.)

die ebenfalls den Schwankungen des wirtschaftlichen Geschehens ausgesetzt sind. Ähnlich verhält es sich bei einer rentabilitätsbedingten sozialpolitischen Gewinninvestition, bei der die Einnahmenreihe aus zumeist kaum meßbar erscheinenden Produktivitätssteigerungen zu entwickeln wäre. Hierbei spielt auch die spätere Schätzung sozialpolitischer Maßnahmen durch die Arbeitnehmer eine wesentliche Rolle.

3. Die Ausgabenreihe hat oft zukünftige Investitionsgüterpreise[179], Materialpreise, Kapitalzins und Arbeitslöhne unternehmungsindividuell und im Rahmen der gesamtwirtschaftlichen Entwicklung zu berücksichtigen. Steigen die Materialpreise oder die Arbeitslöhne, so ergibt sich bei einer Gewinninvestition im Fertigungsbereich zukünftig eine absolute Erhöhung der nachfolgenden Investitionsausgaben. Eine Veränderung des Kapitalzinses kann bei gemischter Finanzierung die Ausgabenreihe beeinflussen. Zwischen Absatzgüterpreisen und Einsatzgüterpreisen der Unternehmung besteht keine zwangsläufige Parallelität. Hierdurch können die Quasirenten[180] einen ungeplanten Verlauf nehmen. Die Zahlungsreihen lassen eine Risikobeurteilung der Investition zu. Bei einer durch eine einmalige Ausgabe gekennzeichneten Investition ist das Investitionsrisiko auf den ungewissen Verlauf der Einnahmenreihe beschränkt. Eine finanzwirtschaftliche Investition in Form der skontierten Regulierung laufender Lieferantenverbindlichkeiten weist kein Risiko auf. Erfolgt eine erhöhte Zieleinräumung an Kunden als Anregung einer Absatzerweiterung, beschränkt sich das Investitionsrisiko auf die Bonität der Debitoren. Nicht lediglich die Dauer der Investitionsperiode bestimmt das Risiko der Gewinninvestition, auch die Investitionsart selbst.

bb) Die Bedeutung der Liquiditätsentwicklung der Gewinninvestition für die Unternehmungsliquidität

1. Die Zahlungsreihen der Investition bestimmen ihren vermutlichen Liquiditätsverlauf. Für die Investitionsentscheidung ist die Dauer der Investitionsperiode, aber auch das Verhältnis von Einnahmen zu Ausgaben innerhalb dieses Zeitraumes bedeutsam.

2. Die Dauer der Investitionsperiode bestimmt den Zeitpunkt, bis zu dem sich der investierte Gewinn endgültig wiederverflüssigt. Diese Wiedergewinnungszeit kann Entscheidungskriterium für die Gewinninvestiton sein, wenn der Gewinn nur für einen begrenzten Zeitraum inve-

---

179 Die Preise für Investitionsgüter erwähnen Hultgren und Kalecki als ausschlaggebenden Einfluß auf die Investitionsentscheidung. (Hultgren, Th.: Cyclical Diversities in the Fortunes of Industrial Corporations in: Conference on Business Cycles, New York 1951, S. 226; Kalecki, M.: Theory in Economic Dynamics, London 1954, S. 98.)

180 Der Begriff „Quasirente“ wird u. a. von Lutz, Paulsen, Gutenberg verwendet. Gemeint ist der erwartete Nettoertrag der Investition.

stiert werden soll, um dann für einen anderen geplanten Zweck Verwendung zu finden. In diesem Fall kommt der Gewinnreservierungskalkül zur Anwendung, da die Wiedergewinnungszeit vorgegeben ist. Allerdings kann die Risikobegrenzung, die der Gewinnreservierungskalkül gleichfalls als Datum umschließt, hier in Fortfall kommen[181].

3. Die Liquiditätsentwicklung der Gewinninvestition kann aus den Quasirenten abgeleitet werden. Sie werden als „Liquiditätsrenten" betrachtet. Zu einer derartigen Umformung der Quasirenten ist erforderlich, in sie nur finanzwirksame Größen eingehen zu lassen. Etwa enthaltene kalkulatorische Elemente, wie kalkulatorische Abschreibungen, Zinsen und pauschale Risikozuschläge sind zu entfernen[182], statt dessen sind effektive Zahlungen — z. B. Zinsen — zu verrechnen. Insbesondere Betriebs- und Instandhaltungsausgaben bei Realinvestitionen sind finanzwirksam. Auch in die Einnahmenreihe sind ausschließlich Zahlungen aufzunehmen, die sich unmittelbar oder mittelbar ergeben können. So sind beispielsweise Zahlungsausfälle bei neu geworbenen Kunden als Begleiterscheinung einer Absatzerweiterungsinvestition zu berücksichtigen. Die erstrebten mittelbaren Vorteile einer Beteiligungsinvestition sind vom Standpunkt ihrer Liquiditätswirksamkeit zu sehen.

Die Liquiditätsrenten können einen unterschiedlichen — steigenden oder fallenden — Verlauf nehmen. Instandhaltungsausgaben steigen mit zunehmender Abnutzung einer Anlage. Hierdurch wird die Liquidität in den späteren Jahren belastet. Die Liquiditätsrenten nehmen im Zeitablauf ab. Im Rahmen einer Absatzerweiterungsinvestition kann es notwendig sein, durch besondere Werbeausgaben einen neuen Artikel auf dem Markt einzuführen. Hierdurch können bei anfangs niedrigen Einnahmen zunächst negative Liquiditätsrenten entstehen. Dann ist eine Inanspruchnahme liquider Mittel aus anderen Bereichen der Unternehmung erforderlich. Auch kann ein neuer Artikel vom Markt zunächst sehr gefragt sein und dann schnell unmodern und schwer verkäuflich werden. Diese Entwicklung bringt durch anfangs hohe Einnahmen zunächst positive Liquiditätsrenten.

4. Die erwartete Liquiditätsentwicklung einer Investition ist im Zusammenhang mit der Liquiditätsentwicklung der Unternehmung zu beurteilen. Kapitalwertvergleich und Rentabilitätsvergleich lassen Liquiditätsgesichtspunkte unberücksichtigt. Der Gewinninvestitionskalkül hat zu prüfen, inwieweit die dem Anfangskapitalbedarf nachfolgen-

---

[181] Über die Wiedergewinnungszeit als Entscheidungskriterium der Gewinninvestition s. die Ausführungen auf S. 126.

[182] Bei einer Kapitalisierung der Quasirenten zur Bestimmung der Barwerte werden kalkulatorische Abschreibungen und kalkulatorische Zinsen außer Ansatz gelassen, da diese in der Abzinsung berücksichtigt werden und als Amortisationsquote aufgefaßt werden.

den Zahlungsreihen die Liquiditätslage der Unternehmung belasten oder sich liquiditätsverbessernd auswirken. Hieraus kann ein Entscheidungskriterium der Gewinninvestition erwachsen.

cc) Die Planung der Kapazität bei Gewinninvestitionen

1. Mit Gewinninvestitionen kann eine Kapazitätserweiterung verbunden sein. Dies trifft vornehmlich dann zu, wenn die Investition im Fertigungsbereich der Unternehmung erfolgt. Sie findet eine bestehende Kapazität zumeist vor, deren Ausnutzungsgrad der Kalkül zu berücksichtigen hat. Davon ist abhängig, in welchem Ausmaß die Kapazität der Gewinninvestition selbst zu planen ist[183].

2. Erwägt die Unternehmung eine Absatzsteigerung durch eine zusätzliche Gewinninvestition, wird der Kalkül zunächst zu prüfen haben, inwieweit die vorhandene Betriebsausrüstung — sofern technische Eignung vorliegt[184] — die Absatzsteigerung bewältigen kann und welche Forderungen sich für die Investitionsentscheidung ggf. hieraus ergeben. Diese Fragestellung hat vornehmlich dann Bedeutung, wenn die Absatzsteigerung auf Grund der Konjunkturentwicklung nur vorübergehend zu erwarten ist.

Die Unternehmung hat mehrere Möglichkeiten, eine steigende Leistungsausbringung zu bewältigen. „Intensitive Variation“[185] bedeutet Veränderung der Arbeitsgeschwindigkeiten im Leistungsprozeß. Eine Erhöhung der Leistungsausbringung kann hierbei durch stärkere Ausnutzung bestimmter Einsatzgüter, beispielsweise der Anlagen, bewirkt werden. Eine Leistungserhöhung kann auch durch „temporale“ Variation[185] erzielt werden, worunter hierbei eine Verlängerung der Arbeitszeiten — etwa durch Mehrschichtenbetrieb — verstanden wird. In beiden Fällen liegen Beschäftigungsveränderungen, keine fertigungstechnischen Kapazitätsveränderungen, vor[186].

Sofern ohne Variation der Betriebsausrüstung die Absatzsteigerung bewirkt werden kann, beschränkt sich die Gewinninvestition ggf. nur auf eine erhöhte Lagerhaltung, zusätzliche Kreditgewährung an Kunden, höhere Bereitstellung liquider Mittel für Ausgaben des ausge-

---

[183] Die Behandlung der Kapazitätsfrage an dieser Stelle — nicht im Rahmen der Formulierung der Kalküle — erscheint insofern richtig, als hiermit Interdependenzen in der Unternehmung angesprochen werden. Gleichwohl ist die Kapazitätsplanung Gegenstand des Gewinninvestitionskalküls.

[184] Dieses gilt für Absatzerweiterungen im bestehenden Fertigungsprogramm und für die Fertigung zusätzlicher Artikel.

[185] Kosiol, E.: Kostenlehre, in: Dr. Gablers Wirtschaftslexikon, Bd. 1, 5. Auflage 1962, Sp. 2067.

[186] Diese tritt erst bei „dimensionaler Variation“ ein, wenn also eine mengenmäßige Veränderung der Betriebsausrüstung und damit eine Veränderung der Betriebsgröße vorgenommen wird. (Kosiol, E.: Kostenlehre, in: Dr. Gablers Wirtschaftslexikon, a. a. O., Sp. 2067.)

dehnten Leistungsprozesses. Der Gewinninvestitionskalkül bestimmt sodann den hierfür erforderlichen Kapitalbedarf sowie die Liquiditätsentwicklung durch den erhöhten Leistungsausstoß.

Der Rentabilitätsvergleich hat die Kostensituation des von der Investition betroffenen Betriebsbereiches zu berücksichtigen. Sind Kostendegressionen zu erwarten, so stellt er auch die hierdurch eintretende Gewinnsteigerung der Rentabilitätserwartung der Gewinnbegünstigten gegenüber.

Bei derartigen Variationen der Beschäftigung können Kostenprogressionen auftreten. Diese hat der Gewinninvestitionskalkül im Rahmen des Rentabilitätsvergleiches zu berücksichtigen. Sind im gleichen Zuge Preiserhöhungen für die Absatzleistungen infolge der konjunkturellen Situation durchzusetzen, finden auch sie Eingang in den Kalkül. Der Rentabilitätsvergleich stellt dann der Rentabilitätserwartung der Gewinnbegünstigten auch die sich aus der Einnahmensteigerung (Preiserhöhung) unter Abzug eventueller Kostenprogressionen ergebende zusätzliche Investitionsrentabilität gegenüber.

Sofern die Absatzsteigerung nachhaltig zu erwarten ist, steht diesem Kalkül derjenige einer „dimensionalen" Variation gegenüber[187]. Hierin ist insbesondere zu berücksichtigen, welche Kostensituation die Unternehmung realisieren kann[188].

3. Die Unternehmung hat bei Erweiterungsinvestitionen im Fertigungsbereich zu entscheiden, welche fertigungstechnische Kapazität realisiert werden soll. Diese Entscheidung ist von den Absatzerwartungen abhängig. Die investierte Kapazität kann danach beispielsweise auf die Optimalausnutzung der Betriebsausrüstung ausgerichtet sein, sie kann auch eine mehr oder weniger große Leistungsreserve berücksichtigen[189]. Entsprechend werden die Zahlungsreihen des Kalküls quantifiziert.

---

187 Im Rahmen dieser Überlegungen findet die Bedeutung des Akzellerationsprinzips ihren Platz. Gerade die geschilderten Variationsvorgänge in der Unternehmung schränken die oftmals noch als bedeutsam angenommenen Auswirkungen dieses Effektes weitgehend ein. Eine Unternehmung wird wohl berücksichtigen, ob sie mit einer geplanten Investition der langfristigen Nachfrageentwicklung entspricht und die Investition in der kostengünstigen Zone realisieren kann. Kurzfristige Schwankungen gleicht sie mit den geschilderten Anpassungsmöglichkeiten aus, wobei sie versuchen wird, die Kosten der Überbeschäftigung auf den Preis abzuwälzen. Auf ähnliche Variationsmöglichkeiten hat auch Hayek schon hingewiesen. (Hayek, F. A.: Der Ricardo-Effekt, in: Individualismus und wirtschaftliche Ordnung, Zürich 1952.)

188 Siehe hierzu auch die Darstellung der unterschiedlichen Literaturansichten zu dieser Frage bei Lorenz, D.: Probleme und Ansätze einer kapazitätsorientierten Investitionspolitik, a. a. O., S. 81 f.

189 In diesem Zusammenhang wird auf die Schrift von Neubürger, H.: Ein Beitrag zur Investitionsplanung bei Ersatz- und Erweiterungsinvestitionen vorhandener Betriebe, Diss. Aachen 1960, verwiesen.

Damit ist die Überlegung verbunden, wie sich die Kapazität der Erweiterungsinvestition in die vorhandenen Teilkapazitäten der Unternehmung einfügt. Wird ein in sich geschlossener Fertigungsbereich geschaffen, werden möglicherweise nur die Kapazitäten der vorhandenen Lagereinrichtung, des Fuhrparkes, der Verwaltungsabteilungen berührt. Nimmt die Erweiterungsinvestition andere Teilkapazitäten der Unternehmung in Anspruch, hat der Investitionskalkül ihren Ausnutzungsgrad zu berücksichtigen. Werden durch Absatzerweiterung in anderen Fertigungsstellen Engpässe geschaffen, können Kosten der Überbeschäftigung auftreten, die die Rentabilität der Erweiterungsinvestition belasten. Werden Leerkapazitäten dagegen genutzt, würde der Gewinninvestitionskalkül falsche Aussagen treffen, sofern die mittelbare Rentabilitätssteigerung außer acht gelassen wird[190].

4. Entscheidungsmöglichkeiten bei Gewinninvestitionen

Die Gewinninvestitionsentscheidung leitet sich aus dem Investitionsgrund und aus den Ergebnissen des Gewinninvestitionskalküls ab[191].

a) Wird mit der Gewinninvestition die Ausnutzung von Gewinnchancen beabsichtigt, sind die Gewinnbegünstigten unter bestimmten Bedingungen bereit, zugunsten der Gewinninvestition auf andere Gewinnverwendungsarten — etwa auf eine Gewinnausschüttung — zu verzichten. Der Gewinninvestitionskalkül läßt die Aussage zu, ob die Investition überhaupt durchführbar ist und unter welchen Bedingungen sie vorteilhaft erscheint. Rechtfertigt der Kalkül die Investitionsabsicht, wird diese realisiert werden. Widerspricht das Kalkülergebnis der Investitionsabsicht, wird die

---

190 Albach weist hierzu darauf hin, daß „Rentabilität und finanzielle Sicherheit als Determinanten der Investitionsentscheidung im Unternehmen gesamtbetriebliche Größen sind und jede Meßvorschrift, die die Einhaltung dieser Kriterien an einzelnen Investitionsobjekten messen will, das eigentliche Ziel der betrieblichen Investitionspolitik verfehlt". (Albach, H.: Rentabilität und Sicherheit als Kriterien betrieblicher Investitionsentscheidungen, in: ZfB 1960, S. 588.) Die von der Untersuchung berücksichtigten gesamtbetrieblichen Einflußfaktoren auf die Investitionsrentabilität und damit ja auch auf die Unternehmungsrentabilität — wie Harmonie der Kapazitäten, Engpaßberücksichtigung und -überwindung, Fertigungsprogramm — formuliert Albach neben noch anderen Faktoren zu vektoriellen Ausdrücken (S. 590 ff.), die er durch Anwendung der verbesserten Simplex-Methode löst.

191 In diesem Untersuchungsabschnitt wird danach gefragt, welche Entscheidungsmöglichkeiten sich für Gewinninvestitionen ergeben. Das Ausmaß des Gewinnteiles, der investiert werden soll, ergibt sich erst nach Abwägung mit den Erfordernissen oder Vorteilen anderer Gewinnverwendungsarten. Die Entscheidung über das Ausmaß der Gewinninvestition steht daher im Rahmen der „Gewinnverwendungsentscheidung". Hierbei sind auch die verschiedenen Interessenlagen der Gewinnbegünstigten zugunsten der einen oder anderen Gewinnverwendungsart zu beachten. Siehe über diese Fragen den Abschnitt „Die Gewinnverwendungsentscheidung".

Gewinninvestition nicht durchgeführt, oder die Investitionsentscheidung setzt sich darüber hinweg.

b) Liegt ein rentabilitätsunabhängiger Investitionsgrund vor, ist die Maßgeblichkeit eines Gewinninvestitionskalküls nicht ausgeschlossen. Der Gewinninvestitionskalkül kann die Investitionsabsicht als undurchführbar nachweisen oder eine Begrenzung auf bestimmte Verfahren als sinnvoll aufzeigen. Allerdings kann sich auch hier die Investitionsentscheidung über den Kalkül hinwegsetzen[192].

a) Bei rentabilitätsbedingten Investitionsgründen

Bei rentabilitätsbedingten Investitionsgründen sind der Kapitalbedarf der Gewinninvestition, ihre Liquiditätsentwicklung sowie die Investitionsrentabilität die wesentlichen Kriterien der Gewinninvestitionsentscheidung. Daneben können auch noch andere Kriterien auf diese Entscheidung Einfluß nehmen.

aa) Kapitalbedarf und verfügbarer Gewinn

Der Kapitalbedarf der Gewinninvestition kann unabhängig von anderen Entscheidungskriterien den Ausschlag für eine Investitionsentscheidung geben, wenn die Finanzierungsmöglichkeiten die Investitionsvorhaben verbieten oder begrenzen[193]. Hierbei ist der Unterschied zu machen, ob lediglich über die Durchführung einer Verfahrensmöglichkeit eine Entscheidung zu treffen ist, oder ob mehrere Verfahren zur Erreichung des Investitionszweckes zur Wahl stehen.

---

[192] Bei der Darstellung der Entscheidungsmöglichkeiten bei Gewinninvestitionen nimmt die Untersuchung eine Auswahl vor. Es sollen nur diejenigen aufgezeigt werden, die als typisch anzusehen sind. Damit wird kein Anspruch auf Vollständigkeit der Darstellung aller Möglichkeiten erhoben. Das praktische Wirtschaftsleben läßt bei der Verfahrensauswahl und der Durchsetzung der Investition die vielfältigsten, als gleichwertig anzusehenden, Entscheidungskriterien zu.

[193] In den nachfolgenden Ausführungen zeigt sich die Ergänzung zur allgemeinen Investitionstheorie, die ja mit der Annahme arbeitet, „daß der Investor in der Lage ist, zu dem gegebenen Kalkulationszinsfuß nach Belieben Darlehen zu gewähren und Anleihen aufzunehmen". (Schneider, E.: Einführung in die Wirtschaftstheorie, 2. Teil, a. a. O., S. 216.) Diese Unterstellung wurde namentlich von Lohmann beanstandet. (Lohmann, M.: Kapitalbildung und Kapitalverwendung in der Unternehmung, in: Kapitalbildung und Kapitalverwendung, [Schriften des Vereins für Sozialpolitik], Berlin 1953, S. 178.) Albach weist zurecht darauf hin, daß sich erst in jüngster Zeit „Ansätze zu einer Theorie der Investition in Abhängigkeit von der Finanzierungsmöglichkeit" finden. (Albach, H.: Investitionspolitik in Theorie und Praxis, in: ZfB 1958, S. 781.) Die Frage der Limitierung der Investitionsmöglichkeiten durch den verfügbaren Gewinn ist nach Feststellungen der Untersuchung auch in der amerikanischen Literatur bislang noch nicht gebührend herausgestellt worden. Albach bestätigt dieses auf Grund eines umfangreichen Literaturstudiums in Amerika. Auf die Bedeutung des Gewinnes im Zusammenhang mit dem Kalkulationszinsfuß hat unlängst Moxter hingewiesen. (Moxter, A.: Die Bestimmung des Kalkulationszinsfußes bei Investitionsentscheidungen, a. a. O., S. 186 ff.)

a) Eine reine oder zusätzliche Gewinninvestition ist dann nicht durchführbar, wenn der verfügbare Gewinn[194] oder der verfügbare Gewinn und die zusätzlichen Finanzierungsmittel nicht ausreichen, geplante Investitionsvorhaben zu realisieren. Das gilt, wenn ausschließlich über ein Verfahren eine Entscheidung zu treffen ist, oder alle zur Auswahl stehenden Verfahren außerhalb der Finanzierungsmöglichkeit liegen.

b) Sind mehrere Verfahren gleicher Zweckerreichung möglich, beschränken die Finanzierungsmöglichkeiten die Auswahl auf jene Verfahren, die im Finanzierungsbereich liegen.
In beiden Fällen trifft der Investitionskalkül trotz bestehender Investitionsabsicht (und möglicher Rentabilitätsverbesserung) eine Aussage über die Undurchführbarkeit der Gewinninvestition oder deren Einschränkung auf bestimmte Verfahren.

Dieses Entscheidungskriterium trifft grundsätzlich für alle Investitionsvorhaben zu, wenn zu beurteilen ist, ob eine Gewinninvestition überhaupt stattfinden kann. Eine Begrenzung auf bestimmte Möglichkeiten der Erzielung eines gegebenen Investitionszweckes findet namentlich bei der Absatzerweiterungsinvestition, der Rationalisierungsinvestition und der sozialpolitischen Investition Anwendung. Für eine finanzwirtschaftliche Investition — z. B. Beteiligungsinvestition, Ablösung von Fremdkapital — wird man sie nur in seltenen Fällen annehmen können.

bb) Liquiditätsentwicklung der Gewinninvestition und die Unternehmungsliquidität

Die Liquiditätsentwicklung der Investition kann im Verhältnis zur Unternehmungsliquidität ebenfalls den Ausschlag für die Gewinninvestitionsentscheidung geben.

a) Zeigt der Investitionskalkül, daß die nachfolgenden Zahlungsreihen bei nur einem gegebenen oder allen möglichen Verfahren die Unternehmungsliquidität unvertretbar belasten, kann diese Feststellung (ohne Rücksicht auf erzielbare Rentabilität oder mögliche Finanzierung) jede Investition verbieten.

b) Sind verschiedene Verfahren unterschiedlicher Liquiditätsentwicklung gegeben, kann die Unternehmungsliquidität (ohne Rücksicht auf Rentabilität) eine Auswahl auf diejenigen — im Finanzierungsbereich liegenden — Verfahren fordern, deren Liquiditätsentwicklung vertretbar erscheinen[195]. Auch ist möglich, daß zur

---

[194] Hierunter ist derjenige Gewinnteil zu verstehen, den die Gewinnbegünstigten im Rahmen der Gewinnverwendungsentscheidung für Investitionszwecke als verfügbar befinden.

[195] Im Rahmen dieser Liquiditätsbetrachtung findet die Ermittlung der „Produktionsmethode" „mit den kleinsten jährlichen Ausgaben (Kapitaldienst

Verbesserung der Unternehmungsliquidität (ohne Rücksicht auf Rentabilität oder Kapitaleinsatz) dasjenige Verfahren realisiert wird, das die günstigste Liquiditätsentwicklung verspricht.

Auch hier wird erkennbar, daß der Gewinninvestitionskalkül trotz bestehender Investitionsabsicht und erzielbarer Gewinnchancen die Gewinninvestition verbieten, auf bestimmte Investitionsmöglichkeiten beschränken oder zugunsten eines Verfahrens empfehlen kann.

Dieses Entscheidungskriterium trifft ebenfalls grundsätzlich auf alle Investitionsvorhaben zu. Eine Verfahrensbegrenzung oder -forcierung wird man bei Absatzerweiterungsinvestitionen, Rationalisierungsinvestitionen und sozialpolitischen Investitionen annehmen dürfen. Bei finanzwirtschaftlichen Investitionen ist eine Auswahl von Möglichkeiten selten gegeben.

Lassen der verfügbare Gewinn und die zusätzlichen Finanzierungsmöglichkeiten sowie die Liquiditätsentwicklung der Investition im Verhältnis zur Unternehmungsliquidität das geplante Investitionsvorhaben oder mehrere Verfahren zu, ist die Frage nach weiteren Kriterien der Gewinninvestitionsentscheidungen zu stellen.

cc) Rentabilität der Gewinninvestition und Rentabilitätserwartungen der Gewinnbegünstigten

Bei rentabilitätsbedingten Investitionsgründen werden die Gewinnbegünstigten dann zu einer Gewinninvestition geneigt sein, wenn ihre hieran geknüpften Rentabilitätserwartungen realisierbar erscheinen.

a) Liegen bei einer reinen Gewinninvestition ein gegebenes oder mehrere mögliche Verfahren im Finanzierungsbereich des verfügbaren Gewinnes, und erscheint ihre Durchführung im Hinblick auf die Unternehmungsliquidität vertretbar, so erwägen die Gewinnbegünstigten — bei Vollständigkeit der Alternativen — die Entscheidung für das gegebene oder dasjenige der möglichen Verfahren, das die vergleichsweise höchste Rentabilität verspricht[196]. Die

---

und jährliche Betriebskosten)" ihre volle Bedeutung. Fordert die Unternehmungsliquidität die Verwirklichung einer bestimmten Zahlungsreihe, kann Gegenstand des Gewinninvestitionskalküls die Errechnung desjenigen Investitionsvorhabens sein, das bei gegebenem Zweck die günstigste Liquiditätsentwicklung zeigt. Bei spezieller Formulierung gilt demnach Schneiders Ableitung. (Schneider, E.: Einführung in die Wirtschaftstheorie, 2. Teil, a. a. O., S. 218 ff., insbesondere S. 223 f.)

[196] Die Beurteilung der Vorteilhaftigkeit einer Investition an Hand der Rentabilität setzt bei alternativen Verfahren unterschiedlichen Kapitaleinsatzes voraus, die „Differenzmethode" anzuwenden. Hierbei wird die Vorteilhaftigkeit alternativer Investitionsmöglichkeiten unterschiedlichen Kapitaleinsatzes durch Bildung einer ausgleichenden Differenzinvestition („Zusatzinvestition")

Gewinninvestition wird aber nur dann zur Durchführung gelangen, wenn ihre Rentabilität mindestens der Rentabilitätserwartung der Gewinnbegünstigten genügt.

Schneider weist darauf hin, „daß der Kalkulationszinsfuß" (im Gewinninvestitionskalkül die Rentabilitätserwartung der Gewinnbegünstigten — der Verf.) „nicht mit dem langfristigen Zinsfuß des Kapitalmarktes identisch ist"[197]; er ist „in allen Fällen eine subjektiv bestimmte Größe"[198]. Auch die Risikoeinschätzung einer Anlage ist davon betroffen[198]. Danach kann der Kalkulationszinsfuß jede Größe annehmen, die der berechtigten Vorstellung der Gewinnbegünstigten entspricht. Er kann sich nach kurz- oder langfristigen Rentabilitätserwartungen einer Wertpapierspekulation, einer Anlage in Rentenhäusern, im Extremfall nach riskanten Engagements ausrichten. Den Gewinnbegünstigten steht es frei, den Gewinn beispielsweise in ihrer privaten Sphäre zu verwenden. Sie können ihn für notwendige Ausgaben des Lebensunterhaltes dringend benötigen. Dann ist kein Anreiz hoch genug, den Gewinn an die Unternehmung zu binden. Sie können auch die Absicht hegen, Liebhaberwünsche, auch ästhetische Genüsse zu befriedigen; nur eine hohe Gewinngarantie könnte sie vielleicht bewegen, den Gewinn der Unternehmung nicht zu entnehmen. Eine breite Skala von Emotionen kann auf diesen Kalkulationszinsfuß Einfluß nehmen.

Der branchenübliche Zinsfuß, wie ihn *Schneider* annimmt[199], kann Kalkulationszinsfuß sein, wenn die Gewinnbegünstigten beabsichtigen, den ihnen zustehenden Gewinn in der Branche anzule-

---

ermittelt. Über die Differenzmethode s. Schneider, E.: Wirtschaftlichkeitsrechnung, a. a. O., S. 38 ff. Insbesondere wird aber auch hingewiesen auf Moxter, A.: Die Bestimmung des Kalkulationszinsfußes bei Investitionsentscheidungen, a. a. O., S. 193 ff.

197 Schneider, E.: Einführung in die Wirtschaftstheorie, 2. Teil, a. a. O., S. 205.

198 Schneider, E.: ebda., S. 206.

199 Wenn Schneider im Zusammenhang mit der Höhe des Kalkulationszinsfußes bei der Finanzierung mit Eigenkapital sagt: „Bei Realinvestitionen wird sich die Höhe des Kalkulationszinsfußes deshalb" (gemeint ist Risikogleichheit zu anderen Investitionsmöglichkeiten — der Verf.) „im allgemeinen nach der in der betreffenden Branche als normal angesehenen Verzinsung richten", so ist darunter noch nicht eine Einschränkung des subjektiven Charakters des Kalkulationszinsfußes zu verstehen. (Schneider, E.: Wirtschaftlichkeitsrechnung, a. a. O., S. 67.) Der Ansicht von Shackle, daß sich der Kalkulationszinsfuß nach der Durchschnittsrente für Obligationen ausrichtet, stimmt die Untersuchung nicht zu, wenn damit eine Einschränkung des subjektiven Charakters des Kalkulationszinsfußes gemeint ist. (Shackle, G. L. S.: Expectations in Economics, Cambridge 1952, S. 60.) Dies gilt auch für Schindlers Schätzung, „der subjektive Zinsfuß würde etwa 20 % über dem Marktzinssatz liegen". (Schindler, H.: Investitionsrechnungen in Theorie und Praxis, Freiburg 1953, S. 135.)

gen. Die Untersuchung stimmt *Schindler* nicht zu, wenn er nach einer Analyse der bestehenden gegensätzlichsten Meinungen über die mögliche Höhe des Kalkulationszinsfußes meint, daß dieser „mehr oder weniger in die ihm angemessene Rolle des Marktzinsfußes zurückgedrängt“ werden muß[200]. Man darf unter Berücksichtigung der genannten realen Gegebenheiten eine Norm mit gutem Gewissen nicht postulieren. Es erscheint nicht richtig, nur den ökonomischen Bereich menschlichen Empfindens anzusprechen. In ihre Investitionsüberlegungen schließen die Gewinnbegünstigten Risikoerwägungen ein, die gleichfalls Einfluß auf ihre Rentabilitätserwartung nehmen. Die Risikobeurteilung ist subjektiv bedingt und richtet sich nach anderen Anlagemöglichkeiten aus[201]. Das Risiko der Gewinninvestition kann zudem von den Gewinnbegünstigten anders beurteilt werden als von der branchenkundigen Geschäftsleitung. Von diesen Faktoren wird gleichfalls die Gewinninvestitionsentscheidung betroffen[202].

Nach den getroffenen Ableitungen wird es in der Unternehmung zumeist keinen genormten Rentabilitätsmaßstab für die Gewinninvestition geben. Die Gewinnbegünstigten entscheiden über die Zurverfügungstellung des Gewinnes nach dem für sie gültigen Kalkulationszinsfuß, der zudem bei breiter Streuung des Kapitalbesitzes sehr unterschiedlich sein kann. Nur wenn die Unternehmung in der Lage ist, eine entsprechende Rentabilität zu bieten, sind die Gewinnbegünstigten bereit, auf eine anderweitige Gewinnverwendung zu verzichten.

b) Rentabilitätserwartung der Gewinnbegünstigten und Investitionsentscheidung erfahren keine prinzipielle Veränderung, wenn für die in Aussicht genommene Investition auch andere Finanzierungsmittel zu Hilfe genommen werden müssen. Die in diesem Falle notwendige Partialbetrachtung wurde bei der Formulierung des Investitionskalküls aufgezeigt. Ausschlaggebend bleibt, ob die

---

[200] Schindler, H.: Investitionsrechnungen in Theorie und Praxis, a. a. O., S. 135. Über die Beziehungen zwischen Kalkulationszinsfuß und Marktzinssätzen liegt eine umfangreiche, namentlich amerikanische Literatur vor. Diese hat Albach ausführlich analysiert. Die von der Untersuchung vertretene Ansicht, die nur den Spezialfall der Gewinninvestition im Auge hat, liegt jedoch auf gleicher Ebene wie die allgemein angestellten Überlegungen Albachs; er beschränkt sich hierbei auf die richtige Folgerung, daß der Kalkulationszinsfuß „aus der individuellen betrieblichen Situation gewonnen werden“ muß. (Albach, H.: Wirtschaftlichkeitsrechnung bei unsicheren Erwartungen, a. a. O., S. 34 ff. sowie die Literaturangaben FN 79 auf S. 36.)

[201] Über die Risikobeurteilung von Anlagemöglichkeiten des Gewinnes, insbesondere im Zusammenhang mit der Frage nach dem Umfang der Gewinnausschüttung, wird auf die Ausführungen auf S. 144 f. verwiesen.

[202] Hierüber berichtet der Abschnitt „Die Gewinnverwendungsentscheidung“.

Rentabilitätserwartung der Gewinnbegünstigten auch durch die Hinzunahme der anderen Finanzierungsmittel realisierbar erscheint[203].

dd) Weitere Entscheidungsmerkmale

1. Besteht bei mehreren möglichen Verfahren zur Erreichung des Investitionszweckes keine „Vollständigkeit der Alternativen", kann die Gewinninvestitionsentscheidung bei gleicher Investitionsrentabilität von Gewinneinsatz, Wiedergewinnungszeit und Amortisationsgeschwindigkeit der Investition bestimmt werden.

a) Sofern mehrere mögliche Gewinninvestitionen gleicher Rentabilität (bei möglicherweise unterschiedlicher Wiedergewinnungszeit) zur Wahl stehen, können die Gewinnbegünstigten sich für einen geringeren Gewinneinsatz entscheiden. Die Gewinninvestition erlangt Kapitalcharakter. Hiermit wird die Entscheidungsfreiheit der Gewinnbegünstigten über den der Unternehmung belassenen Gewinn — von den Möglichkeiten einer späteren Kapitalherabsetzung durch Ausschüttung abgesehen — beendet.

b) Den Kapitaldisponenten wird oft unterstellt, sie würden zur Vermeidung von Risiken — technischer Fortschritt, Unsicherheit der Erwartungen — Investitionen mit kurzer Wiedergewinnungszeit bevorzugen. Diese Annahme liegt der „pay-off-Methode" zugrunde, die in diesem Fall ihre berechtigte Anwendung findet. Sie braucht in der Realität keinesfalls zuzutreffen. Die Investitionsentscheidung kann durchaus zugunsten einer langen Wiedergewinnungszeit bei hohem Kapitaleinsatz gefällt werden, wenn die bei gegensätzlicher Verhaltensweise wiederholt vorzunehmenden Teilinvestitionen auf steigende Preise, erhöhte Lieferfristen oder gar Unmöglichkeit einer erneuten Beschaffung stoßen. In diesen Fällen würde die Wahl einer kurzen Wiedergewinnungszeit das Streben der Unternehmung nach langfristiger Gewinnmaximierung gefährden. Sicher aber stehen die genannten Argumente zugunsten einer langfristigen Wiedergewinnungszeit einer Realinvestition gleichwertig neben jenen, die für eine kurze Wiederverflüssigungszeit sprechen. Auf das Problem der Kapitalerhaltung sei in diesem Zusammenhang hingewiesen[204].

---

[203] Bergmann, H.: Das ökonomische Risiko und sein Einfluß auf die Investitionsentscheidungen des Unternehmers, Diss. FU Berlin 1951, hat mit Recht herausgestellt, daß auch der Zins für Kreditkapital subjektiv bedingt ist. „Infolgedessen ist für den Unternehmer bei Aufnahme eines Kredites nicht allein der Marktzins maßgebend, sondern ein bestimmter, individueller Zinsfuß, der von der Meinung des Kreditgebers abhängig ist im Hinblick auf die Gefahr eines Teil- oder Totalverlustes seines Kredites bei Hingabe gerade an diese Unternehmung." (S. 102)

[204] Albach weist in seinem Aufsatz: Rentabilität und Sicherheit als Kriterien betrieblicher Investitionsentscheidungen, a. a. O., S. 583 ff. mit Recht dar-

c) Unvollständigkeit der Alternativen besteht auch, wenn bei mehreren möglichen Gewinninvestitionen gleicher Kapitaleinsatz, gleiche Rentabilität und gleiche Wiedergewinnungszeit gegeben ist, jedoch unterschiedliche „Amortisationsgeschwindigkeiten“[205] vorliegen. Bei einem der zur Auswahl stehenden Verfahren sind die anfänglichen Amortisationsquoten am größten.

Die Unternehmung kann die Entscheidung über die Wahl dieses Verfahrens aus Risiko- oder Liquiditätserwägungen fällen. Für beide Entscheidungsmöglichkeiten wurden die Kriterien aufgezeigt.

2. Die Entscheidung über die Gewinninvestition erlangt besonderes Gewicht, wenn die Glieder des Kalküls nicht auf „sicheren Erwartungen“ beruhen, sondern „Risikoerwartungen“, „subjektiv oder objektiv unsichere Erwartungen“[206] darstellen. Die Ergebnisse des Kalküls sind oft nur noch Anhaltspunkte der Entscheidung. Dann greift die echte unternehmerische Intuition als Kriterium der Gewinninvestitionsentscheidung ein.

3. Für die Gewinninvestitionsentscheidung spielen weitere — sehr wesentliche — Motive eine Rolle, die als „Imponderabilien“ bezeichnet werden. Der Gewinnbegünstigte ist nicht nur „Einkommensmaximierer“, er ist auch „Gesellschafter“[207]. Die innere Einstellung zu „seiner“ Unternehmung, seine Treue, Tradition, Vertrauen u. a. m. können die Gewinninvestitionsentscheidung beeinflussen. Die genannten Motive wirken sich streng genommen in seiner Rentabilitätserwartung (im Kalkulationszinsfuß) aus, indem der Gewinnbegünstigte sein Bestreben, nach anderen Investitionsmöglichkeiten Ausschau zu halten, vernachlässigt oder die Gewinne anderer Investitionen geringer einschätzt als die seiner Unternehmung. Hiermit wird das Rentabilitätsstreben begrenzt, nicht unbedingt aufgehoben. Die optimistische oder pessimistische Einstellung zur allgemeinen Wirtschaftsentwicklung ist eben-

---

auf hin, daß das Streben nach finanzieller Sicherheit durch eine gegebene (wohl möglichst kurzfristige) „Amortisation“ seitens der Unternehmung als „rational“ bezeichnet werden darf (S. 594). Schlüssig fügt er dieses Kriterium in die gesamtbetriebliche Investitionsplanung ein. Er wendet sich aber entschieden gegen die Faustregeln, die bei verschiedenen Betriebsmitteln Liquidationsgrenzen postulieren. Die „Methode der Liquidationsgrenze“ bezeichnet er theoretisch als nicht zutreffend, weil unterstellt wird, jedes Investitionsobjekt selbst müsse sich in der angenommenen Zeit amortisieren. Das Streben nach langfristig gesicherten Produktionsmöglichkeiten ist gleichwohl als rational anzusprechen. Es liegt ein gleichwertiges Sicherheitsbedürfnis vor.

205 Moxter, A.: Der Einfluß der Amortisationsgeschwindigkeit auf die unternehmerische Investitionsentscheidung, a. a. O., S. 541 ff. Moxter leitet den geschilderten Tatbestand an einem Beispiel ab.

206 Albach, H.: Wirtschaftlichkeitsrechnung bei unsicheren Erwartungen, a. a. O., S. 3 ff.

207 Die Interessenlagen der Gewinnbegünstigten werden im Rahmen der „Gewinnverwendungsentscheidung“ herausgearbeitet.

falls von Bedeutung[208]. Darüber hinaus sind auch objektive technische und wirtschaftliche Unwägbarkeiten als Einflüsse auf die Gewinninvestitionsentscheidung zu erwähnen. In diesem Zusammenhang weist *Gutenberg*[209] auf Präzision und Arbeitsgüte eines neuen Aggregates, größere Belastbarkeit, Mehrzweckverwendbarkeit, Ersatzteilbeschaffungsmöglichkeit, Lieferfristen, Geschäftsbeziehungen und Firmenruf des Lieferanten hin.

b) Bei rentabilitätsunabhängigen Investitionsgründen

Bei rentabilitätsunabhängigen Investitionsgründen sind Kapitalbedarf und Liquiditätsentwicklug der Gewinninvestition ebenfalls wichtige Kriterien der Gewinninvestitionsentscheidung. Eine relative Bedeutung weist hierbei die Investitionsrentabilität auf, da auf diese entweder bewußt zu verzichten ist, oder sie nur eine Begleiterscheinung der Investition darstellt.

aa) Kapitalbedarf und verfügbarer Gewinn

Der Kapitalbedarf der geplanten Gewinninvestition kann den Ausschlag bei der Gewinninvestitionsentscheidung geben.

a) Bei gesetzlich oder vertraglich erzwungenen Gewinninvestitionen (z. B. Sicherheitsinvestitionen, Dividendenstop, Fremdkapitalrückzahlung) hat die Unternehmung keine Entscheidungsmöglichkeit. Sofern ausreichend Gewinn vorhanden ist, bestimmt der Kapitalbedarf die Gewinninvestitionsentscheidung[210].

   Bei erzwungenen Gewinninvestitionen infolge einer Verknappung am Arbeitsmarkt können der verfügbare Gewinn und ggf. zusätzliche Finanzierungsmittel die Durchführung einer geplanten Rationalisierungsinvestition verbieten oder, sofern mehrere Möglichkeiten unterschiedlichen Kapitaleinsatzes bestehen, sie auf bestimmte Verfahren begrenzen.

b) Bei sozialpolitischen Investitionen oder Beteiligungsinvestitionen wird die Investitionsmöglichkeit zumeist ausschließlich vom verfügbaren Gewinn bestimmt. Es ist kaum anzunehmen, daß zusätzliche Finanzierungsmittel heranzuziehen sind.

---

[208] Hierauf weisen insbesondere Tinbergen, Polak und Vetter hin. (Tinbergen, J. und Polak, J. J.: The Dynamics of Business Cycles, a. a. O., S. 166 ff.; Vetter, E. G.: Investitionslenkung, Heidelberg 1956, S. 99.)

[209] Gutenberg, E.: Zur neueren Entwicklung der Wirtschaftlichkeitsrechnung, in: Zeitschrift für die gesamte Staatswissenschaft, Bd. 108, 1952, S. 637 f. Auch sei auf den Aufsatz von Schwarz, H.: Zur Bedeutung und Berücksichtigung nicht oder schwer quantifizierbarer Faktoren im Rahmen des investitionspolitischen Entscheidungsprozesses, in: BFuP 1960, S. 686 ff. verwiesen. Im übrigen wird auf FN 149 auf S. 97 Bezug genommen.

[210] Auf die mögliche Verhaltensweise der Unternehmung bei „nicht ausreichendem" Gewinn wird auf S. 210 ff. eingegangen.

bb) Liquiditätsenwicklung der Gewinninvestition und die Unternehmungsliquidität

Die Liquiditätsentwicklung der Investition kann im Verhältnis zur Unternehmungsliquidität maßgeblichen Einfluß auf die Investitionsentscheidung ausüben, sofern im Hinblick auf den verfügbaren Gewinn und ggf. zusätzliche Finanzierungsmittel realisierbare Investitionsmöglichkeiten bestehen.

a) Die Liquiditätsbeurteilung wird im Rahmen der erzwungenen Gewinninvestition vornehmlich bei der Rationalisierungsinvestition infolge Arbeitskräftemangels von Bedeutung sein. Selbst wenn der verfügbare Gewinn und ggf. zusätzliche Finanzierungsmittel für die Investition ausreichen, kann die nachfolgende Relation der Zahlungsreihen die Investition verbieten.

   Bei einer durch Rechtsordnung erzwungenen Gewinninvestition mit Anlagevorschrift ist die Liquiditätsentwicklung meist ohne Bedeutung. Sofern öffentliche Anleihen oder Wertpapiere erworben werden müssen, ist eine zusätzliche Ausgabenreihe nicht zu erwarten.

b) Plant die Unternehmung eine sozialpolitische Investition, so ist es möglich, daß der Anfangskapitalbedarf einer gegebenen oder mehrerer Möglichkeiten zur Erreichung des Investitionszweckes im Finanzierungsbereich des verfügbaren Gewinnes liegen. Durch das Fehlen einer Einnahmenreihe oder einen ungünstigen Verlauf der Zahlungsreihen im Hinblick auf die Unternehmungsliquidität kann sich die Investition verbieten oder die Unternehmung kann sich zu einer Entscheidung für diejenige Möglichkeit veranlaßt sehen, die lediglich eine einmalige Ausgabe erfordert. Bei einer Beteiligungsinvestition zur Befriedigung von Machtbedürfnissen wird die Liquiditätsentwicklung nicht den Ausschlag für die Gewinninvestitionsentscheidung geben. Denn hier liegt gewöhnlich eine einmalige Ausgabe vor. Eine mögliche Einnahmenreihe kann allenfalls die Liquidität verbessern.

Bestehen mehrere Investitionsmöglichkeiten bestreitbaren Kapitalbedarfs und vertretbarer Liquiditätsentwicklung zur Erreichung des gesetzten Investitionszweckes, kann wiederum die Frage nach weiteren Kriterien der Gewinninvestitionsentscheidung gestellt werden.

cc) Relative Bedeutung der Investitionsrentabilität

Trotz Bestehens rentabilitätsunabhängiger Investitionsabsichten kann die Investitionsrentabilität Entscheidungskriterium für die Gewinninvestition sein. Sie ist aber insofern von relativer Bedeutung, als sie nicht Vergleichsmaßstab mit der Rentabilitätserwartung der Gewinnbegünstigten ist; die Gewinninvestition wird ja erzwungenermaßen oder gewollt ohne primäre Rücksichtnahme auf die Rentabilität erstrebt[211]. Sie kann gleichwohl die Gewinninvestitionsentscheidung beeinflussen, wenn mehrere Investitionsmöglichkeiten gleichen Anfangskapitals und vertretbarer Liquiditätsentwicklung bestehen und diejenige Möglichkeit ausgewählt werden soll, die bei gegebenem Zweck die relativ günstigste Rentabilität erwarten läßt.

a) Bei einer durch Rechtsordnung erzwungenen Gewinninvestition mit freier Anlagewahl können die Kapitaldisponenten sich zugunsten derjenigen Anlage entscheiden, die ihnen höchste Rentabilität verspricht. Diese braucht nicht lediglich Ausdruck in einem Zinssatz zu finden, sondern kann Vorteile umschließen, deren Wertung subjektiv bedingt ist.

b) Bei einer durch die Lage am Arbeitsmarkt erzwungenen Gewinninvestition werden sich die Gewinnbegünstigten bei alternativen Verfahren zugunsten desjenigen entscheiden, das die vergleichbar höchste Rentabilität verspricht. Die Bedeutung der Investitionsrentabilität tritt hier besonders hervor; denn die Unterlassung der Investition kann zum Stillstand der Fertigung zumindest in Teilbereichen führen und damit die Unternehmungsrentabilität selbst ernstlich beeinträchtigen.

c) Bei einer sozialpolitischen Gewinninvestition können verschiedene Möglichkeiten gleichen Gewinneinsatzes unterschiedlich wirksam sein. Ist eine Einnahmenreihe aufzustellen, ist die Rentabilität meßbar. Die Gewinnbegünstigten können sich für die wirksamste Investitionsmöglichkeit entscheiden. Sofern die Auswirkung verschiedener Investitionsmöglichkeiten nur vermutet werden kann, wird die Gewinninvestitionsentscheidung auf Intuition basieren[212].

5. Zusammengefaßtes Ergebnis

1. Gewinninvestition bedeutet Erweiterung des Unternehmungskapitals. Sie erfordert in jedem Falle eine Entscheidung. Soll die

---

[211] Die Auswirkung der verschiedenen Motive auf das Ausmaß der Gewinninvestition — langfristige Sicherstellung der Einkommensquelle, Kapitalanlageabsichten, Spekulation — wird im Abschnitt „Die Gewinnverwendungsentscheidung“ gezeigt.

[212] Auch im Bereich der Entscheidungen über rentabilitätsunabhängige Gewinninvestitionen sind Kriterien, die aus einer „Unvollständigkeit der Alternativen“ (s. S. 125 f.) oder aus „imponderablen“ Motiven erwachsen (s. S. 126 f.), möglich. Auf ihre sinngemäße Anwendung wird lediglich hingewiesen.

Gewinninvestition nicht das Ergebnis einer Intuition sein, fußt sie auf einem Kalkül, dem Gewinninvestitionskalkül.

2. Gewinninvestitionen werden aus rentabilitätsbedingten oder rentabilitätsunabhängigen Gründen erwogen; sie können auch erzwungen sein. Realisiert werden sie insbesondere als Absatzerweiterungs- und Rationalisierungsinvestitionen, finanzwirtschaftliche und sozialpolitische Investitionen. Die Gewinninvestition kann in reiner oder zusätzlicher Form auftreten, je nachdem, ob ausschließlich Gewinne oder gleichzeitig auch andere Finanzierungsmittel für die Investition Verwendung finden.

Der Investitionsgrund wirkt auf die Gewinninvestitionsentscheidung ein.

3. Der Gewinninvestitionskalkül schafft die Grundlage der Gewinninvestitionsentscheidung. Er trifft Aussagen, ob, unter welchen Bedingungen und in welchem Investitionsvorhaben eine Gewinninvestition vorteilhaft ist. Die Formulierung des Gewinninvestitionskalküls wird von der Art des Investitionsvorhabens und von der beabsichtigten Finanzierungsform bestimmt. Der Kalkül berücksichtigt durch Quantifizierung seiner Glieder Erwartungsgrößen und bestehende Interdependenzen in der Unternehmung.

4. Die Investitionsentscheidung leitet sich aus der Investitionsabsicht und den Ergebnissen des Gewinninvestitionskalküls her. Kriterien dieser Entscheidung sind insbesondere der Kapitalbedarf der Investitionsvorhaben im Verhältnis zum verfügbaren Gewinn (und ggf. der weiteren Finanzierungsmittel), die Liquiditätsentwicklung der Investition im Verhältnis zur Unternehmungsliquidität und — bei rentabilitätsbedingten Investitionsabsichten — die Investitionsrentabilität im Verhältnis zu den Rentabilitätserwartungen der Gewinnbegünstigten.

Die Ergebnisse des Gewinninvestitionskalküls können mit der Investitionsabsicht korrespondieren oder divergieren. Je nachdem bestätigen sie die Durchführbarkeit der Investitionsabsicht, verbieten sie oder schränken sie auf bestimmte Möglichkeiten ein. Die Investitionsentscheidung kann sich auch über Kalkülergebnisse hinwegsetzen.

5. Die Gewinninvestitionsentscheidung steht im Rahmen der Gewinnverwendungsentscheidung. Diese Entscheidung legt fest, in welchem Ausmaß der Unternehmungsgewinn für Reservierungen, Investitionen und Ausschüttungen verwendet werden kann. Um diese quantitative Problematik werden die getroffenen Ableitungen an späterer Stelle der Untersuchung ergänzt.

III. Die Gewinnausschüttung

1. Gegenstand des folgenden Untersuchungsabschnittes ist die Gewinnausschüttung. Erlösüberschüsse verlassen die Unternehmung; sie werden Einkommen der Gewinnbegünstigten, fließen als Gewinnsteuern und -abgaben an den Staat und werden für das Gemeinwohl gespendet.

2. Das Problem der Gewinnausschüttung, als Teilbereich einer allgemeinen Theorie von der Einkommensverteilung, soll daraufhin geprüft werden, wie es sich der Unternehmung stellt. Hierbei ist vornehmlich zu beachten:

a) Gegenstand der Untersuchung ist die Verwendung des erzielten Unternehmungsgewinnes. Seine vorhandene Höhe wird unterstellt. Die Betrachtung einer aus verschiedenen Gründen notwendigen Gewinnhöhe fällt nicht in den Untersuchungsbereich einer Theorie von der Gewinnverwendung der Unternehmung[213].

b) Ein wesentlicher Teil der „Gewinntheorien" versucht bis in die jüngste Zeit hinein, die Gründe für die Gewinnentstehung und die Gewinnverteilung „funktionell" zu erklären[214]. Diese Erklärungen sind unbefriedigend, weil das Zurechnungsproblem prinzipiell unlösbar erscheint[215]. Die „personelle" Erklärung der Einkommensverteilung umgeht die Zurechnungsfrage und nimmt zur Lösung des Problems die Mechanismen des Preisbildungsprozesses zu Hilfe[216]. Wendet man sie auf die Gewinnausschüttung der Unternehmung an, entsteht ein Komplex von Ansprüchen, die nach Befriedigung streben. Die Anwendung des Preismechanismus erfordert hierbei, alle Momente zu berücksichtigen, „die auf die Preisbildung der von diesen Personen angebotenen Dienste und Nutzungen Einfluß haben"[216]. Eine

---

[213] Hierzu meint Koch, H.: Das Wirtschaftlichkeitsprinzip als betriebswirtschaftliche Maxime, in: ZfhF 1951, S. 168: „Die Gewinnhöhe und die Frage, ob man dem Unternehmer hohe oder niedrige Maximalgewinne zubilligen sollte, sind ... Gegenstand und Problem der Volkswirtschaftspolitik."

[214] Siehe hierüber die Arbeiten von Schnittkind, L.: Abriß einer Geschichte der Lehre vom Unternehmergewinn, Berlin 1930; Schützinger, E.: Der Gewinn in der Betriebswirtschaft, Diss. Mannheim 1957; Dusemund, F. J.: Der betriebswirtschaftliche Gewinnbegriff in seiner historischen Entwicklung, Stuttgart 1929.

[215] Es sei auf die grundlegenden Werke von v. Zwiedineck-Südenhorst, Schäffle und Liefmann hingewiesen. Auch ist die Arbeit von Stapelberg, F.: Zurechnungstheorien in der Betriebswirtschaftslehre, Einbeck (1929) zu erwähnen.

[216] Siehe Preiser, E.: Besitz und Macht in der Distributionstheorie, in: Preiser, E.: Bildung und Verteilung des Volkseinkommens, Göttingen 1957, S. 173 ff., insbesondere S. 175.

personelle Erklärung der Gewinnausschüttung schafft die Möglichkeit einer realistischen Betrachtung der zu beantwortenden Fragestellung.

c) Auf den Unternehmungsgewinn werden verschiedene Ausschüttungsansprüche erhoben. Die Unternehmung wird sie befriedigen, wenn sie auf Gesetz oder Vertrag beruhen oder sich als berechtigte Erwartungen ergeben. In diesen Fällen liegen Gewinnausschüttungsnotwendigkeiten vor. Die Gewinnausschüttung wird zu einem Instrument der Unternehmungspolitik, wenn über die Berücksichtigung der Notwendigkeiten hinaus ein frei verfügbarer Gewinn verbleibt oder aber der erzielte Gewinn nicht ausreicht, alle Ansprüche und berechtigten Erwartungen zu befriedigen. Situationsbedingte Zweckmäßigkeitserwägungen können entscheiden, zu wessen Gunsten der Gewinn auszuschütten ist.

d) Aus der Sicht ihrer einkommensspendenden Funktion ist die Unternehmung Mittel zum Zweck. Die in ihr wirksamen Kräfte werden für ihre Leistungen entschädigt, um ihre Bedürfnisse befriedigen zu können. Auch der Gewinn der Unternehmung wird Einkommen; er entschädigt die Leistung für seine Erzielung[217]. Das Dasein der Unternehmung ist jedoch bestimmten Bedingungen unterworfen. Soll sie ihren Mittelcharakter langfristig bewahren, findet die Gewinnausschüttung ihre natürliche Grenze in der Zurückhaltung eines Gewinnteiles, der ihre Lebensfähigkeit sichert. Über das Ausmaß entscheidet die Zielsetzung der Unternehmung.

3. Dem kommenden Abschnitt der Untersuchung sind demnach folgende Fragen zur Beantwortung gestellt:

a) Läßt der Unternehmungsgewinn zum Zwecke der Gewinnausschüttung bewertbare Anspruchselemente erkennen, oder stellt er sich ihr als unteilbare Größe[218]?

---

[217] Hierzu führt Lehmann, M. R.: Betriebswirtschaftslehre als Sozialwissenschaft, in: ZfhF 1951, S. 531 aus: „Geben wir nun zu, daß die Betriebswirtschaften, d. h. die Objekte der Betriebswirtschaftslehre, keinen (wirtschaftlichen) Selbstzweck haben, was gelegentlich übersehen oder nicht genau betrachtet wird, ...“

[218] Obwohl die Analyse des Unternehmungsgewinnes im Hinblick auf mögliche Anspruchselemente wegen der Unlösbarkeit des Zurechnungsproblems müßig erscheint, ist ihre Durchführung für das bessere Verständnis der nachfolgenden Ableitungen geboten.

Im übrigen soll an dieser Stelle ergänzend zu den Textausführungen betont werden, daß der Terminus „Gewinnausschüttungsanspruch“ nicht im streng juristischen, sondern im wirtschaftlichen Sinne verwendet wird. Auf Grund bestimmter Leistungen und Konstellationen der Wirtschafts- und Sozialordnung wird eine — nicht in allen Fällen „verbriefte“ — Beteiligung am

b) Aus welchen Gründen werden Ansprüche auf Ausschüttung des Unternehmungsgewinnes erhoben, und wie werden sie von den Gewinnbegünstigten beziffert?

c) Wie beurteilt die Unternehmung diese Ansprüche, und inwieweit ist sie ausschüttungsbereit?

d) Welche Ansprüche muß die Unternehmung bei der Gewinnausschüttung berücksichtigen, und inwieweit kann sie Unternehmungspolitik treiben?

Die Gewinnausschüttungsentscheidung steht im Rahmen der Gewinnverwendungsentscheidung. Sie legt das Ausmaß der Gewinnausschüttung, der Gewinninvestition und der Gewinnreservierung gemeinsam fest.

Die Untersuchung vernachlässigt bei der Analyse der Gewinnausschüttung Gewinnsteuern und -abgaben. Sie sind „erzwungene Gewinnausschüttungen" in vorgegebener Höhe; als solche berücksichtigt sie die Unternehmung im Rahmen der Gewinnverwendungsentscheidung. Die Festsetzung einer notwendigen Steuerhöhe und ihre Begründung sind Gegenstand der Finanzwissenschaft. Unternehmungspolitische Erwägungen hinsichtlich möglicher Steuerersparnisse betreffen die betriebswirtschaftliche Steuerlehre.

1. Der unteilbare Unternehmungsgewinn als Objekt der Gewinnausschüttungsansprüche

Der erzielte Unternehmungsgewinn soll daraufhin untersucht werden, ob sich aus ihm bewertbare Anspruchselemente sinnvoll herleiten lassen. Hierzu werden die Quellen seiner Entstehung und Prinzipien seiner Erzielung betrachtet.

a) Gewinnquellen und Gewinnausschüttung

Der Unternehmungsgewinn kann durch geplante Dispositionen bewirkt und durch zufällige Ereignisse beeinflußt werden, je nachdem, ob die wirksamen Faktoren seiner Entstehung im Planbereich der Unternehmung liegen oder auf Umstände zurückgeführt werden müssen, die außerhalb dessen begründet sind.

Unternehmungsgewinn begründet erstrebt. Hierunter ordnet sich sodann die Fragestellung ein, in welcher Form und Höhe die Unternehmung bei der Gewinnverwendungsentscheidung Gewinnausschüttungsverpflichtungen (rechtlich begründete Ansprüche) zu berücksichtigen hat, berechtigte Gewinnausschüttungserwartungen (wirtschaftlich oder sozial begründete Ansprüche) befriedigt oder die Gewinnausschüttung zum Gegenstand — ungebundener — unternehmungspolitischer Erwägungen macht.

aa) Geplante Gewinne

1. Die Gewinnplanung der Unternehmung erstreckt sich primär auf den Bereich ihrer Absatzleistung. Die mögliche Absatzmenge, die Absatzpreise sowie die Preise der Einsatzgüter werden in erster Linie von Marktgegebenheiten bestimmt. Der Absatzgewinn wird für eine Periode geplant.

Die Realisation dieser Planung kann unvorhersehbare Enttäuschungen bringen. Kundenwünsche verlagern sich wider Erwarten, Konkurrenten ändern ihre Verhaltensweise. Hierdurch kann der geplante Gewinn negativ beeinflußt werden. Auch aus den Einsatzgütern können sich Gewinnminderungen herleiten. Maschinenbrüche treten auf, Streiks lähmen den Unternehmungsprozeß, Einsatzgüterpreise steigen. Die Kostenentwicklung nimmt einen unerwarteten Verlauf.

2. Transaktionsgewinne auf Grund leistungsneutraler Vorgänge werden zumeist geplant. Bei Anlagegütern sollen sie im Zeitpunkt ihrer betrieblichen Unbrauchbarkeit erzielt werden; bei Wertpapiertransaktionen im Falle eines erhofften Kurses. Die Realisation dieser Planung kann gestört werden, wenn die geplanten Preise nicht erzielbar sind.

3. Mit einer Absatzausdehnung kann eine erhöhte Ausnutzung der Unternehmungskapazität verbunden sein. Die durch Kostendegression auftretende Gewinnerhöhung ist geplant, sofern die Absatzausdehnung geplant ist. Die Realisation einer geplanten Kostendegression ist von der Realisation der Absatzerwartungen abhängig.

Kostensenkungen und damit Gewinnerhöhungen können auch auf anderen Gebieten der Unternehmungstätigkeit erstrebt werden; durch Ausnutzung günstigerer Bezugsmöglichkeiten für Werkstoffe und Anlagen, erzielbare Preissenkungen für Fremdleistungen, Zinsverbilligungen für Kredite u. a. m.

Das charakteristische Merkmal dieser Gewinne und ihrer Quellen ist darin zu erblicken, daß sie geplant sind, ihr Eintritt erwartet wird, die Gewinnrealisation allerdings davon abweichen kann.

bb) Ungeplante Gewinne

1. Ungeplante Gewinne können auf Markteinflüsse zurückgehen. Ihr Eintritt ist unerwartet, stellt Überraschungen dar. Ein Wandel der Bedürfnisse kann die Absatzleistung der Unternehmung plötzlich begehrenswerter erscheinen lassen, als sie es bislang war. Bei gegebenem Mengenangebot kann dieses Ereignis zu einer Preissteigerung führen, die der Unternehmung ungeplante Gewinne bringt. Durch eine unerwartet einsetzende Nachfrageerhöhung kann die Unternehmung bei ausreichender Kapazität kostengünstiger produzieren. Auf eine

derartige Marktentwicklung kann die Unternehmung zwar gerüstet sein, geplant waren die hieraus entstehenden Gewinne nicht.

Auch die sich nach Gründung einer Unternehmung unerwartet ergebenden „Standortgewinne“ durch Verbesserung ihrer Lage für Bezugs- oder Absatzmöglichkeiten waren ursprünglich nicht geplant. Ihr Eintritt ist auf Einflüsse außerhalb des Planbereiches zurückzuführen[219].

2. Auch innerbetriebliche Ereignisse können zu ungeplanten Gewinnen führen. Ein mit technischen Zufälligkeiten behafteter Fertigungsprozeß gelingt nachhaltig außergewöhnlich gut. Ein Forschungsprogramm führt zu unvorhergesehenen Nebenergebnissen, die unmittelbar gewinnsteigernd ausgewertet werden können. Diese und ähnliche Gewinne sind auf Glücksumstände zurückzuführen, die der tägliche Ablauf der Unternehmung mit sich bringen kann.

Das charakteristische Merkmal dieser Gewinne und ihrer Quellen muß darin erblickt werden, daß sie auf Umstände zurückzuführen sind, die außerhalb des Planbereiches der Unternehmung liegen.

Die Betrachtung der Quellen des Unternehmungsgewinnes läßt zwei für die Gewinnausschüttung wesentliche Erscheinungen zutage treten: Die Vielzahl der Komponenten, die seine Höhe bestimmen und die Überlagerung seines geplanten Umfanges durch ungeplante Ereignisse. Der Unternehmungsgewinn setzt sich aus leistungsbezogenen Gewinnen, leistungsneutralen Gewinnen, Kostenersparnissen in verschiedenen Unternehmungsbereichen, Konjunkturgewinnen, Monopolgewinnen, Standortgewinnen und anderen Faktoren zusammen. Die Vielzahl der Einflußgrößen und ihre unterschiedliche Wirksamkeit läßt prinzipiell eine exakte Spaltung in seine Quellen und deren Quantifizierung nicht zu. Das bedeutet gleichfalls, ohne daß es eines weiteren Beweises bedarf, daß bewertbare Ansprüche von Leistungsträgern aus ihm sinnvoll nicht abzuleiten sind[220, 221].

---

[219] In diesem Zusammenhang darf auf die vortreffliche Analyse von Schäfer, E.: Die Unternehmung, Bd. 3, a. a. O., S. 290 ff. hingewiesen werden. Im Hinblick auf die Unternehmungspolitik spricht er von „Daten“ als Gewinnfaktoren, die die Unternehmungsleitung hinnehmen muß, und von Faktoren, „die ihr eine gewisse Wahl oder Entscheidungspolitik anbieten“.

[220] Die Betriebswirtschaftslehre hat sich im wesentlichen darauf beschränkt, den Unternehmungsgewinn in einen Betriebsgewinn und einen Konjunkturgewinn aufzuspalten. Schmalenbach, E.: Dynamische Bilanz, Leipzig 1926, S. 274 hat frühzeitig erkannt, daß eine absolute Trennung nicht möglich ist. Zu den trotzdem angestellten Bemühungen, konjunkturelle Störungen bei der Messung des Betriebserfolges auszuklammern, meint Schäfer, E.: Die Unternehmung, Bd. 3, a. a. O., S. 293: „Abgesehen von der schon grundsätzlich unhaltbar erscheinenden Vorstellung eines Betriebsgewinnes würde eine kritische Prüfung der Verfahren zu dem Ergebnis gelangen müssen, daß das Resultat dieser Verfahren von dem angestrebten Zweck einer Trennung von Innen- und Außeneinflüssen erheblich abweicht.“

[221] Die Problematik der Erfolgsspaltung wurde bereits im Rahmen der Darstellung des Gewinninvestitionskalküls angeschnitten (s. FN 161 auf

Unlängst hat *Guenther*[222] versucht, Regeln über die Zurechnung von Gewinnelementen aufzustellen. So sagt er, daß die „Standortrente" den Kapitalgebern zuzurechnen sei[223]; Kostenersparnisse beruhen „auf Mehrleistungen der Arbeitnehmer und werden daher den Arbeitnehmern zugerechnet"[224]; „Konjunkturgewinne entstehen nicht durch Leistungen der Sozialpartner und können daher auch keinem Sozialpartner zugerechnet werden"[225]; „Degressionsgewinne aus Ein- und Verkaufserfolgen werden denjenigen Personen zugerechnet, durch deren Mehrleistungen diese Gewinnbestandteile verursacht sind"[226]. Er geht aber nicht so weit, diese Regeln als Grundlage der Gewinnverwendung zu postulieren. Hierzu führt er aus: „Völlig frei in ihren Entschlüssen sind die Betriebe hingegen ... bei der Verteilung der zugerechneten Gewinnbestandteile. Die Verteilung kann nach Zweckmäßigkeitsgesichtspunkten vorgenommen werden[227]."

Die von der Untersuchung vorgenommene Ableitung soll mit einer Aussage *Schäfers* abgeschlossen werden: „Es wird ... immer ein unlösbares Exempel bleiben, wie der Gewinn eines komplexen Unternehmens im einzelnen zustande kommt, welche Umstände jeweils am Werke waren und insbesondere welche Ansprüche auf die beteiligten Faktoren daraus abzuleiten wären[228, 229]." Danach ist es notwendig, die Gewinnausschüttung aus anderen Überlegungen herzuleiten.

S. 103 f.). Es wurde dort darauf hingewiesen, daß sie dem Rechnungswesen der Unternehmung Aufgaben stellt. Wenn auch dieses Problem exakt nicht lösbar erscheint, so wird ein möglichst weitgehender Genauigkeitsgrad den Bereich unerwünschter „Intuition" innerhalb der Gewinninvestitionsentscheidung einengen.

Im Bereich der Gewinnausschüttung hat das Problem ungleich stärkere Bedeutung. Hier werden Menschen für Leistungen entschädigt. Eine mögliche Näherungslösung genügt nicht den Erfordernissen der Gerechtigkeit. Die Zielsetzung der Erfolgsspaltung ist somit eine gänzlich andere.

Wird daher im Bereich der Gewinninvestition eine näherungsweise Erfolgszurechnung — wenn sie auch theoretisch nicht erschöpfend befriedigt — für vertretbar gehalten, so ist sie für die Bemessung der Gewinnausschüttung prinzipiell abzulehnen.

222 Guenther, J.: Leistungsgerechte Gewinnverteilung. Ein Beitrag zur Lösung des Zurechnungsproblems, Diss. Köln 1957.

223 Guenther, J.: ebda. S. 91.

224 Guenther, J.: ebda., S. 92 f.

225 Guenther, J.: ebda., S. 93 f.

226 Guenther, J.: ebda., S. 94.

227 Guenther, J.: ebda., S. 146.

228 Schäfer, E.: Die Unternehmung, Bd. 3, a. a. O., S. 295.

229 So folgert auch Rex, G.: Die Ertragsbeteiligung als betriebspolitisches Instrument und die Gewinnbeteiligung in betriebswirtschaftlicher Sicht, Diss. FU Berlin 1956, S. 82: „Die Teile des Gewinns, die durch die allgemeine Marktsituation, durch die Konjunktur oder eine Monopolstellung ... des jeweiligen Unternehmens entstanden sind, dürften theoretisch weder von den Kapitaleigentümern noch von den die unternehmerischen Funktionen ausübenden Personen beansprucht werden. Aber gerade die Unmöglichkeit der Zurechnung ist ja die Ursache für die Auseinandersetzung um den Gewinnanspruch. Die Einsicht dieser Unmöglichkeit zwingt daher dazu, eine ökono-

b) Gewinnerzielungsprinzipien und Gewinnausschüttung

Es ist die berechtigte Frage noch unbeantwortet, ob aus verschiedenen Prinzipien der Gewinnerzielung der Unternehmung Merkmale für die Gewinnausschüttung abzuleiten sind. Hierbei sollen zwei Fälle betrachtet werden: Ein marktwirtschaftlich erstrebter Gewinn sowie ein Gewinn, dessen absolute Höhe vorgeplant wird.

aa) Der marktwirtschaftlich erstrebte Gewinn

1. Das marktwirtschaftliche Verhalten, u. a. von Gutenberg als „erwerbswirtschaftliches Prinzip" bezeichnet[230], wird in erster Linie unter dem Aspekt seiner gesamtwirtschaftlichen Steuerungsfunktion betrachtet. Für eine Analyse seiner Beziehung zur Gewinnausschüttung ist notwendig, die Gewinnerzielung als Zweck der Unternehmungstätigkeit — dem der Leistungsprozeß als Mittel dient — in den Vordergrund zu stellen.

Das marktwirtschaftliche Verhalten, das in der Gewinnmaximierung seine „letzte Steigerung findet"[231], vollzieht sich in reiner Form im Rahmen des freien Preismechanismus der von störenden Eingriffen prinzipiell nicht beeinflußten Märkte. Der Gewinn einer nach diesem Prinzip handelnden Unternehmung ergibt sich als Residuum aus der Absatzleistung und dem Gütereinsatz, wobei Absatzleistungspreise und Güterpreise jeweils eigenen Bestimmungsgründen folgen. Das Schicksal der Gewinnerzielung ist „autonomen" Unternehmungsentscheidungen überantwortet. Die Gewinnvorstellung wird im Preis der Absatzleistungen kalkuliert, ihre Realisation ist jedoch vom Markt abhängig. Die Bedingungen freier Märkte rufen jene Einflußgrößen hervor, die den erstrebten, geplanten Gewinn unvorhergesehen beeinträchtigen.

Damit führt die marktwirtschaftliche Verhaltensweise der Unternehmung zu einer Gewinngröße, aus der bewertbare Anspruchselemente für die Gewinnausschüttung sinnvoll nicht hergeleitet werden können. Die Untersuchung der Gewinnquellen hat dieses nachgewiesen.

2. Es ist darüber hinaus jedoch zu prüfen, ob dem marktwirtschaftlichen Prinzip weitere Merkmale anhaften, die Rückschlüsse auf die Gewinnausschüttung zulassen.

---

misch vertretbare oder angemessene Lösung zu suchen, die außerhalb des exakt rechenhaften liegt."

[230] Es wird in diesem Zusammenhang auf die Ausführungen von Gutenberg, E.: Grundlagen der Betriebswirtschaftslehre, I. Band, a. a. O., S. 347 ff. Bezug genommen.

[231] Gutenberg, E.: ebda., S. 347.

Gutenberg stellt heraus, daß das „Erwerbsprinzip" „die Grundorientierung der privatwirtschaftlich-erwerbswirtschaftlich-kapitalistischen Betriebe"[232] bilde, und daß es ein „konstitutives Element des liberalistisch-kapitalistischen Systems" sei[232]. Damit wird es zu einer Kategorie der Gesellschafts- und Rechtsordnung. In diesem Zusammenhang sagt *Gutenberg,* daß ebenfalls eine „begriffliche Determinante" dieses Betriebstyps das „Prinzip der Alleinbestimmung"[233] ist; die letztlich wirksamen Entscheidungen gehen von den Eigentumsrechten an der Unternehmung aus[234].

Treffen die Determinanten „Autonomieprinzip", „Erwerbsprinzip", „Prinzip der Alleinbestimmung" in einer Unternehmung zusammen, wird man hiernach geneigt sein können, den unteilbaren Unternehmungsgewinn ihrem autonom handelnden, alleinbestimmenden Eigentümer zuzusprechen. Die liberalistische Gesellschafts- und Rechtsordnung läßt aber zu, daß das Eigentum an der Unternehmung in geteilter Form auftreten kann. Hierdurch wird eine mengenmäßige Gewinnteilung notwendig, die auch möglich erscheint. Das Bestimmungsrecht kann ebenfalls einzelnen Anteilseignern übertragen oder auch auf anteilslose Personen delegiert werden. Hierdurch wird aber die Gewinnteilung zu einem qualitativen Problem, dessen Lösung entweder die Messung der Gewinnwirksamkeit des Kapitaleinsatzes und der Bestimmungsrechte erfordert oder andere theoretisch haltbare Maßstäbe verlangt. Diese sind aber in den „konstitutiven Elementen" dieser Wirtschaftsordnung selbst nicht zu erblicken. Es sind lediglich Anspruchsgrundlagen erkennbar.

bb) Beschränkungen in der Gewinnerzielung

1. Die Unternehmung kann in ihrem Streben nach Gewinnerzielung auch Beschränkungen unterworfen sein. Diese sind oft selbst gewählt, oft auferlegt.

a) Selbstgewählte Beschränkungen in der Gewinnerzielung liegen beispielsweise vor, wenn Genossenschaften oder Konsumvereine ihre Absatzleistungen den Genossen oder Mitgliedern zu angemessenen Preisen überlassen oder öffentliche Unternehmungen Kollektivbedürfnisse zu sozialen Preisen decken. Die Preise der Absatzleistungen sind das Ergebnis der Kalkulation, die den erstrebten Gewinn ebenfalls umschließt. Verschiedene Leistungen von Einsatzgütern, die aus dem Unternehmungsprozeß noch nicht als „Kosten" abgegolten wurden, werden im „Gewinnzuschlag"

---

232 Gutenberg, E.: Grundlagen der Betriebswirtschaftslehre, I. Band, a. a. O., S. 351.

233 Gutenberg, E.: ebda., S. 398.

234 Gutenberg, E.: ebda, S. 391 ff.

in unterschiedlich möglicher Höhe berücksichtigt. Hierdurch erscheint der Unternehmungsgewinn als vorgegebene Größe.

b) Die Wirtschaftsordnung kann den Unternehmungen auf verschiedenen Wegen Beschränkungen in der Gewinnerzielung auferlegen. Durch ein straffes Preissystem können Beschaffungs- und Absatzpreise festgelegt werden. Auch können Kalkulationsvorschriften bestehen, die eine bestimmte Gewinnhöhe zulassen. Auch in diesen Fällen erscheint der Gewinn als vorgegebene Größe.

Bei der selbstgewählten oder auferlegten Gewinnvorgabe werden Regeln darüber bestehen, in welcher Höhe Leistungen von Einsatzgütern aus dem Gewinn zu entschädigen sind: Etwa für Eigenkapitalüberlassung, Risikobereitschaft oder unternehmerische Leistungen[235]. Diese Verfahrensweise läßt die Vermutung zu, daß mit ihr gleichfalls die Gewinnausschüttung determiniert wird.

2. Auch wenn die Preise der Absatzleistungen das Ergebnis der Kalkulation sind, können zwischen kalkuliertem und realisiertem Unternehmungsgewinn Abweichungen auftreten.

Der realisierte Gewinn kann über dem erstrebten Gewinn liegen. Kalkulierte Risiken treten nicht ein, zulässige Gewinnzuschläge für Unternehmerlöhne werden von effektiven Zahlungen unterschritten, genehmigte Kostenbewertungen werden durch geschickte Einkaufsdispositionen nicht erreicht. Das Prinzip der Wirtschaftlichkeit kann sich verschiedentlich auswirken. Der realisierte Gewinn kann auch unter dem kalkulierten Gewinn liegen. Unerwartet eintretende Verluste können ihn mindern, Kostenüberschreitungen werden möglicherweise bei öffentlichen Aufträgen nachträglich nicht genehmigt, ein unexaktes Rechnungswesen führt zu Kalkulationsfehlern, schleichende Unwirtschaftlichkeiten bleiben übersehen.

Der realisierte Unternehmungsgewinn kann daher aus verschiedenen Gründen von dem kalkulierten Gewinn abweichen.

3. Diese Tatsache übt Einfluß auf die Gewinnverwendung aus. Obwohl mit der Vorgabe von Gewinnverwendungselementen die Gewinnausschüttung determiniert zu sein scheint, tritt wiederum die

---

235 Hierzu sagt Schäfer, E.: Die Unternehmung, Bd. 3, a. a. O., S. 294 f. zutreffend: „Für den rechnerischen Ansatz von Zins, Unternehmerlohn und Risikoprämie werden dabei“ (er bezieht sich auf ‚Preistreiberei-Verordnung im Ersten Weltkrieg, LSÖ, Seifenpreis-Verordnung, Neue Leitsätze für die Preisbildung bei öffentlichen Aufträgen‘ — der Verf.) „mehr oder weniger willkürliche Normen oder Normenrelationen aufgestellt.“ „Für ein Verständnis des Wesens des Unternehmungsgewinnes erscheinen sie uns ... ungeeignet, wenn nicht geradezu hemmend.“ „Denn diese Vorstellungen verkennen, daß der Unternehmungsüberschuß eine komplexe, ganzheitliche Größe ist, und daß jede rechnerische Aufteilung voller Willkür sein muß.“

Frage nach einer qualitativen Gewinnspaltung auf. Hierbei wäre zu entscheiden, in welchem Ausmaß eingetretene oder vermiedene Risiken, Wirtschaftlichkeitserfolge oder Unwirtschaftlichkeiten, Kostenvor- oder -nachteile aus Beschaffungsvorgängen den abzugeltenden Leistungen der Einsatzfaktoren zuzuordnen sind. Diese Messung ist sinnvoll nicht durchführbar.

Hieraus darf gefolgert werden, daß auch vorgegebene Gewinne in ungeteilter Größe Ansprüchen gegenübergestellt werden. Zweifelsohne verliert das Problem gegenüber dem bei Residualgewinnen an praktischem Gewicht, die theoretische Problematik bleibt bestehen.

c) Der unteilbare Unternehmungsgewinn

1. Die Betrachtung des Unternehmungsgewinnes nach typischen Quellen seiner Entstehung und Prinzipien seiner Erzielung hat zu dem Ergebnis geführt, daß er sich der Gewinnausschüttung als unteilbare Größe stellt.

a) Aus den Gewinnquellen lassen sich bewertbare Anspruchselemente nicht ableiten. Die Divergenz von Gewinnplanung und Gewinnrealisation, sowie die Überlagerung der geplanten durch ungeplante Gewinne, verhindern in jedem Fall eine sinnvolle Aufspaltung des Unternehmungsgewinnes.

b) Eine Analyse der Gewinnerzielungsprinzipien läßt zwar in den aus dem Unternehmungsprozeß noch nicht entschädigten Leistungen Anspruchsgrundlagen erkennen. Gleichwohl wird ihre sinnvolle Bewertung durch die mangelnde Meßbarkeit ihrer Gewinnwirkung unmöglich. Dieser Umstand wird vornehmlich durch die Unspaltbarkeit der Gewinnquellen unterstützt.

2. Danach ist zu prüfen, auf welchem anderen Wege die Befriedigung der gegen den Unternehmungsgewinn erhobenen Ausschüttungsansprüche stattfinden kann.

2. Die Ansprüche auf Gewinnausschüttung und ihr Umfang

1. Eine Analyse der Ansprüche auf Ausschüttung des Unternehmungsgewinnes erstreckt sich auf diejenigen Leistungen, die aus dem Unternehmungsprozeß noch keine Entschädigung erhalten haben. Sie umfaßt damit die Ansprüche aus der Eigenkapitalüberlassung, für unternehmerisches Handeln und die aus der obwaltenden Sozialstruktur herzuleitenden Ansprüche auf Gewinnbeteiligung der Unternehmungsbelegschaft[236]. Hierbei muß deutlich hervorgehoben werden,

[236] Es ist ausdrücklich darauf hinzuweisen, daß die Untersuchung diese Ansprüche als gleichwertig betrachtet. Eine bestimmte Rangfolge wird daher

daß Eigenkapitalüberlassung und unternehmerisches Handeln in unmittelbarer Beziehung zur Gewinnentstehung stehen, während die sozialethisch begründeten Gewinnausschüttungserwartungen mit ihr nur mittelbar verbunden sind.

2. Diese Analyse macht es erforderlich, die Ansprüche und die Ausschüttungserwartungen der Gewinnbegünstigten, sowie die Anspruchsbeurteilung und die Ausschüttungsbereitschaft der Unternehmung, zunächst getrennt zu betrachten. Die Notwendigkeit hierzu ergibt sich aus der Anwendung der „personellen" Erklärung der Einkommensverteilung und aus der Wahrung der Eigengesetzlichkeit der Unternehmung. Diese zweiseitige Betrachtungsweise der Gewinnausschüttung bedeutet keinesfalls eine künstliche Isolierung der Unternehmung von den Gewinnbegünstigten. Sie trägt aber dem Umstand Rechnung, daß Interessengegensätze bestehen können.

Die Gewinnausschüttungserwartungen der Gewinnbegünstigten sind subjektiv bedingt und richten sich nach dem Interesse aus, das sie der Unternehmung entgegenbringen. So kann sich die Gewinnausschüttungserwartung eines Eigenkapitalgebers oder einer Gruppe von Eigenkapitalgebern, die kurzfristig eine Maximierung ihres Einkommens erstreben, nach den Rentabilitätserwartungen aus anderweitigen Kapitalanlagen ausrichten. Hierbei lassen sie möglicherweise die langfristig ausgerichteten Belange der Unternehmung unberücksichtigt. Andere Kapitalgeber erstreben langfristig eine „angemessene" Gewinnausschüttung im Verhältnis zur Sicherheit ihrer Kapitalanlage. Hierbei haben sie die Belange der Unternehmung im Auge. Wiederum andere Kapitalgeber vernachlässigen aus verschiedenen Motiven ihren Ausschüttungsanspruch gänzlich. Auch die Belegschaft kann unterschiedliches Interesse an der Unternehmung haben. Hieraus resultieren verschiedene Gewinnausschüttungserwartungen, namentlich bei wechselnden Situationen im Unternehmungsablauf.

Die Ausschüttungsbereitschaft der Unternehmung entspringt ihrer Eigengesetzlichkeit. Auch sie ist „subjektiv" bedingt. Nach den Regeln des Preisbildungsmechanismus kann sie bestrebt sein, die empfangenen Leistungen marktgerecht zu entschädigen.

Diese möglichen Interessengegensätze[237] drängen zu einem Ausgleich. Er konkretisiert sich in der Gewinnausschüttungsentschei-

---

nicht angenommen. Diese Feststellung ist insbesondere für die Ansprüche aus der Sozialstruktur bedeutsam, die sich keinesfalls damit auf einen „Rest" erstrecken oder als ein Anspruch gegen den „Unternehmergewinn" erscheinen. Alle Ansprüche richten sich auf den ungeteilten Unternehmungsgewinn. Siehe im übrigen FN 248 und FN 279.

[237] Schäfer, E.: Die Unternehmung, Bd. 3, a. a. O., S. 336 spricht hier von „Unternehmer-Egoismus" und „Unternehmungs-Egoismus", wobei er dem Wort „Egoismus" keine „moralische Wertung" beigelegt wissen will. Im übri-

dung[238], die keinesfalls von der Unternehmung „an sich" gefällt wird, sondern von dem Willen der Gewinnbegünstigten getragen wird. Die in der genannten Form durchgeführte Analyse betrachtet daher nicht getrennte Tatbestände, sie sieht nur verschiedene Interessenlagen, beleuchtet das Problem von unterschiedlichen Standpunkten aus.

3. Der nachfolgende Untersuchungsabschnitt prüft daher zunächst die Anspruchsgrundlagen der Gewinnbegünstigten sowie ihre Erwartungen hinsichtlich der Höhe der Gewinnausschüttung.

a) Aus der Überlassung von Eigenkapital

1. Der Anspruch der Eigenkapitalgeber auf Gewinnausschüttung wird aus der Überlassung ihres Kapitals und dessen Mitwirkung an der Gewinnerzielung hergeleitet. Der Gewinn dient als Quelle der Leistungsentschädigung, da eine Abgeltung als Kostengut nicht erfolgt.

Die Höhe der Gewinnausschüttungserwartung ist davon abhängig, welche Ziele die Eigenkapitalgeber mit der Kapitalüberlassung verfolgen. Sie können diese als Einkommensquelle sehen oder anderen Zwecken unterordnen. Betrachten sie die Kapitalüberlassung als Einkommensquelle, erstreben sie Einkünfte aus der Gewinnausschüttung oder aus realisierbaren Kapitalwertveränderungen. Hiervon wird die Höhe der Gewinnausschüttungserwartung beeinflußt. Werden mit der Kapitalüberlassung andere Zwecke verfolgt, treten ebenfalls spezifische Gewinnausschüttungserwartungen in Erscheinung.

2. Die Gewinnausschüttungserwartungen derjenigen Eigenkapitalgeber, die Einkünfte aus der Gewinnausschüttung erstreben, sind von den verschiedensten subjektiven Faktoren abhängig. Das Einkommen aus der Gewinnausschüttung kann zur Deckung dringender persönlicher Bedürfnisse dienen; infolge notwendigen Geldbedarfes für Krankheits- und Unterstützungsfälle, Erholung, Ausbildung der Kinder kann der Gewinnbegünstigte auf die Gewinnausschüttung angewiesen sein. Die Befriedigung von Wünschen infolge steigenden Lebensstandards, kultureller, ästhetischer Genüsse, Hobbys u. a. m. lassen eine hohe Gewinnausschüttung erstrebenswert erscheinen.

---

gen meint er zur Gewinnverwendung — also auch Gewinnausschüttung —: „Diese ‚Grenze', der Übergang in andere ökonomische oder auch nicht ökonomische Bereiche, wird aber auch daran erkennbar, daß die Entscheidungen über die Gewinnverwendung nicht mehr dem strengen Zwang ökonomischen Geschehens unterliegen. Vielmehr gibt es hier einen breiten Spielraum, je nach Auffassung der Beteiligten." Sicher trifft das in starkem Maße auf die Gewinnausschüttung, nicht aber so sehr auf Gewinninvestition und Gewinnreservierung zu.

[238] Die Gewinnausschüttungsentscheidung steht im Rahmen der „Gewinnverwendungsentscheidung". Auf sie wirken daher auch die Bedingungen und Vorteile der anderen Gewinnverwendungsarten ein.

Eine Betrachtung der Erwartungen dieser Gewinnbegünstigten läßt erkennen, daß sie zu einer möglichst maximalen Gewinnausschüttung tendieren. Dies gilt namentlich dann, wenn die Eigenkapitalgeber an einer langfristigen Anlage ihres Kapitals in der Unternehmung nicht unmittelbar interessiert, sondern auch bereit sind, den Anlageort zu wechseln. Die Gewinnausschüttungserwartung wird sich daher gleichfalls aus ihrem Kapitalanlagekalkül herleiten. Sofern für diese Eigenkapitalgeber Freizügigkeit in der Kapitalanlage besteht, kann sich ihre Ausschüttungserwartung nach anderweitig erzielbaren Einkünften aus der Kapitalüberlassung ausrichten. Die Erwägung anderweitiger Kapitalanlagen ist gleichfalls subjektiv bedingt[239], aber auch von der Nachfrage des Kapitalmarktes abhängig. Die Unternehmung selbst hat auf diese subjektiven Vorstellungen und auf Kapitalmarktbedingungen keinen wesentlichen Einfluß. Anderweitige Kapitalanlagemöglichkeiten können situationsbedingt eine den Rentabilitätsverhältnissen der Unternehmung entsprechende Gewinnausschüttungserwartung beeinflussen.

Die Freizügigkeit in der Kapitalanlage ist jedoch in vielen Fällen erheblich eingeschränkt. Der alleinige Eigentümer einer Unternehmung kann nicht ohne Aufgabe der Selbständigkeit sein Kapital anderweitigen Anlagemöglichkeiten zuwenden. Abgesehen davon würde er es auch nur dann tun, wenn er unter der Bedingung des Fortbestandes der Unternehmung für sie billigeres Kapital heranziehen könnte. Dies ist vom Angebot des Kapitalmarktes abhängig. Eine Personengesellschaft kann nur unter bestimmten Bedingungen, die von Gesetz oder Satzung abhängig sind, gekündigt werden. Die Aufgabe von Anteilsrechten an notierten Papieren ist über die Börse möglich. Der Stand der Kurse und ihre Entwicklung beeinflussen den Kalkül. In die Gewinnausschüttungserwartung geht ein Vergleich von Effektivverzinsungen verschiedener Anteilsrechte ein.

Die Einschränkungen der freien Anlagemöglichkeit des Eigenkapitals, die auch durch öffentliche Vorschriften bestehen können, wirken sich auf die Gewinnausschüttungserwartungen aus. Zumeist bewirken sie eine Verminderung der an anderweitigen Kapitalüberlassungen ausgerichteten Gewinnausschüttungserwartungen. Dies hindert diese Gruppe von Eigenkapitalgebern jedoch nicht daran, den Versuch zu unternehmen, höchstmögliche Gewinnausschüttungen an dem hierfür zuständigen Ort durchzusetzen.

In den Kapitalanlagekalkül der Eigenkapitalgeber sind gleichzeitig Erwägungen über einen möglichen Kapitalverlust eingeschlossen. Dieses Risiko wirkt auch auf die Gewinnausschüttungserwartung ein.

---

239 Siehe die Ausführungen auf S. 123 ff.

Betrachten die Eigenkapitalgeber die Kapitalüberlassung als Einkommensquelle, werden sie danach trachten, sie gesichert zu sehen. Bestünde Freizügigkeit in der Kapitalanlage, können die Eigenkapitalgeber unter mehreren Möglichkeiten jener den Vorzug geben, die das geringste Risiko befürchten läßt. Besteht eine „Risikodifferenz“ zu der Kapitalanlage in der Unternehmung, kann eine entsprechende „Risikoprämie“ den Ausgleich innerhalb des ungeteilten Gewinnausschüttungsanspruches schaffen.

Die subjektive Risikobeurteilung der Eigenkapitalgeber wird jedoch maßgeblich durch die Risikenvorsorge der Unternehmung beeinflußt, die sie u. a. im Rahmen der Gewinnreservierungen betreibt[240]. Insoweit sind Risikenvorsorge der Unternehmung und Risikobeurteilung der Eigenkapitalgeber hinsichtlich ihrer Kapitalanlage komplementäre Größen. Befriedigt die Risikenvorsorge der Unternehmung das Sicherheitsbedürfnis der Eigenkapitalgeber, wird eine „Risikoprämie“ im Rahmen der Gewinnausschüttung nicht erstrebt. Wird dagegen auf eine Risikenvorsorge verzichtet und ein hierfür im Preis der Absatzleistungen realisiertes Äquivalent als Gewinnteil ausgeschüttet, kann das Sicherheitsbedürfnis der Eigenkapitalgeber damit befriedigt sein[241].

Entsprechend den mit der Kapitalüberlassung verfolgten Interessen können die Eigenkapitalgeber Risikenvorsorge der Unternehmung oder Ausschüttung einer Risikoprämie bevorzugen. Diejenigen Eigenkapitalgeber, die kurzfristig an hohen Einkünften aus der Gewinnausschüttung interessiert sind, werden zur Ausschüttung einer Risikoprämie tendieren. Ihr Sicherheitsbedürfnis wird damit ausgeglichen. Eigenkapitalgeber, die langfristig an der Unternehmung interessiert sind, werden eine Risikenvorsorge der Unternehmung bevorzugen. Hiermit wird ihr Sicherheitsbedürfnis befriedigt.

Die Verhaltensweise der Unternehmung hinsichtlich der Risikenvorsorge oder einer entsprechenden Ausschüttung einer Risikoprämie ist davon abhängig, welche Gruppe Gewinnbegünstigter maßgeblichen Einfluß auf die Gewinnausschüttungsentscheidung ausübt. Auch werden die Risiken der Unternehmung oft von der Geschäftsleitung beurteilt, die die Vorsorge gegen sie in den Preisen der Absatzleistun-

---

240 Die folgende Ableitung gilt grundsätzlich für alle risikovorsorgenden Maßnahmen der Unternehmung. Sie wird am Beispiel der Gewinnreservierungen jedoch besonders plastisch.

241 Insofern stimmt die Untersuchung der Forderung Vargas nicht zu: „Die im Preis enthaltene Risikoprämie müßte entsprechend ihrem wirtschaftlichen Charakter stets der Rücklage zugeführt werden, damit das Unternehmen für die Tragung der entstehenden Verluste gewappnet sei.“ (Varga, St.: Der Unternehmungsgewinn. Ein Beitrag zur Theorie der Vermögensverteilung, Berlin 1957, S. 81 f.) Die weitergehenden makroökonomischen Überlegungen Vargas, warum eine trotzdem stattfindende Ausschüttung gesamtwirtschaftlich schädlich sei, bleiben hier außer Betracht.

gen berücksichtigt. Hieraus können sich sehr unterschiedliche Meinungen und Interessengegensätze herleiten. Das Prinzip der komplementären Wirksamkeit von Risikenvorsorge der Unternehmung und Risikobeurteilung durch die Eigenkapitalgeber wird davon nicht berührt. Es wirkt sich in unterschiedlichen Gewinnausschüttungserwartungen aus[242].

Die Gewinnausschüttungserwartungen derjenigen Eigenkapitalgeber, die Einkünfte aus der Gewinnausschüttung erstreben, beruhen auf den verschiedensten Erwägungen. Ihr subjektiver Gehalt kann bewirken, daß der Höhe nach unterschiedliche Gewinnausschüttungserwartungen geltend gemacht werden. Eine Aktiengesellschaft, die Volksaktien ausgegeben hat, sieht sich möglicherweise einer Vielzahl von Erwartungen hinsichtlich der Höhe der Gewinnausschüttung gegenübergestellt. Ein an Gewinnausschüttungen interessierter Großaktionär mißt seine Vorstellungen möglicherweise mit anderen Maßstäben als eine Minderheitengruppe. Unter diesen Umständen ist aus dem Eigenkapitalbesitz eine einheitliche Gewinnausschüttungserwartung nicht herzuleiten. Tendenziell erstrebt diese Gruppe von Eigenkapitalgebern eine höchstmögliche Gewinnausschüttung. Eine Beschränkung ihrer Erwartungen wird sich bei nicht freier Kapitalanlagemöglichkeit ergeben. Besteht eine selbstgewählte oder auferlegte Beschränkung hinsichtlich der Gewinnerzielung, richtet sich das Ausmaß der Gewinnausschüttung an Eigenkapitalgeber nach der wohl als einheitlich anzunehmenden Vorstellung von Unternehmung und Kapitalgebern oder nach öffentlichem Recht.

Eigenkapitalgeber, die ebenfalls aus der Gewinnausschüttung Einkommen zu erzielen wünschen, ihr Kapital jedoch aus den verschiedensten Gründen langfristig an die Unternehmung binden wollen, tendieren ebenfalls zu hohen Gewinnausschüttungen, die allerdings als „angemessene" Gewinnausschüttungen in Erscheinung treten können. Ihr Bedürfnis nach langfristiger Sicherheit der Kapitalanlage tritt stark in den Vordergrund. Ihre Gewinnausschüttungserwartung ist davon abhängig, inwieweit im Rahmen der Gewinnverwendung — soweit erforderlich — diesem Bedürfnis Rechnung getragen wird[243].

242 Man erkennt hier, daß die „Risikoprämie" nicht als selbständiger Anspruch gesehen wird. Er ist wohl eine wirksame Komponente innerhalb der Kapitalüberlassungsvorstellungen der Eigenkapitalgeber, die zu einer Determinante der Entscheidung über die Anlage werden kann; mit der Kapitalüberlassung wird eine einheitliche Leistung gewährt. Diese Ansicht wird im übrigen schon seit langem vertreten; s. z. B. Hucklenbroich, R.: Der Ursprung und die Natur des Unternehmergewinns, a. a. O., S. 39: „... sondern der Zinsfuß wird durch eine Risikoprämie, durch die sich der Leihkapitalist für sein erhöhtes Risiko zu entschädigen sucht, erhöht werden".

243 Es sei darauf hingewiesen, daß die Interessenlagen der Gewinnbegünstigten in diesem Untersuchungsabschnitt im Hinblick auf die Gewinnausschüttung analysiert werden. Sie werden ergänzt, wenn die Bestimmungs-

3. Spezifisch andersgerichtete Gewinnausschüttungserwartungen kann der „Spekulant“ hegen, der sein Einkommen aus der Realisation von Kapitalwertveränderungen zu erzielen sucht. Die Beweggründe seiner Verhaltensweise können durchaus denjenigen der Eigenkapitalgeber mit maximalen Gewinnausschüttungserwartungen und kurzfristigen Anlageinteressen entsprechen. Auch kann sich mit der Einkommenserzielung die Lust zur Spekulation verbinden, der Erfolg seinen persönlichen oder gesellschaftlichen Habitus stärken. Sein Kapitalanlagekalkül, seine Risikobeurteilungen und seine Gewinnausschüttungserwartung richtet er auf die Wahrnehmung von Kursdifferenzen aus.

Oft sind die Kursbewegungen der Börse von Gewinnausschüttungen der Unternehmung unabhängig. Die allgemeine Vorliebe des Börsenpublikums für Papiere, seine Liquidität, das Ausmaß des Angebotes, die gesamtwirtschaftliche Entwicklung, bevorstehende Währungsreformen, Einflußinteressen, internationale Verflechtungen können die Kursentwicklung ausschließlich bestimmen. Hierdurch können Gewinnausschüttungen ohne wesentliches Interesse sein. Der Spekulant tritt dann wirksam nicht in Erscheinung. Der Kurs einzelner Papiere kann durch Zukunftschancen der Unternehmung selbst steigen. Auch hier kann sich das Interesse des Spekulanten ausschließlich auf die Wahrnehmung von Kursgewinnen ausrichten.

Im Hinblick auf die Kursentwicklung kann aber die Gewinnausschüttung auch von großer Bedeutung sein. Niedrige Gewinnausschüttungen können sinkende, hohe dagegen steigende Kurse zur Folge haben. In diesem Falle wird der Spekulant versuchen, Einfluß auf die Gewinnausschüttung zu nehmen. Beabsichtigt er, in einer Baisse zusätzlich Papiere zu erwerben, um sie in der Hausse mit Gewinn abzustoßen, wird er seinen Einfluß zunächst auf niedrige, später auf hohe Gewinnausschüttungen geltend machen. Auch eine umgekehrte Beurteilung der Unternehmung durch das Börsenpublikum ist möglich. Niedrige Gewinnausschüttungen können auf hohe Gewinninvestitionen schließen lassen, was bei Zukunftschancen der Unternehmung sehr geschätzt wird. Eine Kursbeeinflussung ist im Wechselspiel möglich und weitgehend davon abhängig, inwieweit der Spekulant seine Gewinnausschüttungserwartung wirksam durchzusetzen vermag[244]. Treiben ausschließlich einflußlose Minderheitsbeteiligte Spekulation, spielt sich dieses außerhalb der Unternehmung ab; die Gewinnausschüttung wird hierdurch nicht beeinträchtigt.

---

gründe der „Gewinnverwendungsentscheidung“ herausgearbeitet werden. Hier spielen dann die Interessenlagen in den verschiedensten Ausrichtungen die entscheidende Rolle.

[244] Es sei nur darauf hingewiesen, daß die Unternehmung verschiedene Möglichkeiten ergreifen kann, sich gegen störende Einflüsse der Spekulanten

Die Gewinnausschüttungserwartung des Spekulanten kann daher in wechselnder Höhe auftreten und ist von unterschiedlichen Situationen und Absichten abhängig. Oft tritt ein Gewinnausschüttungsanspruch gar nicht auf.

4. Die Vorstellung der Eigenkapitalgeber von der Höhe der Gewinnausschüttung kann gänzlich anderen Motiven folgen, wenn mit der Kapitalüberlassung Zwecke beabsichtigt werden, die sich nicht oder nicht unmittelbar auf Einkommenserzielung erstrecken.

Eine Unternehmung kann sich an einer anderen Unternehmung aus verschiedenen Gründen beteiligen. Es kann damit die Sicherung der Vormaterialzufuhr oder des Absatzes bezweckt sein; durch Einflußnahme auf die Preisgestaltung wird eine unliebsame Konkurrenz ausgeschaltet; die Unternehmung soll komplementäre Güter herstellen, ausschließlich Forschung, Werbung, Marktbeobachtung treiben, den Absatz der beteiligten Unternehmung finanzieren, Wohnungen für Arbeitnehmer bauen und unterhalten u. a. m. Die Gewinnausschüttung ist von sekundärem oder ohne Interesse. Der Einfluß der Muttergesellschaft wirkt möglicherweise auf eine Gewinnausschüttung hin, die sich an einer marktüblichen Rendite unter Wahrung ihres eigenen Rufes orientiert.

Eigenkapitalgeber wollen durch die Unternehmung Erfindungen bekanntmachen oder führen das Lebenswerk des Gründers fort. Auf Gewinnausschüttung für die Kapitalüberlassung erheben sie keinen Anspruch. Der Gewinn dient der Fortführung oder Erweiterung des Unternehmungszweckes.

Inhaberrechte an Unternehmungen, die öffentliches Interesse genießen, werden aus gesellschaftlicher Verpflichtung erworben, Gewinnausschüttungsansprüche machen die Kapitalgeber nicht geltend, was nicht ausschließt, daß sie von anderen Gewinnbegünstigten erhoben werden. Papiere werden für ein Mündel angelegt. Die Kapitalerhaltung ist von Interesse. Hieraus können zugunsten der Risikenvorsorge niedrige Gewinnausschüttungserwartungen resultieren. Von leitenden Angestellten einer Unternehmung wird erwartet, daß sie an ihr, wenn auch unwesentlich, aber des Interesses halber, beteiligt sind. Ein einflußreicher Gewinnausschüttungsanspruch tritt nicht in Erscheinung.

Die nicht primär auf Einkommenserzielung gerichteten Zwecke der Kapitalüberlassung führen damit — wenn überhaupt — zu Gewinn-

---

zu wehren. Oft erfolgt dieses durch Ausgabe vinkulierter Namenspapiere oder entsprechende Gestaltung der Gesellschaftsverträge. Das geltende deutsche Aktienrecht erschwert die Durchsetzung von Gewinnausschüttungen. Auch kann die Unternehmung oder ein Mehrheitsbeteiligter das wirksame Minderheitsrecht des Spekulanten aufkaufen, was von diesem oft sogar beabsichtigt ist.

ausschüttungserwartungen, die sich dem jeweiligen Zweck unterordnen.

5. Die Unternehmung kann damit einem Bündel von Gewinnausschüttungserwartungen der Eigenkapitalgeber gegenüberstehen. Sie sind von subjektiven Erwägungen abhängig, die die Belange der privaten Sphäre, Kapitalanlagemöglichkeiten, spekulative Momente oder auch Gewinnverzichte umschließen. Sie treten um so differenzierter in Erscheinung, je mehr Eigenkapitalgeber unterschiedlicher Interessenlagen vorhanden sind. Die Gewinnausschüttungsentscheidung ist davon abhängig, wie die Unternehmung die Erwartungen beurteilt[245] und mit welcher Wirksamkeit die jeweiligen Interessenlagen vertreten werden können[246].

b) *Für unternehmerische Leistungen*

1. Ein Anspruch auf Gewinnausschüttung wird auch für unternehmerische Leistungen geltend gemacht. Er wird damit begründet, daß diese in ursächlicher Beziehung zur Gewinnerzielung der Unternehmung stehen.

Eine Untersuchung dieses Anspruches kann sich nicht an eine äußerlich bestimmbare Personengruppe halten, wie es im Falle der Eigenkapitalgeber auf Grund der nachweisbaren Besitztitel möglich ist. Unternehmerische Leistungen sind in unterschiedlicher Gestalt möglich, können in der Unternehmung von verschiedenen Personen erbracht werden und sind nicht zwangsläufig an Eigentumsrechte oder Aufgabengebiete gebunden. Die Untersuchung kann daher nicht an Personen anknüpfen, die auf Grund von Rechtstiteln als „Unternehmer" bezeichnet werden[247]. Es sind vielmehr die wirksamen Bezie-

---

[245] Siehe hierüber den Abschnitt „Die Anspruchsbeurteilung durch die Unternehmung und ihre Ausschüttungsbereitschaft".

[246] Siehe hierüber den Abschnitt „Die Gewinnverwendungsentscheidung".

[247] Schäfer, E.: Die Unternehmung, Band 1, 2. Aufl. Köln-Opladen, 1954, FN 44 auf S. 103 äußert sich ähnlich: „Es empfiehlt sich überhaupt davon auszugehen, daß in jedem Unternehmen eine Gesamtheit unternehmerischer Aufgaben ausgeübt werden muß, in die sich mit den eigentlichen Unternehmern vielfach weitere Personen, wie Geschäftsführer, Abteilungsleiter usw. teilen." Wenn auch Schäfer nicht ausdrücklich sagt, was er unter einer „unternehmerischen Aufgabe" versteht, so zeigt sein Gedankengang deutlich, daß er die Unternehmerfunktion nicht an bestimmte Personen bindet. Mit den „eigentlichen Unternehmern" meint er wohl jene Personen, die gleichzeitig über Kapital verfügen und ein Kapitalrisiko tragen. Man kann es aus folgenden Ausführungen entnehmen: „Im Laufe der Entwicklung hat sich ohne Zweifel eine zunehmende Lockerung zwischen dem Unternehmer als Kapitalgeber und -riskierer und dem Unternehmer als verantwortlicher Disponent, als Initiator, Organisator und Menschenführer, kurzum als führende Arbeitskraft herausgebildet. Kapitalisten- und Führungsfunktion können also auf eine Person vereinigt sein, müssen es aber nicht."

Schärfer arbeitet Kosiol diese Zusammenhänge heraus. Es wird auf FN 266 auf S. 153 verwiesen.

hungen zwischen dem Gewinn und den ihn bewirkenden Leistungen aufzudecken, die von Personen und ihrer diesbezüglichen Verhaltensweise ausgehen[248].

2. Der Unternehmungsgewinn fließt aus verschiedenen Quellen; ihn bestimmen geplante und unvorhergesehene Faktoren. Für die Erzielung des geplanten Absatzgewinnes sind in der Unternehmung die verschiedenartigsten Leistungen erforderlich, die alle eine bestimmte Zweckrichtung haben. Die Leistungen werden für die Zweckerfüllung entsprechend entschädigt.

Unter anderen werden auch Leistungen erbracht, deren Zweck darin besteht, die „Marge", die Differenz zwischen Ertrag und Aufwand positiv zu gestalten. Diese Leistungen bewirken auch den Gewinn, wie Kapitaleinsatz, Präzision der Arbeitsleistungen, Konjunktur und günstige Bedarfsverschiebung. Ihre Notwendigkeit wird durch das ökonomische Prinzip — angewendet auf die Gewinnerzielung — gefordert und gerechtfertigt. Hierbei ist möglich, daß diese Leistungen im Rahmen aller gegebenen Gewinnerzielungsprinzipien erbracht werden. Leistungen, die unmittelbar auf die positive Gestaltung der Marge gerichtet und damit im Verhältnis zu anderen Leistungen infolge ihrer Zweckrichtung unmittelbar gewinnwirksam sind, begehren hierfür eine Entschädigung; die Erfolgskomponente dieses Kräfteeinsatzes ist der Unternehmungsgewinn selbst.

Diese unmittelbar gewinnwirksamen Leistungen nennt die Untersuchung „unternehmerisch"; die Personen, die sie erbringen „Unternehmer"[249]. Man könnte aus soziologischer, historischer, steuerrechtlicher oder auch anderer Sicht der Ansicht sein, daß diese Leistungen die Begriffe „unternehmerisch" und „Unternehmer" nicht erfüllen. In

---

[248] Es sei vorab bemerkt, daß die Entschädigung unternehmerischer Leistungen mikroökonomisch betrachtet wird. Der „Unternehmungsgewinn" ist Anspruchsobjekt. Das bedeutet, daß die Frage nach den Gründen der Entstehung der „Unternehmergewinne" auf einer anderen Ebene liegt. Gleichwohl berühren sich beide Fragestellungen — sofern überhaupt ein Unterschied besteht — dort, wo zu beurteilen ist, wer „Unternehmer" ist; das Urteil wird hier aus den Bedingungen des Unternehmungsprozesses gefällt. Damit wird auch nicht der Weg gewählt, eine Entschädigung für „unternehmerische Leistungen" als Anspruch auf Abtretung eines Teiles des Unternehmergewinnes aufzufassen. Das bedeutet, daß die Ableitung der Entschädigung „unternehmerischer Leistungen" aus der Sicht des Unternehmungsprozesses zu einer erheblichen Abweichung von Erkenntnissen führt, die von einer aus anderen Überlegungen hergeleiteten Definition des „Unternehmers" ausgehen. Siehe auch FN 308 auf S. 169.

[249] Für die Zwecke der Untersuchung würde es völlig ausreichen, von „unmittelbar gewinnwirksamen Leistungen" oder, wie später näher definiert wird, von „gewinnwirksamen Entscheidungen" zu sprechen; denn diese erscheinen entschädigungswürdig. Gleichwohl soll der reizvolle Versuch unternommen werden, hiermit eine Deutung der Begriffe „unternehmerische Leistung" und „Unternehmer" zu verbinden.

der Tat wird der Begriff Unternehmer und seine Verhaltensweise vielfältig ausgelegt. Von verschiedenen Aspekten aus gesehen wird er aus Machtbefugnissen, Eigentumsverhältnissen, gesellschaftlicher Stellung auch im Vergleich zu ethischen Normen abgeleitet. Es wird von „großen Unternehmern" und von „mittelständischen", von einer „Unternehmerschicht" und einer „Unternehmerklasse" gesprochen. Verschiedene Betrachtungen einer gleichen Erscheinung sind durchaus gerechtfertigt. In der vorliegenden Untersuchung ist die Unternehmung das Orientierungszentrum der Begriffsbestimmung. Die Unternehmung ist der Ort, an dem der Unternehmer unmittelbar tätig ist. Daher ist eine Erklärung der unternehmerischen Leistung im Hinblick auf ihre Entschädigung aus dieser Sicht notwendig. Hierbei wird zu zeigen sein, daß die vorgenommene Begriffsdeutung an eine bestimmte Entwicklung der Lehrmeinungen logisch anschließt.

3. Die Wirtschafts- und Sozialwissenschaften haben sich über Jahrhunderte hinweg mit der Frage beschäftigt, wer „Unternehmer" sei, welche Eigenschaften ihn auszeichnen, welche Funktionen er ausübt, warum ihm ein „Unternehmergewinn" und ein „Unternehmerlohn" gebührt. Der Kapitalbesitz, das Risiko des Kapitaleinsatzes, die Arbeitgebereigenschaft, die Güterkombination u. a. m. wurden zur Erklärung herangezogen. Es wäre unberechtigt, bereits von einer herrschenden, unbestrittenen Lehrmeinung zu sprechen, wenngleich sich die Entwicklung abzuzeichnen scheint, daß das tragende Element der Unternehmerleistung im Fällen von „Entscheidungen"[250] zu erblicken ist. Nach einer sorgfältigen Analyse der unterschiedlichen Auffassungen in der historischen Entwicklung sieht *Turin* die Unternehmerleistung im „Treffen der grundlegenden Verwendungsbestimmung, der grundlegenden Disposition"[251]. Die „Disposition" ist „die wirtschaftlich schöpferische Leistung, die im Fällen der letzten, grundlegenden Entscheidung über die Realisierung der Wirtschaftspläne besteht"[251]. Hierbei wird die „Disposition" von der „Planung" — als „spezifisch — geistig — schöpferische Arbeit" — abgegrenzt, die als „Ausarbeitung und Aufstellung der Wirtschaftspläne" in Erscheinung tritt[252]. Als „Ausführung" wird „alle jene Arbeit, die in der Verwirklichung der Wirtschaftspläne besteht", aufgefaßt[253]. Die „Leitung" ist im Rahmen der „Ausführung" „verwaltende Arbeit, das Management, welches die Überwachung der letzten Ausführung zur Aufgabe hat";

---

250 Kosiol spricht zutreffend von „ökonomischen Wahlentscheidungen". Vgl. Kosiol, E.: Unternehmung, in: Handwörterbuch der Betriebswirtschaft, a. a. O., Sp. 5543 und die im folgenden weiterhin angegebenen Schriften Kosiols zu dieser Frage.

251 Turin, G.: Der Begriff des Unternehmers, Zürich 1947, S. 2 f.

252 Turin, G.: ebda., S. 2.

253 Turin, G.: ebda., S. 3.

sie „darf nicht verwechselt werden mit den grundlegenden Dispositionen“[253].

Das Begriffsmerkmal „Entscheidung“ oder „Disposition“ ist mit verschiedener Akzentuierung und oft überlagert durch andere Kriterien schon bei *Smith* und *Rodbertus,* bei *Clark, Brentano, Marshall, Sombart, Schumpeter, Knight* und *Ammon* zu finden. Mit der Absicht, den „Wesenskern der Unternehmerfunktion“ herauszuarbeiten, abstrahiert *Häussermann*[254] von persönlichen Eigenschaften und definiert: „Der eigentliche, wirkliche Unternehmer ist, wer letztlich die Disposition trifft[255].“ Als „eigentliche Unternehmerleistung“ bezeichnet er die „Disposition“ als „freie, eigene Entscheidung“, „selbständige, unabhängige, autonome, selbstverantwortliche Bestimmung“[256]. Die obengenannte Abgrenzung von der Planung, Ausführung und Leitung hat er scharf herausgestellt. Allerdings bindet *Häussermann* die Erbringung der Unternehmerleistung an den Kapitalbesitz[257] und schafft damit eine Einschränkung, die *Gutenberg* mit der Aufstellung eines „zweiten Unternehmerbegriffes“, der vom Kapitalbesitz absieht, zutreffend als nicht der Realität entsprechend schildert[258]. *Kosiol,* der gleichfalls diese Zweideutung des Unternehmerbegriffes vornimmt, stellt den technischen Arbeitsleistungen — die „geistige und körperliche Verrichtungen an gedanklichen und realen Objekten darstellen und als solche ausführende und leitende Arbeit sein können“ — die „ökonomischen Arbeitsleistungen“ als wirtschaftliche Wahlentscheidungen gegenüber. Letztere sind „im strengen Sinne unternehmerische Tätigkeiten“[259].

Die Untersuchung schließt sich den Ansichten an, die die „unternehmerische Leistung“ als Entscheidungsfunktion deuten. Der Unternehmungsgewinn wird nicht durch Absichten oder Pläne, Risikobereitschaft oder Kapitalbesitz, nicht durch Tätigkeiten schlechthin realisiert. Entschlüsse über „ökonomische Alternativen“ sind das wesentliche Kriterium einer auf Gewinnerzielung gerichteten Verhaltensweise: Über die Auswahl herzustellender Produkte, die Realisation von Erfindungen, Einführung und Umstellung von Fertigungsverfahren, Rohstoffverwendung, den Einsatz von Frauen oder Männern in der Fertigung oder im Verkauf, die Verwendung von Gas oder

---

[254] Häussermann, E.: Der Unternehmer. Seine Funktion, seine Zielsetzung, sein Gewinn, Stuttgart 1932, S. 1 f.

[255] Häussermann, E.: ebda., S. 11.

[256] Häussermann, E.: ebda., S. 11.

[257] Häussermann, E.: ebda., S. 6 f.

[258] Gutenberg, E.: Grundlagen der Betriebswirtschaftslehre, 1. Band, a. a. O., S. 383 ff.

[259] Kosiol, E.: Die Idee des Leistungslohnes und ihre Verwirklichung, in: ZfB 1961, S. 655.

Strom, von Pferdefuhrwerken oder Lastkraftwagen, Gabelstablern oder Hilfsarbeitern, Haarbesen oder Kehrmaschinen und vieles andere mehr. Alle diese Entscheidungen beeinflussen den Gewinn unmittelbar.

Bereits hieraus läßt sich die Vermutung herleiten, daß die Zuständigkeit für derartige Entscheidungen in der Unternehmung Tatfrage sein kann. Daher erscheint es nicht richtig, von vornherein die gewinnwirksamen Entscheidungen nur an bestimmte Personen zu binden, sie auf „grundlegende“ Dispositionen einzuengen[260]. „Die Frage“, so führt *Turin* aus, „wer ... in einer Unternehmung *der* Unternehmer ist, können wir nur so beantworten ... *jener* sei der Unternehmer, der und insoweit er *die* Unternehmerfunktion ausübt[261].“ „In der einen Aktiengesellschaft werden *die* Aktionäre, in einer anderen *ein* Verwaltungsratsmitglied oder Direktor die grundlegenden Entscheidungen treffen, also Unternehmer sein[261].“

Diese Auslegung ist wohl mittelbar von *Häussermann* beeinflußt, der den Kapitalbesitz für die Ausübung der Unternehmerfunktion voraussetzt und ein Risiko des Kapitalverlustes als Folge unternehmerischer Disposition annimmt. Zu der im Hinblick auf eine weite Fassung des Unternehmerbegriffes notwendigen Abgrenzung zwischen dem „Unternehmer“ — im Sinne *Häussermanns* — und „leitenden Angestellten“, also „Arbeitnehmern“, führt er aus: „Diese Entscheidungen, die ein Arbeitnehmer treffen kann, übt dieser aber nur unter Fremdbestimmung aus; diese sind also im Grunde nicht dessen eigene Bestimmungen, sondern der Unternehmer bedient sich dieses Arbeitnehmers, um seine, des Unternehmers Bestimmungen, weiterleiten zu lassen[262].“ „Selbst wenn ein ... Geschäftsführer sehr weitgehende Vollmachten hat, so ist er lediglich nur mit der Durchführung fremder Dispositionen betraut. Er disponiert nur an Stelle des Unternehmers, als dessen verlängerte Hand, der Unternehmer disponiert durch ihn[262].“ Gleichwohl spricht *Häussermann* in diesem Zusammen-

---

260 Auch Rex, G.: Die Ertragsbeteiligung als betriebspolitisches Instrument und die Gewinnbeteiligung in betriebswirtschaftlicher Sicht, a. a. O., geht in seinen Ableitungen von der „grundlegenden“ Entscheidung aus. Er bleibt aber nicht konsequent, wenn er für „Vorentscheidungen“ hieraus einen Gewinnbeteiligungsanspruch herleitet. „Die von den Trägern der Vorentscheidungen geleistete Arbeit steht im engen Zusammenhang mit den für das Unternehmen grundlegenden letzten Entscheidungen. Der überaus wichtige Anteil, den die Leistung dieser Personen am Zustandekommen des Gewinns hat, begründet ihren betriebswirtschaftlichen Anspruch auf Beteiligung.“ (S. 97) Hiermit meint er vornehmlich Planungsinstanzen. Bei den Trägern der „Entscheidungen in betrieblichen Teilbereichen“ spricht er nur noch von „wirksamen Entscheidungsbefugnissen“ auf Grund der Entscheidungsdelegation.

261 Turin, G.: Der Begriff des Unternehmers, a. a. O., S. 217 f. Im Original sind die Sperrungen nicht vorgenommen.

262 Häussermann, E.: Der Unternehmer. Seine Funktion, seine Zielsetzung, sein Gewinn, a. a. O., S. 11. Diese Argumentation scheitert oft an realen Gegebenheiten. Ein „Arbeitnehmer“ kann im Rahmen seiner Befugnisse Ent-

hang diesen Arbeitnehmern „unternehmerähnliche“[263] Funktionen zu. Daher kann bei ihm auch nur ein Aktionär Unternehmer sein, nicht eine Geschäftsleitung; eine Vorstellung, von der sich *Turin* zwar löst, sie aber trotzdem noch auf den Personenkreis beschränkt, der „grundlegende Entscheidungen“ trifft[264].

Mit dieser Deutung der unternehmerischen Leistung, die auch für die Frage nach ihrer Entschädigung von ausschlaggebender Bedeutung ist, wird aber jene Gruppe von Entscheidenden gänzlich ausgeschlossen, die bei Anerkennung des „zweiten Unternehmerbegriffes“ — der vom Kapitalbesitz abstrahiert — auch gewinnwirksame Entscheidungen fällt. Man darf zu dieser Argumentation bereits auf *Sombart* zurückgehen, der deutlich sagt: „Die entscheidende Unternehmertätigkeit kann u. U. auch ausgeübt werden von einem Prokuristen, einem Reisenden, einem Geldgeber, einem Aufsichtsratsmitglied o. a.[265].“ Er denkt dabei an jene Personen, von denen das „Schicksal der Unternehmung“ abhängt, die die „tatsächlichen Unternehmerfunktionen“ ausüben.

Gewinnwirksame, also unternehmerische Entscheidungen können in der Unternehmung auf verschiedenen Instanzenebenen gefällt werden[266]. Die Durchsetzung von Erfindungen können Gesellschafter entscheiden; die Produktwahl, das Fertigungsverfahren die Geschäftsleitung; den Einsatz von Frauen oder Männern der Personalchef oder (und) der Betriebsleiter; die Verwendung von Pferdefuhrwerken oder Lastkraftwagen der Versandleiter; über den Einsatz von Haarbesen oder Kehrmaschinen können der Platzmeister und der Finanzchef

---

scheidungen fällen, die Verluste hervorrufen und die ein Principal gegen sich gelten lassen muß. Hiernach wird bereits die „Entscheidung unter Fremdbestimmung“ fragwürdig.

[263] Bei Knight, F. H.: Risk, Uncertainty, and Profit, London 1933, S. 293 f. fällen die „Manager“ zwar Entscheidungen; sie sind für ihn aber keine „Unternehmer“, da sie nicht das Risiko tragen. Er führt hierzu aus: “There is an apparent separation of the funktions of making decision and taking the ‘risk’ of error in decisions. The separation applies quite sharp in the case of the hired manager, as in a corporation, where the man who makes decisions received a fixed salary, taking no risk, and these, who take the risk and receive profits — the stokholders — make no decisions, exercise no control.“

[264] Über den Begriff „grundlegend“ s. die Ausführungen auf S. 152.

[265] Sombart, W.: Das Wirtschaftsleben im Zeitalter des Hochkapitalismus, München-Leipzig 1927, S. 13 f. Es sei allerdings bemerkt, daß im Rahmen der Konzeption Sombarts die Entscheidungsdelegation eine untergeordnete Rolle spielt.

[266] Diesen Gedanken stellt Kosiol, E.: Unternehmung, in: Handwörterbuch der Betriebswirtschaftslehre, a. a. O., Sp. 5543 klar heraus: „Umgekehrt ist als Unternehmer zu bezeichnen, wer in Unternehmungen die ökonomischen Wahlentscheidungen in den Planüberlegungen trifft. Dann wird ersichtlich, daß in der modernen Unternehmung die Unternehmerfunktion weitgehend auf die Mitarbeiter aufgeteilt ist und sich grundsätzlich von der höchsten Instanz über alle Abteilungs- und Stellenleiter bis herunter zum Meister erstreckt.“

befinden. In der Realität sind derartige Entscheidungen zumeist delegiert, bleiben nicht den Gesellschaftern vorbehalten oder auf das „top-management" beschränkt. Würde diese Bindung zwangsläufig durch eine entsprechende Definition des Unternehmerbegriffes bestehen, wäre die Konzeption der „pretialen Lenkung im Betriebe" im Grunde falsch, obwohl mit ihr es möglich wird, Abteilungsleiter, Gruppenführer und Meister zu unternehmerischen Entscheidungen zu bewegen[267].

Mit der vorgenommenen Deutung der „unternehmerischen Leistung" fällt auch die Ansicht, diese Leistung sei „unvertretbar"[268], könne überdies nicht „delegiert, geteilt usw. werden"[269]. Eine unternehmerische Leistung kann von mehreren Personen gemeinsam erbracht werden, wenn eine Pluralinstanz gewinnwirksame Entscheidungen fällt. Auch ist die unternehmerische Leistung „Gegenstand des Tauschverkehrs"[270]; diese Aussage steht im Gegensatz zu den Ansichten von *Turin* und *Ammon*[269], die freilich den Unternehmerbegriff enger fassen.

4. Somit ist es in der Unternehmung Tatfrage, in welcher Gestalt unternehmerische Leistungen und von wem sie erbracht werden. Für die Analyse einer hieraus abgeleiteten Gewinnausschüttungserwartung ist dieser Umstand von ausschlaggebender Bedeutung. Kriterium für die unternehmerische Leistung ist die „Gewinnwirksamkeit" einer „Entscheidung", d. h. einer Willensäußerung, die in die Tat umgesetzt — „ausgeführt" — wird, und deren Bezugsobjekt die „Marge" ist.

Einige Beispiele sollen genannt sein.

Der Geschäftsführer einer Unternehmung kann Leistungen unterschiedlicher Zweckrichtung erbringen. Er überwacht die Personalanwesenheit, unterzeichnet Post, repräsentiert. Derartige Tätigkeiten sind darauf gerichtet, den Ablauf der Unternehmung sicherzustellen. Der Geschäftsführer kann auch, sofern er dazu befugt ist, die Arbeitszeiten mit der Absicht ändern, die Effizienz des Arbeitseinsatzes zu erhöhen. Er kann neue Absatzmöglichkeiten aufspüren, hierfür Produkte auswählen, den Absatzweg beschreiten, Vertreter einsetzen. Der Zweck dieser Leistungen liegt in der beabsichtigten Gewinnwirksamkeit der eingeleiteten Aktionen begründet.

---

[267] Hierzu führt Schmalenbach, E.: Pretiale Wirtschaftslenkung, 2. Band, Pretiale Lenkung des Betriebes, Bremen-Horn 1948 an verschiedenen Stellen aus: „Das Wesen der pretialen Betriebslenkung besteht darin, daß die Oberleitung den nachgeordneten Dienststellen weitgehende Selbständigkeit läßt und sich nur besonders wesentliche Entscheidungen vorbehält, ..." (S. 8). „Gegeben wird nur das ‚was', das ‚wie' sollen sie selber suchen." (S. 15) „Aus Beamten werden kleine Unternehmer." (S. 16)

[268] Turin, G.: Der Begriff des Unternehmers, a. a. O., S. 217.

[269] Turin, G.: ebda., S. 215 f.

[270] Siehe hierüber die Ausführungen auf S. 167 ff.

Der Einkäufer beschafft termingerecht und reklamationsfrei die ihm vorgegebene Menge Einsatzgüter, führt Karteien, überwacht Höchst- und Mindestbestände. Diese Leistungen beabsichtigen den reibungslosen Unternehmungsablauf. Er fällt dagegen gewinnwirksame Entscheidungen, wenn er den Einkauf zweiter Wahl riskiert, bei sich anspannenden Lieferzeiten größere Bezüge disponiert und damit die Lagerhaltung variiert.

Der Betriebsleiter überwacht den Betriebsablauf, die Qualität der Zwischenprodukte, die Termine. Er trifft eine gewinnwirksame Entscheidung, wenn er den Arbeitsablauf rationalisiert.

Der Werbeleiter verwendet, wie bislang für richtig befunden, den Etat für Postwurfsendungen und Zeitungsinserate. Er geht von dieser Erinnerungswerbung ab, ordert einige gezielte Fernsehreklamen. Die Absatzsteigerung bewirkt Gewinnsteigerung. Seine Entscheidung war gewinnwirksam.

Ein Großaktionär, der sich bislang mit dem Dividendenbezug begnügte, greift eine Erfindung auf, setzt sie in der Hauptversammlung durch und macht durch diese Entscheidung die bislang mit mäßigem Gewinn arbeitende Firma zu einem blühenden Unternehmen.

Auch ein Aufsichtsrat, der zwar ipso jure von Geschäftsführungsbefugnissen ausgeschlossen ist, wirkt mit bei gewinnwirksamen Entscheidungen. Er kann seine Zustimmung zu beabsichtigten Transaktionen des Vorstandes versagen oder erteilten. Hier liegt eine Pluralentscheidung vor. Diese kann auch innerhalb anderer Entscheidungsgremien auftreten. Entscheidungen kommen durch Mehrheitsbeschluß eines Vorstandes, von Geschäftsführern, durch Übereinstimmung von Betriebsleitung und Finanzleitung zustande. Oft ist das notwendig, wenn die Wirksamkeit der Entscheidung sich nicht nur auf den Umsatz, sondern auch auf die Liquiditätslage der Unternehmung erstreckt, sie daher von verschiedenen Gesichtspunkten aus zu beurteilen ist[271].

Das Fällen gewinnwirksamer Entscheidungen auf verschiedenen Instanzenebenen der Unternehmung setzt voraus, daß Entscheidungsmöglichkeiten delegiert werden. Wenn sich die Gesellschafter oder die Geschäftsleitung alle Entscheidungen vorbehalten, können sie von anderen Personen nicht gefällt werden. Dann erbringt ausschließlich das Gremium der Gesellschafter oder das „top-management" unternehmerische Leistungen. Dann fällen sie auch „grundlegende" Dispositionen. Das Wort „grundlegend" versteht die Untersuchung als „richtunggebend", „ein für allemal gültig", „rahmensetzend". Es sei

---

[271] Es wird verwiesen auf Kosiol, E.: Organisation des Entscheidungsprozesses, Berlin 1959, vornehmlich auf den Abschnitt: „Kollegien als Organisationsformen der Entscheidung, Beratung und Information", S. 107 ff.

bemerkt, daß *Turin* und *Häussermann* diesen Begriff nicht erschöpfend definieren. Werden gewinnwirksame Entscheidungen delegiert, dann wird auch die Unternehmereigenschaft im hier vertretenen Sinne übertragen. Damit wird bewirkt, daß der einzelne in dem ihm wohlvertrauten Bereich disponiert. Neben den Vollzug notwendiger Handlungen tritt die Entscheidung über gewinnwirksame Wahlmöglichkeiten.

Die Bedingung der „Gewinnwirksamkeit der Entscheidung" wird nicht dadurch beeinträchtigt, daß der Gewinn selbst durch unvorhersehbare Umstände verzehrt wird. Die Möglichkeit der Chance genügt, nach ihr zu streben. Damit wird ein Bereich menschlicher Verhaltensweise angesprochen, der über Pflichterfüllung hinausgeht. Schaffensdrang, Schöpferlust, künstlerisches Naturell verbinden sich mit ihr. Dem möglichen materiellen Erfolg gewinnwirksamer Entscheidungen steht ein echtes materielles Risiko gegenüber. Ein Geschäftsführer, der verlustbringende Fehlentscheidungen trifft, Einkäufer, Betriebsleiter, Werbeleiter, Finanzleiter oder Meister die falsch disponieren, können ihre Stellung, ihr Einkommen, ihr gesellschaftliches Ansehen verlieren. Sie fallen zurück in die Verrichtung „nur" ausführender Tätigkeiten. Bei fahrlässiger Handlungsweise droht gerichtliche Belangung. Es ist nicht notwendig, einer Gewinnbeteiligung für unternehmerische Leistungen eine „Verlustbeteiligung" gegenüberzustellen. In Wirklichkeit besteht sie in den aufgezählten Sanktionen, die einem Kapitalverlust durchaus gleichkommen[272]. Ein Kapitalverlust findet in der „Risikoprämie" sein Äquivalent.

5. Eine Entschädigung für unternehmerische Leistungen kann von denjenigen Personen begehrt werden, die gewinnwirksame Entscheidungen fällen. Wer dazu befugt ist, ergibt sich aus der Entscheidungsstruktur der Unternehmung. Inwieweit Entscheidungsmöglichkeiten genutzt werden, ist ebenfalls Tatfrage[273].

---

[272] Jungfer, V.: Wandlungen des Unternehmerbegriffes, in: Gestaltwandel der Unternehmung, Nürnberger Hochschulwoche 16.—20. November 1953, Berlin 1954, S. 118 spricht zutreffend von einem „Existenzrisiko" des „Funktionsunternehmers" und einem „geschäftlichen Risiko" beispielsweise des Aktionärs.

[273] Zutreffend sagt Kosiol: „Für die ökonomischen Arbeitsleistungen kann ihrem Wesen nach kein Lohn gezahlt werden." „Diesen Wahlentscheidungen entspricht die Aussicht auf den Gewinn." „Am Gewinn sind daher alle Mitarbeiter zu beteiligen, die in irgendeiner Weise mehr oder weniger durch Wahlentscheidungen den Erfolg (Ertrag und Aufwand) der Unternehmung ökonomisch beeinflussen." (Kosiol, E.: Leistungsgerechte Entlohnung, überarbeitete und erweiterte 2. Auflage der Theorie der Lohnstruktur, Wiesbaden 1962 S. 22 f.)

Die folgenden Ableitungen beziehen sich also auf alle Personen, die unternehmerische Leistungen erbringen. Hierbei ist es gleichgültig, ob sie Kapitalgeber, Direktoren, Aufsichtsratsmitglieder, Abteilungsleiter, Meister oder Vorarbeiter sind. Die Entschädigung für unternehmerische Leistungen wird

Die Gewinnausschüttungserwartung dieser Gewinnbegünstigten ist von zwei wesentlichen Merkmalen abhängig: von ihrer Qualifikation und ihren Entfaltungsmöglichkeiten.

Entscheidungen über ökonomische Wahlmöglichkeiten setzen Eignung hierzu voraus. Je nach der Art der Entscheidung, ihrem Gewicht sind Fachkenntnisse, Weitsicht, Urteilsvermögen, Entschlußkraft, Intelligenz notwendig. Diese für unternehmerische Leistungen notwendige Qualifikation verleiht denjenigen Personen, die über sie verfügen, eine Vorstellung von ihrem Wert. Sie wird maßgeblich auf die Gewinnausschüttungserwartung einwirken. Hinzu kommt, daß diese Personen den Drang haben können, ihre Eigenschaften zu entwickeln und entschädigt zu sehen. Die Entschädigung können sie in der Unternehmung oder anderenorts erstreben. Genießen sie Freizügigkeit in der Wahl ihres Betätigungsfeldes, kann der Markt für „unternehmerische Qualifikationen" ihre Gewinnausschüttungserwartung bestimmen[274].

Die an anderweitigen Möglichkeiten der Leistungsentschädigung orientierte Gewinnbeteiligungserwartung kann in hiervon abweichender Höhe geltend gemacht werden, wenn die Freizügigkeit der Wahl des Betätigungsfeldes durch vertragliche Bindung erschwert oder durch öffentliche Vorschriften unterbunden ist. Der Lebenskreis des Mitarbeiters, die Bindung an eine Stadt durch Vermögensbesitz oder familiäre Belange können gleichfalls auf ihn einwirken. Die

---

also gleichfalls isoliert gesehen. Es ist daher möglich, daß für andere Leistungen auch andere Entschädigungen nebenbei gezahlt werden. Siehe auch die Ergänzung hierzu in FN 274.

[274] Eine Abgeltung „unternehmerischer Leistungen" aus dem Gewinn ist im Rahmen der üblichen Entlohnungsformen durchaus möglich. Tariflöhne und -gehälter richten sich nach bestimmten Objektleistungen, Verrichtungen aus. Sie berücksichtigen auch soziale Belange. Bereits Leistungszuschläge und Leistungslöhne stellen Entschädigungen für besseres oder schnelleres Arbeiten dar. Auch werden sie oft an Mitarbeiter im unteren Instanzenaufbau der Unternehmung für gewinnwirksame Leistungen bezahlt. Schon hier zeigt sich die sinnvolle Trennung in Vollzugsleistungen und Entscheidungsleistungen, die in sichtbarer Form bei Tentiemen und Gewinnbeteiligungen für „leitende Angestellte" in Erscheinung tritt. Wenn in der Praxis diese rudimentär vorhandene Differenzierung der Leistungsentschädigung nicht konsequent ausgebaut wird, hat das oftmals unternehmungspolitische Gründe. Es kann aber nicht daran hindern, diese Beziehungen als sinnvoll und richtig zu erkennen.

Die Verhaltensweise der Praxis führt auch dazu, daß die Leistungsentschädigung dem Leistenden oft als undifferenzierte Größe gegenübertritt. Er vergleicht möglicherweise ein Gehalt, das er in einer Unternehmung bezieht, mit Gehalt und Gewinnbeteiligung, die er in einer anderen erhalten könnte. Es ist denkbar, daß die „Vollzugsleistungen" unterschiedlich bewertet werden, die Entlohnungssysteme durch andere Prinzipien gekennzeichnet sind. Er selbst urteilt zumeist nach seiner ungeteilten Qualität. Zumeist wissen die Unternehmungen aber wohl, wieviel sie für unternehmerische Leistungen neben den Vollzugsleistungen anzulegen bereit sind.

Freude am Werk, die Anerkennung in der Betriebsgemeinschaft, Familientradition, das Gefühl der Sicherheit der Einkommensquelle, Geltungsbedürfnis und viele andere Faktoren können die Gewinnausschüttungserwartung beeinflussen.

Die Ableitungen lassen unmittelbar erkennen, daß sich die Gewinnbeteiligung der Arbeitnehmer nach dem Prinzip der „Mitunternehmerschaft“ hierin sinnvoll eingliedert. Sie bezieht sich auf das „unternehmerische Leistungsprinzip“, was voraussetzt, daß den Arbeitnehmern Entscheidungsmöglichkeiten im Rahmen individueller Qualifikation eingeräumt werden[275]. Die Bereitschaft der Unternehmung hierzu wird man annehmen dürfen, wenn die Bedingungen des Unternehmungsprozesses berücksichtigt werden. Eine Entscheidung auf Meisterebene über eine sinnvolle Umgestaltung der Arbeitsabläufe kann durchaus sachkundiger erfolgen, als sie vom Tisch einer Konzernleitung möglich ist. Das Verantwortungsgefühl kann in den unteren Instanzen der Unternehmung dem höherer durchaus gleichwertig sein. Der zur Beurteilung der Auswirkung von Entscheidungen notwendige Überblick kann durch Information und Entscheidungskoordination herbeigeführt werden.

Eine Verbindung dieser Gewinnbeteiligungskonzeption mit sozialethischen Argumentationen ist jedoch verfehlt. Diese wirken sich, wie im folgenden darzustellen sein wird, in einer andersgerichteten Gewinnbeteiligung aus[276].

6. Eine Gewinnbeteiligung für unternehmerische Leistungen billigt die Untersuchung nach den getroffenen Ableitungen jenen Personen zu, die gewinnwirksame Entscheidungen fällen. Ausschließlich die Beziehung „Entscheidung“ — „Gewinn“ wird damit berührt. Nebenbedingungen sind hierin nicht eingeschlossen. Aus dem Kapitalbesitz und der Bereitschaft, das Risiko des Kapitaleinsatzes zu tragen, erwächst der Gewinnausschüttungsanspruch für Eigenkapitalüberlassung (möglicherweise einschließlich einer Risikoprämie). Die Arbeit-

---

[275] Hierzu fügt Spiegelhalter, F.: Gewinnbeteiligung. Illusionen und Möglichkeiten, Berlin-Düsseldorf o. J., S. 14 zutreffend ein: „Denn auch Arbeiter, Werkmeister und Abteilungsleiter können innerhalb ihres Arbeitsbereiches echt unternehmerische, d. h. wirtschaftlich schöpferische Leistungen entfalten, die dann in einer Beteiligung ihren angemessenen Lohn finden können.“

[276] Kosiol gliedert die Gewinnbeteiligung wie folgt:

1. Die „echte Gewinnbeteiligung“, die auf unternehmerischen Leistungen, d. h. den ökonomischen Wahlentscheidungen beruht.
2. Die „Ersparnisbeteiligung“, die mit der Rentabilität der Unternehmung unmittelbar nichts zu tun hat, sondern die mengenmäßige Wirtschaftlichkeit (Technizität) betrifft. Die Ersparnisbeteiligung ist als Lohn anzusehen; sie ist das Entgelt für technische Arbeitsleistungen in Form des rationellen Verbrauches von Einsatzgütern.
3. Die „soziale Gewinnbeteiligung“, die aus sozialethischen Motiven erfolgt.

(Vgl. Kosiol, E.: Leistungsgerechte Entlohnung, a. a. O., S. 23.)

gebereigenschaft und eine „Produktion für den Markt" stellen unternehmerische Leistungen selbst dar.

Hiermit ist nur eine Seite des Problems berührt. Die Gewinnbeteiligungserwartung wird von der Unternehmung beurteilt. Auch für sie ist die Wirksamkeit der Leistungen nicht exakt meßbar; sie kann aber beurteilen, was ihr derartige Leistungen wert sind. Die Auswahl unternehmerischer Qualifikationen stellt ebenfalls eine unternehmerische Leistung dar, die für die Gewinnerzielung notwendig ist[277].

c) Aus der Sozialstruktur

1. Ein weiterer Anspruch auf Gewinnausschüttung kann von der Belegschaft der Unternehmung erhoben werden[278]. Er steht selbständig neben dem Lohn- und Gehaltsanspruch, neben den Gewinnausschüttungsansprüchen für unternehmerische Leistungen und Kapitalüberlassung. Seine Geltendmachung und die daraus folgenden Gewinnausschüttungserwartungen sind davon abhängig, inwieweit die herrschende Sozialstruktur der Wirtschaftsordnung und der Unternehmung die Mitwirkung des Leistungsfaktors „Belegschaft" an der Gewinnerzielung anerkennt. Die Entstehung des Unternehmungsgewinnes ist auf vielfältige Ursachen und Leistungen zurückzuführen. Die „Belegschaft" kann auf die Gewinnerzielung Einfluß ausüben[279].

2. Die Ansprüche auf eine Gewinnbeteiligung der Belegschaft wurzeln damit weitgehend im Bereich der Sozialethik. Nach einer von

---

[277] Die Auswahl von „Managern" — s. FN 263 auf S. 153 — hebt Knight, F. H.: Risk, Uncertainty, and Profit, a. a. O., S. 293 als eine der wichtigsten Entscheidungen der „Unternehmer" hervor.

[278] In den Bereich der Gewinnbeteiligung der Unternehmung gehören die „freiwilligen sozialen Aufwendungen". Kriterium dieser „Gewinnverwendung" ist, daß die Unternehmungen nach eigenem Ermessen Ausgaben für soziale Zwecke tätigen. Dieser Ausgabenkomplex wird in der Realität mit den verschiedenartigsten Argumentationen in die Auseinandersetzung um die Gewinnbeteiligung einbezogen.

[279] Nachdrücklich wird darauf hingewiesen, daß sich dieser Anspruch nicht auf einen Gewinnrest — also etwa nach landesüblicher Verzinsung des Eigenkapitals — erstreckt. Die Berücksichtigung der Sozialstruktur bei der Gewinnausschüttung steht insoweit gleichberechtigt neben der Gewinnausschüttung für Kapitalüberlassung und unternehmerische Leistungen. Wenn Minartz, H.: Gerechtigkeit als Element des sozialen Spannungsausgleichs im Betriebe, in: ZfhF 1951, S. 539 ff. die Meinung vertritt, die Ansicht der Wirtschaftssachverständigen über die Aufteilung des „Gewinnrestes" gingen auseinander, so behauptet die Untersuchung, daß diese Ansichten am falschen Objekt operieren. Auch scheint es der Untersuchung abwegig, aus theoretischen Erwägungen Rangfolgen der Gewinnverwendung aufzustellen, wie Lehmann, E.: Die Problematik der Gewinnverteilung bei der Aktiengesellschaft im Widerstreit der verschiedenen Interessengruppen, Diss. Nürnberg 1949 es tut: „1. Betrieb, 2. Kapitalgeber, 3. Betriebsgemeinschaft".

Die Berücksichtigung der einzelnen Gewinnausschüttungserwartungen wird im Abschnitt „Die Gewinnverwendungsentscheidung" herausgearbeitet.

Spiegelhalter[280] durchgeführten Analyse wird die Gewinnbeteiligung mit einer nicht ausreichenden Entschädigung der Arbeitskraft begründet. Er nennt die „Ausbeutungstheorie“ von *Marx*; auch die Ansicht, nach der der über eine übliche Verzinsung und Risikoentschädigung der Eigenkapitalüberlassung entstehende Produktionsertrag dem Arbeitnehmer zufalle, da ihm ein gerechter Marktlohn vorenthalten sei; er erwähnt auch jene wohl am weitesten verbreitete Meinung, nach der bei anzunehmender gerechter Arbeitskraft- und Kapitalentschädigung ein entstehender Überschuß auf ein Zusammenwirken beider Faktoren zurückzuführen sei, was seine Halbierung erfordere[281].

Diese Erklärungen der Gewinnbeteiligung sind aus verschiedenen Gründen unbefriedigend. Sie haben eine heftige Auseinandersetzung hervorgerufen, die zum Teil mit dogmatischen Argumentationen geführt wurde. Ein wesentlicher theoretischer Einwand ist darin zu erblicken, daß die Messung der Gewinnwirksamkeit der einzelnen Leistungen nicht durchführbar und zudem die Bestimmung einer Rangfolge von Anspruchsbefriedigungen nicht haltbar ist. Eine reale Erklärungsmöglichkeit des Gewinnausschüttungsanspruches und der daraus herzuleitenden Gewinnausschüttungserwartungen erblickt die Untersuchung in der Deutung der „sozialen Rolle“, die die Unternehmung im Rahmen der bestehenden Sozialstruktur der Wirtschaftsordnung spielt[282].

---

280 Spiegelhalter, F.: Gewinnbeteiligung. Illusionen und Möglichkeiten, a. a. O., S. 13 f.

281 In diesem Zusammenhang kommt Guenther, J.: Leistungsgerechte Gewinnverteilung, a. a. O., S. 16 zu der Auffassung: „Daß man, obgleich die Literatur über die Gewinnbeteiligung außerordentlich umfangreich ist, nicht mehr wirtschaftstheoretische Gründe gefunden hat, die dafür sprechen könnten, dürfte daran liegen, daß die Gewinnbeteiligung ohne Lösung des Zurechnungsproblems überhaupt nicht wirtschaftstheoretisch zu begründen ist.“ Die Untersuchung teilt diese Ansicht keinesfalls, wie aus den anschließenden Ausführungen zu entnehmen sein wird.

282 Die Einbeziehung dieses Problems in die Untersuchung wird damit gerechtfertigt, daß die Unternehmung neben einer „wirtschaftlichen“ auch gleichzeitig eine „soziale“ Einheit darstellt. Hax, K.: Betriebliche Sozialpolitik als Teilbereich der Unternehmungspolitik, in: ZfhF 1955, S. 1 leitet die Zuständigkeit der Betriebswirtschaftslehre unter Hinweis auf die Unternehmungspolitik ab: „... wird die betriebliche Sozialpolitik hier ausschließlich als Instrument der Unternehmungsführung und als Teilbereich der allgemeinen Unternehmungspolitik betrachtet. Dabei handelt es sich um ein ökonomisches Problem, für welches die Betriebswirtschaftslehre ohne weiteres zuständig ist, so daß es also einer Ausweitung ihres Arbeitsbereiches nicht bedarf, wenn sie sich mit den Fragen der betrieblichen Sozialpolitik auseinandersetzt.“ Die Untersuchung ist jedoch der Ansicht, daß die Befriedigung eines sozialethisch begründeten Gewinnausschüttungsanspruches nicht ausschließlich Gegenstand unternehmungspolitischer Erwägungen ist.

3. Die Soziologie versteht unter einer Rolle[283] die Verhaltensweise eines Menschen, die ihm von der Gesellschaft beigelegt ist, deren „Spiel“ erwartet wird. Die Untersuchung wendet das „Spiel der Rolle“ — das in der spezifisch soziologischen Deutung streng an das persönliche Handeln gebunden ist — im übertragenen Sinne auf die Unternehmung an. Die Verhaltensweise der Unternehmung ist zweifelsohne weitestgehend von menschlichen Empfindungen und Entschlüssen getragen. Diese werden von dem alleinigen Inhaber der Unternehmung oder von einer Mehrheit von Trägern der Unternehmungsentscheidungen geprägt. Insoweit geht die Rolle, die die Unternehmung als solche nach außen hin spielt, tatsächlich auf persönliche Verhaltensweisen zurück. Daneben darf jedoch nicht übersehen werden, daß die Unternehmung eine Institution ist, die auf Grund ihrer juristischen Struktur und daran geknüpfter Rechtsvorschriften bestimmte Verhaltensweisen an den Tag zu legen hat, die entpersönlicht sind. Auch existieren vielfach in den Unternehmungen auf Tradition zurückgehende konzeptionelle Verhaltensrichtlinien, an die die Entscheidungsträger gebunden sind. Wenn somit das Rollenspiel der Unternehmung als die von ihr erwartete Verhaltensweise gedeutet wird, so darf einerseits nicht der methodische Unterschied zur Deutung der Rolle in der Soziologie übersehen werden; andererseits erscheint die Übertragung des Rollenspieles durch ihren instrumentalen Erklärungswert geboten und gerechtfertigt.

Wie jeder Mensch in mehrfachen Beziehungen mit der Gesellschaft verbunden ist, und damit verschiedengerichtete Verhaltensweisen von ihm erwartet werden, spielt auch die Unternehmung unterschiedliche Rollen; beispielsweise als Steuerzahler, als Kunde oder Lieferant[284]. Nicht zuletzt spielt sie auch eine Rolle als Leistungsort. Es wird von ihr dabei ein „Rollenverhalten“[285] erwartet. Sie hat Arbeitsverträge einzuhalten, gewerbepolizeilichen Vorschriften genügende Arbeitsplätze zu stellen, für die Sicherheit der Arbeitnehmer Sorge zu tragen. Bei Nichtbeachtung derartiger „Muß-Erwartungen“[286] drohen „Sanktionen“[287]; Ordnungsstrafen, Entschädigungszahlungen. Neben möglichen „Soll-Erwartungen“[286] sind an sie auch „Kann-Erwartungen“[286]

---

283 Vgl. Dahrendorf, R.: Homo soziologicus, Köln-Opladen 1960, und die dort angegebene Literatur.

284 Von der Unternehmung als Steuerzahler erwartet der Staat Steuerehrlichkeit, pünktliche Steuerzahlung. Der Lieferant erwartet von ihr Abnahme der Ware und pünktliche Zahlung. Der Kunde erwartet pünktliche Lieferung reklamationsfreier Leistungen. Mögliche „Sanktionen“ bei Nichterfüllung der Erwartungen sind aus den folgenden Darstellungen im Text abzuleiten.

285 Dahrendorf, R.: Homo soziologicus, a. a. O., S. 21.

286 Dahrendorf, R.: ebda., S. 22 f.; s. dort insbesondere das anschauliche Beispiel in Anmerkung 28 auf S. 65.

287 Dahrendorf, R.: ebda., S. 23.

gerichtet, bei deren Nichterfüllung zwar keine rechtliche Verfolgung droht, die aber mit gesellschaftlicher Ächtung belegt werden kann, die unter Umständen auch in materielle Nachteile mündet.

Die „Soll-“ und die „Kann-Erwartungen“ werden von der Wirtschafts- und Gesellschaftsordnung entscheidend geprägt[288]. In einem liberalistisch-kapitalistischen System kann von der Unternehmung erwartet werden, daß sie die Arbeitskraft nur nach dem Marktwert entlohnt. Ein Gewinn der Unternehmung wird vom Kapitalgeber gefordert[289]. In einer „sozialen Marktwirtschaft“, in der neben dem Prinzip des freien Spiels der Kräfte das Prinzip der gegenseitigen Achtung der Sozialpartner steht, wird eine gerechte Verteilung des Sozialproduktes als Bestandteil der Wirtschafts- und Gesellschaftsordnung betrachtet. Die Belegschaft erwartet dabei von der Unternehmung ein „Rollenverhalten“, das sie als mitarbeitenden Leistungsfaktor, „mit-gewinnbildenden“ Leistungsfaktor, wertet. Sie empfindet die Unternehmung als Leistungsgemeinschaft, als einen wesentlichen Bestandteil ihres Lebenskreises. Danach erwartet sie eine Anerkennung des von ihr bekundeten Zusammengehörigkeitsgefühls, des von ihr — leistungs- und gewinnbeeinflussend — mitgeprägten Betriebsklimas[290]. Die Unternehmungen rechtfertigen in der Realität diese Erwartungen: durch freiwillige soziale Leistungen wie Essensgelder, Erholungs- und Krankheitszuschüsse, Alters- und Hinterbliebenenversorgung, Kinderheime, wohltätige Institutionen u. a. m. Es erscheint sinnvoll, diese an die Unternehmung gerichteten „Rollenerwartungen“ auch auf eine Gewinnbeteiligung auszudehnen.

---

[288] Die Bedeutungen der „jeweiligen Strukturen und Problematiken der Gesamtgesellschaft“ für die „Betriebsprobleme“ hebt Schelsky, H.: Aufgaben und Grenzen der Betriebssoziologie, in: Wege zum sozialen Frieden, hrsg. von Ortlieb, H. D., und Schelsky, H., Stuttgart und Düsseldorf 1954, S. 226 f. deutlich hervor und fordert ihre gebührende Berücksichtigung: „So besteht bei dem gegenwärtigen Stand der Betriebssoziologie bei uns sehr häufig die Neigung, den Betrieb als verhältnismäßig isoliertes soziales Gebilde anzusehen, in dessen Zusammenhang man die soziologischen Probleme und Schwierigkeiten allein lösen kann; ...“

[289] So sagt Schäfer, E.: Die Unternehmung, Band 3, a. a. O., S. 336 f. in Anlehnung an Weber (Weber, M.: Wirtschaftsgeschichte, 2. Aufl. 1924, S. 313): „Wo die ‚auf rationaler Grundlage erfolgende kapitalistische Erwerbstätigkeit als in Erfüllung einer gottgewollten Aufgabe‘ (Weber) gewertet wird, wie im Puritanismus, und sich die Gnade Gottes im ehrbaren geschäftlichen Erfolg niederschlägt, hat der Anspruch des Unternehmers auf den Gewinn einen starken Hintergrund in der öffentlichen Moralauffassung. Herrschen dagegen sozialistisch-kommunistische Lebensauffassungen vor, so bleibt für einen derartigen Anspruch kaum noch eine Stütze.“

[290] In diesem Zusammenhang ist auf die Gedanken Nicklischs zu diesem Problemkreis hinzuweisen. Die Idee der Leistungsgemeinschaft nimmt eine zentrale Stellung in seinem System ein. Vgl. Nicklisch, H.: Die Betriebswirtschaft, 7. Aufl. Berlin 1932, passim. Siehe auch Kosiol, E.: Wegbereiter der Betriebswirtschaftslehre. Würdigung der Forschungsleistungen von Leitner und Nicklisch, Berlin-Stuttgart 1950, S. 3 ff.

Bedenkt man die Interdependenzen einer auf Gewinnerzielung ausgerichteten Unternehmung, wird deutlich, daß die Nichterfüllung einer so motivierten Gewinnbeteiligungserwartung seitens der Belegschaft berechtigt auf ökonomisch wirksame „Sanktionen“ stoßen kann. Eine unzufriedene Mitarbeiterschaft, empfundene Ungerechtigkeit lähmen die Arbeitsmoral, das Betriebsklima; Spannungen und Reibungen werden hervorgerufen, die die Gewinnerzielung beeinträchtigen.

4. Die Gewinnausschüttungserwartung der Unternehmungsbelegschaft ist daher prinzipiell von den sozialen Usancen der bestehenden Wirtschafts- und Gesellschaftsordnung abhängig. Diese können aber den Unternehmungen einen Spielraum in der Gestaltung der Beteiligung am Leistungsertrag lassen. Daher kann die Gewinnausschüttungserwartung sich nach der diesbezüglichen Verhaltensweise anderer Unternehmungen ausrichten. Hierbei erfolgt eine Gesamtbeurteilung aller sozialen Leistungen, die allerdings recht unterschiedlich ausfallen kann. Sie ist abhängig von der individuellen Schätzung von Barzuwendungen, Altersversorgung, Krankheitshilfe, Hinterbliebenenfürsorge u. s. w. Die Gewinnausschüttungserwartung wird aber auch die Gerechtigkeit den anderen Sozialpartnern gegenüber zu beachten haben; die Motive für die Gewinnbeteiligung werden doch aus der Idee der Leistungsgemeinschaft abgeleitet[291].

5. Damit ist nur die eine Seite dieses Gewinnausschüttungsbereiches aufgezeigt. Die Ansprüche und die Gewinnausschüttungserwartungen finden Beurteilung durch die Unternehmung. Sie berücksichtigt hierbei die Erfüllung der an die Belegschaft gerichteten „Rollenerwartungen“[292].

---

[291] Aus dem „Spiel der Rolle“ sind auch die Spenden der Unternehmung herzuleiten. Die Nation, die Gesellschaft erwarten auch hier eine entsprechende Verhaltensweise der Unternehmung der Wohlfahrt, der Wissenschaft, dem Sport, der Kunst usw. gegenüber. Hieraus erwachsen somit Gewinnausschüttungserwartungen.

[292] Die gegenseitigen Rollenerwartungen berühren eine der grundlegenden Aufgabenstellungen der Betriebssoziologie. Schelsky, H.: Aufgaben und Grenzen der Betriebssoziologie, a. a. O., S. 214 hebt zu ihrer „Ortsbestimmung und Aufgabenstellung“ die Spannung zwischen der „wirtschaftlich-technischen Determination unserer Arbeitswelt“ und der „sozialen Frage“ hervor und führt aus: „Aber gerade weil sie sich der geschilderten Grundspannung unserer industriellen Welt bewußt geworden ist, werden sich die von ihr ausgehenden Lösungsversuche niemals allein auf soziale Wertungen stützen können, sondern sie werden die technisch-wirtschaftlichen Erfordernisse stets in gleichem Maße berücksichtigen müssen. Praktisch kommt dies darin zum Ausdruck, daß die moderne Betriebssoziologie (wie allmählich die gesamten Arbeitswissenschaften) stets einen zweifachen Nutzeffekt der von ihr empfohlenen oder angeregten Maßnahmen nachzuweisen trachtet: Einmal die erhöhte soziale und seelische Befriedigung der arbeitenden Menschen und zum anderen die Steigerung der Produktionsleistung und Wirtschaftlichkeit des Betriebes.“

3. Die Anspruchsbeurteilung durch die Unternehmung und ihre Ausschüttungsbereitschaft

Die gegen die Unternehmung gerichteten Gewinnausschüttungsansprüche und die Ausschüttungserwartungen werden von ihr beurteilt. Die Unternehmung versucht ihre Eigengesetzlichkeiten zu wahren, die Gewinnausschüttungserwartungen in Einklang mit den Bedingungen des Unternehmungsablaufes zu bringen. Damit ist nicht gesagt, daß die Unternehmung möglichst wenig Gewinn ausschütten will. Ihre jeweilige Ausschüttungsbereitschaft beziffert jedoch die Höhe, bei der die Gewinnausschüttungsansprüche befriedigt erscheinen. Da ein darüber hinaus verfügbarer Gewinn in jedem Falle verwendet wird und hierüber letztlich die Gewinnbegünstigten befinden, zeigt die Ausschüttungsbereitschaft die Grenze zwischen Gewinnausschüttungsnotwendigkeit und der Möglichkeit, die Gewinnausschüttung als Instrument der Unternehmungspolitik einzusetzen, auf[293].

Es ist die Ausschüttungsbereitschaft der Unternehmung für die Überlassung von Eigenkapital, für unternehmerische Leistungen und für die Rechtfertigung der an sie aus der Sozialstruktur gerichteten Rollenerwartungen zu bestimmen.

a) Für Eigenkapitalüberlassung

1. Die Unternehmung steht insbesondere den Gewinnausschüttungserwartungen derjenigen Eigenkapitalgeber gegenüber, die aus der Gewinnausschüttung Einkommen zu erzielen wünschen. Sofern diese Eigenkapitalgeber ihre Kapitalanlage nicht langfristig an die Unternehmungen zu binden beabsichtigen, tendieren sie zur Geltendmachung einer Maximalforderung. Ihre Ausschüttungserwartung orientiert sich möglicherweise an der erzielbaren Rentabilität anderweitiger Kapitalanlagen. Sie wird auch durch eine Einschränkung der freien Kapitalanlagemöglichkeit beeinflußt.

Die Unternehmung fragt Kapital nach. Sie kann bestrebt sein, diesen Leistungsfaktor zu günstigen Bedingungen einzusetzen. Eine derartige Verhaltensweise wird man nicht nur für die Aufnahme von Fremdkapital, sondern auch für die Heranziehung von Eigenkapital annehmen dürfen. Bei freier Kapitalwahl leitet sich hiernach die Ausschüttungsbereitschaft der Unternehmung aus dem „Preis vergleichbaren Kapitals" her.

---

[293] Im Abschnitt „Die Gewinnverwendungsentscheidung" wird herausgestellt, daß diese Ableitung auch für den Fall „nicht ausreichenden Gewinnes" gilt. Da hierbei jedoch die Berücksichtigung aller Gewinnverwendungsarten notwendig ist, erfolgt seine Besprechung an der genannten späteren Stelle der Untersuchung.

Die Bedingung nach Vergleichbarkeit des Kapitals trifft nicht auf jeden Wechsel von Kapitalgebern zu. Bei einer Übertragung von Anteilen an Gesellschaften — etwa an einer G. m. b. H. oder A. G.[294] — ohne Veränderung der Gesellschaftsrechte wird man von der Heranziehung vergleichbaren Kapitals sprechen dürfen. Ein alleiniger Inhaber einer Unternehmung kann nicht ohne die Aufgabe seiner Selbständigkeit vergleichbares Eigenkapital aufnehmen; er muß das Mitbestimmungsrecht eines Gesellschafters in Kauf nehmen. Fremdkapital ist dann nicht vergleichbar, wenn mit seiner Aufnahme die Einflußnahme einer Bank auf die Geschäftspolitik der Unternehmung verbunden ist.

Die Ausschüttungsbereitschaft der Unternehmung kann von verschiedenen Konstellationen des Kapitalmarktes abhängig sein. Bei starker Nachfrage des Kapitalmarktes und Freizügigkeit der Kapitalanlage werden die Eigenkapitalgeber eine hohe Gewinnausschüttung, gemessen an einer anderweitig erzielbaren Rentabilität, erwarten. Da die Kapitalbeschaffung für die Unternehmung in dieser Situation erschwert ist, bestimmen die Eigenkapitalgeber tendenziell das Ausmaß der Gewinnausschüttung für Eigenkapitalüberlassung. Die Ausschüttungsbereitschaft der Unternehmung wird durch diese Situation beeinflußt. Bei flüssigem Kapitalmarkt und bei freier Kapitalauswahl dagegen wird die Gewinnausschüttung tendenziell von der Unternehmung bestimmt. Die Situation verstärkten Kapitalangebotes bestimmt die Ausschüttungsbereitschaft der Unternehmung. In beiden Fällen ist davon auszugehen, daß mit dem Ausmaß des Kapitalangebotes und der Kapitalnachfrage die Konditionen der Kapitalüberlassung gegenläufig variieren.

Die Auswirkungen des Kapitalmarktes schränken jedoch den subjektiven Charakter der Erwägungen von Kapitalanlage und Kapitalauswahl nicht ein. Auf die Ausschüttungsbereitschaft der Unternehmung übertragen, heißt das, daß die Konditionen eines Kapitalgebers, der sich gerade für diese Unternehmung interessiert, die Ausschüttungsbereitschaft beeinflussen können.

Die Gewinnausschüttungsbereitschaft der Unternehmung kann ein anderes Ausmaß annehmen, wenn der Wechsel von Inhaberrechten durch Gesetz oder Satzung unmöglich gemacht oder erschwert ist. Auf die Gewinnausschüttungserwartungen der Eigenkapitalgeber wirkt sich diese Beschränkung möglicherweise in einer mangelnden Orien-

---

[294] Hiermit wird nicht gesagt, daß beispielsweise eine Aktiengesellschaft die Gesellschaftereigenschaft kündigen könne. Es genügt, wenn durch entsprechende Gewinnausschüttungspolitik die Aktionäre zum Wechsel ihrer Kapitalanlage genötigt werden. Andere Kapitalgeber sind u. U. auf Grund ihrer subjektiven Kapitalüberlassungsvorstellungen bereit, die Aktien zu erwerben.

tierung an anderweitigen Einkommenserzielungsmöglichkeiten aus der Kapitalüberlassung aus. Kann die Unternehmung ihre Kapitalquellen nicht frei wählen, existiert kein Preis „vergleichbaren Kapitals". Die Einschränkung ihrer Bewegungsfreiheit wird den Eigenkapitalgebern Anlaß sein, den Gewinnausschüttungsvorstellungen der Unternehmung entgegenzukommen. Eine Beschränkung der Kapitalbeschaffung wird die Unternehmung veranlassen, die Wünsche der Kapitalgeber zu berücksichtigen. Die Befriedigung der Gewinnausschüttungsansprüche kann in diesen Fällen nur im Zusammenhang mit den anderen Gewinnverwendungsarten beurteilt werden[295].

Die Aufgabe der Bedingung nach Vergleichbarkeit des Kapitals kann die Gewinnausschüttungsbereitschaft der Unternehmung erheblich beeinflussen. Ist die Unternehmung bereit, die Nebenbedingungen einer Fremdkapitalaufnahme in Kauf zu nehmen, können günstige Kreditzinsen ihre Ausschüttungsbereitschaft mindern. Allerdings kann dies dazu führen, daß die Eigenkapitalgeber anderweitige Anlagemöglichkeiten suchen. Will die Unternehmung dieses verhindern, muß sie ihre Ausschüttungsbereitschaft hierauf ausrichten. Dieses erfolgt im Rahmen der Bestimmung des Ausmaßes der Gewinnausschüttung[296].

2. Eine Gewinnausschüttungsbereitschaft der Unternehmung bleibt ohne Wirkung, wenn der Gewinnausschüttungsanspruch eine dominierende Rolle spielt[297]. Hat die Unternehmung auf Grund eines Organschaftsvertrages ihren Gewinn (gegebenenfalls mit Ausnahme von Gewinnreservierungen und -investitionen) an eine Muttergesellschaft abzuführen, ist ihr eine Beurteilung des Anspruches entzogen. Hält eine wesentlich beteiligte Gesellschaft eine Gewinnausschüttung bestimmten Ausmaßes für richtig, wird die Unternehmung sich dem zu fügen haben. Sofern die Kapitalüberlassung anderen Zwecken untergeordnet ist als dem der Einkommenserzielung — z. B. Kapitalanlage — oder die Einkommenserzielung aus der Gewinnausschüttung an Bedingungen geknüpft ist — z. B. die der langfristigen Sicherheit der Kapitalanlage —, stehen die Erwartungen auf eine anderweitige Gewinnverwendung (Investition, Reservierung) im Vordergrund des Interesses der Eigenkapitalgeber. Die Gewinnausschüttungserwartung und die Ausschüttungsbereitschaft der Unternehmung leiten sich dann aus diesen Gewinnverwendungsüberlegungen her[298].

---

[295] Siehe die Ausführungen im Abschnitt „Die Gewinnverwendungsentscheidung".

[296] Siehe insbesondere die Ausführungen auf S. 192 f.

[297] Hiermit ist an die Fälle gedacht, die strukturell bedingt sind. Die situationsbedingten Auseinandersetzungen über die Gewinnausschüttung werden im Rahmen des Abschnittes „Die Gewinnverwendungsentscheidung" herausgearbeitet.

[298] Siehe FN 295.

3. Die Gewinnausschüttung für die Überlassung von Eigenkapital ist — wie noch zu zeigen sein wird — neben den genannten Faktoren von den Gewinnausschüttungserwartungen der anderen Gewinnbegünstigten, aber auch von den Vorteilen und Bedingungen der anderen Gewinnverwendungsarten abhängig.

b) Für unternehmerische Leistungen

1. Die Gewinnausschüttungserwartung für unternehmerische Leistungen leiten diejenigen Personen, die sie in der Unternehmung erbringen, aus ihrer Qualifikation für gewinnwirksame Entscheidungen und aus ihren Entfaltungsmöglichkeiten auf diesem Betätigungsgebiet ab. Die Ausschüttungserwartung kann niedriger geltend gemacht werden, wenn die Entfaltungsmöglichkeiten erzwungenermaßen eingeschränkt sind oder immaterielle Vorteile als Entschädigung gewertet werden.

2. Die Unternehmung leitet ihre Ausschüttungsbereitschaft aus der Qualität unternehmerischer Leistungen her. Diese ist von der Qualifikation der Leistenden und gleichfalls den gewährten Entfaltungsmöglichkeiten abhängig. Nimmt man die Entfaltungsmöglichkeiten als gegeben an, kann sich die Ausschüttungsbereitschaft der Unternehmung bei freier Auswahl „unternehmerischer Persönlichkeiten" nach den Forderungen vergleichbarer Leistungen auf dem „Markt"[299] ausrichten. Das bedeutet gleichfalls, daß mit schwankendem Angebot die Neigung der Unternehmung, den Gewinnausschüttungserwartungen entgegenzukommen, steigt oder fällt.

Die unternehmerische Leistung ist von individuellen Qualifikationen abhängig, daher eine persönlich bedingte Erscheinung. Insoweit ist sie einer „neutralen" Leistung, wie sie in der Eigenkapitalüberlassung erblickt werden kann, nicht gleichzusetzen. Gleichwohl entspricht es den Usancen von Arbeitsverträgen, daß eine Entschädigung für unternehmerische Leistungen vereinbart wird; beispielsweise in Form einer prozentualen Tantieme[300]. Insoweit treffen Gewinnausschüttungserwartung des Leistenden mit der Leistungserwartung der Unternehmung auf Grund vermuteter oder nachgewiesener Qualifikationen bereits vor Gewinnerzielung zusammen — genauso wie es

---

[299] Es bedarf kaum eines besonderen Beweises, daß die realen Erscheinungen der vergangenen konjunkturellen Situation die Existenz dieses Marktes offenkundig haben zutage treten lassen.

[300] Für den Vorstand einer A. G. ist die Gewinnbeteiligung in den §§ 77 und 78 AG geregelt. Für den Aufsichtsrat spricht das Gesetz einmal von „Vergütung", was auf die „Kontrollfunktionen" zutreffen, zum anderen von „Gewinnbeteiligung", was für unternehmerische Entscheidungen gelten könnte (§ 95 Abs. 5 Satz 1 AG). In bestimmten Fällen handelt er im Zusammenwirken mit dem Vorstand.

beispielsweise bei der Festlegung der Konditionen für die Eigenkapitalüberlassung der Fall ist[301].

In diese Ableitung ist *Schmalenbachs* „Pretiale Lenkung" einzuordnen. Er hat mit ihr primär die Erziehung zum unternehmerischen Denken und Handeln in der Unternehmung im Auge. Durch die Bildung von Erfolgsbereichen und Beteiligung der Bereichsleiter am Abteilungserfolg soll dieses Ziel erreicht werden. Gleichfalls läßt er zu, daß diese Maßnahme als Form der Gewinnbeteiligung zu bezeichnen ist. Er führt hierzu aus: „Man kann ... aber auch die Betriebstantieme als eine Beteiligung am Unternehmergewinn[302] betrachten. Dies besagt noch nicht, daß man die Tantieme den Angestellten auf Grund des Gesamtgewinnes der Unternehmung berechnet. Auch wenn man die Tantieme vom Abteilungsgewinn abhängig macht, kann man sie als eine Gewinnbeteiligung ansprechen[303]." Hierbei läßt *Schmalenbach* richtigerweise zu, daß Konjunktureinflüsse auf den Abteilungserfolg einwirken[304].

Die Anwendung dieser Konzeption auf die Gewinnausschüttung für unternehmerische Leistungen darf keinesfalls zu der Annahme verleiten, daß hiermit eine „Erfolgszurechnung" versucht würde[305]. Es kann auch nicht erstrebt werden, die Wirksamkeit einzelner Entscheidungen auf den Unternehmungsgewinn damit exakt zu messen[306]. Wohl aber ist es möglich, hierdurch ein Kriterium für die Abgeltung unternehmerischer Leistungen zu finden. Die Unternehmung erklärt hierdurch ihre Ausschüttungsbereitschaft, der Leistende kann seine Qualifikation entwickeln.

---

301 Dieses trifft für Neueinstellungen und Beförderungen zu. Die Problematik wird nicht dadurch aufgehoben, daß Probezeiten vereinbart werden, innerhalb derer die Qualifikation unter Beweis gestellt werden muß.

302 Man darf hier wohl „Unternehmergewinn" und „Unternehmungsgewinn" gleichsetzen.

303 Schmalenbach, E.: Pretiale Wirtschaftslenkung, Bd. 2, Pretiale Lenkung des Betriebes, a. a. O., S. 14.

304 Schmalenbach, E.: ebda., S. 13: „Es hat sich sogar gezeigt, daß die Versuche einer weitgetriebenen Eliminierung" (von Außeneinflüssen — der Verf.) „leicht zu Künsteleien führen, die man vermeiden muß." „Die Folge ist dann, daß er" (gemeint ist ein Werksdirektor — der Verf.) „ein von ihm nicht beeinflußbares Risiko zu tragen hat oder eine von ihm nicht zu beeinflussende Chance genießen darf. Er wird daher noch eher zum Unternehmer, als er unter anderen Umständen sein würde."

305 Es wird auf FN 221 auf S. 135 f. zurückverwiesen.

306 Über den Unterschied der Sicht sei Schäfer, E.: Die Unternehmung, Bd. 3, a. a. O., S. 293 zitiert: „Das Ziel einer Messung der inneren Betriebsleistung oder der ‚Wirtschaftlichkeit' hat somit erhebliches praktisches Gewicht. Verfehlt scheint uns dagegen der Weg, von der komplexen Größe Unternehmungsgewinn aus rückwärtsgehend zu einem einwandfreien Resultat zu gelangen. Die hierbei anfallenden ‚Spaltprodukte' stellen offensichtlich alles andere dar als jene innere Betriebsleistung, und es ist kaum möglich, sie inhaltlich vernünftig zu interpretieren."

Aus den getroffenen Ableitungen soll deutlich hervortreten, daß der Unternehmungsgewinn ein Konglomerat von Ursachen und Leistungen ist, daß eine exakte Messung der Wirksamkeit der ihn bewirkenden Faktoren nicht durchführbar erscheint. Das darf nicht daran hindern, die unternehmerische Leistung in der „gewinnwirksamen Entscheidung“ zu suchen; auch wenn es notwendig ist, zu ihrer Abgeltung sinnvolle Hilfsmaßstäbe zu entwickeln[307].

3. Die Abgeltung unternehmerischer Leistungen wird damit gleichzeitig Gegenstand unternehmungspolitischer Erwägungen, die durch die Wahl der organisatorischen Entscheidungsstruktur und durch die Auswahl der Leistenden bestimmt werden. Wird hiermit ein prozentuales Verhältnis der Gewinnbeteiligung festgelegt, ist gleichzeitig ein Rahmen von Gewinnausschüttungsverpflichtungen geschaffen, der nur dann nicht wirksam in Erscheinung tritt, wenn kein Gewinn vorhanden ist. Er wird bei unterschiedlicher Gewinnhöhe unterschiedlich wirksam[308].

c) Für die Belegschaft

1. Der Gewinnausschüttungsanspruch[309] der Belegschaft — als Gesamtheit der Arbeitnehmer einer Unternehmung — gründet sich auf ihre

---

[307] Die Abgrenzung von Erfolgsbereichen und eine danach ausgerichtete Entschädigung gewinnwirksamer Entscheidungen führt bei entsprechender Tiefengliederung zum Gewinnbeteiligungssystem nach der „Mitunternehmerschaft“. Gegen das „Gewinnprinzip“ werden aus unternehmungspolitischen Erwägungen oft erhebliche Bedenken geltend gemacht, namentlich dann, wenn Außeneinflüsse die Bereichsgewinne beeinträchtigen. Die Begründungen beziehen sich auf den mangelnden Einfluß des Arbeitnehmers auf derartige Störungen, mangelndes Verständnis der Marktzusammenhänge u. a. m. Hieraus resultiert eine Störung des sozialen Friedens und sinkende Arbeitslust. Zweifelsohne ist damit zu rechnen. Der oft gewählte Ausweg einer Gewinnbeteiligung nach dem „Leistungsprinzip“ kann unternehmungspolitisch günstigere Auswirkungen haben. Es ist aber zweifelhaft, ob dann im Einzelfall noch eine echte „Mitunternehmerschaft“ vorliegt. Vgl. hierzu die von Kosiol herausgestellte „Ersparnisbeteiligung“ unter FN 276 auf S. 158.

[308] Hier könnte die Frage auftauchen, ob es sich bei der Entschädigung für „unternehmerische Leistungen“ um einen „Unternehmerlohn“ oder um einen „Unternehmergewinn“ handelt. Die Unterscheidung ist von Bedeutung, wenn man, wie beispielsweise Carell, E.: Unternehmergewinn und Arbeitslohn, München 1950, S. 9, es tut, eine Entschädigung für „unternehmerisches Tun“ als „Kosten der Produktion“ auffaßt. „Der Überschuß des Bruttoerlöses über die von ihm“ (dem Unternehmer — der Verf.) „gezahlten Entgelte für die Verwendung fremder Arbeitskraft, fremden Kapitals usw. ist jedoch noch kein Überschuß des Bruttolohnes über die Kosten der Produktion, d. h. noch kein Gewinn des Unternehmers. Denn der Unternehmer muß von seinem Gewinn auch noch ein Entgelt für ... und seiner eigenen Arbeitskraft abziehen, ehe von einem Gewinn gesprochen werden kann.“ Klarer tritt die Unterscheidung bei Kosiol hervor, der im Gegensatz zu der Entschädigung aus dem Gewinn unter dem Unternehmerlohn das Entgelt „für die rein technischen Arbeitsleistungen der außerdem unternehmerisch tätigen Personen in der Unternehmung“ versteht. (Kosiol, E.: Leistungsgerechte Entlohnung, a. a. O., S. 22.)

[309] Wie Spiegelhalter, F.: Gewinnbeteiligung. Illusionen und Möglichkeiten, a. a. O., S. 9 zutreffend ausführt, „liegt ... eine Kapitalbeteiligung der Arbeit-

Anerkennung als „mit-gewinnbewirkender Leistungsfaktor“ durch die Sozialordnung und die Unternehmung. Ihre Gewinnausschüttungserwartung leitet sie aus der „sozialen Rolle“ der Unternehmung und einer möglichen Würdigung ihrer Belange in anderen Unternehmungen her. Ihr Gerechtigkeitsbewußtsein, auch dem anderen Sozialpartner gegenüber, wirkt gleichfalls auf diese Erwartung ein.

2. Die Gewinnausschüttungsbereitschaft der Unternehmung wird sich in erster Linie danach ausrichten, ob und inwieweit die Belegschaft einen „mit-gewinnbewirkenden Leistungsfaktor“ darstellt. Sie richtet an die Belegschaft entsprechende „Rollenerwartungen“. Neben möglichen „Muß“- oder „Soll-Erwartungen“ aus dem Arbeitsverhältnis[310] wird es sich hierbei um „Kann-Erwartungen“ handeln, sofern eine Gewinnbeteiligung nicht kodifiziert ist. Diese Erwartungen erstrecken sich auf Arbeitsfreude, gute menschliche Beziehungen zu Vorgesetzten und Kollegen, Vorsicht zur Unfallverhütung, Treue zur Firma auch bei verlockenden Konkurrenzangeboten und anderes mehr. Derartige Verhaltensweisen tragen dazu bei, den Arbeitsablauf einer Unternehmung reibungslos zu gestalten, was Einfluß auf den Gewinn nimmt. Da der Anspruch der Belegschaft auf Gewinnbeteiligung als Kollektivanspruch geltend gemacht wird, richten sich diese Erwartungen an die Gesamtheit der Arbeitnehmer. Damit erwartet die Unternehmung, daß die Belegschaft eine „Rolle spielt“, die ihren Bemühungen um die Gewinnerzielung entspricht. Die Beurteilung des Erfolges kann freilich subjektiv bedingt sein; er findet aber häufig Lob oder Kritik in der Branche und der Öffentlichkeit.

---

nehmer, die nicht mit den Erträgen des Unternehmens verbunden ist, ... auf einer völlig anderen Ebene ... und unterliegt auch einer völlig eigenen Beurteilung“. Die Kapitalbeteiligung liegt daher auch außerhalb des Untersuchungsbereiches. Sofern aus dem Gewinn der Unternehmung eine Kapitalbeteiligung entwickelt wird, unterliegt diese grundsätzlich den allgemein getroffenen Ableitungen. Eine Gewinnausschüttung liegt dann allerdings nicht vor, sondern eine Gewinninvestition — wenn Eigenkapitalanteile ausgegeben werden — oder eine Fremdkapitalinvestition — wenn gleichzeitig Verpflichtungen eingegangen werden. Für diese Beteiligungsform sind beispielsweise der Plan „Berkenkopf-Fels“, der prinzipiell eine Lebensversicherung im Auge hat, und das System Godin, das den Erwerb von Unternehmungsanteilen vorsieht, zu nennen. (Vgl. Berkenkopf-Fels: Plan Berkenkopf-Fels zur Ertragsbeteiligung der Arbeitnehmer in Form einer neuartigen Lebensversicherung, hrsg. von der Studiengemeinschaft für die Erweiterung der sozialen Arbeitnehmerfürsorge auf privatrechtlicher Grundlage, Köln 1950; sowie Geck, A.: Das Arbeitergemeinwesen der Öfenfabrik Godin in Guise, in: Der praktische Betriebswirt 1936, S. 790 ff.)

[310] Als „Muß-Erwartungen“ wird man z. B. Einhaltung des Arbeitsvertrages, pünktliches Erscheinen bezeichnen dürfen. Als „Sanktion“ droht Kündigung. Als „Soll-Erwartung“ kann man Sauberkeit, Höflichkeit annehmen. Eine „Sanktion“ ist in diesem Falle wohl der Verlust der Achtung von Vorgesetzten und Kollegen.

Die Ausschüttungsbereitschaft der Unternehmung wird auch von der Höhe des erzielten Gewinnes beeinflußt. Oft mißt sie daran intuitiv den Erfolg der Belegschaftsbemühungen. Gleichfalls wird das Gerechtigkeitsempfinden der Sozialpartner angesprochen, durch eine Gewinnteilung die Leistungsgemeinschaft zu berücksichtigen. Nicht zuletzt wird die Ausschüttungsbereitschaft durch die Usancen der Wirtschafts- und Gesellschaftsordnung, der vergleichbaren Betriebe und der Konkurrenten beeinflußt.

Da die Gewinnwirksamkeit der Belegschaftsbemühungen nicht exakt meßbar ist, tritt auch hier die Notwendigkeit der Wahl von Hilfsmaßstäben auf. Eine Betrachtung der in der Realität durchgeführten Gewinnbeteiligungssysteme und der verschiedentlich eingebrachten Vorschläge zur Lösung des Problems läßt erkennen, daß die angewendeten oder empfohlenen Maßstäbe sich weitgehend aus den an die Belegschaft gerichteten „Rollenerwartungen“ herleiten. Mit einer Quotenbestimmung nach der Dauer der Betriebszugehörigkeit, nach den Eigenschaften „Stammarbeiter“ und „Gelegenheitsarbeiter“ soll die gewinnwirksame Verbundenheit und Treue zur Unternehmung entgolten werden[311]. Die Honorierung von Verbesserungsvorschlägen, Verhütung von Fehlarbeit berücksichtigt das „Mitdenken“ hinsichtlich der Gewinnerzielung. Mit Familien- und Kinderzulagen wird der Sozialsektor der Gemeinschaftsidee angesprochen[312].

Die Problematik der Gewinnbeteiligung läßt es verständlich erscheinen, daß ein allgemeingültiges System noch nicht gefunden wurde. Sicher erscheint jedoch, daß eine Beachtung der gegenseitigen Rollenerwartungen — und vornehmlich auch deren psychologische Durchdringung — mit zur Lösung dieser Frage beitragen kann.

3. Das Ausmaß der Gewinnausschüttung an die Belegschaft kann im Rahmen der Gewinnverwendungsentscheidung bestimmt werden, die auch die anderen Gewinnverwendungsarten berücksichtigt. Diese Entscheidung braucht nicht lediglich eine „Ausschüttungsnotwendigkeit“ zu umfassen. Es wird zu zeigen sein, daß auch in diesem Bereich die Gewinnausschüttung unternehmungspolitischen Erwägungen folgen kann. Durch eine Kodifizierung der Gewinnbeteiligung wird eine Gewinnverwendungsverpflichtung geschaffen, die den Spielraum der Unternehmung für anderweitige Gewinnverwendungen einengt.

---

311 Spiegelhalter, F.: Gewinnbeteiligung. Illusionen und Möglichkeiten, a. a. O., S. 10.

312 Bei der Betrachtung des Anspruches aus Rollenerwartungen wird prinzipiell eine Kollektivbeteiligung in Betracht kommen. Die Formen individueller Beteiligung kommen bei der Entschädigung einzelner Verhaltensweisen zum Zuge. Hier wird der Bereich der „Mitunternehmerschaft“ angesprochen.

4. Die Verhaltensweise der Unternehmung bei der Gewinnausschüttung

Die Gewinnausschüttung der Unternehmung tritt in zweifacher Gestalt auf: Als Vollzug eingegangener Gewinnausschüttungsverpflichtungen und Befriedigung berechtigter Gewinnausschüttungserwartungen und als Instrument unternehmungspolitischer Erwägungen[313]. Die Erfüllung von Verpflichtungen und die Befriedigung berechtigter Erwartungen stellt die Unternehmung vor eine Gewinnausschüttungsnotwendigkeit. Strategische Erwägungen setzen einen Aktionsspielraum — einen „frei verfügbaren" Gewinn — voraus. Diesen wird die Unternehmung nach Zweckmäßigkeitsgesichtspunkten einsetzen[314].

a) Die Berücksichtigung von Gewinnausschüttungsnotwendigkeiten

1. Gewinnausschüttungsnotwendigkeiten können sich bei der Befriedigung der Ansprüche aus Eigenkapitalüberlassung, für unternehmerische Leistungen und für die Gewinnausschüttung an die Belegschaft ergeben. Sie sind davon abhängig, inwieweit sich die Unternehmung auf Grund von Satzungen, Arbeitsverträgen oder einer Betriebsverfassung zu Ausschüttungen verpflichtet hat, oder inwieweit die Gewinnausschüttung entsprechend den bestehenden Interessenlagen der Gewinnbegünstigten auf Grund von Kapitalmarktverhältnissen, Verhältnissen am Arbeitsmarkt oder der obwaltenden Sozialstruktur geboten erscheint.

2. Eine Gewinnausschüttungsverpflichtung für Eigenkapitalüberlassung ist dann gegeben, wenn das Gesetz oder ein bestehender Gesellschaftsvertrag den Anspruch der Eigenkapitalgeber aufgenommen hat und bestimmte Quoten hierdurch vereinbart sind. In diesem Zusammenhang sind die Bestimmungen des Handelsrechtes über die „Verzinsung" der Kapitaleinlagen, beispielsweise von Gesellschaftern einer OHG oder KG, sind Organschaftsverträge mit Gewinnabführungsverpflichtung, Aktien mit garantierter Dividende oder Vorzugsdividende zu nennen. In der Realität sind die verschiedensten vertraglichen Abmachungen über ein Ausmaß der Gewinnausschüttung vertreten. Die Unternehmung kann sich diesen Verpflichtungen, die aus Rechtstiteln

---

313 Eine entsprechende Trennung kann man auch für die anderen Gewinnverwendungsarten vornehmen. Sie tritt jedoch — was besonders bei den vertraglichen Verpflichtungen deutlich wird — dort nicht so in Erscheinung, wie es bei der Gewinnausschüttung der Fall ist. Gleichwohl berücksichtigt die Unternehmung diese Möglichkeit bei der Darstellung der „Gewinnverwendungskonzeption".

314 Wie später zu zeigen sein wird, können strategische Erwägungen bei „ausreichendem" und bei „nicht ausreichendem Gewinn" angestellt werden. Ein Aktionsspielraum ist in beiden Fällen notwendig. Die prinzipiellen Ableitungen des folgenden Abschnittes werden hiervon noch nicht berührt.

abgeleitet werden, grundsätzlich nicht entziehen[315]. Im Ausmaß der eingegangenen Verpflichtungen hat sich die Unternehmung der Möglichkeit begeben, mit der Gewinnausschüttung Unternehmungspolitik zu betreiben. Gleichwohl erfolgt die Einräumung dieser Rechte ebenfalls aus unternehmungspolitischen Erwägungen im Rahmen der langfristigen Finanzierungsplanung.

Bestehen derartige Verpflichtungen nicht, oder betreffen sie nur einen Kreis von Eigenkapitalgebern, ist eine weitere Gewinnausschüttungsnotwendigkeit in der Befriedigung berechtigter Ausschüttungserwartungen zu erblicken. Das Ausmaß dieser Gewinnausschüttung ist davon abhängig, welche Interessen die Eigenkapitalgeber mit der Kapitalüberlassung verfolgen. Es wurde aufgezeigt, daß aus den verschiedenen Interessenlagen unterschiedliche Gewinnausschüttungserwartungen resultieren. Hierbei spielt gleichfalls eine wesentliche Rolle, welche Interessenlage in der Unternehmung den maßgeblichen Einfluß auf die Gewinnausschüttung ausübt. Die dominierende Interessenlage wird aber auch Rücksichten nehmen, wenn sie die Bedingungen und Möglichkeiten des Kapitalmarktes ins Auge faßt. Hierdurch kann das Ausmaß dieser Gewinnausschüttung situationsbedingt sein, es kann auch Gegenstand einer prinzipiellen „Gewinnverwendungskonzeption" werden[316].

3. Gewinnausschüttungsverpflichtungen für die Entschädigung unternehmerischer Leistungen bestehen, wenn die Unternehmung Tantiemevereinbarungen getroffen hat. Sind diese prozentual fixiert, ist ein bestimmter Teil des erzielten Unternehmungsgewinnes gebunden. Je größer der Kreis der „Mitunternehmer" ist, um so enger wird der Spielraum für unternehmungspolitische Maßnahmen mit einem „frei verfügbaren" Gewinn. Die Unternehmung wird gegeneinander abwägen, ob eine dezentralisierte Entscheidungsstruktur des organisatorischen Aufbaues, verbunden mit Gewinnausschüttungsverpflichtungen, gegenüber der Möglichkeit, mit dem Gewinn situationsbedingten Zweckmäßigkeitserwägungen folgen zu können, sinnvoller ist.

4. Eine Gewinnausschüttungsverpflichtung der Belegschaft gegenüber besteht dann, wenn die Unternehmung die Gewinnbeteiligung in einer Betriebsverfassung festgelegt hat. Im Ausmaß der getroffenen Abmachungen ist der erzielte Gewinn für anderweitige Dispositionen nicht verfügbar. Die vertragliche Regelung der Gewinnbeteiligung erfolgt — neben der Berücksichtigung sozialer Erfordernisse — aus unter-

---

[315] Über mögliche Prolongationen derartiger Verpflichtungen bei „nicht ausreichendem" Unternehmungsgewinn unterrichten die Ausführungen auf S. 210 ff.

[316] Im Rahmen des Abschnittes „Die Gewinnverwendungsentscheidung" wird diese Möglichkeit untersucht.

nehmungspolitischen Überlegungen, die in das Gebiet der Gewinnerzielung eingreifen. Feste Vereinbarungen vermeiden das Gefühl der Willkür, geben Sicherheit und Dispositionsmöglichkeiten über das zukünftige Einkommen; damit wird ein Leistungsanreiz geschaffen.

Wenn eine Betriebsverfassung fehlt, besteht gleichwohl eine Gewinnausschüttungsnotwendigkeit. Ihr Ausmaß ist in der Erfüllung berechtigter Gewinnausschüttungserwartungen zu erblicken.

b) Die Gewinnausschüttung als Instrument der Unternehmungspolitik

Die Möglichkeit, das Instrument der Gewinnausschüttung für unternehmungspolitische Zwecke einzusetzen, ist somit davon abhängig, inwieweit die Unternehmung sich hierfür einen Aktionsspielraum bewahrt hat oder schafft[317]. Soweit sie Gewinnausschüttungsverpflichtungen eingegangen ist, liegt dieser nicht vor.

Eine Gewinnausschüttung aus unternehmungspolitischen Gründen kann in verschiedenen Situationen geboten sein. Oft läßt die Absicht, Kapitalerhöhungen durchzuführen, eine Pflege der Eigenkapitalgeber auch über das Maß berechtigter Gewinnausschüttungserwartungen hinaus ratsam erscheinen. Die Verhältnisse am Arbeitsmarkt können außergewöhnliche Gewinnbeteiligungen an Arbeitnehmer sinnvoll erscheinen lassen. Die Absatzsituation der Unternehmung kann die Einstellung eines hervorragenden Verkaufschefs erfordern, der eine hohe Gewinnbeteiligung verlangt. Die Wirksamkeit derartiger unternehmungspolitischer Maßnahmen ist um so größer, je höher der hierzu verfügbare Gewinn ist. Daraus kann die Tendenz erwachsen, die Ausschüttungsverpflichtungen möglichst klein zu halten.

Unternehmungspolitische Gewinnausschüttungen werden von den Gewinnbegünstigten aus ihren unterschiedlichen Interessenlagen heraus beurteilt. Auch kann ein gewonnener Aktionsspielraum aus der Vermeidung von Gewinnausschüttungsverpflichtungen durchaus für andere unternehmungspolitische Maßnahmen verwendet werden. Der für unternehmungspolitische Maßnahmen notwendige „frei verfügbare" Gewinn leitet sich darüber hinaus auch aus den Dispositionen über andere Gewinnverwendungsarten ab. Daher sind unternehmungspolitische Maßnahmen jeglicher Gewinnverwendung nicht isoliert zu betrachten, sondern stehen im Rahmen der alle Gewinnverwendungsmöglichkeiten umfassenden Gewinnverwendungsentscheidung.

---

[317] Die Bildung eines Aktionsspielraumes für unternehmungspolitische Maßnahmen kommt bei „nicht ausreichendem" Unternehmungsgewinn in Betracht. Siehe hierüber S. 210 ff.

5. Zusammengefaßtes Ergebnis

1. Die Gewinnwirksamkeit der Einsatzleistungen erscheint exakt nicht meßbar. Aus den Quellen der Entstehung des Unternehmungsgewinnes und Prinzipien seiner Erzielung sind daher bewertbare Anspruchselemente sinnvoll nicht abzuleiten. Der Unternehmungsgewinn steht somit der Gewinnausschüttung als unteilbare Größe gegenüber. Eine reale Lösung der Gewinnausschüttungsfrage erblickt die Untersuchung in der Anwendung der „personellen Erklärung der Einkommensverteilung". Sie ist dann ein Problem von Ansprüchen und Anspruchsbefriedigungen unter Zugrundelegung des Preisbildungsmechanismus. Damit stellt in gewisser Weise diese Form der Einkommensverteilung auch eine „Zurechnungsart" dar, deren Problematik in der Schlüsselfindung liegt. Dennoch ist deutlich der prinzipielle Unterschied zur eigentlichen „Gewinnzurechnung" unverkennbar.

Ansprüche auf Ausschüttung des Unternehmungsgewinnes werden für die Überlassung von Eigenkapital, für unternehmerische Leistungen und für die Wahrung der Belange der Unternehmungsbelegschaft entsprechend der obwaltenden Sozialstruktur erhoben.

2. Die Gewinnausschüttungserwartungen der Eigenkapitalgeber sind abhängig von dem Zweck, den sie mit der Kapitalüberlassung verfolgen. Sie können zwischen Maximalforderungen und Gewinnverzicht tolerieren. Bestimmte Eigenkapitalgeber richten ihre Ausschüttungserwartung nach der erzielbaren Rentabilität anderweitiger Kapitalanlagemöglichkeiten aus. Hierdurch wirken Kapitalmarktbedingungen auf die Gewinnausschüttung ein.

Die Ausschüttungsbereitschaft der Unternehmung leitet sich aus ihrer Eigengesetzlichkeit ab. Sie wird danach streben, einen marktgerechten Preis für „vergleichbares Kapital" auszuschütten. Kapitalmarktbedingungen und Beschränkungen in der Kapitalauswahl wirken auf ihre Gewinnausschüttungsbereitschaft ein.

Das Risiko des Kapitalverlustes ist in den Anlagekalkül der Eigenkapitalgeber eingeschlossen. Risikopolitik der Unternehmung und Sicherheitsbedürfnis der Eigenkapitalgeber sind komplementäre Größen. Eine mögliche „Risikodifferenz" wird innerhalb des ungeteilten Gewinnausschüttungsanspruches für Eigenkapitalüberlassung ausgeglichen.

3. Die unternehmerische Leistung erblickt die Untersuchung im Fällen „gewinnwirksamer Entscheidungen". Die Entscheidungsstruktur der Unternehmung bestimmt, wer diese Leistungen erbringen kann.

Ihre Gewinnausschüttungserwartungen leiten die Unternehmer aus ihrer Qualifikation und ihren Entfaltungsmöglichkeiten her. Auf sie können Bedingungen des Arbeitsmarktes einwirken; auch immaterielle Vorteile können als Entschädigung gewertet werden. Die Ausschüttungsbereitschaft der Unternehmung richtet sich nach der Qualität der unternehmerischen Leistung aus. Da die Wirkung der gewinnwirksamen Entscheidung auf den Unternehmungsgewinn exakt nicht meßbar ist, können Vergleichsmaßstäbe hierfür herangezogen werden. Sie sind beispielsweise aus der Konzeption der „Pretialen Lenkung“ zu entwickeln. Auf die Ausschüttungsbereitschaft der Unternehmung wirken ebenfalls die Konditionen vergleichbarer unternehmerischer Qualifikationen, die der Markt anbietet, ein.

In eine tiefgegliederte Entscheidungsstruktur der Unternehmung fügt sich die Gewinnbeteiligung der Belegschaft nach dem Prinzip der „Mitunternehmerschaft“ organisch ein.

4. Den Anspruch der Belegschaft auf Gewinnausschüttung erklärt die Untersuchung aus der „sozialen Rolle“, die die Unternehmung im Rahmen der bestehenden Wirtschafts- und Gesellschaftsordnung spielt. Erkennt diese die Belegschaft als „mit-gewinnbewirkenden Leistungsfaktor“ an, richten sich hiernach die Gewinnausschüttungserwartungen der Belegschaft aus. Die Ausschüttungsbereitschaft der Unternehmung berücksichtigt die Erfüllung der an die Belegschaft im Hinblick auf die Gewinnerzielung gerichteten „Rollenerwartungen“ und die Erfordernisse auf Grund der obwaltenden Sozialstruktur.

5. Bei der Gewinnausschüttung erfüllt die Unternehmung Ausschüttungsnotwendigkeiten im Ausmaß eingegangener Verpflichtungen und berechtigter Erwartungen. Die Gewinnausschüttung kann auch ein Instrument der Unternehmungspolitik sein.

Die Gewinnausschüttungsentscheidung steht im Rahmen der Gewinnverwendungsentscheidung, die auf Grund aller bestehenden Interessenlagen das Ausmaß der Gewinnausschüttung, der Gewinninvestition und der Gewinnreservierung festlegt.

D. Die Gewinnverwendungsentscheidung

1. Während in den vorangegangenen Abschnitten der Untersuchung die Gewinnverwendungsarten herausgestellt und hierbei isoliert ihre Bestimmungsgründe und die Bedingungen ihrer Durchführung analysiert wurden, ist nunmehr die entscheidende Frage zu beantworten, in welchem Umfang sich die Unternehmung in verschiedenen Situationen zu Gewinnreservierungen, Gewinninvestitionen und Gewinnausschüttungen entschließt. Damit sind die Bestimmungsgründe der Gewinnverwendungsentscheidung selbst herauszuarbeiten.

2. Die Gewinnverwendungsentscheidung der Unternehmung wird von denjenigen Personen gefällt, denen die Befugnis über die Gewinnverwendung zusteht, die die unmittelbaren Träger der Gewinnverwendungsentscheidungen sind. Diese Befugnis kann von einer oder von mehreren Personen ausgeübt werden.

Disponieren mehrere Personen über die Gewinnverwendung, können die Ansichten über die Zweckmäßigkeit einer Verwendungsrichtung oder den Vorrang einer Gewinnverwendungsart vor anderen geteilt sein. Maßgeblichen Einfluß auf sein Urteil übt die Interessenlage des Gewinndisponenten aus, die subjektiv bedingt ist und je nach der Höhe des vorhandenen Gewinnes, der gesamtwirtschaftlichen Situation, der Branchenlage, den Verhältnissen des Kapitalmarktes, des Arbeitsmarktes u. a. m. eine unterschiedliche Gestalt annehmen kann. Die Gewinnverwendungsentscheidung wird von der Interessenlage der dominierenden Disponentengruppe geprägt. Das braucht nicht zu bedeuten, daß ausschließlich deren Belange zum Zuge kommen. Situationsbedingt wird auf andere Faktoren Rücksicht genommen; wirtschaftliche Erwägungen genießen Vorrang gegenüber Dispositionsrechten.

Es wird daher zu prüfen sein, welche Personen in der Unternehmung über die Gewinnverwendung bestimmen, von welchen grundsätzlichen Interessenlagen sie sich hierbei leiten lassen, und wie wechselnde Gegebenheiten diese beeinflussen können.

3. Die Gewinnverwendungsentscheidung der Unternehmung kann ohne sich eine hierauf unmittelbar erstreckende Befugnis mittelbar beeinflußt werden. Sind Personen mit Entscheidungsbefugnissen, die den Unternehmungsablauf betreffen, ausgestattet, können die von ihnen eingeleiteten Maßnahmen bestimmte Gewinnverwendungen auslösen.

Diese Disponenten sind insoweit nicht als unmittelbare, doch aber als mittelbare Träger der Gewinnverwendungsentscheidung anzusehen. Das gleiche gilt, wenn Organe außerhalb der Unternehmung Einfluß auf die Gewinnverwendungsentscheidung nehmen.

4. Die Gewinnverwendungsentscheidung wird von der Höhe des erzielten Gewinnes maßgeblich beeinflußt. Hat die Unternehmung einen „ausreichenden“[1] Gewinn erzielt, kann sie nicht unbeschränkt über ihn verfügen. Die getroffenen Ableitungen ließen erkennen, daß bestimmte Gewinnverwendungen unabdingbar sind. Insoweit liegt eine gebundene Gewinnverwendung vor, die in diesem Ausmaß strategische Maßnahmen mit Hilfe der Gewinnverwendung nicht zuläßt. Auch kann die Unternehmung eine aus ihrer Zielsetzung abgeleitete prinzipielle Gewinnverwendungskonzeption haben, deren Erfüllung sie als vorrangig und damit als gebundene Gewinnverwendung betrachtet. Erst darüber hinaus sollen dann mit dem „frei verfügbaren Gewinn“ fallweise unternehmungspolitische Gewinnverwendungen stattfinden, die eine Gewinninvestitions-, -reservierungs- und -ausschüttungspolitik zum Gegenstand haben.

Reicht der erzielte Gewinn nicht aus, eingegangene Verpflichtungen, berechtigte Erwartungen und die möglicherweise bestehende Gewinnverwendungskonzeption zu erfüllen, erlangen strategische Maßnahmen besondere Bedeutung. Die Unternehmung kann hierbei versuchen, das Instrument der Gewinnverwendung auch zur Überwindung der Situation „nicht ausreichenden“ Gewinnes einzusetzen. Sie wird dann bestrebt sein, sich einen Aktionsspielraum über einen frei verfügbaren Gewinn zu schaffen, mit dem sie aktiv die Ursachen des nicht ausreichenden Gewinnes bekämpft.

Hiernach ist herauszuarbeiten, welche Gewinnverwendungsentscheidungen bei derartig wechselnden Situationen unter Berücksichtigung der einzelnen Interessenlagen der Gewinndisponenten zustande kommen.

5. Somit sind dem kommenden Abschnitt der Untersuchung folgende Fragen zur Beantwortung gestellt:

a) Welche Personen bestimmen über die Gewinnverwendung der Unternehmung oder nehmen Einfluß auf sie und inwieweit wirken sich hierauf ihre unterschiedlichen Interessenlagen aus?

b) Für welche Gewinnverwendungen entscheiden sich die Gewinndisponenten bei ausreichendem Unternehmungsgewinn, inwieweit

---

[1] Dieser Umfang des „ausreichenden“ und „nicht ausreichenden“ Gewinnes — vom Standpunkt der Gewinnverwendung — wird später genauer bestimmt. Siehe S. 186 f.

werden getroffene Gewinnverwendungsbindungen vollzogen und strategische Entscheidungen gefällt?

c) Welche Gewinnverwendungsentscheidungen kommen bei nicht ausreichendem Gewinn zustande, inwieweit gelingt es der Unternehmung, einen Aktionsspielraum für unternehmungspolitische Maßnahmen zu schaffen, und wie wirken sich die Ursachen des nicht ausreichenden Gewinnes auf die Gewinnverwendungsentscheidung aus[2]?

I. Die Träger der Gewinnverwendungsentscheidung und ihre prinzipiellen Interessenlagen

Die Frage, wer die Träger der Gewinnverwendungsentscheidung (Gewinndisponenten) sind, ist eng mit der Frage nach den „Trägern der betrieblichen Willensbildung"[3] verbunden. Zu einer Verknüpfung beider Fragestellungen ist zu prüfen, inwieweit sich die Willensbildung auch auf die Verwendung des von der Unternehmung erzielten Gewinnes auswirkt oder erstreckt. Träger der Willensbildung können die Eigentümer der Unternehmung und Personen (auch Gremien) sein, denen Entscheidungsbefugnisse delegiert sind. Hierunter sind auch unternehmungsexterne Organe zu verstehen, die Einfluß auf die Gewinnverwendungsentscheidung nehmen.

1. Der Einfluß des Eigentums an der Unternehmung auf die Gewinnverwendungsentscheidung

1. *Gutenberg* nennt das „Eigentum an den Produktionsmitteln" das „erste Zentrum betrieblicher Willensbildung"[4]. Das Eigentum an einer Unternehmung wird durch den Eigenkapitalbesitz dokumentiert. Es tritt bei Einzelunternehmungen in ungeteilter Form auf. Im Hinblick auf die Willensbildung können auch juristische Gesellschaftsformen „Einzelunternehmungen" sein, sofern sich der Eigenkapitalbesitz in einer Hand konzentriert. Das Eigentum tritt bei „Gesellschaftsunternehmungen" in geteilter Form auf, je nachdem, wieviel Eigenkapitalgeber vorhanden sind[5].

---

[2] Ein korrekter Ausgleich der Interessenlagen erfordert die Einhaltung einer wesentlichen Bedingung: Der verwendungsbereite Unternehmungsgewinn muß den Gewinndisponenten bekannt sein. Das braucht nicht zu bedeuten, daß der Unternehmungsgewinn publiziert wird. Eine theoretische Analyse, die exakt arbeiten will, muß jedoch frei sein von der realen Erscheinung, nach der der Unternehmungsgewinn aus möglicherweise unternehmungspolitisch vertretbaren Gründen von der Geschäftsleitung verschleiert wird.

[3] Gutenberg, E.: Grundlagen der Betriebswirtschaftslehre, 1. Bd., a. a. O., S. 370.

[4] Gutenberg, E.: ebda., S. 370 f.

[5] Siehe die Darstellung bei Gutenberg, E.: ebda., S. 372 f.

Ein wesentliches Recht aus dem Eigentum an einer Unternehmung kann die Befugnis sein, über den erzielten Gewinn zu verfügen. Der Umfang der Befugnis ist davon abhängig, wie stark das Eigentumsrecht an der Willensbildung teilnimmt und damit auch auf die Verwendung einwirken kann. Es nimmt hierauf unbeschränkten Einfluß, wenn nur ein Eigentümer vorhanden ist. In Gesellschaftsunternehmungen kann die Mitwirkung an der Willensbildung und damit auch der Einfluß auf die Gewinnverwendungsentscheidung differenziert auftreten. Es ist möglich, daß alle Eigenkapitalgeber durch entsprechende Ausgestaltung ihrer Anteilsrechte gleiche Befugnisse haben. Es ist ebenfalls möglich, daß bestimmte Eigenkapitalgeber anderen gegenüber stärkere Rechte genießen (z. B. Anteile mit mehrfachem Stimmrecht). Auch können Eigenkapitalgeber von der Willensbildung und damit auch von der Entscheidung über die Gewinnverwendung ausgeschlossen sein, ohne daß sie ihrer sonstigen Rechte aus dem Eigentum verlustig gehen (z. B. stimmrechtslose Anteile). Auch die Konzentration von Eigentumsrechten wirkt in unterschiedlich starkem Maße auf die Gewinnverwendungsentscheidung ein. In der Realität sind die verschiedensten Gestaltungsformen möglich, auch werden sie vielfach durch das Gesetz bestimmt[6].

2. Der Einfluß auf die Gewinnverwendungsentscheidung auf Grund des Eigentumsrechtes wird wesentlich davon abhängen, welche Interessen mit der Eigenkapitalüberlassung verfolgt werden[7].

Eigenkapitalgeber, die sich langfristig der Unternehmung verbunden fühlen und ihre Kapitalüberlassung als langfristige Einkommensquelle betrachten, erstreben tendenziell nachhaltig eine „angemessene" Gewinnausschüttung. Sie schätzen Risikenvorsorge, Kapitalerhaltung, Gewinninvestitionen. Liegt kein ausreichender Gewinn vor, verzichten sie eventuell vorübergehend auf eine Gewinnausschüttung zugunsten von Sicherheitsvorkehrungen und rentabilitätssteigernden Maßnahmen. Sofern es die Situation verlangt, halten sie Kapitalmarktpflege oder Gewinnbeteiligung für gut, wenn damit die Sicherheit ihrer Ein-

---

[6] Es darf in diesem Zusammenhang auf die einschlägigen Bestimmungen des Gesellschaftsrechtes verwiesen werden, die jedoch in den weitaus meisten Fällen durch Vereinbarungen ersetzt sind.

[7] Hoffmann, A.: Der Gewinn der kaufmännischen Unternehmung, Leipzig 1929, S. 163 spricht noch davon, daß die „privatkapitalistische Einstellung" der Aktionäre „in erster Linie auf Ausschüttung des ganzen Gewinnes gerichtet" sei. „Die ‚Dividendenhungrigkeit' des Aktionärs ist ein internationales Schlagwort geworden." Es darf aber wohl mit Recht angenommen werden, daß auch zu dieser Zeit bereits unterschiedliche Interessenlagen bestanden haben, die nicht erkannt oder schlechthin majorisiert wurden. Damit muß, bedingt durch die Rechtsordnung, gerechnet werden. Wie aber nachzuweisen sein wird, spielt bei einem Vorhandensein mehrerer Interessenlagen der Faktor „Rücksichtnahme" bei Wahrung wirtschaftlicher Gegebenheiten eine wesentliche Rolle.

kommensquelle gefördert wird. Diese Gruppe von Gewinndisponenten wird versuchen, aus ihrer Interessenlage heraus Einfluß auf die Gewinnverwendungsentscheidung zu nehmen.

Eigenkapitalgeber, deren Interesse auf kurzfristig hohe Einkommenserzielung aus der Gewinnausschüttung gerichtet ist, vernachlässigen Sicherheitsvorkehrungen und Gewinninvestitionen, wenn ihre Kapitalüberlassungserwägungen dieses zulassen. Sofern ein ausreichender Gewinn erzielt wurde, werden sie sich — soweit ihre Ausschüttungserwartungen befriedigt bleiben — Gewinninvestitionen nicht widersetzen, wenn ihre Einkommensinteressen damit gefördert werden. Liegt kein ausreichender Gewinn vor, tendieren sie möglicherweise zu anderen Kapitalanlagen, was die Unternehmung veranlassen kann, zu Lasten anderer Gewinnverwendungsarten Gewinnausschüttungen an diese Kapitalgeber vorzunehmen. Ist ihnen der Weg zu einem Wechsel der Kapitalanlage verschlossen, werden sie bei nicht ausreichendem Gewinn eher zu rentabilitätssteigernden Gewinninvestitionen geneigt sein als zur Risikenvorsorge oder Schuldrückzahlung. Sie nehmen eine andere Einstellung zu Gewinnbeteiligungen ein als die langfristig gebundenen Eigenkapitalgeber. Diese Gruppe von Gewinndisponenten wird bestrebt sein, aus ihren wechselnden Interessen heraus Einfluß auf die Gewinnverwendungsentscheidung zu nehmen[8].

Eigenkapitalgeber, die ausschließlich auf eine langfristige Kapitalanlage in der Unternehmung bedacht sind, werden stets Sicherheitsvorkehrungen fördern. An Gewinnausschüttungen sind sie grundsätzlich uninteressiert. Soll der Kapitalwert gesteigert werden, tendieren sie zu Gewinninvestitionen bei parallellaufender Sicherung gegen Risiken. Aus diesem Aspekt beurteilen sie auch Kapitalmarktpflege und Gewinnbeteiligung.

---

[8] Weber, K.: Dividendenpolitik, Zürich 1955, S. 29 ff. spricht von „Aktionären mit Außeninteressen" und „Aktionären ohne Außeninteressen". Der Unterschied besteht darin, ob „einzelne Groß- und Kleinaktionäre alle ihre erwerbswirtschaftlichen Ziele ohne zusätzliche Betätigung außerhalb der Unternehmung erreichen können" oder nicht. Diese zweifellos sinnvolle Typisierung erscheint der Untersuchung für grundsätzliche Ableitungen zu eng. Für die Einflußnahme auf die Gewinnverwendungsentscheidung genügt die von der Untersuchung getroffene Unterscheidung, die auch eher der Realität entspricht. Auch ist kein prinzipieller Unterschied darin zu erblicken, ob ein Groß- oder ein Kleinaktionär „Außeninteressen" hat. Die tendenzielle Interessenlage bleibt gleich. Ein hiervon unabhängiger Unterschied besteht allerdings darin, inwieweit eine Interessenlage wirksam durchgesetzt werden kann. Erst hierbei kann es von Bedeutung sein, ob ein Großaktionär oder die Kleinaktionäre auftreten. Daher weichen die von Weber dargestellten vermuteten Zielsetzungen der Aktionäre hinsichtlich der Gewinnverwendung von hier fixierten Interessenlagen verständlicherweise in Einzelfällen ab. Das Schwergewicht der im übrigen trefflichen Schrift von Weber liegt auf einer Darstellung der „Mittel der Dividendenpolitik", auf die ergänzend hingewiesen wird.

Die Verhaltensweise des Spekulanten kann lang- oder kurzfristig ausgerichtet sein. Hiernach bevorzugt er Gewinnausschüttungen oder Gewinninvestitionen, er ist an einer Sicherheits- oder Gewinnbeteiligungspolitik kaum interessiert[9].

3. Der Einfluß des Eigentums auf die Gewinnverwendungsentscheidung ist daher von verschiedenen, wechselnden Interessenlagen und von der jeweiligen Stärke, mit der sie sich äußern, abhängig. Dieses Recht aus dem Eigentum wird von wirtschaftlichen Zweckmäßigkeitserwägungen erfüllt. Die zu Gewinndispositionen befugten Eigenkapitalgeber sind unmittelbare Träger der Gewinnverwendungsentscheidung.

2. Der Einfluß delegierter Entscheidungsrechte auf die Gewinnverwendungsentscheidung

Entscheidungsrechte können von den Eigentümern der Unternehmung delegiert werden. Es tritt die Frage auf, ob die Gewinnverwendungsentscheidung hierdurch mittelbar beeinflußt wird, und inwieweit auch Gewinnverwendungsentscheidungen selbst übertragen werden. Beide Möglichkeiten können im Rahmen der Befugnisse der Geschäftsleitung[10] und des Mitbestimmungsrechtes bestehen.

a) Der Einfluß der Geschäftsleitung

1. Die Befugnisse einer Geschäftsleitung — als „zweites Zentrum betrieblicher Willensbildung“[11] — erstrecken sich für gewöhnlich auf den „normalen Geschäftsgang“, auf die „laufenden geschäftlichen Dispositionen“[12]. Die Art der hiermit im einzelnen übertragenen Dispositionsrechte bestimmt, ob sie mittelbar auf die Gewinnverwendungsentscheidung einwirken. Schließt die Geschäftsleitung Verkaufsverträge ab, aus denen Risiken erwachsen, werden bei der Gewinnverwendungsentscheidung Gewinnreservierungen notwendig. Disponiert sie spekulativ Warenbezüge, die zu Verlusten führen, wird eine ausgleichende Gewinninvestition vorgenommen. Insoweit ist die Geschäftsleitung ein mittelbarer Träger der Gewinnverwendungsentscheidung.

2. Auch eine unmittelbare Befugnis über die Gewinnverwendung kann der Geschäftsleitung eingeräumt sein. Ist sie berechtigt, in be-

---

[9] Es darf in diesem Zusammenhang ergänzend auf die Charakterisierung des „Spekulanten“ bei Kaiser, H.: Dividendenpolitik, Bern 1938, S. 54 ff. hingewiesen werden.

[10] Hiermit sollen auch untere Instanzen im Unternehmungsaufbau umschlossen sein, soweit sie Dispositionsrechte ausüben. Auch kann die Geschäftsleitung einzelnen Gesellschaftern übertragen sein. Diese vereinigen dann in sich die Interessenlagen als „Geschäftsleitung“ und als „Eigentümer“.

[11] Gutenberg, E.: Grundlagen der Betriebswirtschaftslehre, 1. Bd., a. a. O., S. 383 f.

[12] Gutenberg, E.: ebda., S. 373.

stimmtem Umfang Gewinninvestitionen im Laufe der Erfolgsperiode vorzunehmen, wird ein entsprechender Gewinnteil von einer anderweitigen Verwendung ausgeschlossen. Darf sie Verträge mit Arbeitnehmern abschließen, die Tantiemevereinbarungen enthalten, wird die spätere Gewinnverwendung in dieser Höhe gebunden. Oft begnügen sich die Eigenkapitalgeber mit einer standesgemäßen Gewinnentnahme und überlassen darüber hinaus Gewinninvestitions-, -reservierungs- und -beteiligungspolitik ihren Geschäftsleitern. Das Aktiengesetz räumt Vorstand und Aufsichtsrat die Feststellung des auszuschüttenden Gewinnes und damit die Befugnis zu Gewinninvestitionen und Gewinnreservierungen ein[13]. In diesen Fällen ist die Geschäftsleitung ein unmittelbarer Träger der Gewinnverwendungsentscheidung.

3. Das Ausmaß der Bestimmung oder Mitbestimmung einer Geschäftsleitung über die Gewinnverwendung ist daher vom Umfang der übertragenen Dispositionsrechte abhängig. Insoweit begeben sich die Eigentümer der Unternehmung eigener Entscheidungsmöglichkeiten. Der Geschäftsleitung kann auch, ohne daß sie spezielle Gewinnverwendungsbefugnisse hat, ein Mitspracherecht über die Gewinnverwendung eingeräumt sein. Sofern sie unmittelbar oder auf dem vorgenannten Wege Einfluß auf die Gewinnverwendung nimmt, wird auch sie eine Interessenlage entwickeln, die von der jeweils obwaltenden wirtschaftlichen Situation und von der Höhe des vorhandenen Gewinnes abhängig ist. Sie wird tendenziell auf Erhaltung und Ausweitung der Unternehmung, auf den reibungslosen Ablauf des Unternehmungsprozesses bedacht sein. Aus diesem Aspekt forciert sie rentabilitätssteigernde Investitionen, Sicherungspolitik, Gewinnbeteiligungen. Wurde kein ausreichender Gewinn erzielt, liegt ihr Kapitalmarktpflege als Anreiz für Neuemissionen zum Zwecke der Durchführung von Rationalisierungs- und Erweiterungsinvestitionen nahe. Hierbei spielt das unterschiedliche Naturell der Geschäftsleiter eine wesentliche Rolle: Der dynamische Typ drängt nach Expansion, der verwaltende Typ nach Sicherung.

Auch bei weitgehenden Befugnissen ist die Einflußnahme der Geschäftsleitung auf die Gewinnverwendung bestimmten, auch situationsabhängigen Bedingungen unterworfen. Sie wird trotz ausreichend vorhandenen Gewinnes diesen nicht investieren können, ohne gleichzeitig

---

[13] Weber, K.: Dividendenpolitik, a. a. O., S. 46 ff. trifft den Unterschied zwischen einem „determinierenden" und einem „dirigierenden" „Einfluß der Verwaltung auf die Dividendenpolitik". Ein determinierender Einfluß liegt in den Fällen vor, „wo die Verwaltung als einziges Unternehmungsorgan über die Gewinnausweisung und Überschußverwendung zu befinden hat ...". Dirigierend sei der Einfluß vor allem dann, wenn „die dividendenpolitisch wichtigsten Vorentscheidungen von den Verwaltungsorganen getroffen werden"; z. B. also die Aufstellung der Bilanz, Bildung stiller Rücklagen. Der vorliegenden Untersuchung scheinen aber darüber hinaus auch die Übergangsformen und die Gewichtung der Interessenlagen von Bedeutung zu sein.

Gewinnreservierungen für erkennbare oder mögliche Risiken vorzunehmen. Auch kann sie nicht, wozu sie oft geneigt ist, Gewinnreservierungen gegen jedes nur mögliche Risiko zu Lasten notwendiger Rationalisierungsinvestitionen bilden. Vorstand und Aufsichtsrat der Aktiengesellschaft haben bei der Bemessung der Dividende auf Kapitalmarktentwicklungen Rücksicht zu nehmen.

4. Die Gewinnverwendungsentscheidung der Unternehmung kann somit in unterschiedlicher Stärke von der Geschäftsleitung beeinflußt oder geprägt werden[14]. Sie kann mittelbar oder unmittelbar Träger der Gewinnverwendungsentscheidung sein. Auch hier wird die Ausübung eingeräumter Rechte durch wirtschaftliche Erwägungen bestimmt.

b) Der Einfluß des Mitbestimmungsrechtes

1. Die Einflußnahme der Belegschaft — als „drittes Zentrum betrieblicher Willensbildung“[15] — auf die Gewinnverwendungsentscheidung der Unternehmung ist davon abhängig, wie weit ihre Befugnisse im Rahmen eines gesetzlichen oder eines in der Betriebsverfassung zwischen den Sozialpartnern vereinbarten Mitbestimmungsrechtes gehen.

Sofern die Belegschaft bei wesentlichen laufenden Geschäftsabschlüssen oder Investitionsentscheidungen (ohne Gewinnfinanzierung) mitwirkt, übt sie mittelbaren Einfluß auf die Gewinnverwendungsentscheidung aus, wenn durch diese Transaktionen eventuell Gewinnreservierungen ausgelöst werden. Sie ist dann (mit) ein mittelbarer Träger der Gewinnverwendungsentscheidung. Besteht ein Mitbestimmungsrecht für das Personal- und Sozialwesen, erfolgt eine unmittelbare Einflußnahme auf die Gewinnverwendungsentscheidung, wenn sie hierbei über das Ausmaß sozialpolitischer Gewinninvestitionen, über die Vereinbarung einer Gewinnbeteiligung oder über den Abschluß von Tentiemeverträgen entscheidet oder mit entscheidet. Auch ist möglich, daß sich das Mitbestimmungsrecht auf die Realisierung einer bestimmten Kapitalerhaltungsvorstellung ausdehnt. Denkbar ist ebenfalls, daß die Belegschaft allgemein über die Gewinnverwendung mit befindet. Entscheidet bei nicht ausreichendem Gewinn die Belegschaft mit über die Durchführung einer Rationalisierungsinvestition zu Lasten der Gewinnbeteiligung, nimmt sie ebenfalls unmittelbaren Einfluß auf die Gewinnverwendungsentscheidung. In diesen Fällen ist die Belegschaft (mit) ein unmittelbarer Träger der Gewinnverwendungsentscheidung.

2. Sofern die Belegschaft (mit) ein unmittelbarer Träger der Gewinnverwendungsentscheidung ist, kann sie ebenfalls unterschiedliche situa-

[14] Es wird auf die Darstellung weiterer Einflußnahmen auf S. 210 verwiesen.

[15] Gutenberg, E.: Grundlagen der Betriebswirtschaftslehre, 1. Band, a. a. O., S. 391 f.

tionsbedingte Interessenlagen entwickeln. Die Stammarbeitnehmer, die in der Unternehmung ihren Dauerarbeitsplatz sehen, sind zwar an einer Gewinnausschüttung auf Grund der Gewinnbeteiligung interessiert; sie unterstützen sicher aber auch Kapitalerhaltung und Risikenvorsorge. Arbeitnehmer, die ausschließlich hohe Einkünfte zu erzielen wünschen und bereit sind, dieserhalb ihren Arbeitsplatz zu wechseln, tendieren ausschließlich nach hohen Gewinnausschüttungen.

3. Ein Einfluß der Belegschaft auf die Gewinnverwendungsentscheidung der Unternehmung ist somit von der Gestaltung des Mitbestimmungsrechtes abhängig. Die Ausübung derartiger Befugnisse wird von wirtschaftlichen Erwägungen erfüllt sein.

3. Externe Einflußnahmen auf die Gewinnverwendungsentscheidung

Auch Organe außerhalb der Unternehmung können Einfluß auf die Gewinnverwendungsentscheidung nehmen. Situationsabhängige Interessenlagen wirken sich auch hier aus. Der Staat erhebt Gewinnsteuern und -abgaben. Hat die Unternehmung keinen ausreichenden Gewinn erzielt, und ist der Staat um diese Steuerquelle besorgt, wird er zugunsten rentabilitätssteigernder Gewinninvestitionen die Steuern evtl. stunden. Eine Bank kann die Kreditgewährung von Rationalisierungsinvestitionen oder von Gewinnreservierungen für die Kapitalerhaltung abhängig machen. Sie kann aus Geschäftsabsichten auch andere Interessenlagen entwickeln. Sofern die Unternehmung keinen ausreichenden Gewinn erzielt hat, wird eine geplante Gewinninvestition durch Schuldrückzahlung dann unterbleiben, wenn die Gläubiger bereit sind, die Ablösung zu prolongieren. Sie machen aber eventuell zur Bedingung, daß der Gewinn nicht ausgeschüttet, sondern zur Erzielung eines wieder ausreichenden Gewinnes verwendet wird.

In diesem Zusammenhang ist auch der Einfluß der Steuergesetzgebung auf die Gewinnverwendungsentscheidung zu nennen. Am stärksten wirken sich diejenigen — im Laufe der Zeit wechselnden — Bestimmungen aus, die entweder die Gewinnausschüttung oder die Gewinnthesaurierung begünstigen. Je nachdem liegt das Schwergewicht der Gewinnverwendungsentscheidung auf der einen oder anderen Gewinnverwendungsart. Die Interessenlagen der Gewinnbegünstigten wirken sich dann im Rahmen des der Unternehmung gesetzten Spielraumes aus[16].

---

[16] Die Steuergesetzgebung führt oft zu unternehmungspolitischen Erwägungen, die die Wahl der günstigsten Rechtsform der Unternehmung betreffen. Diese Entscheidung berührt die Problematik der Gewinnerzielung insoweit, als sie im Zusammenhang mit der Gründung oder der Umgründung der Unternehmung steht. Hier wird sie daher ausgeklammert.

Als Träger der Gewinnverwendungsentscheidung können somit Eigenkapitalgeber, die Geschäftsleitung, die Belegschaft und unternehmungsexterne Organe auftreten. Sie handeln auf Grund von Rechten und Befugnissen. Die Einflußnahme dieser Gewinndisponenten auf die Gewinnverwendungsentscheidung wird von ihrer situationsbedingten Interessenlage bestimmt, die auch Bedingungen umschließt und Belange majorisierter Interessenlagen nicht außer acht läßt. Auf Grund dieser Erkenntnis sollen im folgenden Untersuchungsabschnitt die Gewinnverwendungsentscheidungen bei ausreichendem und nicht ausreichendem Gewinn aus den wirksam auftretenden Interessenlagen, von hiermit erfüllten Rechten[17] entwickelt werden[18].

Hinter dem Gewicht dieses Problems tritt die Fragestellung in den Hintergrund, welches Organ der Unternehmung die Gewinnverwendungsentscheidung letztlich fällt. Ihre Beantwortung ist von der Rechtsform, von Satzungen und Gesellschaftsverträgen, Betriebsverfassung, Kreditverträgen und von der individuellen organisatorischen Entscheidungsstruktur der Unternehmung abhängig. Unabhängig davon, in welchem Organ der Unternehmung sich der „Wille bildet", die Gewinnverwendungsentscheidung wird von Interessenlagen getragen.

Die Gewinnverwendungsentscheidung braucht gleichfalls nicht den gesamten Unternehmungsgewinn zum Gegenstand zu haben. Es sind Verwendungsentscheidungen über Teile des erzielten Gewinnes möglich. Die Gesellschafter, die Geschäftsleitung, die Belegschaft, auch gemischte Gremien können im Rahmen abgegrenzter Gewinnverwendungsbereiche disponieren. Die Abgrenzung der Bereiche ist eine Frage der Entscheidungsstruktur. Die Festlegung des Ausmaßes möglicher Teilverwendungen, der „Gewinnverwendungsbudgets", wird nach den allgemein zu treffenden Ableitungen von den Gewinndisponenten vorgenommen.

---

[17] Es ist sicher richtig von „wohlerworbenen Rechten" des Aktionärs zu sprechen. Die Literatur behandelt vielfach die Fragen der Gewinnverwendung aus dem Aspekt von Rechten. Es scheint aber sinnvoll, herauszuarbeiten, wie diese Rechte ausgeübt werden, in welch unterschiedlicher Weise die verschiedenen Interessenlagen zur Geltendmachung von Rechten führen. Sicher hat ein Einzelunternehmer das Recht, den Gewinn in voller Höhe zu entnehmen; inwieweit er es aber tut, ist von verschiedenen Konstellationen, Interessenlagen abhängig. Es wird im Zusammenhang mit den „wohlerworbenen Rechten der Aktionäre" verwiesen auf: Kaufmann, O. K.: Das Recht auf Dividende, St. Gallen 1947; Tuor, D.: Das Recht des Aktionärs auf Dividende, Diss. Bern 1950.

[18] Wie aus der Argumentation und der gesamten Anlage der Ableitungen erkennbar sein wird, verzichtet die Untersuchung im Gegensatz zur einschlägigen Literatur darauf, bestehende Rechtsverhältnisse — etwa das Aktienrecht — zugrunde zu legen. Es ist angestrebt, allgemeingültige Ableitungen zu treffen.

II. Gewinnverwendungsentscheidungen bei ausreichendem Gewinn

1. Vom Standpunkt der Gewinnverwendung wird man den erzielten Gewinn dann als „ausreichend" bezeichnen dürfen[19], wenn die Unternehmung zumindest in der Lage ist, aus ihm eingegangene Gewinnverwendungsverpflichtungen, prinzipiell für notwendig befundene Gewinnverwendungen und berechtigte Gewinnausschüttungserwartungen zu befriedigen[20].

Der Umfang des ausreichenden Gewinnes ist daher unternehmungsindividuell unterschiedlich und kann darüber hinaus bei wechselnden Situationen des wirtschaftlichen Geschehens schwanken. Er ist zunächst davon abhängig, welche Gewinnverwendungsverpflichtungen der Unternehmung auferlegt sind und welche sie aus eigenem Entschluß eingegangen ist. Er wird weiterhin davon bestimmt, in welchem Ausmaß die Gewinnverwendungskonzeption beispielsweise eine Risikenvorsorge, Kapitalerhaltung, Investitionstätigkeit vorsieht. Die Gewinnverwendungskonzeption wird von der Satzung, von Gesellschaftsvertrag, grundsätzlichen Absprachen oder von der langfristig dominierenden Interessenlage bestimmt[21]. Der Umfang des ausreichenden Gewinnes ist letztlich von dem Ausmaß der Erfüllung berechtigter Gewinnausschüttungserwartungen an Eigenkapitalgeber und Belegschaft abhängig. Da — wie gezeigt wurde — auf die Gewinnausschüttungserwartung der Eigenkapitalgeber und damit auch auf die Ausschüttungsbereitschaft der Unternehmung Kapitalmarktverhältnisse einwirken, kann das Ausmaß der Befriedigung berechtigter Gewinnausschüttungserwartungen im Zeitablauf variieren. Die Gewinnverwendungskonzeption der Unternehmung kann diese Gewinnverwendungen in dem Umfang enthalten, der unvertretbare Abwanderungen verhindert.

2. Reicht der erzielte Gewinn für die so gebundene Gewinnverwendung aus, richtet sich die Gewinnverwendungsentscheidung zunächst auf die Erfüllung bestehender Verpflichtungen und die Gewinnverwen-

---

[19] Es ist damit also nicht eine auf die „Gewinnerzielung" einwirkende „notwendige" Gewinnhöhe gemeint. Vgl. die Ausführungen auf S. 131, insbesondere FN 213.

[20] Man könnte versucht sein, die Auseinandersetzung der Interessengruppen um den Gewinn ohne Fixierung einer bestimmten Gewinnhöhe darzustellen. Es erscheint aber gerade besonders reizvoll, das Vorhandensein einer Gewinnverwendungskonzeption zu unterstellen und gleichzeitig dabei die bereits herausgestellten individuellen „berechtigten" Gewinnausschüttungserwartungen zu berücksichtigen. Hieraus folgt — wie noch näher gezeigt wird — die Differenzierung „ausreichender" und „nicht ausreichender" Gewinn. Dieses Vorgehen ist ungleich schwieriger, deckt aber nach Auffassung der Untersuchung die diffizilen Beziehungen schärfer auf und systematisiert sie zugleich.

[21] Kaiser, H.: Dividendenpolitik, a. a. O., S. 24 spricht von „festgelegten Verteilungsnormen", von „Verpflichtungen", „die bei der Finanzierung" eingegangen wurden.

dungskonzeption. Sie erscheint insoweit als „Vollzugshandlung“, nicht als echte „Entscheidung“. Ist darüber hinaus ein „frei“ verfügbarer Gewinnteil vorhanden, werden unternehmungspolitische Erwägungen über seine Verwendung angestellt. Er kann für rentabilitätssteigernde Investitionen, Kapitalmarktpflege, außergewöhnliche Sicherheitspolitik, Sonderzulagen an die Belegschaft u. a. m. verwendet werden. Auf die Gewinnverwendungsentscheidung, die hier als „echte“ Entscheidung über Wahlmöglichkeiten in Erscheinung tritt, wirken erst dann die unterschiedlichen Interessenlagen der Gewinnbegünstigten ein. Die hierbei dominierende Interessenlage, die von der Gewinnverwendungskonzeption durchaus abweichen kann, bestimmt die Verwendungsrichtung[22].

1. Der Vollzug gebundener Gewinnverwendungen

Eine gebundene Gewinnverwendung liegt vor, wenn die Unternehmung Gewinnverwendungsverpflichtungen erfüllt oder ihre Gewinnverwendungskonzeption vollzieht. Die gebundene Gewinnverwendung kann sich auf alle Gewinnverwendungsarten erstrecken.

a) Auf Grund eingegangener Gewinnverwendungsverpflichtungen

aa) Gewinnsteuern und -abgaben

Hat die Unternehmung die aus dem erzielten Gewinn zu zahlenden Steuern und Abgaben nicht oder nicht ausreichend durch Vorauszahlungen beglichen, erwächst hieraus im Zeitpunkt der endgültigen Gewinnverwendungsentscheidung die Notwendigkeit einer entsprechenden Gewinnreservierung. In dieser Höhe ist der Gewinn von einer anderweitigen Verwendung ausgeschlossen. Eine Entscheidungsmöglichkeit ist nicht gegeben.

bb) Erzwungene Gewinninvestitionen

Gewinninvestitionen können durch Gesetz oder Vertrag erzwungen sein.

Vorschriften über einen „Dividendenstop“[23], die die Höhe der Gewinnausschüttungen determinieren, können Anlagebestimmungen enthalten. Dann ist die Gewinnverwendung absolut gebunden. Ist eine

---

[22] Für den Fortgang der Untersuchungen dieses Abschnittes ist somit als wesentlich zu beachten, daß die Definition des „ausreichenden Gewinnes“ einen Spielraum für unternehmungspolitische Erwägungen über einen frei verfügbaren Gewinnteil zuläßt. Es soll angenommen werden, daß dieser Fall gegeben ist. Im Verlaufe der Untersuchung stellt sich heraus, daß der Gegensatz „ausreichender“ und „nicht ausreichender“ Gewinn für die theoretischen Ableitungen genügt, eine weitere Differenzierung nicht notwendig ist.

[23] Es wird verwiesen auf Rauch, K.: Kapitalerhöhung aus Gesellschaftsmitteln, 2. Band, Graz 1950; Kalveram, W., Hallstein, W.: Die Berichtigung des Gesellschaftskapitals, Frankfurt/Main o. J.

bestimmte Anlage des nicht ausschüttungsfähigen Gewinnes nicht vorgeschrieben, wählt die Unternehmung zwischen verschiedenen Investitionsmöglichkeiten aus[24]. Sie entscheidet sich damit aber nur im Rahmen einer Gewinnverwendungsverpflichtung. Die eigene Auswahl unter allen Gewinnverwendungsmöglichkeiten ist aufgehoben.

Bei vertraglich festgelegten Fremdkapitalrückzahlungen, deren Tilgung aus dem Gewinn vorgesehen war, oder für die eine anderweitige Kreditaufnahme nicht möglich ist, liegt in entsprechender Höhe eine Gewinnverwendungsverpflichtung vor.

cc) Garantierte Gewinnausschüttungen

Ein entsprechender Gewinnteil ist dann von einer anderweitigen Verwendungsmöglichkeit ausgeschlossen, wenn den Gewinnbegünstigten eine bestimmte Gewinnausschüttung — in absoluter Höhe oder prozentual — garantiert ist. Dies kommt bei Organschaftsverträgen, bei ausgegebenen Vorzugsaktien[25], bei entsprechend abgeschlossenen Gesellschaftsverträgen, Tantiemeverträgen und Gewinnbeteiligungsabkommen in Betracht. Die Unternehmung vollzieht eingegangene Gewinnverwendungsverpflichtungen.

Sofern ein ausreichender Gewinn vorliegt, ist die Erfüllung dieser Gewinnverwendungsverpflichtungen vorrangig. Man wird annehmen dürfen, daß lediglich bei nicht ausreichendem Gewinn die Begünstigten zu Prolongationen ihrer Ansprüche bereit sind, wenn es ihrer Interessenlage entspricht.

b) Auf Grund einer prinzipiellen Gewinnverwendungskonzeption

Die Gewinnverwendungskonzeption wird sich an die Zielsetzung der Unternehmung anlehnen. Sie ist damit ein Bereich grundsätzlicher Unternehmungspolitik. Wird die Unternehmung als ein Instrument langfristiger Einkommenserzielung betrachtet[26], ist die Tendenz der Gewinnverwendungskonzeption von Sicherheitserwägungen getragen.

---

[24] Hier wirken sich dann die unterschiedlichen Interessenlagen aus, die im Rahmen der „unternehmungspolitischen Entscheidungen über den frei verfügbaren Gewinnteil" aufgezeigt wurden. Vgl. S. 193 ff. Die Ableitungen gelten sinngemäß.

[25] Schmalenbach, E.: Die Aktiengesellschaft, 7. Aufl. Köln-Opladen 1950, S. 44 ff. erwähnt und analysiert die Vorrechte bei der Gewinnverwendung folgender Gattungen: „Einfache prioritätische Dividende, prioritätische Dividende mit Überdividende, prioritätische Dividende mit Unterdividende oder Limitation."

[26] Diese Annahme, die wohl der Realität am ehesten entspricht, soll für die Ableitung einer möglichen Gewinnverwendungskonzeption zugrunde gelegt werden. Selbstverständlich ist es möglich, daß die Zielsetzung einer Unternehmung kurzfristig ausgerichtet ist. Dann hat die Gewinnverwendungskonzeption eine andere Gestalt. Aus den dargestellten Prinzipien kann diese jedoch entwickelt werden.

Dies kann in unterschiedlichem Ausmaß Gewinnreservierungen, Gewinninvestitionen und Gewinnausschüttungen bedingen. Auf den Vollzug einer derartigen Gewinnverwendungskonzeption wird man nur dann verzichten, wenn der von der Unternehmung erzielte Gewinn nicht ausreicht, alle Verpflichtungen und berechtigte Erwartungen zu befriedigen und die anderweitige Verwendung des durch den Verzicht freigesetzten Gewinnteiles eher den Zielen der Unternehmung entspricht.

aa) Kapitalerhaltung

Die Unternehmung kann im Rahmen ihrer Gewinnverwendungskonzeption eine bestimmte reale Kapitalerhaltung erstreben[27]. Gewinnanteile sollen von einer anderweitigen Verwendung ausgeschlossen bleiben[28]. Die Gewinnbegünstigten verzichten in diesem Umfang beispielsweise auf eine Gewinnausschüttung, die — im Rahmen ausreichenden Gewinnes — über ihre Erwartungen[29] hinausgeht. Zur Kapitalerhaltung wird ein grundsätzliches Bekenntnis abgelegt, sie soll dazu dienen, eine langfristige Zielsetzung der Unternehmung zu sichern. Daher ist es auch schwer denkbar, daß die Realisation der Kapitalerhaltung bei ausreichendem Gewinn in den Bereich fallweiser unternehmungspolitischer Erwägungen über die Gewinnverwendung verlegt wird.

Die Aufnahme der Kapitalerhaltung in die prinzipielle Gewinnverwendungskonzeption findet namentlich das Interesse derjenigen Gewinnbegünstigten, die langfristig an der Unternehmung interessiert sind. Dies können Eigenkapitalgeber sein, die ausschließlich Anlageinteressen verfolgen oder die auf eine langfristige Sicherheit ihrer Einkommensquelle bedacht sind. Auch die Geschäftsleitung und die Belegschaft können an Kapitalerhaltung interessiert sein. Eigenkapitalgeber, die maximale Gewinnausschüttungen erstreben, brauchen daher mit dieser gewollten Gewinnbindung nicht einverstanden zu sein. Bei ausreichend vorhandenem Gewinn werden ihre berechtigten Erwartungen

---

[27] Fordern öffentliche Vorschriften oder Kreditgeber eine bestimmte Kapitalerhaltung, so liegt eine Gewinnverwendungsverpflichtung vor.

[28] Es wird in der Literatur weitgehend behauptet, daß die Interessen der Unternehmung auf Erhaltung den Interessen auf Gewinnausschüttung vorangehen. Stellvertretend darf Hoffmann, A.: Der Gewinn der kaufmännischen Unternehmung, a. a. O., S. 200 zitiert werden: „Es kann darüber kein Zweifel sein, daß im Widerstreit der Interessen das Recht der Unternehmung auf Selbsterhaltung und Kräftigung dem Individualanspruch der Aktionäre auf Dividende vorgeht.“ Dieses Postulat mag aus verschiedenen Motivierungen berechtigt sein. Gleichwohl muß klar erkannt werden, daß die Wahrung der Eigengesetzlichkeit der Unternehmung von ihrer Zielsetzung abhängig ist. Diese wird aber von der dominierenden Interessenlage oder von der Satzung individuell festgelegt.

[29] Diese werden im Abschnitt „Gewinnausschüttungserwartungen“ herausgearbeitet.

jedoch erfüllt. Im Rahmen der Entscheidungen über einen frei verfügbaren Gewinn können sie überdies versuchen, ihre abweichende Interessenlage wirksam durchzusetzen.

bb) Risikenvorsorge

Wird die Unternehmung als Mittel langfristiger Einkommenserzielung betrachtet, und findet dieses Niederschlag in einer prinzipiellen Gewinnverwendungskonzeption, werden ausreichende Gewinnreservierungen gegen latente Risiken ebenfalls für vorrangig gehalten. Auch diese Gewinnverwendung wird als Bestandteil ausreichenden Gewinnes betrachtet. Eine weitergehende Vorsorge gegen eventuell mögliche Risiken — die Anlage eines „Polsters" — bleibt unternehmungspolitischen Erwägungen über einen noch frei verfügbaren Gewinn überantwortet. Sie steht sodann in Konkurrenz zu anderen Gewinnverwendungsarten, über die jeweils aus unterschiedlichen Interessenlagen geurteilt wird.

cc) Anpassungsinvestitionen

Im Rahmen ihrer langfristigen Zielsetzung kann die Unternehmung grundsätzlich bestrebt sein, sich ständig der technischen Entwicklung und der Verhaltensweise der Mitanbieter anzupassen, um konkurrenzfähig zu bleiben oder gar an der Spitze zu liegen. Erfordert dieses Gewinninvestitionen, sollen sie im Rahmen eines ausreichenden Gewinnes vorrangig durchgeführt werden[30]. Die Gewinnverwendungskonzeption kann hierfür beispielsweise Höchstbeträge vorsehen, deren Unterschreitung anderweitig verwendet werden kann. Auch kann sie Vergleichsmaßstäbe oder prozentuale Gewinnteile festlegen.

Ist das Ausmaß dieser Gewinnbindung nicht fixiert, weil es im voraus nicht genau bestimmbar ist, wird eine Gewinnverwendungsentscheidung notwendig, auf die die Interessenlagen der Gewinndisponenten unterschiedlich einwirken können. Eigenkapitalgeber, die nach langfristiger Sicherstellung ihrer Einkommensquelle streben, werden sie forcieren. Auch die Geschäftsleitung und die Belegschaft können hieran interessiert sein. Da mit dieser Gewinnverwendung jedoch der Spielraum für anderweitige Gewinnverwendungen eingeengt wird, ist vornehmlich die Interessenlage derjenigen Eigenkapitalgeber von Bedeutung, die kurzfristig zu maximalen Gewinnausschüttungen tendieren. Im Rahmen eines ausreichenden Gewinnes werden ihre berechtigten Gewinnausschüttungserwartungen zwar befriedigt. Darüber hinaus können sie aber eine Ausschüttung des noch frei verfügbaren Gewinnes begehren. Sie werden ggf. davon absehen, wenn die erstrebten Investi-

---

[30] Hieran erkennt man besonders deutlich, daß der Umfang des „ausreichenden" Gewinnes im Zeitablauf variieren kann.

tionen schnell eine Rentabilitätssteigerung bringen, die über ihrer Rentabilitätserwartung, gemessen an anderweitigen Kapitalanlagemöglichkeiten, liegt. Damit kann diese prinzipiell gewollte Gewinnbindung den Interessengegensätzen der Gewinndisponenten ausgesetzt sein.

Dieser Bereich der Gewinnverwendungskonzeption fügt sich entsprechend in die getroffenen Ableitungen über die „Entscheidungsmöglichkeiten bei Gewinninvestitionen" ein. Der fixierte Umfang für Anpassungsinvestitionen stellt den „verfügbaren Gewinn" dar. Die Liquiditätsentwicklung der Gewinninvestition, die Investitionsrentabilität können Entscheidungskriterien bei alternativen Investitionsmöglichkeiten zur Erreichung der Anpassung an die technische Entwicklung oder die Verhaltensweise der Konkurrenz sein. Auf die Höhe des Kalkulationszinsfußes wirkt das Sicherheitsbedürfnis der Gewinndisponenten oder ihre Rentabilitätserwartung ein.

dd) Gewinnausschüttungserwartungen

Der erzielte Gewinn wird auch nur dann als ausreichend bezeichnet, wenn die Unternehmung in der Lage ist, die gegen ihn gerichteten berechtigten Ausschüttungserwartungen zu befriedigen. Dieses Erfordernis wird Gegenstand der prinzipiellen Gewinnverwendungskonzeption sein. Es liegt eine gebundene Gewinnverwendung vor, die in diesem Bereich die Grenze zu unternehmungspolitischen Erwägungen über einen frei verfügbaren Gewinn absteckt.

Wie herausgearbeitet wurde, bestehen über die Höhe der Gewinnausschüttung unter den Eigenkapitalgebern unterschiedliche Vorstellungen. Während eine Gruppe nur an angemessenen Gewinnausschüttungen unter Wahrung ihrer sonstigen Belange interessiert ist, eine andere Gruppe an einer Gewinnausschüttung grundsätzlich uninteressiert sein kann, stellt eine dritte Gruppe Maximalforderungen. Da die Gewinnausschüttung für gewöhnlich nicht differenziert vorgenommen wird, verdienen die Eigenkapitalgeber, die den Zweck ihrer Kapitalüberlassung in der Erzielung kurzfristig hoher Einkünfte aus der Gewinnausschüttung erblicken, besondere Beachtung.

Soll vermieden werden, daß sie ihr Augenmerk anderen Kapitalanlagemöglichkeiten zuwenden, wird die „ausreichende" Gewinnausschüttung in der Höhe vorzunehmen sein, die unvertretbare Kapitalabwanderungen unterbindet[31]. Eine „Risikoprämie" innerhalb des ungeteilten Gewinnausschüttungsanspruches wird hierbei kaum in Be-

[31] Hierbei ist daran zu denken, daß bei diesen Eigenkapitalgebern auch spekulative Momente eine Rolle spielen können. Sie werden sicher geneigt sein, Kursgewinne „mitzunehmen". Diese Tendenz subsumiert sich aber ihrem primären Einkommensinteresse aus der Gewinnausschüttung. Die Unternehmung wird bei der „Ausschüttungsbereitschaft" hierauf jedoch zu achten haben, wenn die spekulativen Momente wirksam in Erscheinung treten.

tracht kommen, da bei der angenommenen Gewinnverwendungskonzeption die Unternehmung weitgehend gesichert erscheint. Empfinden diese Eigenkapitalgeber jedoch eine Risikodifferenz zu anderen Anlagemöglichkeiten, schafft die entsprechend erhöhte Gewinnausschüttung den Ausgleich. Hiermit wird die „Ausschüttungsbereitschaft“[32] der Unternehmung bestimmt, die von wechselnden Kapitalmarktgegebenheiten abhängig ist.

Die Erfüllung berechtigter Ausschüttungserwartungen schließt nicht aus, daß diese Gewinnbegünstigten im Rahmen der Auseinandersetzung um einen frei verfügbaren Gewinn ihre auf maximale Gewinnausschüttung ausgerichtete Interessenlage durchzusetzen versuchen. Allerdings steht dort dieser Anspruch in Konkurrenz zu anderen Interessenlagen.

Im Rahmen der angenommenen Gewinnverwendungskonzeption werden die Eigenkapitalgeber, die eine „angemessene“ Gewinnausschüttung erstreben, hierdurch in jedem Falle befriedigt.

Die Befriedigung berechtigter Gewinnausschüttungserwartungen der Belegschaft kann Gegenstand einer prinzipiellen Gewinnverwendungskonzeption sein und fällt in den Rahmen ausreichenden Gewinnes. Diese Ausschüttung richtet sich nach der Sozialstruktur, nach Erfüllung der an die Belegschaft gerichteten Rollenerwartungen und nach den Verhältnissen vergleichbarer Unternehmungen aus. Im Rahmen eines frei verfügbaren Gewinnes besteht die Möglichkeit zu weitergehenden unternehmungspolitischen Maßnahmen.

2. Unternehmungspolitische Entscheidungen über den frei verfügbaren Gewinnteil

Hat die Unternehmung einen über die gebundene Gewinnverwendung hinausgehenden Gewinn erzielt, ist die Differenz „frei“ verfügbar. Obwohl nach der angenommenen Gewinnverwendungskonzeption die berechtigten Erwartungen der Gewinnbegünstigten erfüllt wurden, werden sie begehren, daß dieser Gewinnteil investiert, reserviert oder ausgeschüttet wird. Hierüber entscheidet ihre Interessenlage. Die Gewinnverwendungsentscheidung wird von der dominierenden Interessenlage geprägt[33].

---

[32] Siehe hierüber S. 164 ff.

[33] Weber, K.: Dividendenpolitik, a. a. O., S. 25 weist den „privatwirtschaftlichen Interessenlagen“ entscheidende Bedeutung zu, die durch „subjektive Momente“ bestimmt sind. Da er seine Ausführungen auf die Aktiengesellschaft abstellt, erscheinen bei ihm die Aktionäre als „mittelbare“, die Generalversammlung und der Aufsichtsrat als „unmittelbare Träger“ der Dividendenpolitik. In diesem Zusammenhang führt er aus: „Diese in größeren Unternehmungen latent immer bestehenden Interessengegensätze nach Möglichkeit abzuschwächen (‚Interessenausgleich‘), ist eine Aufgabe, welche die zuständigen Unternehmungsorgane durch eine sinnvolle Verwendung der ihnen zur

a) Unternehmungssicherung durch Gewinnreservierungs- und Gewinninvestitionspolitik

1. Die Unternehmung hat die Möglichkeit, sich für eine weitergehende Sicherungspolitik durch Gewinnreservierungen und Gewinninvestitionen zu entscheiden. Derartige Erwägungen sind langfristig ausgerichtet. Die Unternehmung soll „krisenfest" gemacht werden, indem auch für eventuelle, nicht erkennbare, nicht erwartete Risiken vorgesorgt wird.

2. Die Gewinnbegünstigten beurteilen diese Entscheidungsmöglichkeit aus ihrer jeweiligen Interessenlage heraus.

a) Ein starkes Interesse an einer langfristigen Sicherung der Unternehmung auch über das Maß ausreichender Gewinnreservierungen für erkennbare Risiken und notwendiger Gewinninvestitionen zur Erhaltung der Konkurrenzfähigkeit hinaus wird namentlich von denjenigen Eigenkapitalgebern bekundet, die Einkommen aus der Gewinnausschüttung der Unternehmung beziehen und sich zugleich an die Unternehmung langfristig oder dauernd gebunden fühlen: Beteiligte an Familienunternehmungen, aus traditionellen, wirtschaftlichen, örtlichen Gründen gebundene Eigenkapitalgeber[34]. Diese Interessengruppe erblickt in kräftigen „Polstern" eine langfristige Sicherung ihrer Einkommensquelle. Gleichwohl lassen diese „Dauerbeteiligten" trotz der Sicherheitserwägungen die Gewinnausschüttung nicht aus den Augen. Selbstverständlich sind sie an hohen Gewinnausschüttungen interessiert, aber langfristig, stetig gesehen. Die Gewinnausschüttung soll im Verhältnis zur Sicherheitspolitik „angemessen" sein. In ihrer Interessenlage ist das Sicherheitsstreben eine wesentliche Bedingung der Gewinnverwendung. Die Eigengesetzlichkeit der Unternehmung wird von dieser Gruppe Gewinnbegünstigter weitgehend gefördert.

Verfügung stehenden dividendenpolitischen Mittel zu lösen haben." Es sei deutlich hervorgehoben, daß die vorliegende Untersuchung nicht auf eine bestimmte Unternehmungsgröße, Rechtsform oder Anzahl Gewinnbegünstigter abgestellt ist. Die Interessenlage der Gewinnbegünstigten hat insoweit primäre und unmittelbare Bedeutung. Sie prägt als dominierende Interessenlage die Gewinnverwendungsentscheidung, wobei die Interessenlage von Minderheiten nicht unberücksichtigt zu bleiben braucht.

[34] Nur bedingt wird man dieser Gruppe jene Eigenkapitalgeber zurechnen dürfen, die mit der Unternehmung eine technische Erfindung durchsetzen wollen. Sie verhalten sich individuell sehr unterschiedlich, tendieren oft nach Gewinnverzicht ausschließlich zugunsten von Erweiterungsinvestitionen. Kaiser, H.: Dividendenpolitik, a. a. O., S. 56 f. faßt in etwa beide Gruppen zusammen. Unter Hinweis darauf stellt Weber, K.: Dividendenpolitik, a. a. O., S. 28 diesen „Unternehmeraktionären" — so wohl bezeichnet, weil sie auch Leitungs- und Verwaltungsfunktionen ausüben — die „Anlageaktionäre" gegenüber. Der Untersuchung scheint diese Klassifizierung nicht scharf genug.

b) Ein noch stärkeres Interesse an einer weitergehenden Sicherheitspolitik der Unternehmung haben diejenigen Eigenkapitalgeber, die den Zweck ihrer Kapitalüberlassung in einer langfristigen Erhaltung oder gar Steigerung des Kapitalwertes erblicken; sie vertreten Kapitalanlageinteressen. Da Einkommensinteressen sekundär sind, sie überdies im Rahmen der Gewinnausschüttung bei ausreichendem Gewinn vollauf befriedigt sind, begehren sie die Anlage von „Polstern". In Betracht kommen Kapitalgeber, die für ihr Alter vorsorgen, an ihre Erben denken, Geld für ein Mündel anlegen. Auch bei wesentlichen Beteiligungen kann dieses Bestreben vorherrschen, wenn die Unternehmung die Interessen der beteiligten Unternehmung sichern soll. Abhängig vom Beteiligungszweck kann aber auf eine Sicherheitspolitik auch gänzlich verzichtet oder ein Ausmaß erstrebt werden, das der Sicherheitspolitik der beteiligten Gesellschaft entspricht.

c) Einer über ein ausreichendes Maß hinausgehenden Sicherheitspolitik der Unternehmung verschließen sich diejenigen Eigenkapitalgeber, die ausschließlich Einkommensinteressen mit Hilfe der Gewinnausschüttung verfolgen und sich der Unternehmung nicht langfristig verbunden fühlen. Bei ausreichend vorhandenem Gewinn und der angenommenen Gewinnverwendungskonzeption ist ihr gegenwärtiges Sicherheitsbedürfnis befriedigt. Selbst wenn es ihnen nicht gelingt, ihre daraus folgenden Forderungen auf Ausschüttung des „frei" verfügbaren Gewinnes gegenwärtig durchzusetzen, neigen sie eher denjenigen Gewinnverwendungsarten zu, die ihren Einkommensinteressen mehr entsprechen.

d) An einer außergewöhnlichen, langfristigen Sicherheitspolitik der Unternehmung ist der Spekulant grundsätzlich uninteressiert. Nur wenn der Kapitalwert durch derartige Maßnahmen in seiner Beurteilung steigt, und er hierdurch Kapitalwertgewinne zu realisieren hofft, wird er sich für sie entscheiden können.

e) Geschäftsleitung und Belegschaft der Unternehmung nehmen, soweit sie als unmittelbare Träger der Gewinnverwendungsentscheidung in Betracht kommen, ebenfalls auf die Sicherheitspolitik aus ihren Interessenlagen heraus Einfluß[35].

Eine „verwaltende" Geschäftsleitung wird ihr positiv gegenüberstehen. Eine dynamische Geschäftsleitung wird sie aus dem Aspekt der Krisensicherheit der Unternehmung ebenfalls schätzen; gleichwohl kann sie im Vergleich zu anderen Gewinnverwen-

[35] Auf die „Erhaltungsinteressen" der Belegschaft, die situationsbedingt von denen der Aktionäre abweichen können, weist Koch, W.: Zur Reform des Aktiengesetzes, in : Aktuelle Betriebswirtschaft, Festschrift für Konrad Mellerowicz, Berlin 1952 hin.

dungsarten denjenigen den Vorzug geben, die auf Expansion der Unternehmung gerichtet sind.

Die Belegschaft erblickt in einer weitgehenden Sicherheitspolitik die langfristige „krisensichere" Erhaltung ihres Arbeitsplatzes. Da jedoch bei der angenommenen Gewinnverwendungskonzeption ihr Arbeitsplatz „ausreichend" gesichert erscheint, wird sie anderen Gewinnverwendungsarten, die ihren Einkommensinteressen näher liegen, den Vorzug geben; etwa einer unmittelbar höheren Gewinnausschüttung oder rentabilitätssteigernden Gewinninvestitionen.

f) Eine kreditgewährende Bank braucht nicht in jedem Fall einer außergewöhnlichen Sicherheitspolitik der Unternehmung positiv gegenüberzustehen. Die Unternehmung kann die Sicherheit auch darin erblicken, sich möglichst schuldfrei zu halten. Das widerspricht den Geschäftsinteressen der Bank. Wenn die Unternehmung ausreichend gesichert erscheint, kann ihre Einflußnahme — möglicherweise über den Aufsichtsrat — einer derartigen Sicherheitspolitik entgegenwirken.

3. Eine auf Sicherheitsvorkehrungen gerichtete Gewinnverwendungsentscheidung, die über das ausreichende Maß hinausgeht, kommt dann zustande, wenn die hierauf bedachten Gewinndisponenten ihre Interessenlage durchsetzen können. In erster Linie kommen hierfür die „Dauerbeteiligten" in Frage. Diese Gewinnverwendungsentscheidung hat aber zu berücksichtigen, daß die Unternehmung weitere Verwendungsmöglichkeiten für den frei verfügbaren Gewinn hat. Abgesehen davon, daß diese von anderen Gewinndisponenten bevorzugt werden, haben auch die auf Sicherheit bedachten Gewinndisponenten die Vorteile dieser Gewinnverwendungsmöglichkeiten bei ihrem Entschluß in Rechnung zu stellen.

b) Rentabilitätssteigerung durch Gewinninvestitionspolitik

1. Die Unternehmung hat auch die Möglichkeit, den frei verfügbaren Gewinn oder einen Teil davon zu investieren, um damit weitere Gewinnchancen wahrzunehmen.

2. Die Gewinndisponenten beurteilen die Durchführung einer rentabilitätssteigernden Investition, auch im Vergleich zu anderen möglichen Gewinnverwendungen, von ihren unterschiedlichen Interessenlagen her.

a) Die Möglichkeit, durch Gewinninvestitionen eine Steigerung der Unternehmungsrentabilität zu erzielen, findet unter bestimmten Bedingungen das Interesse derjenigen Eigenkapitalgeber, die aus ihrer Kapitalüberlassung im Wege von Gewinnausschüttungen Einkommen zu erzielen wünschen. Das Interesse wird unterschiedlich bekundet, je nachdem, ob kurzfristig hohe Gewinnausschüttungen oder „angemessene“ Gewinnausschüttungen erstrebt werden.

Eigenkapitalgeber mit kurzfristig hohen Einkommensinteressen schätzen unmittelbare Gewinnausschüttungen. Daher wird zunächst der Zeitpunkt, von dem ab die Rentabilitätssteigerung einsetzt, für sie von wesentlicher Bedeutung sein. Überdies machen sie ihr Urteil über diese Gewinnverwendungsmöglichkeit davon abhängig, um wieviel der zukünftig auf sie entfallende Anteil der Rentabilitätssteigerung ihre Rentabilitätserwartung aus anderen möglichen Kapitalanlagen der sonst entnommenen Gewinnteile übersteigt. Folgt hieraus ein Anreiz, werden sie versuchen, die Gewinninvestition durchzusetzen.

Diese Gruppe Eigenkapitalgeber schließt in ihre Kapitalüberlassungserwägungen aber auch Risikoerwägungen ein. Obwohl ihnen die Unternehmung im Rahmen eines ausreichenden Gewinnes weitgehend gesichert erscheint, kann die zusätzliche Investition erhöhtes Risiko bedeuten. Das mit der Investition eingegangene zusätzliche Risiko können sie gegen eine zukünftig erwartete höhere Gewinnausschüttung, die eine entsprechende „Risikoprämie“ enthält, kompensieren. Diese Verhaltensweise entspricht ihren primären Einkommensinteressen. Wegen der Unsicherheit der Zukunft können sie abweichend hiervon aber auch Sicherheitspolitik der Unternehmung für das zusätzliche Risiko begehren. Sie wird in Höhe der Sicherheit einer anderweitigen Anlage des sonst entnommenen Gewinnes geltend gemacht.

Es darf angenommen werden, daß für diese Eigenkapitalgeber eine rentabilitätssteigernde Investition in jedem Falle vor einer über das ausreichende Maß hinausgehenden Sicherheitspolitik der Unternehmung rangiert.

Bei Eigenkapitalgebern, die angemessene Gewinnausschüttung begehren, bleibt das Sicherheitsbedürfnis von wesentlicher Bedeutung. Ihre Ausschüttungserwartungen sind bei ausreichendem Gewinn befriedigt. Wurde das Sicherheitsbedürfnis im Rahmen eines frei verfügbaren Gewinnteils nach dem Maßstab der „Krisenfestigkeit“ nicht befriedigt, neigen sie rentabilitätssteigernden Gewinninvestitionen kaum zu. Wurde es jedoch erfüllt, gewinnt ihr Einkommensinteresse an Gewicht. Sie nehmen eine Rentabilitätssteigerung wahr, machen die Gewinninvestition jedoch von einer „angemessenen“ parallel laufenden Sicherheitspolitik abhängig. Erscheint diese unter Berücksichtigung des verfügbaren Gewinnes gleichzeitig durchführbar, stimmen sie der geplanten Investition zu.

b) Bei Eigenkapitalgebern, die mit der Kapitalüberlassung langfristige Anlagevorstellungen verknüpfen, bleiben steigende Gewinnausschüttungen im Hintergrund ihrer Interessenlage. Sie beurteilen eine derartige Gewinnverwendungspolitik aus dem Aspekt der Kapitalwertsteigerung unter gleichzeitiger Betonung von Sicherheitserwägungen. Wird ihr Sicherheitsbedürfnis mindestens im Ausmaß der Krisenfestigkeit der Unternehmung erfüllt, entschließen sie sich zu dieser Gewinnverwendung, wobei zwangsläufig eintretende höhere Gewinnausschüttungen nicht kurzfristig erstrebt werden.

c) Spekulanten, die Vorteile aus kurzfristigen Kapitalwertsteigerungen erheischen, geben rentabilitätssteigernden Gewinninvestitionen den Vorzug vor der Sicherheitspolitik. Sie erhoffen sich hiervon schnell realisierbare Kursgewinne. Höhere — möglichst kurzfristig einsetzende — Gewinnausschüttungen beurteilen sie unter dem gleichen Aspekt. Unter diesen Bedingungen begehren sie die rentabilitätssteigernde Gewinninvestition.

d) Eine dynamische Geschäftsleitung neigt zu Gewinninvestitionen. Mit ihnen wird ein natürlicher Schaffensdrang befriedigt, erfolgt eine Ausweitung der Aufgabengebiete, der Leistungs- und Entfaltungsmöglichkeiten. Auch steigt die Chance nach Erhöhung der Bezüge. Unter Berücksichtigung ihrer Verantwortung wird sie parallellaufend Risikenvorsorge betreiben, die jedoch stark von persönlichen Eigenschaften abhängig ist.

Die Belegschaft wird, sofern sie Einfluß auf Gewinninvestitionen zu nehmen in der Lage ist, eine derartige Entscheidung unterstützen, wenn sich die geplante Rentabilitätssteigerung in einer zukünftig erhöhten Gewinnbeteiligung niederschlägt, die sie zur Zeit nicht erlangen kann. Allerdings denkt sie auch an eine langfristige Sicherung ihres Arbeitsplatzes. Sie wird ihren Einfluß auf parallellaufende Sicherheitsmaßnahmen geltend machen. Ihr Interesse an rentabilitätssteigernden Investitionen bei möglichen Vorteilen kann größer als an einer ausschließlichen Sicherheitspolitik sein.

3. Eine auf rentabilitätssteigernde Gewinninvestitionen gerichtete Gewinnverwendungsentscheidung kann das Interesse aller Gewinndisponenten finden. Am stärksten wird es von denjenigen Eigenkapitalgebern, die auf hohe Einkünfte bedacht sind, von der Geschäftsleitung und von den Spekulanten bekundet. Die anderen Gewinndisponenten neigen eher der Sicherheitspolitik zu oder machen die Gewinninvestition von einer adäquaten Risikenvorsorge abhängig. Reicht der Gewinn aus, die geplante Investition durchzuführen und gleichfalls Risikenvor-

sorge und Anpassungsinvestitionen im Ausmaß der Krisenfestigkeit zu treiben, finden sich die Gewinnbegünstigten in einer einheitlichen Interessenlage zusammen. Sonst wird diese Gewinnverwendungsentscheidung nur dann zustande kommen, wenn die auf hohe Einkünfte bedachten Eigenkapitalgeber, Geschäftsleitung und Spekulanten in der Lage sind, ihre Interessenlagen wirksam durchzusetzen. Die Gewinnverwendungsentscheidung hat gleichfalls noch weitere Verwendungsmöglichkeiten des frei verfügbaren Gewinnes in Rechnung zu stellen.

Diese Ableitungen über die rentabilitätssteigernde Gewinninvestition fügen sich entsprechend in die „Entscheidungsmöglichkeiten bei Gewinninvestitionen" ein. Der von den Gewinndisponenten im Rahmen des frei verfügbaren Gewinnes für diese Investition vorgesehene Betrag stellt dort den „verfügbaren Gewinn" dar. Investitionsrentabilität und Liquiditätsentwicklung der Investition im Verhältnis zur Unternehmungsliquidität sind Entscheidungskriterien bei alternativen Investitionsvorhaben. In den Gewinninvestitionskalkül gehen die Rentabilitätserwartungen der Gewinnbegünstigten ein. Hier zeigt sich deutlich, daß günstige Ergebnisse eines Gewinninvestitionskalküls die Neigung der Gewinndisponenten zu diesen Investitionen anregen können.

c) Kapitalmarktpflege durch Gewinnausschüttungspolitik

1. Die Unternehmung hat auch die Möglichkeit, durch gezielte Gewinnausschüttungspolitik den Kapitalmarkt zu pflegen. Diese Maßnahme wird erwogen, wenn Kapitalgesellschaften, deren Anteilsrechte gehandelt werden, Neuemissionen beabsichtigen und die Neigung des Publikums, junge Anteilsrechte zu erwerben, gefördert werden soll. Das aufgebrachte Kapital dient oft Erweiterungs- oder Rationalisierungsinvestitionen. Auch werden mit seiner Hilfe fällige Anleihen abgelöst. Eine forcierte Gewinnausschüttungspolitik kann auch durch Kurspflege der Steigerung der Kreditwürdigkeit dienen.

2. Die Gewinnausschüttungspolitik wird von den Gewinndisponenten vornehmlich im Hinblick auf ihren Zweck und auch im Vergleich zu anderen Gewinnverwendungsmöglichkeiten aus unterschiedlichen Interessenlagen beurteilt.

a) Eigenkapitalgeber, die an hohen Gewinnausschüttungen nur unter der Bedingung der Sicherheit ihrer Einkommensquelle oder infolge von Kapitalanlageabsichten letztrangig interessiert sind, beurteilen eine forcierte Gewinnausschüttungspolitik nicht um ihrer selbst willen, sondern aus dem damit verfolgten Zweck heraus.

Die langfristig an die Unternehmung gebundenen Eigenkapitalgeber mit Einkommensinteressen werden der Kapitalmarktpflege dann positiv gegenüberstehen, wenn die mit Hilfe der Neuemissionen beabsichtigten Erweiterungs- oder Rationalisierungsinvestitionen die Sicherheit ihrer Kapitalanlage eher gewährleisten, als eine unmittelbare Sicherheitspolitik durch Gewinnreservierungen und Anpassungsinvestitionen es vermag. Ihr Interesse verstärkt sich, wenn damit gleichzeitig eine Erhöhung ihrer „angemessenen" Gewinnausschüttungserwartungen zu erhoffen ist. Sie machen jedoch zur Bedingung, daß das durch Erweiterungsinvestitionen bedingte Risiko aus der Kapitalaufbringung durch entsprechende Gewinnreservierungen mit gedeckt wird. Erscheint ihnen die Unternehmung bereits „krisenfest", liegt ihnen eine Rentabilitätssteigerung in jedem Falle nahe, allerdings unter der Bedingung parallellaufender Sicherheitspolitik. Einer Ablösung von Fremdkapital durch die beabsichtigte Eigenkapitalerhöhung werden sie interessiert gegenüberstehen, wenn hierdurch beispielsweise die Liquidität verbessert oder aber auch die Rentabilität erhöht wird. Eine Kurspflege zur Steigerung der Kreditwürdigkeit halten sie aus Sicherheitserwägungen für sinnvoll. Sie werden ihr dann zustimmen, wenn sie neben den bereits getroffenen Gewinnreservierungen und Anpassungsinvestitionen notwendig ist oder aber Rentabilitätssteigerungen durch Investitionen nicht erzielbar erscheinen. Gegenüber rentabilitätssteigernden Gewinninvestitionen aus dem frei verfügbaren Gewinn ziehen sie eine Gewinnausschüttungspolitik dann vor, wenn hiermit der Sicherheit ihrer Einkommensquelle und ihren Einkommensinteressen eher entsprochen wird.

Die Eigenkapitalgeber mit langfristigen Kapitalanlageinteressen forcieren die mit zusätzlicher Kapitalaufbringung verbundenen Investitionen, wenn diese unter Wahrung ihres hohen Sicherheitsbedürfnisses den Wert ihrer Kapitalanlage erhöhen. Sie beurteilen Kurssteigerungen und Fremdkapitalrückzahlungen ebenfalls unter dem Blickwinkel von Erhaltung und Steigerung des Kapitalwertes. Eine unter diesem Gesichtspunkt vorgenommene Gewinnausschüttungspolitik kann bei ihnen gleichwohl nach einer direkten Sicherheitspolitik rangieren, wenn ihnen der beabsichtigte Erfolg der Neuemission unsicher erscheint. Es ist aber anzunehmen, daß sie einer sicheren Gewinnausschüttungspolitik mit dem Effekt der Kapitalwertsteigerung den Vorrang vor rentabilitätssteigernden Investitionen aus dem frei verfügbaren Gewinn einräumen, da eine Verstärkung der Kapitalbasis der Unternehmung erfolgt.

Das Interesse beider Eigenkapitalgebergruppen an einer aktiven Gewinnausschüttungspolitik verstärkt sich, wenn sie selbst an der

Kapitalerhöhung teilzunehmen beabsichtigen. Nach der vorgenommenen Typisierung wird man dies nur in begrenztem Ausmaß anzunehmen haben.

b) Wesentlichen Einfluß auf die Gewinnausschüttungsentscheidung versuchen diejenigen Eigenkapitalgeber zu nehmen, die — ohne feste Bindung ihrer Kapitalüberlassung an eine bestimmte Unternehmung — zu einer stets hohen Gewinnausschüttung tendieren. Die Gewinnausschüttung kommt ihren Einkommenserzielungsabsichten zunächst unmittelbar entgegen. Daher ist anzunehmen, daß die Gewinnausschüttung in jedem Falle der Sicherheitspolitik aus dem frei verfügbaren Gewinn vorgezogen wird. Eine rentabilitätssteigernde Gewinninvestition ist im Vergleich hierzu für diese Eigenkapitalgeber jedoch dann sinnvoller, wenn die erwartete Steigerung der Gewinnausschüttung über den Rentabilitätserwartungen einer anderweitigen Anlage der ausgeschütteten Gewinne liegt.

Diese Eigenkapitalgeber beurteilen die Gewinnausschüttung aber auch aus dem hiermit verfolgten Zweck. Oft sollen auch sie zum Erwerb junger Anteilsrechte aufgefordert werden. Sind mit dem zusätzlich aufzubringenden Kapital rentabilitätssteigernde Investitionen beabsichtigt, stimmen sie einer Gewinnausschüttungsentscheidung sicher zu — sofern ihre Rentabilitätserwartungen erfüllt werden — und nehmen an der Kapitalerhöhung teil. Werden dagegen mit den aus der Kapitalerhöhung finanzierten Investitionen ihre Rentabilitätserwartungen nicht erfüllt, stimmen sie gleichwohl für eine Gewinnausschüttung, sind aber zu einer Teilnahme an der Kapitalerhöhung nicht bereit. Hieraus können die anderen Gewinndisponenten ggf. den Schluß ziehen, von einer derartigen Gewinnausschüttungspolitik Abstand zu nehmen.

Auch kann die Möglichkeit bestehen, daß diese Eigenkapitalgeber aus finanziellen Gründen an der Kapitalerhöhung nicht teilnehmen können. An der Gewinnausschüttungspolitik bleiben sie gleichwohl interessiert, wenn mit den damit verfolgten Absichten ihre zukünftigen Gewinnausschüttungserwartungen steigen.

Eine forcierte Gewinnausschüttungspolitik wird daher von dieser Eigenkapitalgebergruppe grundsätzlich direkt und indirekt begrüßt, wenn der beabsichtigte Zweck ihre Einkommensinteressen fördert. Ist diese Gruppe wirksam vertreten, wird sie versuchen, ihre Interessenlage durchzusetzen.

c) Der Spekulant wird einer auf Kapitalerhöhung gerichteten Gewinnausschüttungspolitik zustimmen, zumal dem eine Kurssteigerung gewöhnlich parallel läuft. Dies gilt besonders dann, wenn mit der Kapitalerhöhung rentabilitätssteigernde Investitionen beabsichtigt sind. Die Neuemission findet eine rege, den Kurs steigernde Nachfrage. Auch an Bezugsrechten, die alten Eigenkapitalgebern eingeräumt werden, ist er stark interessiert. Diese Gewinnausschüttungspolitik hat für ihn in jedem Fall den Vorrang vor einer weitergehenden Sicherheitspolitik. Gegenüber der rentabilitätssteigernden Gewinninvestition wird er ihr gleichfalls den Vorzug geben, wenn er hiervon eine schnellere und kräftigere Kapitalwertsteigerung erwartet.

d) Im Rahmen eines ausreichenden Gewinnes werden Geschäftsleitung und Belegschaft von einer Gewinnausschüttung zum Zwecke der Kapitalmarktpflege nicht unmittelbar betroffen. Gleichwohl beurteilen sie diese Gewinnverwendung im Vergleich zu Sicherheitspolitik und rentabilitätssteigernden Investitionen. Die Geschäftsleitung gibt ihr sicher dann den Vorzug, wenn ihrer auf Expansion gerichteten Interessenlage durch Kapitalerhöhung eher entsprochen wird. Die Belegschaft kann die Sicherheit des Arbeitsplatzes höher einschätzen. Aber auch sie berücksichtigt den mit der Gewinnausschüttung verfolgten Zweck. Rentabilitätssteigernden Investitionen aus der Kapitalerhöhung unter parallellaufender Sicherheitspolitik wird sie sich im Hinblick auf steigende Gewinnausschüttungserwartungen nicht verschließen.

3. An einer Gewinnausschüttungspolitik zum Zwecke der Kapitalmarktpflege sind tendenziell am stärksten diejenigen Eigenkapitalgeber interessiert, die nach hohen Gewinnausschüttungen tendieren. Unabhängig davon, welche endgültige Absicht mit dieser Maßnahme verfolgt wird, unterstützen sie daher grundsätzlich diese Gewinnverwendung. Erscheint es möglich, mit Hilfe der nachfolgenden Kapitalerhöhung rentabilitätssteigernde Investitionen durchzuführen, verstärkt sich ihre Neigung. Rentabilitätssteigerungen entsprechen ihrer ureigenen Interessenlage. Sie werden daher versuchen, ihre Interessenlage durchzusetzen. Die anderen Gewinndisponenten sehen in erster Linie den mit der Gewinnausschüttung verfolgten und erzielbaren Zweck. Sie begehren, fördern oder unterstützen die Gewinnausschüttungspolitik aus Einkommens-, Kapitalanlage- oder Spekulationsinteressen. Hierbei stellen sie jedoch eventuell Bedingungen. Die Gewinnausschüttungsentscheidung hat neben den anderen Gewinnverwendungsmöglichkeiten auch die Vorteile und Bedingungen einer Gewinnbeteiligungspolitik in Rechnung zu stellen[36].

---

[36] Die mit Kapitalerhöhungen beabsichtigten Investitionen unterliegen einem Investitionskalkül. Hierbei verdient besondere Beachtung, daß sein Bezugszeitpunkt in der Zukunft liegt und damit weitere Unsicherheitsfaktoren auf das Kalkülergebnis einwirken. In den Kalkulationszinsfuß gehen die Rentabilitätserwartungen der Gewinnbegünstigten ein.

d) *Gewinnbeteiligungspolitik*

1. Die Unternehmung hat auch die Möglichkeit, über eine Gewinnbeteiligung aus dem sozialen Rollenverhalten hinausgehend, mit einem frei verfügbaren Gewinnteil aktive Gewinnbeteiligungspolitik zu treiben. Diese Maßnahme kann erwogen werden, wenn die Unternehmung in den vergangenen Jahren den an sie gerichteten Erwartungen nicht entsprechen konnte und mit einer einmaligen Sonderleistung die Belegschaft nachträglich zufriedenstellen will. Die Unternehmung kann auch mit außergewöhnlichen Gewinnausschüttungen die Leistungen der Belegschaft im Hinblick auf eine Gewinnsteigerung anreizen.

2. Die Gewinnbeteiligungspolitik der Unternehmung ist — namentlich bei einer Verwendung des frei verfügbaren Gewinnteils — neben einer ausgeprägten sozialethischen Einstellung der Gewinnbegünstigten von ihren jeweiligen Interessenlagen dem Leistungsfaktor „Belegschaft" gegenüber abhängig. Hier ist ein Unterschied zwischen den langfristig der Unternehmung verbundenen und den nur kurzfristig interessierten Gewinnbegünstigten zu machen, aber auch die Einstellung der Geschäftsleitung nicht zu übersehen.

a) Diejenigen Eigenkapitalgeber, die sich langfristig der Unternehmung verbunden fühlen, tendieren nach Sicherheit und angemessenen Gewinnausschüttungen oder nach Erhaltung und Steigerung des Kapitalwertes. Aus diesen Motiven werden sie die Gewinnbeteiligungspolitik bejahen, denn eine zufriedene, treue und damit auch leistungsstarke Belegschaft sichert die Unternehmung und fördert ihre Ertragslage. Eine aktive Gewinnverwendungspolitik kann hiernach bei ihnen aus langfristigen Sicherheits- und Einkommensüberlegungen gegenüber rentabilitätssteigernden Gewinninvestitionen oder einer aktiven Kapitalmarktpflege den Vorrang genießen.

b) Die kurzfristig an die Unternehmung gebundenen Eigenkapitalgeber und die Spekulanten sind an einer aktiven Gewinnbeteiligungspolitik uninteressiert. Sie werden kaum die Annahme hegen, daß Gewinnbeteiligungen kurzfristige Rentabilitäts- oder Kapitalwertsteigerungen hervorrufen. Sie verhalten sich indifferent, wenn aus einem frei verfügbaren Gewinn ihre Interessen mehr als nur zufriedenstellend gewürdigt wurden. Sonst geben sie wohl anderen Gewinnverwendungsarten den Vorzug.

c) Die Geschäftsleitung wird eine sinnvolle, im Verhältnis zu anderen Verwendungen des frei verfügbaren Gewinnes angemessene Gewinnbeteiligungspolitik verfechten. Ihr ist es aufgegeben, die Eigengesetzlichkeiten der Unternehmung zu wahren. Für einen störungsfreien Ablauf des Unternehmungsprozesses, für die

Durchführung von Erweiterungen und Rationalisierungen, spielt die Berücksichtigung der menschlichen Arbeitskraft eine wesentliche Rolle.

3. Die aktive Gewinnbeteiligungspolitik wird — abgesehen von sozialethischen Beweggründen — in erster Linie von den an die Unternehmung langfristig gebundenen Eigenkapitalgebern und der Geschäftsleitung getragen. Diese Gewinnverwendungsentscheidung ist damit von ihrem wirksamen Einfluß, aber auch von dem Vergleich mit der Vorteilhaftigkeit der genannten anderen Gewinnverwendungsarten abhängig.

Die getroffenen Ableitungen über das Zustandekommen unterschiedlich gerichteter Gewinnverwendungsentscheidungen galten für den frei verfügbaren Teil innerhalb eines ausreichenden Gewinnes bei Bestehen einer prinzipiellen Gewinnverwendungskonzeption[37]. Je höher er ist, um so mehr Wünsche können befriedigt werden. Je niedriger er ist, um so heftiger werden die Interessenlagen ausgetragen. Bei ausreichendem Gewinn werden die Gewinnbegünstigten aber mindestens zufriedengestellt. Die jeweils dominierende Interessenlage bestimmt über die Verwendung des frei verfügbaren Gewinnteils.

Die Gewinnverwendungsentscheidungen können anders ausfallen, wenn die Unternehmung keinen ausreichenden Gewinn erzielt hat.

III. Gewinnverwendungsentscheidungen bei nicht ausreichendem Gewinn

1. Die Gewinnverwendungsentscheidungen stehen vorwiegend unter unternehmungspolitischen Aspekten, wenn der erzielte Gewinn nicht ausreicht, die bestehenden Gewinnverwendungsverpflichtungen, die prinzipielle Gewinnverwendungskonzeption und die berechtigten Gewinnausschüttungserwartungen zu erfüllen. Der Fall wird gegeben sein, wenn der Gewinn der Unternehmung auf Grund gesamtwirtschaftlicher Störungen oder interner Einflüsse kurz- oder langfristig zurückgeht[38].

[37] Es ist unmittelbar zu erkennen, daß die Interessenlagen grundsätzlich gleich bleiben, wenn die Unternehmung keine prinzipielle Gewinnverwendungskonzeption hat. Dann steht die Gewinnverwendung ausschließlich im Widerstreit von Interessen. Die dominierende Interessenlage prägt die Verwendungsrichtung. Aber auch hier wird das Gleichgewicht der Interessenlagen nicht übersehen werden, sollen die Gewinnbegünstigten an der Unternehmung interessiert bleiben. Die Schärfe der Konturen tritt deutlich bei den Entscheidungen über einen nicht ausreichenden Gewinn zutage.

[38] Ein nicht ausreichender Unternehmungsgewinn kann auch im Anlaufstadium der Unternehmung gegeben sein. Soweit möglich, berücksichtigt die Untersuchung auch diesen Fall, der allerdings teils einfacher, teils komplizierter gelagert ist. So kann beispielsweise die Frage der Anpassungsinvesti-

2. Diese Situation veranlaßt die Unternehmung, im Augenblick auf gewohnte Gewinnverwendungen zu verzichten. Sie kann bestrebt sein, Gewinnverwendungsverpflichtungen zu prolongieren, um sie später, bei ausreichend vorhandenem Gewinn, zu zahlen. Auch wird sie ihre Einstellung zur prinzipiellen Gewinnverwendungskonzeption überprüfen, um zu entscheiden, ob vorübergehend auf Kapitalerhaltung, Anpassungs- und Entwicklungsinvestitionen oder auf Gewinnausschüttungen verzichtet werden soll. Diese Möglichkeiten werden von den Gewinndisponenten entsprechend ihrer jeweiligen Interessenlage unterschiedlich beurteilt.

3. Die Gewinnverwendungsentscheidungen werden auch wesentlich davon beeinflußt, welcher Zweck in dieser Situation mit der Gewinnverwendung verfolgt wird.

Hat die Unternehmung keinen Einfluß auf die Ursachen des Gewinnrückganges (oder will sie „stillhalten"), urteilen die Gewinndisponenten ausschließlich über eine Rangfolge von Verzichten über gewohnte Gewinnverwendungen. Die dominierende Interessenlage wird die Gewinnverwendungsrichtung bestimmen. Insoweit bleibt die Gewinnverwendung ein Vollzug der durch die Verzichte nicht betroffenen Gewinnverwendungsverpflichtungen oder einzelner Gewinnverwendungen aus der Gewinnverwendungskonzeption.

Die Unternehmung kann auch bestrebt sein, das Instrument der Gewinnverwendung ausschließlich oder im Zusammenhang mit anderen Maßnahmen zur Überwindung der Notlage einzusetzen. Sie wird dies tun, wenn sie in der Lage (und bereit) ist, hierdurch wirksam Einfluß auf die Ursachen des Gewinnrückganges zu nehmen. Die Gewinnbegünstigten sind dann zu einem Verzicht auf mögliche Gewinnverwendungen bereit, wenn eine anderweitige Verwendung des durch Verzichte „freigesetzten" Gewinnes wirksam erfolgen kann und ihrer Interessenlage eher entspricht.

Daher soll im folgenden untersucht werden, inwieweit die Ursachen des nicht ausreichenden Gewinnes die Gewinndisponenten ausschließlich zu Verzichten veranlassen, oder in welchen Fällen mit Hilfe eines freigesetzten Gewinnes die Situation überwunden werden kann[39]. Dann bestimmen die möglichen Maßnahmen den Umfang der notwendigen Finanzierungsmittel und den hierfür durch Verzichte zu schaffenden „Aktionsspielraum".

---

tionen noch nicht existent sein, auch erzwungene Gewinninvestitionen brauchen noch nicht vorzuliegen. Andererseits können forcierte Gewinnausschüttungen Vorrang genießen.

[39] Diesem Fall mißt die Untersuchung besondere Bedeutung bei. Sie geht dabei von der wohl richtigen Annahme aus, daß die Gewinnverwendung, sofern die Unternehmung die Ursachen des Gewinnrückganges bekämpfen kann, nicht ausschließlich ein „Verteilungsprozeß" ist.

1. Einfluß der Ursachen nicht ausreichenden Gewinnes auf die Gewinnverwendungsentscheidung

1. Ein nicht ausreichender Unternehmungsgewinn kann die verschiedensten Ursachen haben. Konjunkturrückgänge führen zu sinkenden Arbeitseinkommen und wirken sich, je nach der Struktur des Leistungsprogramms der Unternehmung, auf ihren Absatz aus; Kostenremanenzen mindern den Gewinn, Preisrückgänge verschlechtern die Ertragslage bei gleichbleibendem Absatz. Durch Rationalisierungen in der Branche oder verändertes Verhalten der Konkurrenz wird das Preisniveau gedrückt. Maschinenbrüche führen zu Produktionsausfällen. Kundenforderungen werden uneinbringlich. Die Gewinnreservierungen reichen nicht aus, diese Verluste aufzufangen. Im Anlaufstadium kann die Unternehmung noch nicht die kostengünstige Zone erreicht haben; die Arbeitskräfte und die Fertigungsverfahren sind noch nicht kostenoptimal aufeinander eingespielt.

2. Bei gesamtwirtschaftlichen Störungen ist die Unternehmung zumeist nicht in der Lage, mit gezielten Gewinnverwendungen die Ursachen des Gewinnrückganges zu beseitigen. Dann stehen die Gewinndisponenten ausschließlich vor der Notwendigkeit, auf gewohnte Gewinnverwendungen zu verzichten. Die Rangfolge der Verzichte, die die Gewinndisponenten leisten, ist im einzelnen davon abhängig, ob die Störung kurz- oder langfristig anhalten wird.

Die Kapitalanleger trennen sich unabhängig davon, ob die Störung kurz- oder langfristig anhält, zunächst von Gewinnausschüttungen, da sie keine Einkommensinteressen verfolgen. Sie würden nur dann für eine Beibehaltung von Gewinnausschüttungen stimmen, wenn hiermit eine unvertretbare Abwanderung von Kapitalgebern mit der damit verbundenen Minderung des Wertes ihrer Kapitalanlage verhindert werden kann. Kurzfristig verzichten sie auf Anpassungsinvestitionen eher als auf Kapitalerhaltung und Risikenvorsorge.

Eigenkapitalgeber, die langfristig eine angemessene Gewinnausschüttung erstreben, werden geneigt sein, zugunsten der Sicherheit ihrer Einkommensquelle vorübergehend teilweise oder gänzlich auf Gewinnausschüttungen zu verzichten. Für den gleichen Zeitraum werden sie auch bereit sein, von Anpassungsinvestitionen Abstand zu nehmen. Schwer trennen sie sich aber von Kapitalerhaltung oder Risikenvorsorge. Hält die Störung langfristig an, werden sie infolge ihrer Einkommensinteressen auf eine — wohl eingeschränkte — Gewinnausschüttung nicht verzichten können. Zur Befriedigung dringender persönlicher Bedürfnisse muß dann notfalls auf Kapitalerhaltung, später auf Risikenvorsorge verzichtet werden.

Die Eigenkapitalgeber, die an hohen Gewinnausschüttungen interessiert sind, verzichten tendenziell zuletzt auf Gewinnausschüttungen. Zweifelsohne müssen sie sich zu Abstrichen von ihren gewohnten Forderungen bereitfinden; infolge veränderter Kapitalmarktverhältnisse sinkt die Ausschüttungsbereitschaft der Unternehmung ohnehin. Ist ihnen wegen der veränderten Situation ein Wechsel ihrer Kapitalanlage nicht möglich, werden sie die Sicherheit ihrer Kapitalanlage bei der Unternehmung im Auge behalten. Bei kurzfristigen Störungen verzichten sie auf Anpassungsinvestitionen, Kapitalerhaltung und Risikenvorsorge. Hält die Störung langfristig an, gewinnnen Risikenvorsorge und Kapitalerhaltung an Bedeutung[40].

Die Verhaltensweise des Spekulanten in dieser Situation ist schwer zu deuten. Sie ist wohl ausschließlich von der Entwicklung der Börse abhängig.

Das Interesse der Geschäftsleitung wird in jedem Falle auf eine möglichst reibungslose Aufrechterhaltung des Unternehmungsablaufes gerichtet sein. Daher wird sie Kapitalabwanderungen zu verhindern suchen, die Kapitalerhaltung auf dringende Ersatzbeschaffungen beschränken, unmittelbar erkennbare Risiken absichern.

Bei der Belegschaft steigt die Furcht um den Verlust des Arbeitsplatzes. Kurzfristig verzichtet sie möglicherweise zugunsten der Risikenvorsorge gänzlich, langfristig zum Teil auf Gewinnausschüttungen, wenn diese Bestandteil eines „kalkulierten" Einkommens geworden sind[41].

Eine Prolongation von Gewinnverwendungsverpflichtungen wird nicht in Erwägung zu ziehen sein, da bei gesamtwirtschaftlichen Störungen die Gläubiger zumeist Liquidität benötigen.

Die Gewinnverwendungsentscheidung wird auch in dieser Situation von der dominierenden Interessenlage geprägt. Diese ist aber in weitaus stärkerem Maße von Rücksichtnahmen beeinflußt, als es bei der Auseinandersetzung der Ansprüche um den ausreichenden Gewinn der Fall ist.

3. Eine Einflußnahme auf die Ursachen nicht ausreichenden Gewinnes ist zumeist bei innerbetrieblichen Störungen — auch im Anlaufstadium der Unternehmung — möglich.

Erscheint durch gezielten Einsatz freigesetzter Gewinne eine Überwindung oder Besserung der Situation möglich, beurteilen die Gewinndisponenten die Prolongation von Gewinnverwendungsverpflich-

[40] Siehe hierzu die ergänzenden Ausführungen auf S. 212 f.

[41] Die einzelnen Verzichtsmotive treten im Abschnitt „Die Bildung eines Aktionsspielraumes für unternehmungspolitische Entscheidungen" noch stärker hervor.

tungen und den Verzicht oder Teilverzicht auf Erfüllung der Gewinnverwendungskonzeption danach, ob die beabsichtigten Maßnahmen erfolgversprechend sind und ob die Störung kurz- oder langfristig überwunden werden kann. Sie sehen in den Verzichten nicht in erster Linie eine möglichst günstige Beibehaltung, sondern eine Verbesserung ihrer durch die Situation gefährdeten Interessenlage. Zugunsten einer die Sicherheit und die Rentabilität erhöhenden Gewinninvestition verzichten die auf Sicherheit bedachten Gewinndisponenten möglicherweise vorübergehend sogar auf Kapitalerhaltung. Die an kurzfristig hohen Gewinnausschüttungen interessierten Gewinndisponenten verzichten eventuell zugunsten einer schnell die Rentabilität steigernden Investition auf Gewinnausschüttung, wenn hierdurch der gegenwärtige Verzicht mindestens wettgemacht wird[42].

Das Ausmaß der Verzichte wird durch den Umfang der Finanzierungsmittel bestimmt, die zur Überwindung der Ursachen des Gewinnrückganges erforderlich sind. Reicht der insgesamt erzielte Gewinn — möglicherweise unter Hinzunahme von Fremdkapital — hierfür nicht aus, ist die Situation derjenigen unüberwindbarer Störungen gleichzusetzen. Die Unternehmung beschränkt sich auf Verzichtspolitik. Reicht er gerade aus, müssen die Gewinnbegünstigten augenblicklich auf jegliche gewohnte Verwendung des Gewinnes verzichten, wenn sie mit Hilfe der Gewinnverwendung die Situation überwinden wollen. Werden nur Teile des Gewinnes für die einzuleitenden Maßnahmen benötigt, wirkt sich die Rangfolge einzelner Verzichte aus.

Der Umfang der Finanzierungsmittel, die erforderlich sind, die Ursachen des nicht ausreichenden Gewinnes zu bekämpfen, ist von den möglichen Maßnahmen selbst abhängig.

2. Unternehmungspolitische Gewinnverwendungen zur Überwindung der Situation

1. Die Gewinnverwendungspolitik zur Überwindung der Situation nicht ausreichenden Gewinnes kann sich auf Gewinnreservierungen, Gewinninvestitionen und Gewinnausschüttungen erstrecken. Während Gewinnreservierungen und Gewinninvestitionen auf eine unmittelbare Beseitigung der Ursachen des Gewinnrückganges gerichtet sind, dienen Ausschüttungen diesem Zweck nur mittelbar.

a) Eine einmalige oder laufende Verstärkung von Gewinnreservierungen ist dann notwendig, wenn die Ursachen des Gewinnrückganges in einer nicht ausreichenden Sicherung der Unter-

[42] Die hier nur tendenziell angedeuteten Interessenlagen werden später noch genau herausgearbeitet.

nehmung gegen Risiken zu suchen sind. Hierbei ist zu berücksichtigen, daß der Eintritt eines nicht abgesicherten Verlustes in der Regel kumulative Wirkung hat. Der Verlust infolge Maschinenbruches beschränkt sich nicht auf den Ausfall der Maschine; der gesamte Fertigungsgang kann stilliegen, Regresse infolge von Lieferzeitüberschreitungen werden genommen. Verzögerte Lohnzahlungen bei vorübergehenden Ausgabenüberschüssen infolge von Preiseinbrüchen führen zu Abwanderungen von Arbeitskräften mit allen daraus erwachsenden Konsequenzen. Eine Liquiditätslücke infolge eines Debitorenverlustes kann die Kreditwürdigkeit der Unternehmung beeinträchtigen und führt damit möglicherweise zur Verkürzung von Lieferantenzieleinräumungen. Dies belastet Liquidität und Rentabilität.

b) Sofern die Ursachen des nicht ausreichenden Gewinnes strukturell bedingt sind, etwa auf erfolgreiche absatzfördernde Maßnahmen der Konkurrenz oder auf schleichende Unwirtschaftlichkeit des eigenen Fertigungsverfahrens zurückgehen, kann die Unternehmung bestrebt sein, durch einen „Sprung nach vorn" eine ausreichende Ertragslage wiederherzustellen. Durch Investitionen in Werbefeldzügen, durch Erweiterungs- oder Rationalisierungsinvestitionen kann sie versuchen, den Absatz auszudehnen, die Kosten zu senken.

c) Eine direkte Bekämpfung der Ursachen eines nicht ausreichenden Gewinnes durch Gewinnausschüttungen erscheint nicht möglich. Gleichwohl kann die Unternehmung auch in dieser Situation versuchen, Emissionen zur Durchführung rentabilitätssteigernder Investitionen unterzubringen, die sie durch Gewinnausschüttungen anreizt. Auch können Gewinnausschüttungen zweckmäßig sein, wenn eine Vernachlässigung dieser Gewinnverwendungsart eine weitere Verschlechterung der Ertragslage erwarten läßt; wenn Eigenkapital zurückgezogen wird und dann durch teures Fremdkapital ersetzt werden muß; auch qualifizierte Arbeitskräfte können bei unzureichenden Gewinnbeteiligungen abwandern.

2. Für die Beurteilung derartiger unternehmungspolitischer Gewinnverwendungen durch die Gewinndisponenten spielt der Umfang der notwendigen Finanzierungsmittel und der erwartete Erfolg die entscheidende Rolle. Gewinnreservierungen zur Schaffung von Liquiditätsreserven können einmalig und in fest begrenzter Höhe notwendig sein. Die Verbesserung der Ertragslage durch Rationalisierungsinvestitionen ist berechenbar und erfordert gewöhnlich eine einmalige Finanzierung. Absatzerhöhungen durch Erweiterungsinvestitionen werden erhofft. Sie stellen sich überdies unter Umständen erst lang-

fristig ein. Der Erfolg von Investitionen in Werbefeldzügen trägt in hohem Maße Wahrscheinlichkeitscharakter.

Bei unternehmungspolitischen Maßnahmen, die auf Erwartungen basieren, ist die subjektive Einstellung der Gewinnbegünstigten von Bedeutung. Auf sie wirken Erfahrung und Urteilsvermögen, Optimismus und Pessimismus ein. Setzen die Gewinndisponenten Vertrauen in die zukünftige konjunkturelle Entwicklung, neigen sie im allgemeinen eher einer Investitionstätigkeit zu. Erwarten sie Depressionen, tritt ein verstärktes Sicherheitsbedürfnis auf. Die Geschäftsleitung wird hier maßgeblich auf die Gewinnverwendungsentscheidung einwirken können. Ihr Urteilsvermögen über die gesamtwirtschaftliche Entwicklung und die Branchenlage, die Überzeugungskraft, mit der sie die von ihr für sinnvoll erachteten Maßnahmen vertritt, werden die Verhaltensweise der anderen Gewinndisponenten entscheidend auch dann beeinflussen können, wenn die Geschäftsleitung selbst keine ausreichenden Befugnisse zur selbständigen Durchführung der von ihr als sinnvoll erkannten Maßnahmen hat.

3. Der Umfang der Mittel, die notwendig sind, wirksame Maßnahmen einzuleiten, ist in jedem Falle individuell verschieden. Er richtet sich nach Unternehmungsgröße, Ursache und Umfang des Gewinnrückganges und anderen Faktoren aus.

3. Die Bildung eines Aktionsspielraumes für die unternehmungspolitischen Entscheidungen

Den für die geplanten Maßnahmen notwendigen Aktionsspielraum — den frei verfügbaren Gewinn — kann sich die Unternehmung durch Prolongation von Gewinnverwendungsverpflichtungen und durch augenblicklichen Verzicht oder Teilverzicht auf Erfüllung der Gewinnverwendungskonzeption schaffen.

a) Die Prolongation von Gewinnverwendungsverpflichtungen

1. Wird davon abgesehen, daß Gewinnverwendungsverpflichtungen erlassen werden, kann durch Aufschub der Zahlungen augenblicklich Gewinn für andere Maßnahmen freigesetzt werden. Dieses Vorgehen erscheint bei verschiedenen Gewinnverwendungsverpflichtungen möglich.

a) Die Unternehmung kann versuchen, Stundungen für Gewinnsteuerzahlungen zu erwirken. Der Fiskus und die Gewinndisponenten der Unternehmung werden hierzu bereit sein, wenn eine anderweitige Verwendung der gestundeten Steuern die spätere Zahlung der Verpflichtung nicht gefährdet und darüber hinaus eine Besserung der Ertragslage der Unternehmung erhoffen läßt. Dies ist beispielsweise gegeben, wenn die Unternehmung ihre unzureichenden Gewinnreservierungen aufstockt oder Rationalisierungsinvestitionen durchführt. Bei riskanten Erweiterungsinvestitionen, Werbefeldzügen, Umstellungen des Fertigungsprogramms versagen Fiskus und die auf Sicherheit bedachten Kapitalgeber gegebenenfalls ihre Zustimmung. Der Fiskus sieht hierdurch die spätere Zahlung der rückständigen Steuern gefährdet, die Kapitalgeber befürchten — durch mögliche Zwangsmaßnahmen — eine Verschlechterung ihrer Kapitalanlage. Sie ziehen dann gegebenenfalls andere Verzichte vor.

b) Die Unternehmung kann versuchen, eine vorgesehene Ablösung von Fremdkapital durch Gewinne hinauszuschieben. Die Gläubiger — z. B. kreditgebende Banken — sind, sofern sie hierzu in der Lage sind, wahrscheinlich aus Geschäftsinteresse zu einer Tilgungsstreckung bereit. Sofern sie die Kreditgewährung durch Pfandrechte gesichert haben, werden sie erst dann der anderweitigen Verwendung der freigesetzten Beträge ernsthaft ihr Augenmerk zuwenden, wenn ihre Deckungen in Gefahr geraten. Sind die Kredite ungesichert, stimmen sie nur jenen Maßnahmen zu, die die Kreditsumme und den laufenden Kapitaldienst nicht gefährden.

Die auf Sicherheit bedachten Eigenkapitalgeber stimmen einer Tilgungsstreckung nur dann zu, wenn die Verwendung des freigesetzten Gewinnes eine nachhaltige Ertragssteigerung ohne Gefährdung ihrer Kapitalanlage erwarten läßt. Sie erwägen ansonsten eher andere Verzichte, die nicht unbedingt äußerlich in Erscheinung treten. Eigenkapitalgeber, die an hohen Gewinnausschüttungen interessiert und bereit sind, ihre Kapitalanlage zu wechseln, stimmen der Tilgungsstreckung sicher zu, wenn hiermit ihre Ausschüttungserwartungen befriedigt werden können, oder aber hierdurch kurzfristig die Rentabilität steigernde Maßnahmen ermöglicht werden. Ist ihnen allerdings ein Wechsel der Kapitalanlage verschlossen, teilen sie tendenziell die Interessenlage der auf Sicherheit bedachten Eigenkapitalgeber.

Steuerstundung und Tilgungsstreckung fallen oft in den Rahmen der Befugnisse der Geschäftsleitung. Aus verschiedenen Motiven ist diese derartigen Maßnahmen zugetan. Dann haben die anderen Gewinndisponenten erst Einfluß auf die Verwendung des erzielten Aktionsspielraumes.

c) Eine kurzfristige Prolongation von Gewinnausschüttungsverpflichtungen ist durchführbar, wenn es gelingt, garantierte Eigenkapitalgewinne — auch Gewinnabführungsverpflichtungen —

Entschädigungen für unternehmerische Leistungen und Gewinnbeteiligungen in später zahlbaren „Scripdividenden" zu entgelten. Diese Gewinnbegünstigten werden sich vornehmlich dann zu einer Prolongation bereitfinden, wenn sie langfristig an der Unternehmung interessiert sind und ihren Anspruch durch die anderweitige Verwendung des freigesetzten Gewinnes nicht gefährdet sehen. Hierbei neigen sie — als Einkommensinteressenten — rentabilitätswirksamen Maßnahmen zu.

2. Die anderen Gewinndisponenten werden gegen diese Gewinnung eines Aktionsspielraumes zumindest keine Einwendungen erheben, da ihre Interessen einschränkend nicht betroffen werden.

b) Der vorübergehende Verzicht auf Erfüllung der Gewinnverwendungskonzeption

1. Die Unternehmung kann es für sinnvoll halten, von einzelnen Bereichen ihrer Gewinnverwendungskonzeption vorübergehend insgesamt oder teilweise abzugehen[43]. Das von der Untersuchung für die Gewinnverwendungskonzeption angenommene Prinzip berücksichtigt die Unternehmung als Instrument langfristiger Einkommenserzielung. Daher werden von den Verzichten namentlich diejenigen Gewinnbegünstigten betroffen, die an der Unternehmung langfristig interessiert, auf Sicherheit und angemessene Einkommenserzielung bedacht sind. Die erstrebte Überwindung der Situation nicht ausreichenden Gewinnes läßt ihre Einkommensinteressen stärker in den Vordergrund treten. Damit nähern sie sich der Interessenlage derjenigen Gewinndisponenten, die vornehmlich an Rentabilität interessiert sind. Hiernach können sich andere Interessengruppen bilden, als es bei der Verwendung des frei verfügbaren Teiles eines ausreichenden Gewinnes der Fall war. Für die Gewinnverwendungsentscheidung ist dieser Tatbestand von Bedeutung.

a) Die Unternehmung kann erwägen, vorübergehend auf die Realisierung einer bei ausreichend vorhandenem Gewinn grundsätzlich verfolgten Kapitalerhaltungsvorstellung zu verzichten, um sie später nachzuholen.

   Die auf Sicherheit bedachten Gewinndisponenten werden ihre Zustimmung nur dann erteilen, wenn die anderweitige Verwendung des freigesetzten Gewinnes bei mindestens gleichbleibender Sicherheit[44] die Ertragslage der Unternehmung verbessert. Sie

[43] Hierzu ist möglicherweise eine Änderung von Gesellschaftsverträgen oder grundlegenden Absprachen nötig. Das erfordert oft qualifizierte Mehrheitsbeschlüsse. Daher gewinnt die Stärke der dominierenden Interessengruppe besondere Bedeutung.

[44] Siehe hierzu die ergänzenden Ausführungen auf S. 213 b).

haben hierbei ihre Einkommensinteressen oder die Steigerung des Kapitalwertes im Auge. Sie werden zunächst jener Maßnahme den Vorrang geben, die das vergleichsweise geringste Risiko beinhaltet. Bei mehreren Investitionsmöglichkeiten zur Rentabilitätssteigerung entschließen sie sich in diesem Falle zu Investitionen, die sich kurzfristig amortisieren, um die unterlassenen Reservierungen für Kapitalerhaltung nachholen zu können. Auch kann bei ihrem Urteil die Liquiditätsentwicklung der Investition eine wesentliche Rolle spielen. Ist die Liquidität der Unternehmung angespannt, forcieren sie bei gleicher Investitionsrentabilität jene Investitionsmöglichkeit, die schnell eine Besserung der finanziellen Lage der Unternehmung verspricht. Die kurzfristig an hohen Einkünften aus der Gewinnausschüttung interessierten Eigenkapitalgeber verzichten sicher, sofern ihr Kapitalanlagekalkül dieses zuläßt, zugunsten einer Beibehaltung oder Verbesserung ihrer Einkommenslage auf Kapitalerhaltung. Allerdings drängen sie auf Maßnahmen, die kurzfristig eine Rentabilitätssteigerung bringen. Risikoerwägungen wirken sich in der Hoffnung auf einen späteren Wechsel der Kapitalanlage sekundär aus.

Hier zeigt sich eine Annäherung der Interessenlagen. Beide Kapitalgebergruppen sind zu einem Verzicht auf Kapitalerhaltung bereit. Sie finden sich zu einer gemeinsamen Interessenlage zusammen, wenn es gelingt, eine sichere, kurzfristig die Rentabilität steigernde Investition durchzuführen.

In diese gemeinsame Interessengruppe fügen sich Geschäftsleitung und Belegschaft ein. Beide lassen jedoch die Sicherheit der Unternehmung nicht außer acht.

Die Gewinnverwendungsentscheidung wägt den Verzicht auf Kapitalerhaltung zugunsten ertragssteigernder Maßnahmen mit anderen Verzichten ab.

b) Ein vorübergehender Verzicht auf Vorsorge gegen latente Risiken wird dadurch beeinflußt, mit welcher Stärke und wann ihr Eintritt erwartet wird. Besteht die Möglichkeit, die freigesetzten Mittel kurzfristig einer rentabilitätssteigernden Verwendung zuzuführen, die gleichzeitig das Bereitstehen der zur Abdeckung der Risiken erforderlichen Mittel im Zeitpunkt des Verlusteintrittes garantiert (kurzfristige Wiedergewinnungszeit), finden sich auch die auf Sicherheit bedachten Gewinndisponenten zu dieser Maßnahme bereit. Hierbei ist nicht nur an eine entsprechende Anlage der Gewinnreservierungen selbst zu denken; eine auf Neuemissionen gezielte Gewinnausschüttung kommt auch in Betracht.

Die Gewinndisponenten werden einmütig einen Verzicht auf Risikenvorsorge zugunsten rentabilitätssteigernder Maßnahmen versagen, wenn mit dem Eintritt der Risiken jederzeit zu rechnen ist. Sie ziehen den Verzicht auf Kapitalerhaltung vor. Können beispielsweise bei steigenden Güterpreisen Maschinen infolge Verzichtes auf Gewinnreservierungen nicht ersatzbeschafft werden, ist noch die Wahl eines anderen Fertigungsverfahrens oder eine risikofreie Änderung des Leistungsprogramms möglich. Dies hat allenfalls Auswirkungen auf die Rentabilität. Der Eintritt eines nicht abgeschirmten Risikos kann zur Illiquidität und damit zum Abbruch der Unternehmungstätigkeit führen.

c) Anpassungs- und Entwicklungsinvestitionen beruhen, wie herausgearbeitet wurde, auf langfristigen Erwägungen. Für die Unternehmung besteht keine unmittelbare Gefahr, wenn sie vorübergehend und kurzfristig auf sie verzichtet. Auch die auf Sicherheit bedachten Eigenkapitalgeber werden sich daher bei einer Rangfolge von Verzichten von ihnen am ehesten trennen. Auch wenn sie in der Unternehmung die dominierende Interessenlage vertreten, werden sie sich dem Begehr einer Minderheit, statt dessen Gewinne zumindest in bescheidenem Ausmaß auszuschütten, nicht verschließen können. Es ist daran zu erinnern, daß die Unternehmung ein Instrument der Einkommenserzielung ist und über die Gewinnausschüttung auch dringende persönliche Bedürfnisse befriedigt werden können. Auch droht bei einer Nichtberücksichtigung berechtigter Ausschüttungserwartungen eine rentabilitätsmindernde und die Sicherheit der Unternehmung gefährdende Kapitalabwanderung.

d) Ein Verzicht auf Gewinnausschüttungen würde bedeuten, daß berechtigte Ausschüttungserwartungen der Gewinnbegünstigten nicht erfüllt werden.

Eigenkapitalgeber, die ausschließlich Anlageinteressen vertreten, werden hiervon nicht berührt, da sich ihre Interessenlage auf den Kapitalwert ihrer Anlage bezieht. Sie verzichten kurz- und langfristig sicher auf jegliche Gewinnausschüttung zugunsten derjenigen Maßnahmen, die den Wert ihrer Kapitalanlage erhalten oder steigern. Hierbei kann es sich um die weitgehende Beibehaltung der auf Sicherheit der Unternehmung ausgerichteten Gewinnverwendungskonzeption, aber auch um entsprechende Maßnahmen zur Überwindung der Notlage handeln.

Eigenkapitalgeber, die langfristig angemessene Gewinnausschüttungen unter Wahrung ihres Sicherheitsbedürfnisses erstreben, werden bei kurzfristig überwindbaren Störungen der Situation nicht ausreichenden Gewinnes eher zu Abstrichen an der Gewinnausschüttung als an der Risikenvorsorge und der Kapitalerhaltung bereit sein. Diese Tendenz schwächt sich ab, wenn nur langfristig eine Besserung der Situation zu erwarten ist. Denn auch für sie bleiben die Einkommensinteressen bestehen, nachgeordnet allerdings ihrem Sicherheitsbedürfnis.

Wohl die stärkste Beachtung verdient die Interessenlage derjenigen Eigenkapitalgeber, die den Zweck ihrer Kapitalüberlassung in der Erzielung kurzfristig hoher Einkünfte aus der Gewinnausschüttung erblickt. Ein Verzicht auf Gewinnausschüttung berührt ihre Interessen unmittelbar. Im Vergleich zu anderen möglichen Verzichten rangiert dieser tendenziell an letzter Stelle. Wird ihre Interessenlage majorisiert, geht die Unternehmung die Gefahr der Kapitalabwanderung ein. Die dominierende Interessenlage wird daher auf diese Gruppe weitgehend Rücksicht zu nehmen haben. Hierbei kann die notwendige Ausschüttungsbereitschaft der Unternehmung niedriger sein als bei ausreichend vorhandenem Gewinn. Sofern die Erträge aus Kapitalüberlassungen allgemein sinken, müssen sich die Eigenkapitalgeber mit einer niedrigeren Ausschüttung zufriedengeben. Die Kapitalabwanderung kann dann einsetzen, wenn die Gewinnausschüttung unter diejenige alternativer Kapitalüberlassung sinkt.

Für diese Interessengruppe wird ein Verzicht auf gegenwärtige Gewinnausschüttung dann ökonomisch sinnvoll, wenn eine anderweitige Verwendung der freigesetzten Mittel zu einer Rentabilitätssteigerung führt, die kurzfristig über ihrer Rentabilitätserwartung, gemessen an anderweitigen Kapitalanlagemöglichkeiten, liegt. Da diese Kapitalgeber ein sekundäres Sicherheitsbedürfnis empfinden, dürfen die eingeleiteten Maßnahmen nicht zu einer Risikodifferenz zu anderweitigen Kapitalanlagemöglichkeiten führen.

Der Spekulant, der primär an Gewinnausschüttungen nicht interessiert ist, verzichtet in jedem Falle auf sie, wenn andere Gewinnverwendungen dazu angetan sind, eine realisierbare Kapitalwertsteigerung herbeizuführen. Je nach individuellem, wechselndem Urteil des Publikums können diese in Sicherheitsmaßnahmen und in rentabilitätssteigernden Investitionen zu suchen sein.

Auch die Arbeitnehmer dürfen als Gewinnbegünstigte nicht übersehen werden. Eine Beschneidung der Gewinnbeteiligung unter das vergleichbare Maß der Sozialstruktur kann zu Personalabwanderungen führen, die sich in einer Notlage der Unternehmung empfindlich auswirken[45]. Ein Verständnis dieser Interessengruppe auf vorübergehende Verzichte wird wohl dann zu finden sein, wenn allseits Verzichte geleistet werden und die freigesetzten Beträge zur Verbesserung der Ertragslage verwendet werden. Hierbei werden die Arbeitnehmer begehren, daß ihrem Bedürfnis nach Sicherheit des Arbeitsplatzes Genüge geleistet wird.

Die beabsichtigte Verbesserung der Ertragslage der Unternehmung bei nicht ausreichendem Unternehmungsgewinn fordert von der dominierenden Interessenlage Konzessionen: an das Sicherheitsbedürfnis, die Rentabilitätserwartungen, Kapitalanlageinteressen, Arbeitsplatzsicherung, an den Fortgang des Unternehmungsprozesses schlechthin. Hier wird die Not zur Tugend!

IV. Zusammengefaßtes Ergebnis

1. Die Gewinnverwendungsentscheidung der Unternehmung wird von ihren Eigentümern, den Trägern delegierter Entscheidungsbefugnisse und unternehmungsexternen Organen gefällt oder wirksam beeinflußt. Über die Zweckmäßigkeit der Verwendungsrichtung urteilen diese Gewinndisponenten aus ihrer jeweiligen, situationsabhängigen Interessenlage heraus. Die dominierende Interessengruppe prägt die Gestalt der Gewinnverwendungsentscheidung, wobei aus eigenem Interesse auf Minderheiten Rücksicht genommen wird.

2. Bei ausreichend erzieltem Gewinn erfüllt die Unternehmung zunächst ihre Gewinnverwendungsverpflichtungen, ihre möglicherweise bestehende Gewinnverwendungskonzeption und die berechtigten Gewinnausschüttungserwartungen im Ausmaß ihrer Ausschüttungsbereitschaft. Die Gewinnverwendungskonzeption leitet sich aus der Zielsetzung der Unternehmung her und bindet — wie für eine Unternehmung als Instrument langfristiger Einkommenserzielung angenommen wurde — beispielsweise Gewinnverwendungen für Kapitalerhaltung, Risikenvorsorge und Investitionen zur Anpassung an die technische und wirtschaftliche Entwicklung.

---

[45] Lehmann, E.: Die Problematik der Gewinnverteilung bei der Aktiengesellschaft im Widerstreit der verschiedenen Interessengruppen, Nürnberg 1949, S. 66 kommt auf Grund einer Analyse verschiedener Geschäftsberichte deutscher Aktiengesellschaften im Falle sinkender Ertragslage zu folgendem Ergebnis: „Gewöhnlich macht sich die Ertragsminderung zuerst für die Aktionäre bemerkbar. Erst bei weiteren Verlusten wird bei den freiwilligen Aufwendungen zugunsten der Gefolgschaft ‚eingespart', während die Bezüge der Verwaltungsträger erst zuletzt beschnitten werden." Dieses Ergebnis kann nur sehr bedingt verwertet werden. Es ist zu beachten, daß das umfangmäßig begrenzte Material nur die Wende der 30er Jahre zugrunde legt. Infolge nachhaltiger Ertragssteigerungen durch die anhaltende Konjunktur finden sich weitere empirische Untersuchungen zu dieser Frage noch nicht.

Liegt darüber hinaus ein „frei verfügbarer“ Gewinnteil vor, entscheidet sich die Unternehmung gemäß der dann dominierenden Interessenlage zu einer weitergehenden Sicherheitspolitik, für rentabilitätssteigernde Gewinninvestitionen, Kapitalmarktpflege, Gewinnbeteiligungspolitik.

3. Wurde ein nicht ausreichender Gewinn erzielt, müssen die Gewinndisponenten auf gewohnte Gewinnverwendungen verzichten. Hat die Unternehmung keinen Einfluß auf die Ursachen des Gewinnrückganges, betreibt sie ausschließlich Verzichtspolitik, wobei die Rangfolge einzelner Verzichte oder Teilverzichte eine wesentliche Bedeutung hat. Kann sie das Instrument der Gewinnverwendung zur Überwindung der Notlage einsetzen, wird der Verzicht auf gewohnte Gewinnverwendungen davon abhängig gemacht, daß der Einsatz des hierdurch geschaffenen Aktionsspielraumes eher den Zielen der Unternehmung — gemessen an der Interessenlage der dominierenden Gewinndisponentengruppe — entspricht.

E. Schlußwort

Damit sind die Gedanken über die Gewinnverwendung der Unternehmung in dem gesteckten Rahmen zu Ende geführt. Abschließend sei gefragt, welche Probleme das Untersuchungsergebnis aufwirft und inwieweit sie einer Bearbeitung harren.

Die Untersuchung wies den logischen Zusammenhang einer Theorie der Gewinnverwendung mit der Theorie der Erfolgsrechnung auf der Basis des Anschaffungswertprinzips nach. Gemeinsame Grundlage ist die Notwendigkeit, Gewinnerrechnung und Gewinnverwendung aus pagatorischen bzw. finanzwirksamen Vorgängen zu deuten. Hieraus könnte die Abstimmung der verwendeten Terminologie folgen. Aber es drängt sich vornehmlich die Frage auf, ob beide Komplexe zu einer einheitlichen „Erfolgstheorie" vereinigt werden können. Gewinnverwendung setzt Gewinnerzielung und Gewinnerrechnung voraus, letztere münden in die Gewinnverwendung. Die Untersuchung empfindet diese schwerwiegende Fragestellung als berechtigt, weil sie glaubt, den Beweis erbracht zu haben, daß eine reale Kapitalerhaltung bei steigenden Güterpreisen durch die finanzwirksame Reservierung verdienter Erlösüberschüsse zu verwirklichen ist. Damit wird wohl der entscheidende Einwand ausgeräumt, den die Erfolgsrechnung berechtigt gegen eine Aufnahme von Gewinnverwendungselementen erhebt: Die Verwässerung des exakt zu ermittelnden Unternehmungserfolges. Sie wendet nichts gegen nominale Rücklagen ein. Dies sind aber die Gewinnreservierungen. Zuvor wäre es allerdings notwendig, die getroffenen Ableitungen um die Komponente „Verlust" zu einer „Theorie der Erfolgsverwendung" zu ergänzen. Wie aber herausgestellt wurde, ist auch die „Verlustverwendung" ein finanzwirksamer Vorgang. Faßt man den Verlust nicht lediglich als eine buchhalterische Kapitalberichtigung auf, bedeutet seine „Verwendung" seine Finanzierung.

Es wurde auf die praktische Notwendigkeit der Ansammlung eines „Optimalumfanges" temporär verwendbarer Gewinne hingewiesen. Hier wären Rechnungsverfahren zu entwickeln, die der Unternehmung eine brauchbare Grundlage für die vorübergehenden Gewinnverwendungsentscheidungen anhand geben. Die bekannten Instrumente der Finanzplanung genügen nicht. Realisierte Gewinne sind zu vorübergehenden Verwendungsmöglichkeiten in Beziehung zu setzen. Das Ziel ist, die ständigen Sorgen des Finanzmannes der Unternehmung um Rentabilität und Liquidität ins Gleichgewicht zu bringen.

In den Bereichen der Gewinnbereitstellung und der Gewinnreservierung sucht die Unternehmung nach Möglichkeiten temporärer Gewinnverwendung, die einerseits rentabel sind, andererseits der Bedingung nach Risikobegrenzung genügen. Einige wurden als Beispiele angedeutet. Gezielte empirische Untersuchungen können die Bedeutung der getroffenen Ableitungen untermauern, aber auch reale Verhaltensweisen erklären.

Die Untersuchung legte vornehmlich Wert darauf, die Bedeutung und Quantifizierung der Gewinninvestitionskalküle herauszuarbeiten. Sie können auch in mathematische Aussagen gekleidet werden, was nicht sonderlich schwierig sein dürfte. Vordringlicher erscheint jedoch, dem Problem der Erfolgsspaltung für dieses Gebiet verstärkt Augenmerk zuzuwenden. Wenn auch eine exakte Lösung nicht möglich erscheint, dürften Näherungswerte die Aussagefähigkeit der Investitionskalküle erhöhen und intuitive Einflüsse zurückdrängen.

Sicher sind damit nicht alle Probleme genannt, die im Bereich der Gewinnverwendung der Lösung harren, aber wichtige. Die Untersuchung kann auch nicht den Anspruch erheben, ihre Zielsetzung — dem umfassenden Gebiet der Gewinnverwendung einen systematischen Rahmen zu geben — erschöpfend erreicht zu haben. Aber es ist zumindest ein Anfang gemacht, eine Richtung aufgezeigt, an der weitere wissenschaftliche Forschungen — vielleicht auch Richtigstellungen — ansetzen können.

Literaturverzeichnis

A. Selbständige Bücher und Schriften

Abromeit, H. G.:
„Erzeugnisplanung und Produktionsprogramm im Lichte der Produktions-, Absatz- und Wettbewerbspolitik“, Wiesbaden 1955.

Adler, H., *Düring*, W., *Schmaltz*, K.:
„Rechnungslegung und Prüfung der Aktiengesellschaft“, 2. Aufl. Stuttgart 1948.

Albach, H.:
„Wirtschaftlichkeitsrechnung bei unsicheren Erwartungen“, Köln-Opladen 1959.

Allemann, H.:
„Die konjunkturpolitische Bedeutung des Akzellerationsprinzips“, Bern 1959.

Ammon, A.:
„Grundzüge der Volkswohlstandslehre“, Jena 1926.

Arndt, P.:
„Rentabilität. Kritik der Lehre vom Unternehmungsgewinn“, Berlin 1935.

Atteslander, P.:
„Konflikt und Kooperation im Industriebetrieb“, Köln 1959.

Axmann, N. J.:
„Rentabilität und Liquidität als Determinanten einer beweglichen Investitions- und Finanzierungspolitik“, Darmstadt 1959.

derselbe:
„Flexible Investitions- und Finanzierungspolitik“, Wiesbaden 1961.

Ballerstedt, K.:
„Kapital, Gewinn und Ausschüttung bei Kapitalgesellschaften“, Tübingen 1949.

Ballmann, W.:
„Beitrag zur Klärung des betriebswirtschaftlichen Investitionsbegriffes und zur Entwicklung einer Investitionspolitik der Unternehmung“, Diss. Mannheim 1954.

Bauer, D.:
„Die Eigenfinanzierung als Problem der Investitionspolitik“, Diss. Tübingen 1953.

Bauer, W.:
„Der Einfluß stiller Reserven auf Kapitalbewegungen“, Diss. Mannheim 1953.

Baumgartner, C.:
„Rentabilität und Unternehmung“, Diss. Zürich, Baar 1952.

Beckmann, L.:
„Die betriebswirtschaftliche Finanzierung“, München 1949.

Beckmann, M. J.:
„Lineare Planungsrechnung“, Ludwigshafen 1959.
Bergmann, H.:
„Das ökonomische Risiko und sein Einfluß auf die Investitionsentscheidungen des Unternehmers“, Diss. FU Berlin 1951.
Bosshard, E.:
„Die Reserven der Aktiengesellschaft im neuen Obligationsrecht“, Bern 1940.
derselbe:
„Die Erhaltung der Produktivkräfte in Betrieb und Volkswirtschaft“, Zürich 1947.
derselbe:
„Leistungsmäßige Kostenrechnung“, Zürich 1948.
Brandt, H.:
„Investitionspolitik des Industriebetriebes“, Wiesbaden 1959.
Büchler, H.:
„Die Erhöhung des Grundkapitals mit Ausgabe von Gratisaktien nach schweizerischem Obligationsrecht“, Diss. Bern 1926.
Büchner, R.:
„Verlustquellen der Unternehmung“, Zürich 1933.
Bussmann, K. F.:
„Das betriebswirtschaftliche Risiko“, Meisenheim/Glan 1955.
Busyrjow, W.:
„Finanzierung und Kreditierung von Investitionen“, Berlin W 8 1954.

Carell, E.:
„Unternehmergewinn und Arbeitslohn“, München 1950.
Conrad, J.:
„Die Selbstfinanzierung der Unternehmung“, Berlin-Wien 1931.
Conzelmann, F.:
„Das Problem der ‚Selbstfinanzierung‘ in der Unternehmung“, Stuttgart 1935.

Dahrendorf, R.:
„Sozialstruktur des Betriebes“, Wiesbaden 1959.
derselbe:
„Homo soziologicus“, Köln-Opladen 1960.
Deppe, P.:
„Unternehmergewinn und wirtschaftliches Gleichgewicht“, Diss. FU Berlin 1950.
Dietrich, R.:
„Betriebs-Wissenschaft“, München-Leipzig 1914.
Domar, E. D.:
„Investment, Losses, and Monopolies“, New York 1948.
Dürr, K.:
„Investitionsrechnung“, Bern 1958.
Dusemund, F.:
„Die betriebswirtschaftlichen Gewinnbegriffe in ihrer historischen Entwicklung“, Stuttgart 1929.

Ehrlicher, W.:
„Geldkapitalbildung und Realkapitalbildung“, Tübingen 1956.

Engelhard, W.:
„Die Finanzierung aus Gewinnen im Warenhandelsbetrieb und ihre Einwirkung auf Betriebsstruktur und Betriebspolitik“, Berlin 1960.

Filtzer, G. E.:
„Unternehmer und Unternehmergewinn“, Frankfurt/Main 1937.
Findeisen, F.:
„Die Reserven der Unternehmung mit besonderer Berücksichtigung der Steuer“, Berlin 1922.
Fischer, G.:
„Partnerschaft im Betrieb“, Stuttgart 1949.
derselbe:
„Die Führung von Betrieben“, Stuttgart 1961.
Forsch, P.:
„Die Erklärung des Unternehmergewinnes aus der Ungewißheit der Zukunft. Eine verteilungstheoretische Untersuchung“, Diss. Köln 1959.
Frehner, E.:
„Die Reserven der Unternehmung“, Zürich 1946.
Frisch, E.:
„Die Selbstfinanzierung der Unternehmung“, Diss. Frankfurt 1947.

Geck, A.:
„Soziale Betriebsführung“, Essen 1953.
Geldmacher, E.:
„Wirtschaftsunruhe und Bilanz“, Berlin 1923.
Gerbel, B. M.:
„Die Rentabilität industrieller Anschaffungen; Fehlinvestitionen, ihre Ursachen und ihre Vermutung“, Wien 1947.
derselbe:
„Rentabilität“, Wien 1955.
Gerstner, P.:
„Bilanzanalyse“, 11. Aufl. Berlin 1944.
Goeppert, E.:
„Die Selbstfinanzierung in der Schweiz“, Zürich 1959.
Gronau, F.:
„Die Sicherung der Unternehmung“, Stuttgart 1935.
Guenther, J.:
„Leistungsgerechte Gewinnverteilung. Ein Beitrag zur Lösung des Zurechnungsproblems“, Diss. Köln 1957.
Gutenberg, E.:
„Grundlagen der Betriebswirtschaftslehre“, 1. Band, „Die Produktion“, 4. Aufl. Berlin-Göttingen-Heidelberg 1958.
derselbe:
„Untersuchungen über die Investitionsentscheidungen industrieller Unternehmungen“, Köln und Opladen 1959.

Haas, D.:
„Bedeutung und Funktionen der Reserven der Unternehmung“, Diss, Freiburg 1955.
Hagest, K.:
„Selbstfinanzierung des Betriebes“, Stuttgart 1952.
Halberstaedter, H.:
„Die Problematik des wirtschaftlichen Prinzips“. Berlin-Leipzig 1925.

Hartmann, B.:
„Das Kapital in der Betriebswirtschaft“, Meisenheim/Glan 1957.
Hasenack, W.:
„Wirtschaftslage und Bilanzgestaltung insbesondere das Abschreibungs-, Investitions- und Überschußproblem in der voll- und überbeschäftigten Wirtschaft“, Stuttgart und Berlin 1938.
derselbe:
„Betriebsraubbau und Wirtschaftslenkung“, Wolfenbüttel 1948.
Häussermann, E.:
„Der Unternehmer. Seine Funktion, seine Zielsetzung, sein Gewinn“, Stuttgart 1932.
Hax, K.:
„Die Substanzerhaltung der Betriebe“, Köln und Opladen 1957.
Hegner, F.:
„Die Selbstfinanzierung der Unternehmung als theoretisches Problem der Betriebswirtschaftslehre und der Volkswirtschaftslehre“, Zürich-Leipzig 1938.
Hertlein, A.:
„Die Kapital- und Erfolgsrechnung als Grundlage der Wirtschaftlichkeitsmessung“, Stuttgart 1929.
Hohmann, F.:
„Überschußfinanzierung“, Diss. Göttingen 1947.
Hoffmann, A.:
„Der Gewinn der kaufmännischen Unternehmung“, Leipzig 1929.
derselbe:
„Wirtschaftslehre der kaufmännischen Unternehmung“, Leipzig 1932.
Homberger, H.:
„Die Reserven in der Bilanz der Aktiengesellschaft“, Diss. Zürich 1921.
Hucklenbroich, R.:
„Der Ursprung und die Natur des Unternehmergewinns“, Diss. Jena-Leipzig 1934.
Hultgren, T.:
„Cyclical Diversities in the Fortunes of Industrial Corporations“, in „Conference on Business Cycles“, New York 1951.

Jäger, A.:
„Reserven, Rückstellungen und Wertberichtigungsposten als Faktoren zur Sicherstellung der Aktiengesellschaft“, Berlin 1935.
Jakobs, H.:
„Die stillen Reserven in der bilanzmäßigen Erfolgsrechnung“, Diss. Köln 1927.
Jenny, H.:
„Die Gewinnbeteiligung der Arbeitnehmer“, Zürich und St. Gallen 1950.

Kaiser, H.:
„Dividendenpolitik“, Bern 1932.
Kalecki, M.:
„Theory of Economic Dynamics“, London 1954.
Kalliefe, H.:
„Beteiligung der Belegschaft am Ertrag des Unternehmens“, Diss. Hamburg 1951.
Kalveram, W., *Hallstein*, W.:
„Die Berichtigung des Gesellschaftskapitals“, Frankfurt/Main 1942.

Kamm, E.:
„Der Gewinn der Unternehmung und die ihn beeinflussenden Faktoren und Umstände", Diss. Würzburg, Pirmasens 1931.

Kaufmann, O. K.:
„Das Recht auf Dividende", St. Gallen 1947.

Knolle, H.:
„Konjunkturgewinn im Verhältnis zum Unternehmergewinn", Naumburg/ Saale 1931.

Kokkalis, A.:
„Der Unternehmungsgewinn. Begriff und Entwicklung des Unternehmungsgewinnes. Über den Arbeitslohn und die Zusammenhänge zwischen Lohn und Gewinn", Diss. Jena 1930.

Kosiol, E.:
„Bilanzreform und Einheitsbilanz", 2. Aufl. Berlin-Stuttgart 1949.

derselbe:
„Wegbereiter der Betriebswirtschaftslehre", Berlin-Stuttgart 1950.

derselbe:
„Kalkulatorische Buchhaltung", 4. Aufl. Wiesbaden 1950.

derselbe:
„Warenkalkulation in Handel und Industrie", 2. Aufl. Stuttgart 1953.

derselbe:
„Anlagenrechnung", 2. Aufl. Wiesbaden 1955.

derselbe:
„Organisation des Entscheidungsprozesses", Berlin 1959.

derselbe:
Leistungsgerechte Entlohnung", überarbeitete und erweiterte 2. Auflage der „Theorie der Lohnstruktur", Wiesbaden 1962.

derselbe:
„Organisation der Unternehmung", Wiesbaden 1962.

Köhler, Th.:
„Selbstfinanzierung der Unternehmung", Diss. Bern 1932.

Kreis, H.:
„Grenzen der Erfolgsspaltung". Bericht Nr. 147 des Ausschusses für Betriebswirtschaft des Vereins deutscher Eisenhüttenleute. 1938/39.

Külp, B.:
„Der Anteil der Arbeiter und Unternehmer am Sozialprodukt. Einige neue gesamtwirtschaftliche Theorien zur Verteilung, ihre Darstellung und Weiterentwicklung", Diss. Freiburg 1957.

Kuhn, H.:
„Die materiellen Reserven der Betriebswirtschaft", Diss. Nürnberg 1954.

Langer, G.:
„Betriebserweiterung und Substanzerhaltung", Diss. Heidelberg 1938.

Le Coutre, W.:
„Praxis der Bilanzkritik", Bd. II, Berlin 1926.

derselbe:
„Grundzüge der Bilanzkunde. Eine totale Bilanzlehre", 3. Aufl. Leipzig 1942.

Lehmann, E.:
„Die Problematik der Gewinnverteilung bei der Aktiengesellschaft im Widerstreit der verschiedenen Interessengruppen", Diss. Nürnberg 1949.

Lehmann, M. R.:
„Die Wirtschaftlichkeit des Betriebes und der Unternehmung“, Nürnberg 1928.
derselbe:
„Echte Rationalisierung als Zentralproblem positiver Wirtschaftspolitik“, Leipzig 1931.
derselbe:
„Leistungsmessung durch Wertschöpfungsrechnung“, in: „Betriebswirtschaftliche Bibliothek“, hrsg. von W. Hasenack, Bd. A/VII, Essen (1954).
derselbe:
„Allgemeine Betriebswirtschaftslehre“, Wiesbaden 1956.
Leichmann, W.:
„Die betriebswirtschaftliche Selbstfinanzierung. Eine entwicklungsgeschichtliche Betrachtung über die Kapitalbildung der Betriebswirtschaften aus eigener Arbeitskraft“, Diss. München 1956.
Leist, K.:
„Investitionen und Sozialstruktur in Westdeutschland“, Zürich 1956.
Leitner, F.:
„Privatwirtschaftslehre der Unternehmung“, Berlin-Leipzig 1922.
derselbe:
„Bilanztechnik und Bilanzkritik“, Neue Ausg. d. 8. u. 9. Aufl. Leipzig 1932.
Lippert, J.:
„Der Gewinnbeteiligungsgedanke und seine Grundlagen“, Berlin 1922.
Lohmann, M.:
„Der Wirtschaftsplan des Betriebes und der Unternehmung“, Berlin-Leipzig-Wien 1928.
derselbe:
„Einführung in die Betriebswirtschaftslehre“, 2. Aufl. Tübingen 1955.
Lorenz, D.:
„Probleme und Ansätze einer kapazitätsorientierten Investitionspolitik“, Diss. FU Berlin 1957.
Lücke, W.:
„Betriebliche Grundsätze und Probleme der Beschaffung und des Einsatzes von Produktionsfaktoren“, Diss. Köln 1953.
Lutz, F. A.:
„Zinstheorie“, Zürich/Tübingen 1956.
Lutz, F. A., *Lutz*, V.:
„The Theory of Investment of the Firm“, Princeton 1951.

Magener, R.:
„Industrieliquidität im Konjunkturverlauf“, Frankfurt/Main 1937.
Mahlberg, W.:
„Bilanztechnik und Bewertung bei schwankender Währung“, Leipzig 1923.
von Mangoldt, H.:
„Grundriß der Volkswirtschaftslehre“, Stuttgart 1871.
Marinescu, I.:
„Zur Frage der sozialen Gerechtigkeit. Die Bedeutung der Kostenpreise für die Durchführung einer gerechten Einkommensverteilung“, Diss. Berlin 1940.
Martin, F. J.:
„Das privatwirtschaftliche Unternehmerwagnis. Betrachtungen über Risiko im Wirtschaftsleben“, Dresden 1941.

Meniconi, F.:
„Theorie des Einkommens“, Zürich 1954.
Merk, G.:
„Die Investitionsfunktion“, Diss. Heidelberg 1957.
Meyer, M.:
„Die Reserven als theoretisches Problem der Unternehmungswirtschaftslehre“, Bern 1952.
Mieth, W.:
„Das Akzellerationsprinzip“, Berlin 1954.
Mohrhoff, H.:
„Eigenkapitalbildung in den Unternehmungen. (Selbstfinanzierung)“, Diss. Köln 1933.
Moxter, A.:
„Methodologische Grundfragen der Betriebswirtschaftslehre“, Köln und Opladen 1957.
Muschweck, M.:
„Über die Liquidität der industriellen Unternehmung“, Diss. Würzburg 1935.

Nertinger, J.:
„Das Finanzierungsbild des Betriebes. Finanzierung und finanzielle Entwicklung“, Stuttgart 1950.
Neubürger, H.:
„Ein Beitrag zur Investitionsplanung bei Ersatz- und Erweiterungsinvestitionen vorhandener Betriebe“, Diss. TH Aachen 1960.
Nicklisch, H.:
„Die Betriebswirtschaft“, 7. Aufl. Berlin 1932.

Ortlieb, H. D., *Schelsky*, H.:
„Wege zum sozialen Frieden (Mitbestimmung und soziale Partnerschaft)“, Düsseldorf 1955.
Osbahr, W.:
„Die Bilanz vom Standpunkt der Unternehmung“, Berlin-Leipzig 1923.

Pack, L.:
„Betriebliche Investition“, Wiesbaden 1959.
Pallasch, H.:
„Strukturprobleme im Bereich der Investitionsfinanzierung“, Diss. Tübingen 1954.
Parr, H.:
„Stille Reserven. Eine kritische Betrachtung der Forderung nach wahren Bilanzen“, Diss. Heidelberg, Speyer 1938.
Paulsen, A.:
„Liquidität und Risiko in der wirtschaftlichen Entwicklung. Ein Beitrag zur dynamischen Wirtschaftstheorie“, Frankfurt/Main-Berlin 1950.
Peiser, E.:
„Grundlagen der Betriebsrechnung in Maschinenbauanstalten“, Berlin 1923.
Peter, W.:
„Die Reserven der Aktiengesellschaft in handelsrechtlicher und betriebswirtschaftlicher Bedeutung“, Diss. Mannheim 1933.
Phillip, F.:
„Die betriebswirtschaftlichen Investitionstypen. Erfolgs- und finanztheoretische Problematik“, Diss. Marburg 1957.

Pirker, Th., *Braun*, S., *Lutz*, B., *Hammelrath*, F.:
„Arbeiter, Management, Mitbestimmung“, Düsseldorf 1953.
Plapperer, K.:
„Die finanzwirtschaftliche Investitionsplanung betriebswirtschaftlicher Erweiterungsinvestitionen“, Diss. München 1957.
Polak, N. J.:
„Grundzüge der Finanzierung (mit Rücksicht auf die Kreditdauer)“, Berlin-Wien 1926.
Prager, H.:
„Die Dividendenpolitik der deutschen Aktiengesellschaft“, München 1953.
Preiser, E.:
„Grundzüge der Konjunkturtheorie“, Tübingen 1933.
derselbe:
„Besitz und Macht in der Distributionstheorie“, in: Preiser, E.: „Bildung und Verteilung des Volkseinkommens“, Göttingen 1957, S. 173 ff.
Prion, W.:
„Selbstfinanzierung der Unternehmungen“, Berlin 1931.
derselbe:
„Die Lehre vom Wirtschaftsbetrieb“, 2. Buch, Berlin 1935.
Psenicny, W.:
„Die Krisenfestigkeit der Unternehmung“, Wien 1934.

Rauch, K.:
„Kapitalerhöhung aus Gesellschaftsmitteln“, Graz-Weimar 1950.
Reber, H.:
„Die Fonds zu Wohlfahrtszwecken nach dem schweizerischen Obligationsrecht“, Diss. Bern 1943.
Reinhardt, K.:
„Systematische Dogmengeschichte der Lehre vom Unternehmergewinn“, Münster/Westf. 1928.
Rex, G.:
„Die Ertragsbeteiligung als betriebspolitisches Instrument und die Gewinnbeteiligung in betriebswirtschaftlicher Sicht“, Diss. FU Berlin 1956.
Rieger, W.:
„Einführung in die Privatwirtschaftslehre“, Nürnberg 1928.
derselbe:
„Über Geldwertschwankungen“, Stuttgart 1936.
derselbe:
„Schmalenbachs Dynamische Bilanz“, Stuttgart 1936.
Rink, E.:
„Liquidität und Risiko“, Wien 1935.
Ruchti, H.:
„Die Bedeutung der Abschreibung für den Betrieb“, Berlin 1942.
derselbe:
„Die Abschreibung, ihre grundsätzliche Bedeutung als Aufwands-, Ertrags- und Finanzierungsfaktor“, Stuttgart 1953.
Rummel, K.:
„Wirtschaftlichkeitsrechnung“, Düsseldorf 1941.
Runft, H.:
„Der Unternehmer und seine Funktion im Wirtschaftsleben“, Diss. Tübingen 1948.
Rutz, A.:
„Die Dividendengarantie“, Diss. Freiburg, Chur 1928.

Salomon, R.:
„Begriff und Problematik der wirtschaftlichen Engpässe", Kiel 1954.
Sandig, C.:
„Die Führung des Betriebes", Stuttgart 1953.
Schäfer, E.:
„Die Unternehmung", Bd. 1, 2. Aufl. Köln und Opladen 1954, Bd. 3, Köln und Opladen 1956.
Schär, J. F.:
„Buchhaltung und Bilanz", Berlin 1922.
Schirow, W.:
„Unternehmergewinn und Unternehmereinkommen", Diss. Breslau 1924.
Schindler, H.:
„Investitionsrechnungen in Theorie und Praxis", Freiburg 1953.
Schmalenbach, E.:
„Dynamische Bilanz", 4. Aufl. Leipzig 1926; dto. 9. Aufl. Leipzig 1948.
derselbe:
„Die Aufstellung von Finanzplänen", Leipzig 1931.
derselbe:
„Pretiale Wirtschaftslenkung", Bd. I, „Die optimale Geltungszahl"; Bd. II, „Pretiale Lenkung des Betriebes", Bremen-Horn 1948.
derselbe:
„Die Aktiengesellschaft", Köln-Opladen 1950.
Schmid, W.:
„Die Reserven in den Unternehmungen (Ihr Wesen, ihre Aufgaben und ihre zweckmäßigste Form.)", Diss. Frankfurt/Main 1947.
Schmidt, F.:
„Die organische Tageswertbilanz", 3. Aufl. Leipzig 1929.
Schmidt, H. F. W.:
„Die Kapitalfehlleitung in der Unternehmung (Kredit, Volkseinkommen und Beschäftigung)", Tübingen 1955.
Schmoller, G.:
„Grundriß der allgemeinen Volkswirtschaftslehre", 1. Teil, Leipzig 1901.
Schneider, E.:
„Einführung in die Grundfragen des industriellen Rechnungswesens", Kopenhagen 1939.
derselbe:
„Einführung in die Wirtschaftstheorie", 1. Teil, 2. Aufl. Tübingen 1950; 2. Teil, 4. Aufl. Tübingen 1956; 3. Teil, 4. Aufl. Tübingen 1957.
derselbe:
„Wirtschaftlichkeitsrechnung. Theorie der Investition", 2. Aufl. Tübingen-Zürich 1957.
Schneider, H.:
„Die Grundlagen der Investitionstätigkeit in der betrieblichen Praxis", Diss. München 1956.
Schneider, H. K.:
„Aufgabenstellung und Verfahren der Investitionsrechnung", Köln 1954.
Schnittkind, L.:
„Abriß einer Geschichte der Lehre vom Unternehmergewinn", Berlin 1930.
Schnur, K.:
„Das Problem der Scheingewinne unter besonderer Berücksichtigung der organischen Bilanz", Diss. Freiburg 1953.
Schüle, M.:
„Wirtschaftsplan und Marktformen", Diss. Freiburg 1942.

Schützinger, E.:
„Der Gewinn in der Betriebswirtschaft“, Diss. Mannheim 1957.
Schumpeter, J.:
„Theorie der wirtschaftlichen Entwicklung“, München-Leipzig 1926.
Schwab, H.:
„Die wirtschaftlichen Reserven unter besonderer Berücksichtigung der Unternehmungsreserven“, Diss. Erlangen 1935.
Sellin, H.:
„Finanzierung und Finanzplanung“, Wiesbaden o. J.
Shackle, G. L. S.:
„Expectations in Economics“, Cambridge 1952.
Skopnik, K. D.:
„Die Finanzierung von Investitionen privater Unternehmungen (Eine Kreislaufbetrachtung)“, Diss. FU Berlin 1955.
Sombart, W.:
„Der moderne Kapitalismus“, München-Leipzig 1928.
Sommerfeld, H.:
„Die betriebswirtschaftliche Theorie des Bezugsrechts“, Stuttgart 1927.
derselbe:
„Der Unternehmer als Verwalter des Volksvermögens“, Hamburg 1934.
Sonderegger, F.:
„Das Problem der Erhaltung der Unternehmung als Grundproblem der modernen Betriebswirtschaftslehre“, Bern 1950.
Spiegelhalter, F.:
„Gewinnbeteiligung, Illusionen und Möglichkeiten“, München-Düsseldorf 1951.
Stapelberg, F.:
„Zurechnungstheorien in der Betriebswirtschaftslehre“, Einbeck (1929).
Stephany, M.:
„Die Bedeutung von Unsicherheit und Risiko für die Investitionsentscheidungen der Unternehmer“, Diss. Münster 1957.
Strecker, O.:
„Das Liquiditätsproblem“, Frankfurt/Main 1942.
Strobel, A.:
„Die Liquidität“, Stuttgart 1953.
Stock, W.:
„Die Investitionspolitik in nationalisierten Unternehmungen Frankreichs seit ihrer Nationalisierung“, Köln-Opladen 1960.

Terborgh, G.:
„Dynamic Equipment Policy“, New York and Toronto 1948.
derselbe:
„Business Investment Policy“, Washington 1958.
Thiess, E.:
„Kurz- und mittelfristige Finanzierung“, Wiesbaden 1958.
Töndury, H., *Gsell*, E.:
„Finanzierungen. Das Kapital in der Betriebswirtschaft“, Zürich 1948.
Tinbergen, J., und *Polak*, J. J.:
„The Dynamics of Business Cycles“, London 1950.
Tuor, D.:
„Das Recht des Aktionärs auf Dividende“, Diss. Bern 1950.
Turin, G.:
„Der Begriff des Unternehmers“, Zürich 1947.

Varga, St.:
„Der Unternehmungsgewinn. Ein Beitrag zur Theorie der Vermögensverteilung“, Berlin 1957.
Vetter, E. G.:
„Investitionslenkung“, Heidelberg 1956.
Walb, E.:
„Die Erfolgsrechnung privater und öffentlicher Betriebe“, Berlin-Wien 1926.
derselbe:
„Finanzwirtschaftliche Bilanz“, 2. Aufl. Duisburg 1947.
Walther, A.:
„Die Reserven der Unternehmung“, Stuttgart und Köln 1953.
derselbe:
„Einführung in die Wirtschaftslehre der Unternehmung“, Bd. 2, Zürich 1953.
Weber, K.:
„Dividendenpolitik“, Zürich 1955.
Weigmann, R.:
„Der dualistische Charakter der Investitionen und seine Problematik“, Diss. Heidelberg 1956.
Weisser, G.:
„Form und Wesen der Einzelwirtschaft, Theorie und Politik ihrer Stile“, Bd. 1, Stuttgart 1947.
Witte, E.:
„Der Zusammenhang von Kalkulation und Finanzplanung im Industriebetrieb“, Diss. FU Berlin 1953.
Wittmann, W.:
„Unternehmung und unvollkommene Information — Unternehmerische Voraussicht — Ungewißheit und Planung“, Köln und Opladen 1959.

Zentner, G.:
„Das Liquiditätsproblem in der industriellen Unternehmung“, Berlin-Wien 1932.

B. Beiträge in Sammelwerken und Festschriften

Ammon, A.:
„Der Unternehmergewinn“, in: „Die Wirtschaftstheorie der Gegenwart“, Bd. 2, Wien 1928.

Brandt, K.:
„Disproportionalitäten im Aufbau des Produktionsprozesses“, in: „Beiträge zur Theorie der Produktion und der Einkommensverteilung“. (Schriften des Vereins für Sozialpolitik, N. F., Bd. 12) Berlin 1956, S. 9 ff.

Diehl, K.:
„Gewinnbeteiligung“, in: „Wörterbuch der Volkswirtschaft“, hrsg. von L. Elster, 4. Aufl., Bd. 1, Jena 1932, S. 188 ff.

Findeisen, F.:
„Betriebsfonds, seine Erneuerung“, in: „Handwörterbuch der Betriebswirtschaft“, hrsg. von H. Nicklisch, Bd. I, Stuttgart 1926, Sp. 1073 ff.
derselbe:
„Betriebsfonds (einschließlich eiserner Bestand und assortiertes Lager)“, in: „Handwörterbuch der Betriebswirtschaft“, hrsg. von H. Nicklisch, Bd. I, Stuttgart 1926, Sp. 1069 ff.

Geldmacher, E.:
„Kapitalbewertung und Kapitalerhaltung“, in: „Kapital und Kapitalismus“, hrsg. von B. Harms, Bd. 2, Berlin 1931.

Hasenack, W.:
„Methoden und Entwicklungsprobleme der Betriebswirtschaftslehre“, in: „Aktuelle Betriebswirtschaft“, Festschrift für K. Mellerowicz, Berlin 1952.

Hatheyer, E.:
„Reservierungen (Bereitstellungen) und Wertberichtigungen (Abschreibungen)“, in: „Die Bilanzen der Unternehmungen“, Festschrift für Julius Ziegler, Bd. 1, Berlin-Wien 1933.

Hax, K.:
„Möglichkeiten und Grenzen der Selbstfinanzierung“, in: „Die Kapitalausstattung der Unternehmung“, hrsg. vom Institut der Wirtschaftsprüfer, Düsseldorf 1952.

derselbe:
„Wandlungen der Gewinnvorstellungen“, in: „Gestaltwandel der Unternehmung“, Nürnberger Hochschulwoche 16.—20. September 1953, Berlin 1954.

Hayek, F. A.:
„Der Ricardo-Effekt“, in: „Individualismus und wirtschaftliche Ordnung“, Zürich 1952.

Heinen, E.:
„Industrielle Investitionsplanung“, in: „Handwörterbuch der Betriebswirtschaft“, begründet von H. Nicklisch, hrsg. von H. Seischab und K. Schwantag, 3. Aufl. 2. Bd., Stuttgart 1958, Sp. 2876 ff.

Hellwig, A.:
„Kapitaldisposition“, in: „Handwörterbuch der Betriebswirtschaft“, hrsg. von H. Nicklisch, Bd. III, Stuttgart 1927, S. 468 ff.

Henzel, F.:
„Leistung und Gewinn“, in: „Leistungswirtschaft“, Festschrift für F. Schmidt, Berlin-Wien 1942.

Hertlein, A.:
„Zur Problematik der Wirtschaftlichkeit“, in: „Festschrift zum 25jährigen Bestehen des Oskar v. Miller Polytechnikums“, München 1949.

Jungfer, V.:
„Wandlungen des Unternehmerbegriffes im 20. Jahrhundert“, in: „Gestaltwandel der Unternehmung“, Nürnberger Hochschulwoche 16.—20. September 1953, Berlin 1954.

Kosiol, E.:
„Die Arbeitsentlohnung“, in: „Handbuch des Einzelhandels“, hrsg. von R. Seyffert, Stuttgart 1932, S. 239 ff.

derselbe:
„Kalkulation und Bilanzrechnung“, in: „Die Bilanzen der Unternehmungen“, Festschrift für Julius Ziegler, Bd. 1, Berlin-Wien 1933.

derselbe:
„Bewertung“, in: „Handwörterbuch der Betriebswirtschaft“, hrsg. von H. Nicklisch, 2. Aufl. Bd. 1, Stuttgart 1939, Sp. 977 ff.

derselbe:
„Formalaufbau und Sachinhalt der Bilanz. Ein Beitrag zur Bilanztheorie“, in: „Wirtschaftslenkung und Betriebswirtschaft“, Festschrift für Ernst Walb, Leipzig 1940.

Kosiol, E.:
„Pagatorische Bilanz (Erfolgsrechnung)", in: „Lexikon des kaufmännischen Rechnungswesens", hrsg. von Karl Bott, 2. Aufl. Bd. 3, Stuttgart 1956, Sp. 2085 ff.
derselbe:
„Aufwand", in: „Handwörterbuch der Betriebswirtschaft", begründet von H. Nicklisch, hrsg. von H. Seischab und K. Schwantag, 3. Aufl. Bd. 1, Stuttgart 1956, Sp. 280 ff.
derselbe:
„Ertrag", in: „Handwörterbuch der Betriebswirtschaft", begründet von H. Nicklisch, hrsg. von H. Seischab und K. Schwantag, 3. Aufl. Bd. 1, Stuttgart 1956, Sp. 1686 ff.
derselbe:
„Das Rechnungswesen im Dienste der Unternehmungsführung", in: „Aktuelle Fragen der Unternehmung", Gedenkschrift für A. Walther, Bern 1957.
derselbe:
„Unternehmung", in: „Handwörterbuch der Betriebswirtschaft", begründet von H. Nicklisch, hrsg. von H. Seischab und K. Schwantag, 3. Aufl. 3. Bd., Stuttgart 1960, Sp. 5540 ff.
derselbe:
„Rentabilität", in: „Handwörterbuch der Betriebswirtschaft", begründet von H. Nicklisch, hrsg. von H. Seischab und K. Schwantag, 3. Aufl. 3. Bd., Stuttgart 1960, Sp. 4649 ff.
derselbe:
„Kostenlehre", in: „Dr. Gablers Wirtschaftslexikon", 1. Band, 5. Aufl. 1962, Sp. 2064 ff.

Le Coutre, W.:
„Vermögen (begrifflich)", in: „Handwörterbuch der Betriebswirtschaft", hrsg. von H. Nicklisch, Bd. V, Stuttgart 1928, Sp. 688 ff.
derselbe:
„Totale Bilanzlehre", in: „Lexikon für das kaufmännische Rechnungswesen", hrsg. von Karl Bott, 2. Bd. Stuttgart 1941, Sp. 2559 ff.
Linke, H.:
„Der Leistungslohn für die Unternehmertätigkeit", in: „Die Führung des Betriebes", Festschrift für W. Kalveram, Berlin-Wien 1942.
Lohmann, M.:
„Kapitalbildung und Kapitalverwendung in der Unternehmung", in: „Kapitalbildung und Kapitalverwendung", (Schriften des Vereins für Sozialpolitik), Berlin 1953.
Lorenz, St.:
„Die Entstehung des elementaren Einzelgewinnes", in: „Die Bilanzen der Unternehmungen", Festschrift für J. Ziegler, Bd. 1 Berlin-Wien 1933.

Meinhold, H.:
„Investitionen", in: „Handwörterbuch der Sozialwissenschaften", Bd. 5, 1956 Stuttgart/Tübingen/Göttingen, S. 333 ff.
Mildebrath, G.:
„Risikolehre", in: „Handwörterbuch der Betriebswirtschaft", hrsg. von H. Nicklisch, Bd. IV, Stuttgart 1928, Sp. 931 ff.

Müller, W.:
„Betriebssicherung“, in: „Handwörterbuch der Betriebswirtschaft“, begründet von H. Nicklisch, hrsg. von H. Seischab und K. Schwantag, 3. Aufl. Bd. 1, Stuttgart 1956, Sp. 849 ff.

Oberparleiter, K.:
„Risiko und Unternehmung“, in: „Die Bilanzen der Unternehmungen“, Festschrift für J. Ziegler, Bd. I, Wien 1933.
derselbe:
„Funktionen und Risiken der Betriebswirtschaft auf dem Markt“, in: „Neues betriebswirtschaftliches Quellenbuch“, hrsg. von Deutsch, P., und Hirai, Y., Leipzig 1938.
derselbe:
„Risiko“, in: „Handwörterbuch der Betriebswirtschaft“, begründet von H. Nicklisch, hrsg. von H. Seischab und K. Schwantag, 3. Aufl. Bd. 3, Sp. 4693 ff., Stuttgart 1960.

Pape, E.:
„Die Begriffe Gewinn (Verlust) und Rentabilität“, in: „Die Bilanzen der Unternehmungen“, Festschrift für J. Ziegler, Bd. 1, Wien 1933.
Pribilla, M. E.:
„Das Unternehmerwagnis“, in: „Die Führung des Betriebes“, Festschrift für W. Kalveram, Berlin-Wien 1942.

Ruchti, H.:
„Die Problematik der Selbstfinanzierung“, in: „Betriebswirtschaftliche Aufgaben bei steigender Konjunktur“, 8. Deutscher Betriebswirtschaftertag, Berlin 1955.
derselbe:
„Bilanz und Investitionen“, in: „Der Industriebetrieb und sein Rechnungswesen“, Festschrift für M. R. Lehmann, Wiesbaden (1956).

Sandig, C.:
„Risiko“, in: „Handwörterbuch der Betriebswirtschaft“, hrsg. von H. Nicklisch, Bd. 2, 2. Aufl. Stuttgart 1939, Sp. 1466 ff.
Seischab, H.:
„Über Wirtschaftlichkeit und Wirtschaftlichkeitsmessung“, in: „Aktuelle Betriebswirtschaft“, Festschrift für K. Mellerowicz, Berlin 1952.
Sieber, E. H.:
„Wirtschaftlichkeit und Wirtschaftlichkeitsmessung“, in: „Die Unternehmung im Markt“, Festschrift für W. Rieger, Stuttgart-Köln 1953.
Sommerfeld, H.:
„Rücklagen“, in: „Lexikon für das kaufmännische Rechnungswesen“, hrsg. von Karl Bott, Bd. 2, Stuttgart 1941, Sp. 2294 ff.
Schmidt, F.:
„Bilanz und Konjunktur“, in: „Die Bilanzen der Unternehmungen“, Festschrift für Julius Ziegler, Bd. 1, Berlin-Wien 1933.
Theisinger, K.:
„Selbstfinanzierung“, in: „Leistungswirtschaft“, Festschrift für F. Schmidt, Berlin-Wien 1942.

del Vecchio, G.:
„Untersuchung zur Theorie des Unternehmergewinnes“, in: „Die Wirtschaftstheorie der Gegenwart“, Bd. III, Wien 1928.

Weiss, A.:
„Dividende und Dividendenpolitik“, in: „Handwörterbuch der Betriebswirtschaft“, hrsg. von H. Nicklisch, Bd. 2, Stuttgart 1926, Sp. 456 ff.

C. Aufsätze in Zeitschriften

Abromeit, H. G.:
„Das Problem der Anlagenerneuerung“, in: „ZfB“ 1953, S. 89 ff.
Albach, H.:
„Investitionspolitik in Theorie und Praxis. Zu dem neuen Werk von George Terborgh ‚Business Investment Policy‘“, in: „ZfB“ 1958, S. 766 ff.
derselbe:
„Lineare Programmierung als Hilfsmittel betrieblicher Investitionsplanung“, in: „ZfhF“ 1960, S. 526 ff.
derselbe:
„Rentabilität und Sicherheit als Kriterien betrieblicher Investitionsentscheidungen“, in: „ZfB“ 1960, S. 583 ff. u. 673 ff.
derselbe:
„Zum Renditenvergleich in der Investitionsrechnung. Eine Entgegnung“, in: „ZfB“ 1961, S. 176 ff.
derselbe:
„Zur Verbindung der Payoff-Methode mit der Kapitalwertmethode in der Investitionsrechnung — Schlußwort zu einer Stellungnahme von Dr. P. Swoboda zu dem Aufsatz: „Rentabilität und Sicherheit als Kriterien betrieblicher Investitionsentscheidungen“, in: „ZfB“ 1961, S. 297 ff.

Baerwald, F.:
„Das Problem der kontinuierlichen Expansion der amerikanischen Wirtschaft“, in: „Zeitschrift für die gesamte Staatswissenschaft“, Bd. 110 (1954), S. 385 ff.
Bergmann, H.:
„Das Wirtschaftlichkeitsproblem bei Verbesserungsinvestitionen“, in: „Die Betriebswirtschaft“, 1937, S. 58 ff.
Beste, Th.:
„Über die Schätzung des Erfolges“, in: „ZfhF“ 1957, S. 1 ff.
Bethmann, R.:
„Der Genußschein in der Theorie und Praxis (insbesondere seine Verwendung bei Gründungen und Fusionen, seine Verbuchung und Bilanzierung sowie seine steuerliche Behandlung)“, in: „ZfhF“ 1935, S. 393 ff.
Bowen, H. R.:
„Technological Change and Aggregate Demand“, in: „American Economic Revue“, 1944, Bd. (vol.) 44.

Dietzen, N.:
„Wirtschaftliche Vorteile und Nachteile stiller Reserven bei Aktiengesellschaften“, in: „ZfhF“ 1935, S. 192 ff.
Dürrhammer, W.:
„Kapitalbindung, -freisetzung und Kapitalredintegration“, in: „Der Betrieb“, 1951, S. 369 ff.
derselbe:
„Planung und Kontrolle betrieblicher Investitionen in wirtschaftlicher und finanzieller Sicht“, in: „ZfB“ 1954, S. 560 ff.

Eggemann, W.:
„Probleme einer Kapitalbedarfsrechnung", in: „Die Wirtschaftsprüfung" 1948, S. 3 ff.
Emminger, O.:
„Die unzureichende Kapitalbildung", in: „Zeitschrift für das gesamte Kreditwesen" 1949, S. 175 ff.
Engelmann, K.:
„Amerikanische Untersuchungen über den Gewinnbegriff", in: „ZfhF" 1951, S. 320 ff.

Fettel, J.:
„Die stillen Reserven und ihre praktische Bedeutung", in: „BFuP" 1949, S. 731 ff.
derselbe:
„Liquidität und Illiquidität", in: „BFuP" 1950, S. 547 ff.
Fricke, R.:
„Die Elastizität der Kapitaldisposition", in: „ZfB" 1931, S. 756 ff.
Fürst, R.:
„Die Stillen Reserven", in: „BFuP" 1950, S. 182 ff.

Gasser, Ch.:
„Langfristige Wirtschaftstendenzen als Grundlage der Investitionspolitik der Unternehmungen", in: „Industrielle Organisation" 1960, S. 291 ff.
Geertmann, E.:
„Die Investitionsplanung als theoretische Grundlage der Betriebswirtschaftslehre", in: „Der österreichische Betriebswirt" 1954, S. 57 ff.
Gerwig, E.:
„Wirtschaftliche Entwicklung und stille Reserven", in: „Industrielle Organisation" 1940, S. 55 ff.
Gianessi, E.:
„Die Finanzbedarfsgleichung im Produktionsbetrieb und die Möglichkeit ihrer Darstellung", in: „ZfhF" 1954, S. 461 ff.
Gnam, A.:
„Der Gewinn", in: „BFuP" 1954, S. 673 ff.
Grünau, J.:
„Rationalprinzip, Wirtschaftsrechnung und Wirtschaftssystem", in: „Weltwirtschaftliches Archiv" 1950, Bd. 64, S. 255 ff.
Günther, H.:
„Planung und Kontrolle betrieblicher Investitionen aus der Sicht des Finanzkaufmanns", in: „ZfhF" 1954, S. 574 ff.
Gutenberg, E.:
„Zur neueren Entwicklung der Wirtschaftlichkeitsrechnung", in: „Zeitschrift für die gesamte Staatswissenschaft", Bd. 108, 1952, S. 630 ff.
derselbe:
„Zum ‚Methodenstreit'", in: „ZfhF" 1953, S. 327 ff.
derselbe:
„Der Stand der wissenschaftlichen Forschung auf dem Gebiete der betrieblichen Investitionsplanung", in: „ZfhF "1954, S. 557 ff.
derselbe:
„Die gegenwärtige Situation der Betriebswirtschaftslehre", in: „ZfhF" 1960, S. 126 ff.

Hasenack, W.:
„Selbstfinanzierung und Kapitalerhaltung“, in: „Der Betriebswirt“ 1931, S. 49 ff.
derselbe:
„Wesen und Arten der Selbstfinanzierung“, in: „Die Betriebswirtschaft“ 1931, S. 93 ff.
derselbe:
„Die Anlagenabschreibung im Wertumlauf der Betriebe und die Sicherung der Wirtschaft“, in: „ZfB“ 1938, S. 113 ff.
derselbe:
„Gewinnberechnung und Selbstfinanzierung im neuen Aktienrecht“, in: „Der praktische Betriebswirt“ 1938, S. 269 ff.
derselbe:
„Selbstfinanzierung, Dividendenpolitik und überbetriebliche Kapitallenkung“, in: „Der praktische Betriebswirt“ 1941, S. 539 ff.
derselbe:
„Der Begriff der Selbstfinanzierung als Ursache gefährlicher Mißverständnisse“, in: „BFuP“ 1958, S. 673 ff.
Hatheyer, E.:
„Abschreibungen und Bereitstellungen“, in: „Betriebswirtschaftliche Blätter“ 1932, S. 249 ff.
Hax, K.:
„Bilanzgewinn und Geldwertschwankungen“, in: „ZfhF“ 1951, S. 431 ff.
derselbe:
„Abschreibungen und Finanzierung, weitere Anmerkungen zum Lohman-Ruchti-Effekt“, in: „ZfhF“ 1955, S. 141 ff.
derselbe:
Betriebliche Sozialpolitik als Teilbereich der Unternehmungspolitik“, in: „ZfhF“ 1955, S. 1 ff.
Heinen, E.:
„Zum Begriff und Wesen der betriebswirtschaftlichen Investitionen“, in: „BFuP“ 1957, S. 16 ff. u. S. 85 ff.
Heister, M.:
„Investitionstheorie auf Abwegen“, in: „ZfB“ 1960, S. 408 ff.
Herrmann, W.:
„Gerechtigkeits-Romantik — kein Element des sozialen Spannungsausgleichs im Betriebe“, in: „ZfhF“ 1951, S. 29 ff.
Heymann, H.:
„Die Erhaltung des industriellen Anlagekapitals“, in: „Die Versicherung“ 1939, S. 274 ff.
Hoffmann, R.:
„Planung, Durchführung und Überwachung von Investierungen“, in: „Zeitschrift für Organisation“ 1957, S. 175 ff.
Hoffmann, W. G.:
„Die unverteilten Gewinne der Kapital-Gesellschaften in Deutschland 1871—1957. Trend, Konjunkturverlauf und branchenmäßige Unterschiede“, in: „Zeitschrift für die gesamte Staatswissenschaft“ 1959, Bd. 115, H. 2.
Hübner:
„Die Aktiendividende als Funktion des Anleihezinses“, in: „ZfB“ 1928, S. 899 ff.

Husemann, H.:
„Die Eigenfinanzierung von Investitionen", in: „Der Betrieb" 1951, S. 901 ff.
derselbe:
„Die Investitionsplanung im Industriebetrieb", in: „Der Betrieb" 1952, S. 85 ff.

Illetschko, L.:
„Der Scheingewinn", in: „Der österreichische Betriebswirt" 1952, S. 1 ff.

Jakob, H.:
„Grundlagen und Methoden der Ertragsvorschaurechnung", in: „ZfhF" 1955, S. 324 ff.
Janberg, H.:
„Der Anspruch der Aktionäre auf Verteilung des Reingewinns", in: „Zeitschrift für das gesamte Kreditwesen" 1957, S. 546 ff.
Johns, R.:
„Die Vollrechnung der Gemeinden", in: „ZfhF" 1938, S. 145 ff.
Jonas, H. H.:
„Zum Renditenvergleich in der Investitionsrechnung. Ein Schlußwort", in: „ZfB" 1961, S. 178 ff.

Kalveram, W.:
„Stille Reserven", in: „ZfB" 1930, S. 369 ff.
derselbe:
„Rechtfertigung und Grenzen der stillen Reserven", in: „ZfB" 1950, S. 345 ff.
Kampschulte:
„Die Berücksichtigung des Risikos bei der Erfolgsbeteiligung", in: „ZfB" 1956, S. 176 ff.
Keller, J.:
„Investition und Finanzierung in der industriellen Unternehmung", in: „Die Unternehmung" April 1951, S. 33 ff.
Klinger, K.:
„Die Investierung der Abschreibungsbeträge", in: „Neue Betriebswirtschaft" 1950, S. 113 ff.
derselbe:
„Die Abschreibung als Finanzierungsquelle für Anlagenersatz und -erweiterung", in: „Neue Betriebswirtschaft" 1952, S. 24 ff.
Koch, H.:
„Das Wirtschaftlichkeitsprinzip als betriebswirtschaftliche Maxime", in: „ZfhF" 1951, S. 160 ff.
Kosiol, E.:
„Der Jahresabschluß der Aktiengesellschaft", in: „ZfB" 1937, S. 225 ff.
derselbe:
„Annual Financial Statements of German Corporations", in: „The Accounting Review" 1938, S. 183 ff.
derselbe:
„Das Anlagenwagnis in der Kostenrechnung", in: „Der Wirtschaftsprüfer" 1949, S. 129 ff.
derselbe:
„Finanzplanung im Betrieb", in: „Neue Betriebswirtschaft" 1949, S. 11 ff.
derselbe:
„Zur Entwicklung des kalkulatorischen Gewinnbegriffes", in: „BFuP" 1951, S. 242 ff.

Kosiol, E.:
„Finanzplanung und Liquidität", in: „ZfhF" 1955, S. 251 ff.
derselbe:
„Wissenschaftliche Betriebsführung. Bericht und Stellungnahme zum CIOS-Kongreß 1957 in Paris", in: „ZfB" 1957, S. 577 ff.
derselbe:
„Die Idee des Leistungslohnes und ihre Verwirklichung", in: „ZfB" 1961, S. 655 ff.
derselbe:
„Modellanalyse als Grundlage unternehmerischer Entscheidungen", in: „ZfhF" 1961, S. 318 ff.
Kraus, W.:
„Multiplikator, Akzelerator, Wachstumsraten und Konjunkturzyklus", in: „Weltwirtschaftliches Archiv", Bd. 73 (1954), S. 59 ff.
Krelle, W.:
„Investitionsquote, Wachstumsrate, Kapazitätsausnutzung und Disproportionalitäten in der fortschreitenden Wirtschaft", in: „Jahrbücher für Nationalökonomie und Statistik", Bd. 166 (1954), S. 261 ff.
Kühnau, M.:
„Zur Systematik der Erfolgsbegriffe in den Periodenerfolgsrechnungen der Unternehmung", in: „ZfB" 1959, S. 77 ff.
Kung, E.:
„Problem des gesetzlichen Reservefonds", in: „Die schweizerische Aktiengesellschaft" 1940/41, Bd. 13, S. 219 ff.

Langen, H.:
„Die Kapazitätsausweitung durch Reinvestition liquider Mittel aus Abschreibungen", in: „ZfhF" 1953, S. 34 ff.
derselbe:
„Bemerkungen zum Liquiditätsbegriff", in: „ZfB" 1959, S. 87 ff.
Le Coutre, W.:
„Beitrag zum Artikel ‚Der Streit um die stillen Reserven' (Buchbesprechung Büche, R.: ‚Die stillen Reserven')", in: „Der Wirtschaftstreuhänder" 1935, S. 364 ff.
Lehmann, M. R.:
„Auskömmlichkeitsstatistik und Wirtschaftlichkeitsstatistik", in: „ZfhF" 1942, S. 240 ff.
derselbe:
„Laufende Liquiditätskontrolle durch systematische Einnahmen- und Ausgabenrechnung", in: „ZfB" 1950, S. 717 ff.
derselbe:
„Betriebswirtschaftslehre als Sozialwissenschaft", in: „ZfhF" 1951, S. 529 ff.
derselbe:
„Betriebs-Wirtschaftslehre und Betriebs-Soziallehre", in: „ZfB" 1951, S. 485 ff.
derselbe:
„Die Quintessenz der Bilanztheorie", in: „ZfB" 1955, S. 537 ff. u. S. 669 ff.;
Lehmann, M. R.:
„Technischer Fortschritt — Kapitalfreisetzung — Kapitalfehlleitung", in: „ZfB" 1951, S. 74 ff.
Liebl, J.:
„Kapitalerhaltung und Bilanzrechnung", in: „BFuP" 1953, S. 493 ff.

Liefmann, R.:
„Wirtschaftlichkeit und Gewinn“, in: „ZfB“ 1925, S. 140 ff.
Lisowsky, A.:
„Risiko-Gliederung und Risiko-Politik“, in: „Die Unternehmung“ 1947, S. 97 ff.; 1948, S. 13 ff., S. 67 ff.
Lücke, W.:
„Investitionsrechnung auf der Grundlage von Ausgaben oder Kosten“, in: „ZfhF“ 1955, S. 310 ff.

Mahlberg, W.:
„Kapitalleitung und Betriebswirtschaftslehre“, in: „ZfhF“ 1930, S. 545 ff.
Mahrholz, B.:
„Kapitalbildung und Investitionen“, in: „Der Wirtschaftsspiegel“ 1948, S. 61 ff.
Mand, J.:
„Terminologische Analyse von Ertrag und Gewinn“, in: „ZfhF“ 1953, S. 582 ff.
Mehler, K. H.:
„Die Vorkalkulation bei der Beschaffung von Anlagegütern“, in: „Neue Betriebswirtschaft“ 1956, S. 107 ff.
Mellerowicz, K.:
„Bilanz-, Gewinn- und Dividendenpolitik“, in: „Wirtschaftlichkeit“ 1956, T. 1, S. 130 ff.
Minartz, H.:
„Gerechtigkeit — als Element des sozialen Spannungsausgleichs im Betrieb“, in: „ZfhF“ 1951, S. 539 ff.
Moxter, A.:
„Der Einfluß der Amortisationsgeschwindigkeit auf die unternehmerische Investitionsentscheidung“, in: „ZfhF“ 1959, S. 542 ff.
derselbe:
„Die Bestimmung des Kalkulationszinsfußes bei Investitionsentscheidungen“, in: „ZfhF“ 1961, S. 186 ff.

Neflin, H.:
„Rücklagen in der Jahresbilanz einer A. G. im Widerstreit der Interessen der Gesellschaft und der Aktionäre“, in: „Die Aktiengesellschaft“ 1961, Nr. 3.
Neubert, H.:
„Anlagenfinanzierung und Abschreibung“, in: „ZfhF“ 1951, S. 367 ff.

Oursin, Th.:
„Investitionsmotive und Investitionsverhalten“, in: „Der Volkswirt“ 1958, S. 1995 ff.

Phillip, F.:
„Unterschiedliche Rechnungselemente in der Investitionsrechnung“, in: „ZfB“ 1960, S. 26 ff.
Preiser, E.:
„Multiplikatorprozeß und dynamischer Unternehmergewinn“, in: „Jahrbücher für Nationalökonomie und Statistik“, 1955, S. 84.
derselbe:
„Investition und Zins“, in: „Jahrbücher für Nationalökonomie und Statistik“, Bd. 170, 1958, S. 100 ff.

Prion, W.:
„Dividendenpolitik und stille Reserven“, in: „Bankwissenschaft“, Berlin 1928/29, S. 885 ff.

Ruchti, H.:
„Erfolgsermittlung und Bewegungsbilanz“, in: „ZfhF“ 1955, S. 499 ff.

Sandig, C.:
„Die Forschungs- und Darstellungsmethoden und das Methodenproblem in betriebswirtschaftlicher Sicht“, in: „BFuP“ 1957, S. 1 ff.

Scheffler:
„Das Problem des Gewinnes“, in: „ZfB“ 1930, S. 278 ff.

Schieb, B.:
„Grundsätzliche Probleme der Kapitalerhaltung“, in: „Fragen der Kapitalerhaltung und Finanzierung“, Beiträge zur Betriebswirtschaft 1948, Heft 3, S. 18 ff.

Schindler, H.:
„Investitionsrechnungen auf der Basis neuer theoretischer Erkenntnisse“, in: „ZfhF“ 1956, S. 462 ff.

Schmalenbach, E.:
„Die Veranschlagung des Kapitalbedarfs und die Finanzpläne“, in: „ZfhF“ 1931, S. 169 ff.

derselbe:
„Abschreibungen bei Preisveränderungen von Anlagegegenständen“, in: „ZfhF“ 1949, S. 49 ff.

Schmidt, R. B.:
„Die Variation der Kapazität im Liquidationsprozeß der industriellen Unternehmung“, in: „ZfB“ 1961, S. 689 ff.

derselbe:
„Der Einfluß der Investitionsfinanzierung auf die Investitionsentscheidung der Unternehmung“, in: „BFuP“ 1962, S. 617 ff.

derselbe:
„Die finanzwirtschaftliche Funktion der offenen Unternehmungsrücklagen“, in: „ZfB“ 1963, S. 47 ff.

derselbe:
„Die Delegation der Unternehmerleistung“, in: „ZfhF“ 1963, S. 65 ff.

Schneider, E.:
„Bemerkungen zu einigen neueren Entwicklungen der Theorie der Unternehmungen“, in: „Weltwirtschaftliches Archiv“ 1959, S. 93 ff.

Scholz, A.:
„Scheingewinne und Scheinverluste bei stabiler Währung“, in: „ZfB“ 1927, S. 771 ff.

Schwarz, H.:
„Zur Bedeutung und Berücksichtigung nicht oder schwer quantifizierbarer Faktoren im Rahmen des investitionspolitischen Entscheidungsprozesses“, in: „BFuP“ 1960, S. 686 ff.

Seischab, H.:
„Demontage des Gewinns durch unzulässige Ausweitung des Kostenbegriffes“, in: „ZfB“ 1952, S. 19 ff.

Siebert, K.:
„Allgemeine Fragen der Investitionsplanung“, in: „ZfhF“ 1954, S. 607 ff.

Ter Vehn, A.:
„Gewinnbegriffe in der Betriebswirtschaftslehre“, in: „ZfB“ 1924, S. 361 ff.

Velder, F.:
„Die Kapitalverwendungsrechnung als Mittel der Liquiditätsanalyse“, in: „Die Betriebswirtschaft“ 1933/34, S. 126 ff.

Weber, W.:
„Investitionspolitik und Marktwirtschaft“, in: „Wirtschaftspolitische Chronik, Veröffentlichungen des Instituts für Wirtschaftspolitik an der Universität zu Köln“, Heft 1, 1953, S. 17 ff.
Walb, E.:
„Die Bilanz als Mittel der Erfolgsrechnung“, in: „ZfB“ 1906/07, S. 34 ff.
derselbe:
„Zur Theorie der Erfolgsrechnung“, in: „ZfhF“ 1923, S. 416 ff.
derselbe:
„Zur Theorie der Erfolgsrechnung“, in: „ZfhF“ 1923, S. 416 ff.
derselbe:
„Tageswert oder Anschaffungswert in der Bilanz“, in: „ZfhF“ 1924, S. 228 ff.
derselbe:
„Unternehmungsgewinn und Betriebsgewinn“, in: „ZfhF“ 1926, S. 545 ff.
derselbe:
„Geldhaftes und güterhaftes Wirtschaftsdenken“, in: „ZfhF“ 1941, S. 197 ff.
derselbe:
„Die Erfolgsrechnung aufgrund der Einnahmen- Ausgabenrechnung und der Bilanz“, in: „ZfhF“ 1942, S. 163 ff.
derselbe:
„Grundlegende Mängel im finanzwirtschaftlichen Rechnen und ihre Überwindung“, in: „Finanzarchiv“ 1942/43, S. 69 ff.
Walg, G.:
„Innerbetriebliche Investitionslenkung durch Kostenanalyse“, in: „ZfB“ 1950, S. 711 ff.
Walther, A.:
„Der Gewinnbegriff der Unternehmung“, in: „Der Bund“, Jg. 1942, Nr. 527, 529, 531, 533.
Weilbach, E.:
„Zusammenhang zwischen Geldverkehrs- und Erfolgsrechnung“, in: „Die Wirtschaftsprüfung“ 1953, S. 75 ff.
Weiss, A.:
„Der Einfluß stiller Reserven auf die Rechnungslegung der Unternehmung“, in: „ZfB“ 1932, S. 172 ff.
Weisser, G.:
„Investitionspolitik“, in: „Finanzarchiv“, Bd. 12 (1950/51), S. 61 ff.
Wurm, F.:
„Die Verteilung des Betriebsergebnisses“, in: „Mensch und Arbeit“ 1950, S. 172 ff.
Würth, E.:
„Rationalisierung und Investition“, in: „Rationalisierung“ 1952, S. 153 ff.

Zahn, J.:
„Planung und Kontrolle betrieblicher Investitionen im Ausland“, in: „ZfhF“ 1954, S. 580 ff.
Zumsteg, E.:
„Die Wirtschaftlichkeitsrechnung als Hilfsmittel der Anlagenerneuerung“, in: „Industrielle Organisation“ 1954, Nr. 8.

Zwanck, H.:
„Rückstellungen — Zweckgebundene Rücklagen", in: „Der Wirtschaftstreuhänder" 1940, S. 178 ff.

Im Literaturverzeichnis verwendete Abkürzungen für Zeitschriften:

BFuP = Betriebswirtschaftliche Forschung und Praxis
ZfB = Zeitschrift für Betriebswirtschaft
ZfhF = Zeitschrift für handelswissenschaftliche Forschung